Detlef Jena

POTEMKIN

Detlef Jena

POTEMKIN

Favorit und Feldmarschall
Katharinas der Großen

Langen Müller

Besuchen Sie uns im Internet unter:
http://www.herbig.net

© 2001 by Langen Müller in der
F. A. Herbig Verlagsbuchhandlung GmbH, München
Alle Rechte vorbehalten
Umschlaggestaltung: Wolfgang Heinzel
Umschlagbild: Das Motiv stammt aus dem AKG, Berlin
Herstellung und Satz: VerlagsService Dr. Helmut Neuberger
& Karl Schaumann GmbH, Heimstetten
Gesetzt aus der 10,8/13,3 Punkt Stempel-Garamond
in QuarkXPress auf Macintosh
Druck: Jos. C. Huber KG, Dießen
Binden: R. Oldenbourg, Heimstetten
Printed in Germany
ISBN 3-7844-2817-7

Inhalt

Vorwort 7

1.
Eine Legende wird geboren 13

2.
Geschichten um Herkunft, Kindheit und Jugend
Grigori Potemkins 30

3.
Aufstieg zum Liebhaber und Favoriten der Kaiserin
Katharina II. 63

4.
Eintritt in die kaiserliche Welt der Liebe und
der Politik – Die Jahre der Leidenschaft 94

5.
Potemkin kolonisiert den Süden 152

6.
Katharinas Militärreformer 200

7.
Potemkin in der russischen Außenpolitik 216

Inhalt

8.
Eine bedeutende und schillernde Persönlichkeit
Russlands und Europas 245

9.
Katharina inspiziert ihr Reich im Süden 265

10.
Potemkin im zweiten Türkenkrieg
Katharinas 287

11.
Der sinkende Stern 330

Ausblick:
Potemkins Erbe im Wandel der Zeiten 344

Anhang

Chronologie wichtiger Daten 355

Biografische Quellen und Literatur (Auswahl) 358

Personenregister 362

Vorwort

Jede wissenschaftspublizistische Betrachtung über das Lebenswerk des Fürsten Grigori Potemkin beginnt und endet mit Katharina II. Russische und europäische Adlige, Staatsbeamte, Zeitgenossen und Bewunderer wie Kritiker haben Russlands Kaiserin Katharina II. (1729–1796) in gleicher Weise den Beinamen »die Große« verliehen. Diese außergewöhnliche Frau ist als aufgeklärte Monarchin, intrigante Thronräuberin, schnöde Gattenmörderin und als überragende politische Herrscherin, die das südliche russische Tor nach Westeuropa aufgestoßen hat, in die Geschichte eingegangen. Katharina war jedoch auch »groß« in den prahlerisch-egozentrischen Auffassungen über die Bedeutung ihrer eigenen Person in der Geschichte. Sie überragte ihre russischen Zeitgenossen in der Rastlosigkeit ihres Lebens und bei der Auswahl jener Persönlichkeiten, die fähig waren, dem Namen Katharinas der Großen in der Geschichte einen strahlenden Glanz zu verleihen. So wollte es die Kaiserin. Aus der großen Schar ihrer karrieresüchtigen Günstlinge, geistvollen Favoriten, bunt schillernden Liebhaber und ernsthaften Ratgeber, die mitunter selbst Geschichte geschrieben haben, ragte der Reichsfürst Grigori Alexandrowitsch Potemkin heraus: Durch die Leidenschaft ihrer beider Beziehungen zueinander, durch die einmalige Leistung seines politischen und organisatorischen Genies und vor allem, weil kaum ein anderer Mensch in Russland gleich Potemkin in der Lage gewesen ist, die Reichsidee Katharinas derart vollendet in eine praktische Politik zur Demonstration ihres Reformwillens, zur Kolonisierung des südlichen Russlands und der Ukraine, sowie zur Öffnung der türkischen Meerengen umzusetzen. Fürst Potemkin teilte die Stärken und

Schwächen seiner Kaiserin in geradezu vollendeter Manier. Beide, der Fürst und die Monarchin, dachten und handelten einander ebenbürtig, und doch blieb er stets ihr Diener und Untertan. Die Arbeit am legendären »Griechischen Projekt«, die rauschenden Feste in glänzenden Petersburger Palästen, Potemkins tiefe Depression nach dem Verlust eines Teils der russischen Schwarzmeerflotte im September 1787 und die von der Kaiserin nach dem Sturm auf die türkische Festung Ismail im Dezember 1790 als Geschenk erhaltene edelsteingeschmückte Feldmarschall-Uniform – das alles sollte zu Symbolen für den Glanz, aber auch das Elend der Persönlichkeit Potemkins werden. Bei all dem war das Leben des Fürsten Potemkin nichts weniger als ein unbeflecktes Heldenepos.

Ein derart gelobter und gescholtener Mann sollte in den viel zitierten, bisweilen von Voyeuren mit feuchten Fingern gelesenen und von der offiziellen Reichshistoriografie in die Hölle verdammten Selbst- und Lebensdarstellungen der Kaiserin Katharina II. einen besonderen Platz einnehmen. Aber den wissbegierigen Leser erwartet bei der Lektüre der Memoiren Katharinas eine Überraschung. Sie hat Potemkin in ihren Memoiren nicht ein einziges Mal erwähnt! Dabei war der Fürst doch bereits zu Lebzeiten eine Legende! Er findet sich in den Erinnerungen Katharinas nur insoweit wieder, als ein Brief Alexei Orlows vom 2. Juli 1762 zitiert wird. Alexei Orlow gehörte zu den treuen, unbedenklichen und damals zugleich noch rüden Haudegen, welche die Verschwörung einzelner Gardeoffiziere zur Thronerhebung Katharinas im Juni 1762 vorbereitet und organisiert hatten. In diesem Brief zeigte Orlow die Ermordung Peters III. an und teilte seinem »Mütterchen« Zarin mit, dass die Belohnungen für den gelungenen Staatsstreich gegen den rechtmäßigen Kaiser Peter III. an die Soldaten ausgezahlt worden war. Da die kaiserlichen Geldschenkungen offenbar nicht ausreichten, gab er für die Soldaten sogar noch Geld aus seiner eigenen Schatulle dazu. Die Kaiserin würde es später schon zu danken wissen!

Vorwort

Nur eine Ausnahme vermeldete der Mörder Peters III.: Ein Wachtmeister Potemkin diente ohne Sold in der Garde und ging selbst in diesem außergewöhnlichen Falle leer aus, obwohl er doch sicherlich auch sein junges Leben für die Usurpatorin in die Wagschale geworfen hatte. Die deutliche Missachtung der Leistungen des jungen Wachtmeisters mutet umso erstaunlicher an, als keine fünfzehn Jahre vergehen sollten und der unbesoldete Niemand mutierte 1776 zum Reichsfürsten, 1783 zum Fürsten von Taurien und im Jahr darauf gar zum allgewaltigen Feldmarschall Potemkin. Ein derart rasanter Aufstieg konnte nicht allein aus persönlicher Tüchtigkeit oder idealistischer Loyalität erwachsen. Solche Karrieren sind in der Geschichte höchst selten. Sie verlangen in jedem Falle günstige Voraussetzungen und Begleitumstände: Machtpolitische Ansprüche, wie sie in der Ära Peters des Großen oder Napoleon Bonapartes auch für Männer aus niederen Schichten aufstiegsfördernd wirkten, die gnädige Laune eines Monarchen im Zeitalter des Absolutismus und in jedem Falle die Realität von Sachzwängen und Aufgaben, an denen sich starke Individualitäten erproben und beweisen können. In Russland kam für einen so kometenhaften Aufstieg der ganz alltägliche Kampf gegen das tradierte moskowitische Beharrungsvermögen alteingesessener Aristokratenfamilien hinzu.

Der brillante Lebensweg Potemkins begann damit, dass unser Held 1774 zum Günstling und engsten politischen Berater Katharinas II. avancierte. Niemals war er seiner Kaiserin lediglich ein willenloser Bettgenosse. Er nutzte die Chance, die ihm das Leben geboten hatte! Eine Schwindel erregend steile Karriere begann und die erinnerte an die unorthodoxen personalpolitischen Gewohnheiten Peters des Großen. Es gab einen beträchtlichen Unterschied. Peter der Große musste sich seinen Platz in Russland gegen Familienintrigen und andere Widerstände, die nur mühsam das mittelalterliche Gesicht verhüllten, mit blanker Waffe erkämpfen. Er umgab sich mit Landsknechten, Abenteurern, hoch gebildeten Persönlichkeiten und geistvollen Denkern aus dem In- und Ausland, die sei-

Vorwort

nen patriarchalisch-rustikalen Sehnsüchten zum Siege verhelfen sollten. Katharina II. war eine erfolgreiche, von den westeuropäischen Sitten eines etablierten und glanzvollen Hofes geprägte vornehme Dame, und Potemkin begann in den Diensten ihres fest strukturierten Herrschaftssystems ein erfolgreicher Mann zu werden.

Dennoch war das persönliche und politische Bündnis zwischen der Kaiserin und ihrem »Grischenka« so ungewöhnlich für die Geschichte der russischen Autokratie, dass es die Phantasien der Menschen allzeit anregend beflügelt hat. Aristokratische Neider haben das äußerlich verruchte Leben Potemkins zum alleinigen Wertmaßstab erhoben. Zeitgenossen und Nachfahren haben dem Verhältnis Kaiserin-Fürst eine schlüpfrige Aura verliehen, die den Blick allein auf wilde Nächte in feuchten Laken richtete. Katharina II. und Fürst Grigori Potemkin haben einander bis zum Wahnsinn, bis an den Rand der Selbstzerstörung geliebt. Nichts Menschliches ist ihnen fremd geblieben. Körperliche Liebe, geistige Verwandtschaft, hemmungsloser Genuss, Streit und Egoismus und der gemeinsame politischer Wille, alles zum Ruhm der Kaiserin und des Reichs zu tun. Das bestimmte in einer sonderbaren und einmaligen Mischung ihrer beider Leben. Ihr Verhältnis zueinander führte übereinstimmend mit der damaligen russischen und europäischen Wirklichkeit und mit der Rolle Russlands dazu, dass Katharina »die Große« wurde und dass der Name Grigori Alexandrowitsch Potemkins immer wieder aufleuchtete, wenn die Herrschaft Katharinas in ihren historisch zu würdigenden Leistungen beschrieben wurde.

Nicht nur das Leben und Wirken der Individualität Grigori Potemkins besitzt unser waches Interesse. Dieses Leben ist stärker als bei jedem anderen Zeitgenossen in Russland nur aus seinem Wechselspiel mit der Macht, den Idealen und der Größe einer Kaiserin verständlich, deren Ziel in einer aufgeklärten Europäisierung Russlands bestand. Sie wusste selbst nicht, wie dieses große Werk konkret verwirklicht werden sollte, hatte jedoch den sicheren Instinkt für Persönlichkeiten, die garantierten, dass Ideal und Wirklichkeit zumindest punktuell in Übereinstimmung gebracht werden konnten.

In den letzten Jahren nehmen historische biografische Arbeiten zur russischen Geschichte auch im deutschsprachigen Raum an Quantität und Qualität erfreulich zu. Das Individuum ist in die Geschichte zurückgekehrt. Die Biografien konzentrieren sich bislang vornehmlich auf die Persönlichkeiten der russischen Großfürsten, Zaren und Kaiser. Das ist für die historische Aufarbeitung eines Landes mit traditioneller autokratischer Herrschaftsstruktur verständlich und sinnvoll. Allerdings, zu jeder Zeit hatten die Zaren Ratgeber und Höflinge mit mehr oder minder großem Einfluss auf die Regierungsentscheidungen des Monarchen. Fürst Grigori Alexandrowitsch Potemkin war unter diesen Persönlichkeiten eine Ausnahmeerscheinung. Mit dem vorliegenden Buch wird ein bislang seltener, aber außerordentlich spezieller Blick auf die Herrschaftsperiode der aufgeklärten Kaiserin Katharina II. geworfen.

Russland wird in Europa am Beginn des 21. Jahrhunderts neu entdeckt. Politiker, Wirtschaftsmanager, Literaten und viele Menschen interessieren sich für die Geschichte und Gegenwart des osteuropäisch-asiatischen Riesenreichs. Sie wollen wissen, ob Russland zu den Ursprüngen seiner Geschichte zurückkehren kann, welche tatsächlichen Folgen die Sowjetunion hervorgebracht hat. Die uralte Frage nach dem Verhältnis zwischen Russland und Europa stellt sich auf neue Weise. Auch der Name Potemkins sollte dabei eine Rolle spielen. Um dem Leser die Lektüre zu erleichtern, ist im Buch auf einen wissenschaftlichen Apparat in Form von Fußnoten verzichtet worden. Der ausführliche Quellen- und Literaturanhang bietet jedem Leser, der an weiteren und vertiefenden wissenschaftlichen Arbeiten über die Zeit Katharinas II. und das Leben Potemkins interessiert ist, die erforderlichen Informationen.

Ein Buch über den Reichsfürsten Potemkin besitzt noch einen zweiten Aspekt. Potemkin zählt zu den schillerndsten, amüsantesten, exzentrischsten, überspanntesten und faszinierendsten Persönlichkeiten, die Europa im 18. Jahrhundert hervorgebracht hat. Sein Leben war so voller überraschender und fesselnder Ereignisse und Wendungen, dass es verwunderlich ist, in welch geringem Maße seine überragende Individualität in Westeuropa reflektiert worden ist – bis auf den heutigen Tag. Fragt man den gemeinen Mann auf der Straße, welche Vorstellungen er mit dem Namen Potemkin verbindet, bekommt man nur eine Antwort: Der hat doch die potemkinschen Dörfer erfunden! Gerade dieses Beispiel der »potemkinschen Dörfer« zählt zu den bizarrsten Legenden, die über Grigori Potemkin in die Welt gesetzt worden sind. Den Wahrheitsgehalt versucht das vorliegende Buch zu überprüfen.

Detlef Jena
Rockau, im Frühjahr 2001

1.
Eine Legende wird geboren

Russland im 18. Jahrhundert. Am Beginn herrschte Zar Peter I., »der Große«. Allein der Name symbolisierte ein Programm und einen Mythos. Am Ende des Jahrhunderts regierte Kaiser Paul I., den man als psychopathischen Despoten fürchtete, belächelte und karikierte. Peter der Große wollte das Russische Reich mit der Knute und mit der Axt im Eilmarsch in die moderne westeuropäische Welt treiben. Das Volk verstand ihn kaum, sah nur die gewaltigen Opfer an Menschen und Naturreichtümern und musste die Last seines ungezügelten Reformwillens schleppen. So blieben die Reformansätze des ersten russischen Kaisers mehr im äußeren Schein und in der Reichsspitze verborgen, als dass sie praktische Realität oder gar tätige Anerkennung bzw. kreative Mitwirkung erfuhren. Paul I., den die Mutter Katharina II. charakterlich gründlich verbogen hatte, scheiterte in den Konvulsionen Europas nach der Französischen Revolution von 1789 und an der eigenen Unfähigkeit in Bezug auf die imperiale Reichspolitik.

Zwischen diesen beiden Antipoden regierte ab 1725 die Kaiserin Katharina I., die ohne Peter I. glücklos war und kein Interesse an Problemen der Reichserneuerung zeigte.

Zwei Jahre später, im Jahre 1727, folgte ihr Peter II. auf den Thron. Er war das Kind des durch Peter I. ermordeten Alexei Petrowitsch.

Der kurzen und relativ profillosen Regierungszeit Peters II. folgte im Jahre 1730 die Kaiserin Anna, eine Tochter Iwans V. Anna I. Iwanowna, die verwitwete Herzogin von Kurland. Sie düpierte die um Alexander Menschikow versammelten Oligarchen des Reichs und zerriss mit der Thronbesteigung die ihr auferlegten Bedingungen. Sie ordnete sich keiner Hofpartei unter, regierte in autokratischer Machtvollkommenheit und förderte wider alle Vernunft und Tradition eine Clique deutscher Politiker, Emporkömmlinge und Abenteurer, die das Reich ruinierten.

Nach Annas Tod wurde 1740 der Säugling Iwan VI. Antonowitsch auf den Thron »gelegt«. Die Regentschaft übte seine Mutter Anna Leopoldowna aus, bis sie und ihr Sohn 1741 gestürzt und durch Peters I. leibliche Tochter Elisabeth Petrowna ersetzt wurden. Kaiserin Elisabeth I. regierte wie ihr Vater streng autokratisch. Sie betonte die nationale Eigenständigkeit Russlands, vertrieb die deutschen Günstlinge und stärkte Russlands Rolle als europäische Macht. Elisabeth starb im Jahre 1761, und Herzog Karl Peter Ulrich von Holstein-Gottorp bestieg als Kaiser Peter III. den russischen Thron.

Peter III. bewältigte in kurzer Zeit die für russische Verhältnisse schwierige Aufgabe, Adel, Armee und Kirche durch unangemessene Preußomanie und provokatorisches Unverständnis gegen sich aufzuwiegeln. Er wurde ein Jahr nach der Thronbesteigung gestürzt und ermordet. Der Weg war frei für die Alleinherrschaft Katharinas II. Diese »Freiheit« war jedoch sehr relativ. Der rechtmäßige Kaiser Iwan VI. Antonowitsch lebte noch in der Festung Schlüsselburg. Auch Paul Petrowitsch, der 1754 geborene Sohn Katharinas, stand als männlicher Thronfolger bereit. Der Sturz und die Ermordung Peters III. belastete das Ansehen Katharinas II. im In- und Ausland.

Dennoch: Im Jahre 1762 bestieg die Großfürstin Katharina Alexejewna, die einst als anhaltinische Prinzessin Sophie Friederike Auguste in Stettin geboren wurde, unter dem Namen Katharina II. den russischen Zarenthron. Auch sie wurde zunächst wie Elisabeth allein vom Willen revoltierender Gardeoffiziere getragen. Außerdem profitierte sie von den Fehlern und der Unbeliebtheit ihres Gemahls Peter III. Im Unterschied zu ihren Amtsvorgängern und -vorgängerinnen war sie voll aufgeklärter Ideale – in den engen Bahnen einer gefestigten absoluten Macht und bei Bewahrung der Vorrechte des Adels. Sie

1. Eine Legende wird geboren

wollte Russland im europäischen Sinne modernisieren und wusste nicht, wie sie es konkret anstellen sollte. Im Unterschied zu Peter I. war sie eine Europäerin, die von Kaiserin Elisabeth und Preußens König Friedrich II. aus machtpolitischen und dynastischen Gründen künstlich in das wilde Russland verpflanzt worden war. Der Thronfolger Peter Fjodorowitsch benötigte eine Mutter für seine künftigen Kinder. Die kleine Sophie schien dafür unbedeutend genug und war aus diesem Grunde auch für Preußens König Friedrich II. annehmbar. Katharina besaß einige herausragende Fähigkeiten und vollbrachte als Monarchin Leistungen, die ihr den Beinamen »die Große« eingetragen haben.

Mit außergewöhnlichem Fleiß, voller Phantasie und Entschlossenheit suchte sie für ihre Herrschaft Persönlichkeiten als Favoriten und Berater aus, die ihre Hoffnungen erfüllten. Diese Persönlichkeiten übernahm Katharina zunächst aus dem Kreis der Berater ihrer Vorgängerin Elisabeth. Männer und Frauen, die den Staatsstreich organisiert hatten, ergänzten die Schar der Ratgeber. An der Spitze dieser umfangreichen Phalanx bedeutender Menschen im Dienste Katharinas II. stand ohne Zweifel Grigori Alexandrowitsch Potemkin.

Die Erinnerung an den Reichsfürsten Grigori Potemkin wird bis in unsere heutigen Tage mit drei außergewöhnlichen Erscheinungen verknüpft: Mit den »potemkinschen Dörfern«; mit Potemkins Rolle als Liebhaber und Gespiele einer mannstollen Kaiserin; mit einer schier unglaublichen Prunk- und Verschwendungssucht. Bisweilen scheint es, als genieße Potemkin allein wegen der ihm zugemessenen Flunkerei und Lasterhaftigkeit immer währendes Interesse.

Die Sensation und das Außergewöhnliche ziehen seit Olims Zeiten die Aufmerksamkeit des ganz normalen Menschen weit stärker auf sich als der glanzlose Alltag. Skandale in der Politik, Wirtschaft und Geschichte erfreuen sich besonders großen öffentlichen Interesses. Das unzüchtige Bild von Potemkin ist nicht nur einseitig, sondern auch unrichtig, weil es aus offenkundig politisch-tendenziösen Gründen oder zumindest aus

Unwissenheit einzelne reale und pikante Details überhöht hat, aus dem historischen Kontext isoliert oder ganz und gar falsch dargestellt hat. Die politischen Gegner Potemkins haben auch vor Erfindungen nicht zurückgeschreckt. Das wahre Leben des Grigori Potemkin war spannender als jede Legende! Die Lebensleistung eines Mannes wie Grigori Potemkin, der an der Seite so glänzender und bedeutender Persönlichkeiten wie den Politikern, Feldmarschällen oder Generälen Alexander Besborodko, Alexei Orlow, Pjotr Rumjanzew, Alexander Suworow, Nikita Panin, Semjon Golizyn oder Alexander Bibikow seinen Teil dazu beigetragen hat, dass Katharina als die »Große« in die Geschichte eingehen durfte, kann sich nicht in Schaumgebilden, amourösen Exzessen oder kulinarischen Orgien und exzentrischen Perversitäten erschöpft haben. Es wäre auch naiv, anzunehmen, Katharina II. hätte leichtfüßige Scharlatane in den engsten Kreis ihrer bedeutsamen Mitarbeiter aufgenommen. Grigori Potemkin zählte nicht in die Schar der Saltykow, Wassiltschikow, Sawadowski, Mordwinow, Miloradowitsch oder Platon Subow – jener auf einundzwanzig Köpfe geschätzten Zahl von Liebhabern, die man Katharina II. für ihre Lebenszeit als Bettgenossen nachgesagt hat. Dennoch lebt der Mythos Potemkin von gleichermaßen ausgetretenen wie phantasielosen Klischees und Legenden. Ein Mann, der so intensiv gelebt, und dennoch den ungeschriebenen Regeln seiner Zeit gefolgt ist, wie Grigori Potemkin, der strahlend auf den Wogen des Ruhms seiner Kaiserin geritten ist, stand einem Heer von Neidern gegenüber. Da die Querulanten seine Größe nicht erreichten, konzentrierten sie ihre Kräfte darauf, wie Mäuse am Sockel seines Genies zu nagen. Überdies lebte der von Katharina II. gepflegte autokratische Herrschaftsstil zu gutem Teil von den Rivalitäten und Intrigen zwischen den besonders privilegierten Untertanen.

Das historische Urteil fällt über Katharina II. in Russland anders aus als in Westeuropa. Es charakterisiert jedoch den Gleichklang der Interessen der Kaiserin und Grigori Potemkins. Bei dem Reichsfürsten ist eine ähnliche Erscheinung zu

1. Eine Legende wird geboren

beobachten. Allerdings, in jenen Fällen, in denen das strenge Gericht der Geschichte Katharina »mildernde Umstände« zubilligt, urteilt es über Potemkin extrem kritisch und ungerecht.

Der Betrachter im westlichen Europa oder in Amerika pflegt im Wesentlichen die von oberflächlichen Eindrücken lebenden Vorurteile. Er lehnt sich in der Regel genüsslich, aber natürlich auch unbeteiligt zurück.

Der Russe ist Patriot. Er ist Partei: Streng wohl wollend oder scharf ablehnend. Gängige Bezeichnungen für die höfischen Manieren und den Lebensstil Potemkins bewegen sich zwischen abwertenden Begriffen wie »Meister der Hofintrige«, »Sonderling«, »Abenteurer«, von »Ruhmsucht Getriebener«, oder gar »asiatisch-prunksüchtiger Satrap«. In einer Welt, zu deren Lebenselementen Prestige-Rivalitäten unter Feldherrn wie die Luft zum Atmen gehörten, können derartige Charakteristika weder besonders aufregend noch aussagekräftig sein. Sie dienen allenfalls als dürftiges Alibi dafür, dass es tatsächlich nur wenigen Menschen gelungen ist, in die wahre persönliche, politische und geistige Welt Potemkins einzudringen.

Das mag Erstaunen hervorrufen. Potemkin hat umfangreiche gesellschaftliche Kontakte gepflegt und einen ausgedehnten Schriftwechsel mit zahllosen Persönlichkeiten im In- und Ausland unterhalten. Er beschäftigte sich mit der Eroberung neuer Territorien. Das führte zu überprüfbaren, aussagekräftigen Dokumenten. Potemkin hatte genügend Gelegenheiten, die hohe Kunst diplomatischer Verschwiegenheit im Interesse des Reichtums und Ansehens Russlands einzusetzen. Da die ausländischen Gesandten zu allen Zeiten angehalten waren, vornehmlich über die dem eigenen Lande dienenden politischen Konstellationen zu berichten, erschien der Fürst bald als »Herzog von Kurland«, »König von Taurien«, »König von Polen« oder gar als »Herrscher des kaukasischen Reichs«. Die Meldungen und Urteile waren wenig durch sachdienliche Informationen fundiert. Und umso erstaunlicher, dass die scharfsinnigsten Porträtskizzen über Grigori Potemkin gerade von Diplomaten und ausländischen Gästen verfasst wurden. Ein

1. Eine Legende wird geboren

Mann, der so geheimnisvoll erschien und der Selbstherrscherin so nahe stand, musste ganz einfach die Phantasie der Außenstehenden beflügeln.

Davon ließen sich selbst gekrönte Häupter wie Kaiser Joseph II. anstecken. Alles in allem blieb Potemkin für das Ausland in politischer und auch in persönlicher Hinsicht ein Rätsel, obgleich er während seiner Tätigkeit in Südrussland nach 1776 nicht nur das Land kolonisierte und Krieg gegen die Türken führte, sondern ebenso maßgeblich die politischen Fäden auf dem Balkan, gegenüber Österreich, Preußen, Polen und sogar Schweden zog.

An der Legendenbildung über Potemkin hatte die Hamburger Zeitschrift »Minerva« (1792–1812) maßgeblichen Anteil. Dieses Journal hat die Legenden überhaupt erst einer breiten europäischen Öffentlichkeit zugänglich gemacht. Vorher kursierten Geschichten und Geschichtchen im russischen Adel oder am Kaiserhof in Wien und in Konstantinopel. Im übrigen Europa kolportierte man vage Gerüchte. Ort und Zeit der publizistischen Emsigkeit der »Minerva« mögen heute vielleicht Verwunderung hervorrufen. Aber der Herausgeber Johann Wilhelm von Archenholtz hatte es verstanden, mit der »Minerva« eine der besonders weit verbreiteten politisch-historischen Zeitschriften in Deutschland und Europa aufzubauen. Die »Minerva« behandelte brisante oder bemerkenswerte internationale Themen.

Sie veröffentlichte zwischen 1797 und 1801 in 34 Fortsetzungen die Serie »Potemkin der Taurier«. Der beeindruckende Umfang und die Tatsache, dass auf der Grundlage der Artikelfolge 1804 in Leipzig das Buch »Potemkin. Ein interessanter Beitrag zur Regierungsgeschichte Katharinas der Zweiten« erschien, verweisen auf ein großes Leserinteresse an Nachrichten über Grigori Potemkin und über das Leben in Russland. Der Fürst war zwar bereits im Jahre 1791 gestorben, aber Katharina II. hatte bis zum November 1796 gelebt und regiert. Ihr Tod mag zur Popularität der Serie beigetragen haben. Europa brodelte unter dem Einfluss der Französischen Revolution. Welche politische Linie würde Russland nach dem Tod Katharinas II. verfolgen? Die europäische Aristokratie blickte auf Kaiser Paul I. und erwartete dessen Schutz vor dem sich ausbreitenden Revolutionsbazillus.

Es war nicht exakt zu ermitteln, welcher Autor für die Serie verantwortlich zeichnete. Indizien sprechen mit angemessener Sicherheit dafür, dass Georg Adolf Wilhelm von Helbig die Artikel und das Buch geschrieben hat. Helbig diente von 1782 bis 1796 als kurfürstlich sächsischer Resident in Petersburg. Aus dem Inhalt der Schrift darf man die Vermutung ableiten, mit Grigori Potemkin sollte ein anschauliches Bild über die innerrussischen Zustände vermittelt werden. Dieses Bild war im Endergebnis jedoch subjektiv, fabulös und legendär – vor allem im Hinblick auf den Fürsten Potemkin selbst.

Helbig entwarf das traurig-aufregende Porträt eines negativen Helden voller abstoßender Charaktermerkmale. Der Fürst sei »wollüstig« gewesen, weil er nicht nur über viele Jahre hinweg eigene Räume im Winterpalais von St. Petersburg unterhalten habe, sondern weil er von dort aus jederzeit unbemerkt in das Schlafzimmer der Kaiserin vordringen konnte. Unmäßige Verschwendungssucht habe ihn von Genuss zu Genuss getrieben. Musikkapellen und Tänzerinnen mussten zu seinem Privatvergnügen aus Frankreich anreisen. Er habe Kuriere nach Warschau gejagt, um Spielkarten heranzuschaffen. Aus Petersburg musste man ihm mit einer Extrapost wohlschmeckende Sterlet-Suppen nach Jassy an der unteren Donau bringen. Lediglich sein »unordentliches und unmäßiges Essen« habe zum frühen Tod im Jahre 1791 geführt.

Man ließ kein gutes Haar an ihm: »Die Lebensart des Fürsten Potemkin während seines letzten Aufenthalts in Petersburg im Jahre 1791 übertraf alles, was man von unmäßiger Verschwendung, unüberlegter Ausschweifung, Untätigkeit, Leichtsinn gegen die Religionsgebräuche und Stolz gegen seine Nation sich denken kann.« Helbig fuhr grobes Geschütz auf. Eine Beschreibung der Kleidung sollte den Schwerenöter Potemkin demaskieren: »Er trug einen rothen Frack und einen langen

Mantel von schwarzen Spitzen, der mehrere Tausend Rubel kostete. Überall, wo nur an einem Männeranzuge Diamanten anzubringen waren, hatte er sie angebracht. Sein Huth war so damit überladen, dass es ihm beschwerlich wurde, ihn in der Hand zu haben. Einer seiner Adjutanten musste ihm denselben nachtragen.«

Helbig fragte nicht danach, warum sich Potemkin so und nicht anders verhielt. War diese Denunziation für eine überragende Persönlichkeit vom Format Potemkins schon nichtig genug – selbst wenn die Fakten als solche gar nicht unrichtig gewesen sein mögen – so wurde der Fürst noch in einen bewussten Gegensatz zum Petersburger Hof gebracht: »Gewöhnlich, wenn er solche Audienzen geben wollte, ließ er die vornehmsten Herren beym Ankleiden eintreten. Er setzte dann immer diese Beschäftigung fort, oder trieb Possen, um zu zeigen, wie gering er die Anwesenheit schätzte. Nahm er sich einmal die Mühe, mit einem von ihnen auf vertrauliche Art zu sprechen, so hielt sich ein solcher Mann für lange Zeit belohnt, und war oft stolzer darauf, als mit einer Unterhaltung mit der Kayserin selbst.« Es war bedauerlich, dass der an Äußerlichkeiten herummoralisierende Skribent keine Vorstellung von der Lebenskultur am russischen Hof und im russischen Adel besessen hat. Helbig scheute sich nicht, seine Unkenntnis auszuschöpfen, indem er Oberflächlichkeiten kolportierte.

Eine durch den Autor mit derart abstoßenden Merkmalen belastete Person musste auch in ihren politischen und staatsmännischen Handlungen verrucht sein und ausschließlich egoistischen Handlungszwängen eines »despotischen Günstlings« gehorchen. Folgt man den Darstellungen in der »Minerva«, ließ Potemkin einen der Fürsten Golizyn ermorden, um selbst den Oberbefehl über die russische Armee zu erlangen. Derartige Bluttaten hatte der galante Satyr wirklich nicht nötig. Die Einnahme der türkisch besetzten Festung Otschakow durch russische Truppen im Jahre 1788 wurde von Helbig als achtsam ausgewähltes Beispiel besonderer Grausamkeit, Feigheit und Unmenschlichkeit gefeiert. Die tatsächlich barbarischen

1. Eine Legende wird geboren

Handlungen russischer Soldaten gegen die Zivilbevölkerung erschienen in der »Minerva« als das verabscheuungswürdige Werk potemkinscher Blindwütigkeit, gleichzeitig aber auch charakteristisch für das Wesen der »russischen Seele« und der kaiserlichen Staatsführung. In einem Punkte muss man dem Autor Gerechtigkeit widerfahren lassen: Er versuchte, die Figur Potemkins an den geschichtlich nachweisbaren Ereignissen und Leistungen zu messen. Das war zwar nicht sehr einleuchtend, denn das Kurfürstentum Sachsen hatte dem russischen Kaiserhaus in erheblichem Maße die polnische Königswürde zu verdanken, aber Helbig wird seine Gründe gehabt haben. Die Frage nach einer systematisch und methodisch begriffenen Kausalität von Ursache und Wirkung darf selbstverständlich nicht gestellt werden. Helbig war zwar ein Zeitgenosse der klassischen deutschen Philosophen wie auch der französischen Aufklärer. Deren Systeme zur Betrachtung von Politik und Geschichte berührten ihn jedoch nicht.

Nach den von Helbig erreichbaren Informationen besaß Potemkin das Vertrauen der Kaiserin. Er begutachtete und wählte deren häufig wechselnde Liebhaber persönlich aus. Helbig vertrat die Ansicht, dass Potemkins übermächtiger Einfluss die gesamte russische Außenpolitik regiert habe. Die Orientpolitik Katharinas II. betrachtete er als das Werk des »Schattenregenten« Potemkin. Dieser kolonisierte die südliche Ukraine, Südrussland und die Krim, bereitete den zweiten Krieg gegen die Türkei vor und beeinflusste das politische Verhältnis zu Österreich, Polen und Schweden. Das »Griechische Projekt«, die geistig-ideologische Plattform für die Orientpolitik Katharinas, wurde von Helbig als besonders eklatantes Beispiel für die Ruhmsucht der Kaiserin und für den Machtegoismus Potemkins betrachtet: »Es wurde nun, ohne weitere Umstände, zwischen der Monarchin und dem Fürsten beschlossen, die Europäische Türkey zu erobern, ein Plan, dem man es ansähe, dass er das Geschöpf zweyer Personen war, von denen die eine keine Vaterlandsliebe haben konnte, und der andere die Kräfte des Staats weder kannte, noch sie zu schätzen wusste. Die Absichten, die beyde dabey hatten, waren wahrscheinlich folgende: Catharina sahe darin eine ungewöhnliche und mächtige Nahrung für ihren unbegränzten Ehrgeiz. Potemkin hingegen wollte sich dort ein unabhängiges Reich schaffen.« Wenn das Problem so einfach gewesen wäre, könnte man darin tatsächlich das Exempel für besonders niederes Verhalten zweier gekrönter Räuber erkennen. Aber Katharina II. und Potemkin als Bonnie und Clyde des 18. Jahrhunderts? Das passte in keinem Fall.

Die Kaiserin Katharina II. und ihr Reichsfürst Potemkin figurierten hier als Initiatoren einer menschenfeindlich gescholtenen Expansionspolitik, die den ausländischen Beobachtern – so Helbig mit dem treuherzigen Augenaufschlag eines Demagogen in der »Minerva« – kaum glaubhaft erscheinen dürfte: »Die Menge des Menschenblutes, das dabey vergossen werden konnte, kam bei den Schöpfern dieses Plans gar nicht in Betrachtung. Doch Potemkin hatte den Geist nicht, große Projecte auszuführen. Er glaubte mit einer imponirenden Gewalt, bey deren Anwendung er aus Muthlosigkeit immer bequem hinter der Coulisse stehen konnte, alles auszurichten, und vernachlässigte dabei leichtere Mittel, die er mit glücklicherm Erfolg hätte nützen können. Millionen, die er zu Beförderung seiner Absichten hätte brauchen sollen, verschwendete er ohne Überlegung, stürzte Russland in eine drückende Schuldenlast, verursachte die finanzwidrige Vermehrung der Bankassignationen, schaffte dafür dem Reiche nichts als sehr entbehrliche Eroberungen, und erreichte seinen Zweck doch nicht.« Mit anderen Worten: Potemkin trieb Russland in den Abgrund. Dass diese These allerdings in einen gewissen Widerspruch zu dem von Helbig oft wiederholten Schreckensbild des übermächtigen russischen Expansionsdranges und der ausfernden Macht des Reichs geriet, störte den Autor wenig.

Man mag einwerfen, es gäbe in der Geschichte genügend Beweise für die These, dass Welteneroberer an einem bestimmten Punkt den Widerspruch zwischen den eigenen ehrgeizigen Expansionszielen und den dafür zur Verfügung stehenden realen Kräften und Mitteln nicht mehr beherrrschen. Das traf im konkreten Falle nicht zu. Katharina und ihre »Führungsmannschaft« kalkulierten die Kriege gegen die Türkei sorgfältig.

Um das Bild Potemkins möglichst grässlich zu verzerren, konstruierte Helbig sogar Gegensätze zwischen Katharina II. und dem Fürsten. Nicht die Kaiserin, sondern der Fürst regierte die russische Außenpolitik, und Katharina folgte lediglich seinen Weisungen, zumindest, solange diese ihrem eigenen Ruhm dienten. Diese Beziehungsinterpretation verfolgte den Sinn, Katharina nicht als rationale und überlegte Regentin zu charakterisieren, sondern als eine empfindsame und emotional reagierende Frau darzustellen. Nach Helbigs Aussage hat Katharina II. zum Beispiel auf die schwedische Kriegserklärung an Russland im Jahre 1788 so reagiert: »Die Verlegenheit am rußischen Hofe war außerordentlich. Die Monarchin selbst gab das auffallendste Beispiel davon. Die anwesenden Mitglieder des hohen Conseils wurden sogleich zusammenberufen. Die Kaiserin erschien in der Versammlung mit weinenden Augen und mit dem Schnupftuche in der Hand. In diesem Augenblicke hatten alle Leidenschaften, ja sogar alle Empfindungen, in dem Herzen dieser Prinzessin den sanftern Gefühlen der Menschheit Platz gemacht. Sie überzeuge sich, sagte sie, daß sie ihr Volk durch einen neuen Krieg unglücklich mache, und sey bereit, alles zu thun, um dieses Übel zu verhindern … Anstatt aber die Kaiserin in ihren wohlthätigen Gesinnungen zu befestigen, bemühten sich vielmehr die meisten Mitglieder des hohen Conseils, die Monarchin zu trösten, ihr alle Furcht zu benehmen, und sie sogar zur Führung des Kriegs aufzumuntern … Das Resultat von diesem Geschwätze war, daß Katharina II. erbitterter als jemals gegen Gustav III. die Versammlung mit der heitersten Mine verließ.« Helbig war entweder naiv oder er wollte so erscheinen. Seine Schlussfolgerung, »Schon diese einzige Anekdote beweist, daß diese Prinzessin bey vielen männlichen Eigenschaften, doch immer nur eine

1. Eine Legende wird geboren

Frau war«, demonstrierte mangelndes Verständnis für die Lebensäußerungen, den Regierungsstil und den Herrschaftswillen einer politisch agierenden Monarchin im 18. Jahrhundert. Das Bild passte Helbig in das von ihm beschriebene allgemeine Beziehungsgeflecht der Kaiserin und Potemkins. Allerdings wurde der auf schlüpfrig-schwüle Sensationen erpichte Leser bitter enttäuscht. Helbigs Werk, umfangreich und aufwendig als Serie und Buch in Szene gesetzt, entsprach ohne Zweifel einem tatsächlichen breiten Leser- und auch Sensationsbedürfnis. Die Eskapaden des berühmten und berüchtigten Potemkin waren offenbar europaweit bekannt, beliebt wie die Geschichten vom Baron Münchhausen und man gierte nach neuen und freizügigen Enthüllungen über das Liebesleben der Helden. Helbig darf zwar getrost als einer der Erfinder und Propagandisten des Begriffs »potemkinsche Dörfer« und der gesamten Legende des Fürsten Potemkin gelten. Da er jedoch mit dem Porträt Potemkins sein eigenes Verständnis von der aktuellen politischen Rolle Russlands darlegen wollte, verzichtete er weit gehend auf die Ausbreitung amouröser Peinlichkeiten. Außerdem, die »Minerva« war ein seriöses Journal und keine aufreizende Boulevard-Gazette!

So bekam der mit eiligen Fingern blätternde Leser lediglich Derartiges angeboten: »Er wohnte im Palast der Kayserin. Oft, wenn sich sein Hof bei ihm versammelt hatte, stand er auf, ging im leichten Morgenanzuge zu der Monarchin, und ließ die Großen des Reichs in tiefer Bewunderung stehen. Diese Prinzessin, die die Gefälligkeit hatte, ihn ungekleidet vor sich zu lassen, ging auch sehr oft des Morgens zu ihm. Man kann sich den Eindruck vorstellen, den diese Vertraulichkeit auf die Höflinge machen mußte. Was aber bey dem allen noch das sonderbarste ist, und was weder vor Potemkin noch nach ihm, jemals ein Liebling hat bewerkstelligen dürfen, ist, daß er diese Art mit der Kayserin zu leben, und die Höflinge zu behandeln, bis an seinen Tod immer beybehielt, ein Beweis, daß sein Ansehen mit geringen Abweichungen immer groß und unumschränkt blieb und dass er, ob er gleich keinen sehr durchdringenden Verstand hatte, doch immer ohne Vergleich klüger war, als alle diejenigen, die die Monarchin zunächst umgaben.«

Eigentlich war es schade, dass Helbig die Lebensart des Fürsten nur gestreift hat, um dessen Ansehen zu schmälern. Der zuletzt zitierte Gedanke enthielt sogar richtige Beobachtungen. Katharinas und Potemkins Umgang miteinander enthielt viele Erscheinungen und Prinzipien, die für die damalige Lebensweise des russischen Adels charakteristisch waren und bildeten einen nicht unerheblichen Teil der russischen Kulturgeschichte des 18. Jahrhunderts.

Diese beiden bedeutenden Menschen prägten den Lebensstil des russischen Adels in nicht zu unterschätzender Weise. Die Beziehungen zwischen Katharina II. und Grigori Potemkin blieben stets kompliziert und vielschichtig. Helbig erkannte durchaus den recht ungewöhnlichen Zustand lebenslanger Vertrautheit zwischen der Kaiserin und ihrem Fürsten. Gleichzeitig blieb ihm diese Beziehung rätselhaft. Der Günstling Potemkin avancierte bald zum Herrn über die wechselnden Liebhaber der Kaiserin und er blieb dennoch der erste Favorit: als Politiker, als Organisator, Staatsmann und als Heerführer. In diesem Punkte hatte Helbig Recht: Potemkin zählte zu den überragenden Persönlichkeiten Russlands im letzten Drittel des 18. Jahrhunderts. Vielleicht ist er sogar die außergewöhnlichste Erscheinung am großen Himmel der politischen Sterne Russlands gewesen. Aber Helbig hat dennoch ein negatives Bild von Potemkin gezeichnet und dessen glänzende Fähigkeiten mit der Darstellung so niederer Motive und mit finsteren Charaktermerkmalen umwoben, dass die geschichtliche Wahrheit in den Hintergrund getreten war. Der Nachwelt wurde dadurch ein Potemkin-Zerrbild überliefert, das mit dem historischen Vorbild herzlich wenig gemeinsam hat. Als Schöpfer der Legende darf Helbig genannt werden – neben Katharina II. und dem Fürsten Potemkin selbst, sowie zahlreichen Zeitgenossen, denen die Karriere, das Lebensgefühl und die politischen Handlungen Potemkins ein Dorn im Auge waren.

1. Eine Legende wird geboren

So bleibt das Fazit, dass das geschichtliche Bild des Fürsten auf sonderbare Weise mit der tatsächlichen historischen Rolle divergiert, obwohl die angeführten Tatsachen nicht unrichtig sind. Ein Beweis für die These, dass jedes Geschichtsbild die Frucht einer mehr oder weniger phantasievollen Konstruktion ist, bei der das Bild selbst von geringerem Interesse ist. Wichtiger erscheinen die Motive, warum das Bild so und nicht anders gemalt wurde. Im konkreten Falle kann man ein politisches Motiv nur in einer Gegnerschaft zur russischen Orientpolitik suchen. Warum aber ausgerechnet ein sächsischer Beamter mit diesem Ziel zur Feder gegriffen hat, bleibt nebulös. Vielleicht wollte der Herr Helbig ja auch nur sein Wissen an die breite Öffentlichkeit bringen. Er bemächtigte sich eines zugkräftigen Sujets und hörte schon die Taler im prall gefüllten Beutel klirren. Es kann natürlich auch sein, dass er die politischen Geschäfte von hohen Persönlichkeiten besorgte, die selbst viel lieber diskret im Hintergrund blieben. Im Zeitalter des Absolutismus waren derartige Intrigen keineswegs ungewöhnlich.

Helbigs Serie wurde 1808 in die französische und 1811/13 in die englische Sprache übersetzt. Die Legende Potemkin war geboren und man sage nicht, sie fußte lediglich auf der individuellen Psyche eines machthungrigen Günstlings und seiner liebestollen Kaiserin! Helbig hatte eine politische Biografie geschrieben, die den westeuropäischen Gegnern der russischen Orientpolitik in die Hände arbeiten konnte. Die russische Orientpolitik durchlebte in den folgenden Jahrzehnten vielfältige Wandlungen. Aber die Potemkin-Legende lebte fort und fort, ohne sich in ihrer Grundtendenz jemals zu verändern.

Noch in den dreißiger Jahren des 20. Jahrhunderts erschien in Deutschland ein Buch unter dem Titel »Vom Hanswurst zum ersten Mann im Staate«. Der Band kolportierte die Aussagen Helbigs, obwohl diese durch den englischen Historiker Robert Nisbett Bain längst als »völlig wertlos« bezeichnet worden waren. Auch das scheint eine Schwäche der menschlichen Psyche zu sein. Dem Unmöglichen vertraut sie unter wohligem

Schaudern weit eher als der schmucklosen und mitunter tristen geschichtlichen Wahrheit.

So phantasievoll das zeitgenössische Bild über den Fürsten Potemkin jenseits der russischen Grenzen blieb, so scharf zeichnete man es im Innern Russlands. Gegner und Befürworter der Persönlichkeit Potemkins und der Orientpolitik Katharinas unterschieden sich in ihrem Urteil über Potemkin ebenso wie die um die Macht am Hofe rivalisierenden Gruppierungen oder Einzelpersönlichkeiten. In der Person des Reichsfürsten wurde jedoch auch nach Erklärungsmustern für den Charakter und Geist der ganzen Epoche gesucht. In westlich orientierten politischen Kreisen wie bei missgünstigen höfischen Würdenträgern stieß Potemkin auf besonders scharfe Ablehnung.

Die streng nationale Literatur lobte ihn dagegen in den höchsten Tönen – bezeichnenderweise stets mit dem Blick auf die russischen Aspirationen in Richtung Konstantinopel. Da galt er als der großartige Vollstrecker des Willens der Kaiserin. Peter der Große hatte das Fenster zum Baltischen Meer geöffnet. Katharina die Große schlug die Tür zur mediterranen Welt auf und wollte den Siegeszug gegen die »Ungläubigen« vollenden. Der Reichsfürst und Feldmarschall Potemkin galt den Apologeten imperialer Politik gleichermaßen als Achilleus wie als Alexander der Große – Russlands Kampf gegen Konstantinopel war im legendären griechischen Zug gegen Troja bereits vorgelebt worden! Der Mythos blühte!

Eine reale historische Figur wie Fürst Grigori Alexandrowitsch Potemkin, dessen Bild aus Unkenntnis, durch Ablehnung und hymnische Zustimmung mystifiziert wurde, geriet leicht in die Gefahr, ihrer tatsächlichen Lebensleistung beraubt zu werden. Das historische Urbild geriet zur Anekdote und lebte nur noch in der Anekdote. Darin liegen auch die tieferen Ursachen für die Zählebigkeit der Legende von den »potemkinschen Dörfern«. Niemand machte sich die Mühe, den Wahrheitsgehalt zu prüfen. Just auf diese Weise geriet Potemkin im Westen zur Inkarnation des asiatisch-byzantinischen

1. Eine Legende wird geboren

Günstlings und kein Mensch dachte darüber nach, dass dieser Typus überhaupt nicht in das Bild von der aufgeklärten europäischen Autokratie Katharinas II. passen konnte. War der Fürst bereits zu Lebzeiten eine Legende, so tat man nach seinem Tode alles, diese Legende in die Geschichte einzuflechten. Einen Monat nach seinem Ableben wurde Potemkins Leiche am 23. November 1791 in der Krypta der durch ihn erbauten Festungskirche von Cherson beigesetzt. Das Herz schnitt man aus dem Körper und begrub es unter dem Altar. Der Fürst ruhte inmitten des südukrainischen Landes, das er erobert hatte, und unter den Opfern, die für den neuen russischen Besitzstand ihr Leben gegeben hatten. So wollte es Katharina II. im Bewusstsein ihrer eigenen historischen Größe, und so entsprach es auch durchaus der tatsächlichen Lebensleistung des Kolonisators, Politikers und Feldherrn.

1796 starb die Kaiserin und der von ihr ungeliebte Sohn Paul I. bestieg den Thron. Der Hass zwischen Mutter und Sohn war von beiden Seiten gepflegt worden, hatte jedoch entgegen allen Spekulationen nichts an der Thronfolge geändert. Mit manischer Verfolgungswut tilgte Paul alle Erinnerungen an seine Mutter, die Thronräuberin, die seiner Ansicht nach nicht nur die Mitschuld am Tode Peters III. trug, sondern die ihm selbst die Herrschaft verweigert hatte. Es bedarf keiner besonderen Phantasie sich vorzustellen, dass auch Grigori Potemkin dem Scherbengericht zum Opfer fiel. Das Grabgewölbe in der Chersoner Kirche wurde zugeschüttet, das Denkmal in der Kirche zerstört. Potemkin war in der Steppe bei Jassy gestorben und man hatte an der Stelle eine Gedenksäule errichtet. Diese wurde geschleift. Dennoch war dem rachsüchtigen jungen Kaiser kein geschichtlicher Erfolg beschieden. So wenig es Paul gelang, die Gloriole Katharinas zu zerstören, so erfolglos blieb das Unterfangen auch im Falle Potemkins. Die Legende lebte weiter – nicht nur in den unsterblichen Werken Puschkins oder Turgenews.

Für die großen russischen Dichter und Denker war Fürst Potemkin weit mehr als eine von phantastischen Geschichten umwobene oder gar exotische Persönlichkeit. Alexander Puschkin war vom wohl überlegten Machtstreben Katharinas II. überzeugt. Ihr ganzes Handeln unterlag nach Puschkins Ansicht einer kühlen Kalkulation. Die ausufernden Phantasien und exaltierten Überspanntheiten Potemkins hielt der Dichter für einen genialen Versuch, die Grenzen des Möglichen zu überschreiten und gleichzeitig den nüchternen Wirklichkeitssinn der Kaiserin zu ergänzen. Potemkin war tatsächlich in jeder Hinsicht maßlos und zum Sinnbild seiner Epoche geworden.

Puschkins bildlicher Vergleich birgt interessante Anregungen in sich, dringt jedoch auch nur bis zu einem bestimmten Punkt in das innere Gefüge der Beziehungen zwischen Katharina und Potemkin vor. Die ganze Wahrheit kannten nur die Kaiserin und ihr Reichsfürst selbst.

In der zweiten Hälfte des 19. Jahrhunderts begannen in Russland seriöse wissenschaftliche Forschungen über die historische Figur Potemkin. Die Untersuchungen wurden mit umfangreichen Quelleneditionen verbunden. Die Forschung über das Phänomen Potemkin hat im 20. Jahrhundert auf der ganzen Erde Liebhaber gefunden. Es bleibt reizvoll, zumindest in Fragmenten der lebendigen Spur Grigori Potemkins zu folgen. Wenn am Ende das im Grunde leicht zu verstehende Bild einer im Geist ihrer Zeit ganz natürlichen und menschlichen Gestalt entsteht, dann bleibt diese dennoch eine große historische Persönlichkeit – weil sie auf geradezu kongeniale Weise dem Wesen ihrer Epoche Ausdruck verliehen hat und bei alledem doch ein Mensch mit allen seinen Stärken, Schwächen und Leidenschaften geblieben ist.

2.
Geschichten um Herkunft, Kindheit und Jugend Grigori Potemkins

Es gab namhafte Aristokraten, Politiker oder Militärs in der neuzeitlichen russischen Geschichte, die erst ab einem bestimmten Lebensalter in den Blickpunkt des öffentlichen Interesses gerieten. Auch bei Grigori Alexandrowitsch Potemkin sind viele Lebensumstände über die Herkunft, Kindheitserlebnisse und Jugendjahre im Dunkel der Vergangenheit verborgen. Die Familie Potemkin soll nach vagen Erinnerungen aus zweiter und dritter Hand im 16. Jahrhundert, vielleicht sogar während des Livländischen Krieges unter der Herrschaft Zar Iwans IV., aus Polen oder Litauen nach Russland zugewandert sein. Dabei ist von einem nicht näher identifizierten »Hans Alexandrowitsch« Potemkin die Rede.

Der Frontenwechsel während des Krieges wäre kein besonders ungewöhnlicher Vorgang gewesen. Im Livländischen Krieg – beim Kampf um die Vorherrschaft in den baltischen Regionen nach 1558 wechselten oft die Fronten und Machtverhältnisse – sind nicht nur Umsiedlungen oder Massenfluchten von Kriegsopfern üblich gewesen. Angesehene russische Bojaren und Würdenträger aus alten Adelsgeschlechtern – wie der Fürst Andrei Kurbski, ein mit Iwan IV. befreundeter Staatsmann und Feldherr – flohen vor dem Terror Iwans IV. nach Polen und Litauen. Andrei Kurbski und Zar Iwan IV. wechselten nach der 1564 gelungenen Flucht des Fürsten mehrere Briefe, deren Inhalt sehr viel über die innerrussischen Zustände während der Terrorherrschaft Iwans des »Schrecklichen« aussagten. Sie berührten auch die Frage, warum so viele russische Adlige ihr Heil in der Flucht aus der Heimat suchten.

Während Kurbski die vielen Morde und Verfolgungen beklagte und den Herrscher beschuldigte, den Adel auszurotten und das Land zu ruinieren, glaubte Iwan IV., selbst im Terror für die Rechte seiner ihm anvertrauten Landeskinder zu streiten. Dem von Gott gesandten und gesalbten Zaren oblag die Pflicht, zu belohnen und zu strafen. Die Bojaren suchten – falls sie es noch konnten – das Weite, ehe die schwarzen Henkersknechte Iwans mit Knute, Beil, Strick und Feuer ihr mörderisches Werk im Namen des gerechten Gottes und gütigen Zaren vollenden konnten.

Aber auch in der geografischen Gegenrichtung bot sich ein ähnliches Bild, obwohl die Opfer unter dem russischen Adel, die Iwans Rachefeldzug im eigenen Land forderte, in Polen und Litauen bekannt waren. Obwohl der russische Zar geheime Kontakte mit dem Feind unter Todesstrafe stellte: Jenseits der Moskauer Fronten und Grenzen erhofften polnische und litauische Adlige in Russland Gewinn und Reichtum. Iwan IV. hieß die Überläufer ebenso bereitwillig wie vorsichtig willkommen, wie das sein Gegenspieler, der polnische König, bei den russischen Emigranten tat.

Kriegsemigranten neigen, der Not und dem eigenen Triebe gehorchend, zu beschleunigter Opportunitätsbereitschaft. Die Familie Potemkin integrierte sich durch den offenbar unbedenklichen Übertritt vom katholischen zum orthodoxen Glauben relativ schnell in das Moskauer Großfürstentum und gelangte bald zu einigem Wohlhaben und Ansehen. Für diesen Anpassungsprozess sprechen mehrere Indizien. Potemkins erschienen im 16. und 17. Jahrhundert sowohl in den offiziellen Listen von Grundeigentümern als auch von Kriegsteilnehmern. Die Familie scheint zahlreich und weit verzweigt gewesen zu sein, denn z.B. der den Zaren Alexei Michailowitsch und Fjodor Alexejewitsch dienende Gesandte Peter Iwanowitsch Potemkin zählte allem Augenschein nach nicht zu jener unmittelbaren genealogischen Linie, aus der später Reichsfürst Grigori Alexandrowitsch Potemkin hervorgegangen ist. Es dürfte auch weit hergeholt wirken, wollte man aus dem Leben und besonders aus den individuellen Eskapaden dieses der Nachwelt bekannt gewordenen Peter Iwanowitsch Potemkin

2. Geschichten um Herkunft, Kindheit und Jugend Grigori Potemkins

charakteristische Rückschlüsse auf eine allgemeine Familienphysiognomie ableiten. Da jedoch bestimmte Verhaltensweisen Peter Iwanowitschs denen Grigori Potemkins in ihrer grundsätzlichen Anlage frappierend ähnelten, können sie zur allgemeinen unterhaltsamen Illustration von Merkwürdigkeiten aus der Genese der großen Familie Potemkin beitragen. In diesem Zusammenhang ist einzuflechten, dass auch das Auftreten Peters des Großen in verschiedenen westeuropäischen Ländern individuelle Eigentümlichkeiten aufgewiesen hat, die den westlichen Beobachter befremdet haben. Es sei nur an die sattsam bekannten Trink- und Tischgewohnheiten Peters I. erinnert. Die Exotik der Russen und das Misstrauen ihnen gegenüber haben allzeit die Phantasie zur anekdotischen Pointierung angeregt. Vielleicht sollte man dem Wahrheitsgehalt dieser oder jener Anekdote gar nicht mit zu großem Ernst auf den Grund gehen.

Außerdem: So überreich an originellen Persönlichkeiten war die Familiengeschichte der Potemkins nicht. Für vaterländisch sensible Geister mag der weitläufige Vorfahr Peter Iwanowitsch als schönes Denkmal für frühen nationalen Stolz dienen, gepaart mit den mentalen Eigenheiten, die Russen beim Aufenthalt in westlichen Ländern immer wieder an den Tag gelegt haben – nicht nur Peter der Große. Für Spötter war er ein grobschlächtiges Unikum. Westlichen Diplomaten erschien er einfach als eine Merkwürdigkeit.

Der so rustikal in Erscheinung tretende Peter Iwanowitsch Potemkin wurde im Jahre 1617 geboren. Damals regierte bereits der erste Romanow. Zar Michail Fjodorowitsch bemühte sich, Russland aus der elenden wirren Zeit mit ihren dynastischen Irrtümern, sozialen Krisen und dem permanenten Druck seitens der polnischen Eroberer herauszuführen. Diese Zeit hatte bereits nach dem Tode Iwans IV. im Jahre 1584 begonnen. Die Dynastie der Rjurikiden war mit Iwans Sohn Fjodor auf dem Thron des Moskauer Großfürsten ausgestorben. Seltsame Herrscher oder Pseudozaren wie Boris Godunow, die beiden falschen Zaren Demetrius oder Wassili Schuiski, ruinierten das

Land. Die Bauern flohen aus den zentralen Regionen in die Wälder oder in die Grenzgebiete. Polens König Sigismund III. strebte nach der Zarenkrone Moskaus, und die russischen Bojaren rivalisierten entweder gegeneinander oder warfen sich den wechselnden Herren zu Füßen. Erst 1612 konnte ein Landesaufgebot unter Führung des Fürsten Dmitri Posharski die Polen zumindest aus Moskau vertreiben.

Eine Reichsversammlung (Semski Sobor) wählte den jungen Michail Fjodorowitsch Romanow zum Zaren. Seiner und vor allem des Vaters kluger Führung war es zu verdanken, dass Zar Alexei Michailowitsch im Jahre 1645 bereits wieder ein relativ geordnetes Großfürstentum übernehmen konnte. Zar Alexei bemühte sich um eine vorsichtige Öffnung des Landes nach Westen und legte reformpolitische Grundlagen, auf die sein Sohn Peter I. aufbauen konnte.

Im Jahre 1667 schickte Alexei Michailowitsch den fünfzigjährigen Peter Iwanowitsch Potemkin als Gesandten nach Spanien und Frankreich. In jenem Jahr erweiterte Moskau durch den Waffenstillstand von Andrussowo mit Polen sein Territorium um die links des Dnjepr liegende Ukraine und gewann Kiew hinzu. 1667 begann an der Wolga und im Ural auch der Aufstand der Donkosaken unter Führung Stepan Rasins. Vier Jahre währten die blutigen Unruhen. In diesen Jahren betraute der Zar seinen Diplomaten Peter Potemkin mit weiteren Sondermissionen in Wien, London und Kopenhagen. Alles in allem war Potemkin offenbar ein geschickter Diplomat, der seinen Herrscher mit einem gesunden Schuss Selbstbewusstsein im Ausland effektvoll vertrat.

Diese Erkenntnis verdient es hervorgehoben zu werden, denn Potemkin durfte nicht das Privileg für sich in Anspruch nehmen, dem altrussischen Bojarenadel entsprossen zu sein. Das immer währende Problem streitvoller Auseinandersetzungen zwischen Dienst- und Erbadel wird an Potemkin nicht spurlos vorübergegangen sein.

Die Zaren bedienten sich zur Festigung ihrer eigenen Macht vorwiegend tatkräftiger Angehöriger des Dienstadels. Der be-

2. Geschichten um Herkunft, Kindheit und Jugend Grigori Potemkins

deutende Heerführer, Diplomat und Politiker Afanassi Ordin-Naschtschokin stieg unter diesen Voraussetzungen vom unbekannten Provinzadligen zum Kanzler des Reichs auf. Ordin-Naschtschokin legte sich als Akt der reinen Selbstbehauptung einen individuellen Habitus zu, durch den er sich einen Schutzschild vor allen Angriffen auf seine Person erhoffte. Er gab sich nörglerisch, überkritisch, grantig und unnahbar. Der gebildete und kulturell nach Westeuropa orientierte Mann war allein gegenüber seinem Herrscher voller serviler Untertänigkeit. Ordin-Naschtschokin und Peter Potemkin müssen einander gekannt und in einem realen Dienstverhältnis zueinander gestanden haben. Die ausgefallenen Handlungen Potemkins hätten auch von Ordin-Naschtschokin erdacht worden sein können. Einige Kostproben belegen die unkonventionellen Umgangsformen Peter Potemkins:

Den spanischen König Karl II. soll Peter Potemkin veranlasst haben, jedes Mal, wenn bei offiziellen Empfängen der Name des Zaren genannt wurde, den Hut zu lüften. Diese Art der Ehrenbezeugung eines Habsburgers gegenüber den in Westeuropa weit gehend unbekannten Romanows erscheint vielleicht ein wenig zu anekdotenhaft. Aber die Episode gewinnt an Glaubwürdigkeit, wenn man bedenkt, dass König Karl damals gerade erst sechs Jahre alt und durch exotische Diplomaten sicherlich noch relativ leicht zu beeinflussen war. An der spanisch-französischen Grenze soll sich Peter Potemkin geweigert haben, für seine edelsteinbesetzten Gewänder den festgelegten Zoll zu entrichten. Es wird berichtet, er habe den Zöllner als »verfluchten Hund« beschimpft, bevor er ihm das geforderte Geld vor die Füße warf. Vielleicht verstand der Zollbeamte lediglich die russische Flüchekultur nicht.

In Frankreich hatte Peter Potemkin anschließend offenbar mehr Glück. Ludwig XIV. schickte dem Gesandten nicht nur königliche Kutschen und eine berittene Leibgarde entgegen. Er bezahlte auch die von Potemkin reklamierten Zollgebühren und fügte obendrein ansehnliche Geschenke hinzu. Der Sonnenkönig gab sich alle Mühe, den polternden Russen so freundlich wie möglich zu stimmen. Der aber dankte mit neuerlichen Grobheiten. Auch in Frankreich sah er seinen Zaren respektlos behandelt, brach die Gespräche ab und verweigerte die Annahme einer königlichen Botschaft, weil sich bei den offiziellen Zarentiteln in der Anrede ein bedauerlicher Formfehler eingeschlichen hatte. Es handelte sich im Grunde um eine Bagatelle.

Da Russland sich schon in jenen Jahren bemühte, in das europäische Mächtekonzert aufgenommen zu werden – der Erste Nordische Krieg gegen Polen und Schweden war 1660 zu Ende gegangen – konnte der Gesandte keinen »schwer wiegenden« Fehler gegenüber der geheiligten Würde des Zaren einfach stillschweigend hinnehmen. Beschwichtigende Kompromissversuche prallten an seinen Prinzipien und Umgangsformen ab.

Eine weitere Peinlichkeit ereignete sich während Potemkins Europareise in Kopenhagen. König Christian V. lag krank zu Bett. Er wollte den russischen Emissär dennoch empfangen. Der verlangte nach einem zweiten Bett im Schlafgemach des Königs. Als Gesandter des großen Zaren wollte er mit Dänemarks König nur von Gleich zu Gleich verhandeln. Das merkwürdige Ansinnen wurde mit Respekt erfüllt und die Herrschaften konferierten von Bett zu Bett! Peter Potemkin verhielt sich in seinen weniger nationalbewussten als rechthaberischen und anmaßenden Umgangsformen nicht besonders zimperlich. In Westeuropa erhielten die gekrönten Häupter, Politiker und Diplomaten einen kleinen Vorgeschmack auf die künftigen Visiten eines sich europäisch gerierenden Herrschers vom Schlage Peters des Großen. Der Name Potemkin prägte sich bei den diplomatischen Diensten ein: Das war ein hochfahrender und exaltierter, von Starrsinn geplagter Mann. Selbst wenn der Reichsfürst Grigori Alexandrowitsch Potemkin erst einhundert Jahre später Leistungen vollbrachte, die mit denen seines ungewissen Ahnen in keiner Weise in Verbindung standen, das Markenzeichen Potemkin war an europäischen Höfen vorgeprägt und warb nicht unbedingt für eine besonders aufgeschlossene Zuvorkommenheit.

Die Jahrzehnte gingen ins Land, ohne dass sich ein weiterer Potemkin in die Annalen der Geschichte eintragen konnte. Erst über Grigoris Vater, Alexander Wassiljewitsch Potemkin, existieren detailliertere Angaben. Man weiß nicht genau, in welchen genealogischen Verbindungslinien er zu den anderen in der Geschichte auftauchenden Potemkins stand, aber es ist bekannt, dass er 1673 (vielleicht auch erst 1675) geboren wurde. Das war bereits gegen Ende der Regierungszeit Zar Alexei Michailowitschs. Selbst wenn Alexander Potemkin 1673 geboren worden war, dürfte er doch kaum etwas von der Regentschaft Sofja Alexejewnas und den Auseinandersetzungen dieser bemerkenswerten Frau mit ihrem Halbbruder Peter Alexejewitsch in den Jahren zwischen 1682 und 1689 erfahren haben. Wir wissen nicht einmal, an welchem Ort die Familie der Potemkins gelebt hat. Alexander Potemkin gehörte dem niederen Provinzadel an.

Er diente als Offizier in verschiedenen Linienregimentern der russischen Armee. Potemkin wurde aufgrund schwerer Verwundungen im Range eines Obersten – vielleicht auch nur eines Oberstleutnants – ehrenvoll aus den Streitkräften entlassen. Es ist nicht bekannt, in welchen Kämpfen des großen Nordischen Krieges Russlands gegen Schweden er während der Herrschaft Peters des Großen die Verletzungen erlitten hatte. Als dieser Krieg im Jahre 1700 begann, war Alexander Potemkin etwa fünfundzwanzig Jahre alt. Nach seiner Entlassung, deren Datum nicht ermittelt ist, lebte er als kleiner Grundbesitzer auf dem bescheidenen Gut Tschischow in Weißrussland mit ausgeprägten Zügen eines patriarchalischen Herrschaftsverständnisses. Auf dem Gut Tschischow wurde Grigori Alexandrowitsch Potemkin am 13. September 1739 geboren. (Das exakte Geburtsdatum ist umstritten und die verschiedenen Quellen schwanken zwischen den Jahren 1736 und 1742. Das Datum von 1739 hat sich mehrheitlich durchgesetzt). Der Vater zählte zum Zeitpunkt der Geburt seines Sohnes bereits über fünfundsechzig Jahre! Die Mutter, Darja Wassiljewna Skuratowa, hatte den Vater 1727 geheiratet.

2. Geschichten um Herkunft, Kindheit und Jugend Grigori Potemkins

Die Geschichte ihrer Ehe war etwas peinlich, aber gemessen an den Verhaltensweisen z.B. Peter Iwanowitsch Potemkins nicht besonders aufregend. Alexander Potemkin hatte die blutjunge Witwe Skuratowa, die in der Nähe von Kiew lebte, auf einer Reise kennen gelernt. Er hatte sie aus purer Leidenschaft vom Fleck weg geheiratet. Der angejahrte feurige Liebhaber hatte der angebeteten jungen Dame allerdings verschwiegen, dass er daheim in Tschischow bereits eine geplagte Ehefrau sitzen hatte. Erst einige Monate später – die Frucht ihrer Liebe konnte nicht länger verheimlicht werden – entdeckte Darja die Bigamie ihres Gatten. Sie unternahm einen klugen Schritt und setzte sich mit der an der Nase herumgeführten ersten Ehefrau Alexander Potemkins in Verbindung. Über diese erste Gemahlin Potemkins existieren keine erreichbaren Informationen. Aber die Frau hatte offensichtlich wenig Freude in ihrem Eheleben erfahren. Sie war froh, den ekelhaften Gatten bei dieser Gelegenheit loszuwerden, gönnte ihn der Nachfolgerin von Herzen und zog sich ohne den geringsten Widerstand als Nonne in ein Kloster zurück. Sicherlich war sie eine gläubige Frau. Aber aus dem Adel wurden in erster Linie die unverheirateten Töchter in ein Kloster geschickt. Im vorliegenden Falle schien der unleidliche Gemahl Motivation genug. Überraschend schnell waren die Wege für Darja geebnet und die war froh, das Problem so unkompliziert gelöst zu haben. Darja brachte zunächst die Mädchen Maria (oder Marfa) und Jelena zur Welt. Danach folgte als erster Sohn im Jahre 1739 Grigori.

Die erste Ehe Alexander Potemkins war unglücklich genug verlaufen. Auch seine zweite Frau verfolgte der alternde und ewig missgelaunte Mann mit Grobheit und rasender Eifersucht. Er verstieg sich zeitweilig zu dem Gedanken, der kleine Grigori sei nicht die Frucht eigener Lenden und strengte die Scheidung von Darja an. Später lenkte er wieder ein und zog den unüberlegten Antrag zurück. Aus der Ehe gingen drei weitere Töchter hervor: Pelageja, Darja und Nadeshda. Darja Potemkin-Skuratowa scheint hübsch, lebhaft und klug gewesen zu sein. Die geistige Enge, ungezügelte Brutalität und aufrei-

2. Geschichten um Herkunft, Kindheit und Jugend Grigori Potemkins

bende Kleinlichkeit des Gatten kompensierte sie durch Offenheit und Freundlichkeit gegenüber den Nachbarn und Bekannten. Besonders viel Abwechslung gab es in dem kleinen Tschischow indes nicht. Vielleicht hat sie es sogar als Erleichterung empfunden, als der permanent mäkelnde und räsonierende Ehemann, dem sie zwar sechs Kinder gebar, mit dem sie jedoch ständig im Streit gelegen hatte, im Jahre 1746 starb.

Indes, die Art und Weise, wie Darja in die Familie Potemkin kam, die vielen Kinder und der selbstbewusste Widerstand gegen den verabschiedeten Obristen – das alles offenbarte Züge allgemeiner und kulturhistorisch interessanter Einsichten über das Leben der russischen Frau im 18. Jahrhundert.

Über Darjas Herkunft ist kaum etwas bekannt, zumindest war sie nicht von adeliger Abstammung. Ihre Stellung in der durch Dienstränge festgelegten Adelsgesellschaft bestimmte daher der Rang des Gatten. Dank der seltsamen Heirat mit Alexander Potemkin avancierte Darja auch über den Tod des Gatten hinaus zu einer zwar nur bescheiden bemittelten, aber nicht unangesehenen »Obristin«. Solange Alexander Potemkin mit seiner Familie in Tschischow lebte, dürften sich Darjas Wünsche zur Selbstverwirklichung in bescheidenen Grenzen gehalten und ausschließlich auf die Kindererziehung und den engagierten Kirchenbesuch beschränkt haben. Die Möglichkeiten zur Wohltätigkeit gegenüber armen Menschen dürften sich bei den geringen Einkünften aus dem Gut ebenfalls in engen Grenzen gehalten haben. In diesem Milieu war eine Grundtendenz der russischen Adelsgesellschaft im 18. Jahrhundert, nach der die Damen mehr und mehr zu Trägern der geistigen und musischen Kultur wurden, nicht realisierbar.

Tschischow und der Obrist Potemkin zählten weder zum Landeszentrum noch zur Aristokratie. Aber der Gatte lebte nicht ewig und die Familie blieb dann auch nicht mehr lange in Tschischow ...

Alles in allem bleiben die Erkenntnisse über das Ehe- und Wirtschaftsleben, über die geistige Kultur oder charakteristische Besonderheiten der Potemkins in Tschischow karg. Der provinzielle Alltag verlief ohnehin wenig spektakulär. Von seinem Vater hatte Grigori Potemkin jedenfalls weder ein bedeutendes geistiges noch materielles Erbe übernehmen können. Selbst in den vererbten Charaktereigenschaften gibt es zu wenig bekannte Anhaltspunkte, als dass man die These vertreten könne, der Sohn habe dem Vater in irgendeiner vielleicht sogar liebens- oder schätzenswerten Eigenschaft geähnelt. Vielleicht waren sie einander hinsichtlich ihrer Ungeduld, Eigenmächtigkeit oder Spontaneität nahe. Allerdings stieg Grigori Potemkin in gesellschaftliche Höhen auf, die der Vater niemals erreichen konnte und Grigori lebte seine charakterlichen Eigenschaften in einer Welt aus, die der arme Vater gar nicht gekannt hatte. Die Mutter beobachtete dagegen das unaufhaltsame Treiben ihres Sprösslings noch über viele Jahre aufmerksam und voller Zurückhaltung, obwohl sie daran kräftig partizipierte.

Grigori Alexandrowitsch Potemkin verbrachte die ersten fünf Lebensjahre auf dem väterlichen Gut, in einer weltabgeschiedenen dörflichen Idylle, in Schmutz und Unbeschwertheit, obgleich der anhaltende Streit zwischen den Eltern und die Armut des Kleinadligen nicht sehr erfreulich gewesen sein dürften. Aber der heranwachsende Junge kannte nur diese heimatliche Atmosphäre und wird sie mehr oder weniger bewusst als normal empfunden haben. Es gab im eintönigen Alltag nur einen einzigen aufmunternden Höhepunkt. Alexander Potemkin hatte, der eigenen Religiosität folgend, mit Gutsnachbarn eine kleine Holzkirche errichten lassen. Der in der Kirche tätige Diakon hörte auf den wohlklingenden Namen Timofei Krasnopiewzow. Vater Timofei übernahm auch die Elementarausbildung der Kinder Alexander Potemkins. Der gutmütige Geistliche gab sich wirklich redliche Mühe, den von klein auf launenhaften, mutwilligen und vorlauten Grigori auf den Pfad christlicher Lebenstugenden zu leiten. Das gelang ihm vor allem dank seiner schier unendlichen Geduld und einer schönen Singstimme mit einigem Erfolg. Grigori hing tatsächlich sein ganzes Leben mit sentimentaler Treue an dem alten und vertrauten Lehrer. Wenn auch die vermittelte religiös-sittliche Askese später viele Wünsche offen ließ, gläubig und voller Freude an schöner Musik blieb Potemkin bis an sein Lebensende. Noch viele Jahre später, es gab bereits den einflussreichen Favoriten der Kaiserin und Reichsfürsten Grigori Potemkin, bewahrte er gegenüber Krasnopiewzow die frühere kindliche Anhänglichkeit.

Der arme alte Mann erfuhr in seinem weißrussischen Weiler von der traumhaften Karriere des früheren Schülers. Er wanderte zu Fuß bis nach Petersburg und es gelang ihm sogar, zerlumpt und abgezehrt, wie er war, in den exklusiven Lebenskreis Potemkins vorzudringen und von diesem empfangen zu werden. Der Fürst gab dem Geistlichen, der inzwischen leider seine schöne Stimme verloren hatte, eine Aufgabe, die so recht dem Verständnis eines Hofmannes im russischen 18. Jahrhundert entsprach. Im Jahre 1782 hatte Katharina II. auf dem Senatsplatz von St. Petersburg das weltweit gerühmte Reiterstandbild Peters des Großen errichten lassen. Der französische Bildhauer Falconet hatte die imperiale Größe der Kaiserin gestaltet – »Peter dem Ersten von Katharina der Zweiten« – das ist das überzeugend schlichte Motto gewesen. Fürst Potemkin ernannte seinen alten Lehrer zum ersten Wächter für dieses Denkmal, und der Greis weinte vor Glück. Niemals, bis an das Ende seiner Tage, vergaß der arme Diakon diese großzügige und ehrenvolle Geste, die ihm obendrein einen sorgenfreien Lebensabend bescherte. Ein Leben, das er in Tschischow niemals erahnt oder auch nur erträumt hatte.

Damals, als Grigori noch der kleine und schmutzige Grischa war, wollte der Geistliche dem Jungen die heiligen Tugenden des Lebens beibringen. Politisch hatte er seinen Eleven dagegen gar nicht gebildet. Es ist überhaupt kaum anzunehmen, dass der kleine Grigori in seinen Kindertagen irgendetwas davon erfahren hat, was sich in Petersburg oder Moskau ereignete. Er wird kaum etwas über die Kaiserin Anna oder über den schrecklichen Biron, über die unglückliche Anna Leopoldowna oder über den legitimen Kaiser Iwan VI., über die Staatsstreiche und Intrigen bei Hofe oder über das Erbe Peters des Großen gewusst haben. Vielleicht hat der Vater Erlebnisse aus dem Nordischen Krieg wiedergegeben und Grigori wusste von der Existenz Peters I. und davon, dass Russland Schweden als europäische Großmacht verdrängt hatte. Verstehen, einordnen oder gar bewerten hätte er die Informationen nicht können.

Ein systematisches Hineinwachsen in politisch, militärisch oder administrativ geprägte Verantwortlichkeiten, wie es für den aristokratischen Nachwuchs selbstverständlich war, kannte Grigori nicht. Er blieb der kleine schmutzige Dorfköter aus der abgelegenen Provinz, fern vom politischen Leben Russlands. Aber das ganze Leben lag schließlich noch vor ihm.

Im Jahre 1744 gaben die Eltern den jungen Grigori (man rief ihn allgemein nur »Grig«) in die Obhut seines Paten nach Moskau. In einer anderen Version kam Grigori erst nach dem Tode des Vaters im Jahre 1746 nach Moskau. Ob 1744 oder 1746: Die Gründe schienen ganz eindeutig und logisch, obwohl dem heutigen Betrachter der damaligen Ereignisse die verwandtschaftlichen Beziehungen zwischen den Potemkins und dem Paten in Moskau nicht mehr klar werden. Der Knabe sollte eine solide Ausbildung erhalten. Grigori sollte als Adliger an die »Gesellschaft« herangeführt werden. Die Entscheidung für das konservative Moskau als Erziehungs- und Ausbildungsort war keine grundsätzliche oder gar politische Entscheidung. Sie entsprang lediglich der einfachen Tatsache rein familiärer Bindungen. Der Pate, der offenbar zum weit verästelten Familienclan der Potemkins gehörte, war der Präsident des Kammerkollegiums Grigori Matwejewitsch Koslowski. Er genoss in der alten Hauptstadt Russlands den Ruf eines einflussreichen Beamten. Vielleicht sah man das aber auch in Tschischow nur so. Es ist nicht konkret zu ermitteln, warum und wie Koslowski die Rolle eines Paten für Grigori Potemkin übernahm, in welcher tatsächlichen Beziehung er zur Familie Potemkin stand und welchen persönlichkeitsformenden Einfluss er auf den heranwachsenden Jungen in den folgenden Jahren ausgeübt hat. Koslowskis Persönlichkeit blieb bei den späteren Erinnerungen

Potemkins an die frühen Lebensjahre weitestgehend unerwähnt. Das Verhältnis kann jedoch nicht schlecht gewesen sein, denn Grigori erhielt gemeinsam mit dem Sohn Koslowskis, Sergei, eine gute schulische Bildung, die ihn bis an die Universität heranführte. Koslowski ließ die beiden Jungen an der Schule des protestantischen Pastors Lichte (Littge) die deutsche Sprache erlernen. Als Grigori später in die große glitzernde Welt des Hofes eintauchte, wusste er sich durchaus zu benehmen.

Nachdem der gallige Vater 1746 in Tschischow gestorben war, zog auch die Mutter Grigoris mit ihren fünf Töchtern nach Moskau – sicherlich gleichfalls nicht ohne Unterstützung durch Koslowski. Die Familie lebte in einem Wohnviertel Moskaus, das im 19. Jahrhundert das Andenken des verstorbenen Grigori Potemkin pflegen sollte: Während der Herrschaft Kaiser Alexanders I. ließen wohlhabende Nachkommen aus der großen Familie Potemkin die Kirche »Vosnesenija Gospodnja« (Auferstehung des Herrn) auf den Grundmauern eines Vorgängerbaus aus dem 17. Jahrhundert errichten. Die Pläne für diese Kirche waren von Grigori Potemkin noch persönlich entworfen worden und er wollte auch, dass sie »meinem Namen zum Monument dienen soll«. Vielleicht hatte er sich mit dem Gedanken an ein eigenes christliches Mausoleum getragen. Daraus wurde jedoch nichts. In der Kirche wurden u.a. die Mutter und zwei Schwestern Grigoris beigesetzt sowie Erinnerungsstücke der Familie aufbewahrt, sodass man davon ausgehen kann, dass Grigori in dieser Gegend tatsächlich die Kinder- und Jugendjahre verbracht hatte.

Es gibt dafür allerdings nur Indizien. Signifikante Erlebnisse von prägendem Inhalt für die Charakterbildung Grigoris hatte es damals offensichtlich auch noch nicht gegeben.

Wie das praktische, tagtägliche Leben Grigoris in dem räumlichen und familiären Umfeld der Koslowskis verlaufen ist, wissen wir gleichfalls nur aus einigen wenigen Fakten. Man sagte ganz allgemein über ihn, dass er sich gerne mit alten und neuen Sprachen, mit Geschichte, Theologie und Philosophie beschäftigte. Er las offenbar viel und mit großer Leidenschaft.

Vom Prinzip her könnte das auf den Einfluss des protestantischen Theologen Lichte zurückgeführt werden. Grigori entwickelte aber neben seinen Bildungserfolgen auch bald den unübersehbaren Hang, ständig im Mittelpunkt der Aufmerksamkeit stehen zu wollen: Für ein energisches Kind war das nicht einmal ungewöhnlich und verhieß ein gesundes Durchsetzungsvermögen. Seine Lebensvorstellungen schwankten in jenen Jugendjahren lediglich zwischen den beiden Berufen eines Geistlichen und eines Offiziers. Nach der bisherigen Entwicklung und Erziehung durch den Vater und den sangesfreudigen Diakon Timofei wären diese Tendenzen durchaus logisch und sprächen für die Vermutung, dass der Einfluss des Paten nicht zwingend zur Berufs- und Dienstwahl eines Staatsbeamten im zivilen Bereich führte. Wenn Koslowski den Jungen in eine protestantische Schule schickte, sprach das für die Weltoffenheit und das humanistische Denken dieses russischen Staatsbeamten.

Grigori Potemkin trat mit eigenem Namen und als junge eigenwillige Persönlichkeit zum ersten Mal in Erscheinung, nachdem die Kaiserin Elisabeth Petrowna im April 1755 die Moskauer Universität gegründet hatte. Er war damals sechzehn Jahre alt und hätte die Universität durchaus als Student besuchen können. Der Einfluss des Patenonkels hätte diesen Schritt sicherlich auch ermöglicht. Er wurde jedoch nicht sofort als Student eingeschrieben, sondern zunächst Schüler an dem der Universität angeschlossenen Adelsgymnasium – einer Vorstudienanstalt zum Erlangen der Hochschulreife. Zum gleichen Zeitpunkt trug man ihn als Reiter in die Gardekavallerie ein. Das galt als eine hohe und verpflichtende Ehre, die außerdem seinem Adelsstande adäquat war. Grigori Potemkin hat das Gymnasium tatsächlich ernsthaft besucht und Leistungen erbracht, die ihn als begabten und sittsamen Schüler zur Auszeichnung empfahlen. Nach dem ersten erfolgreich absolvierten Schuljahr erhielt er eine Anerkennungsmedaille. 1757 (es kann auch im Jahre 1758 gewesen sein) gehörte er zu jener auserwählten zwölfköpfigen Schülerschar, die der Kaiserin Elisabeth vorgestellt wurde. Kaiserin Elisabeth führte zu jener Zeit Krieg gegen Preußen.

Daheim hatte sie einen unerquicklich wachsenden Ärger mit ihrem Thronfolger Peter und dessen Gemahlin Katharina – teils aus Gründen berechtigter Irritationen über die offenkundige Regierungsunfähigkeit Peters, teils aus den vorsichtigen, aber zunehmend intriganten Emanzipationsbestrebungen Katharinas. Elisabeths Gesundheit ließ damals bereits sehr zu wünschen übrig. Sie belobigte den jungen Grigori Potemkin ob seiner bravourösen Kenntnisse in den klassischen Sprachen und in der Theologie. Sie beförderte ihn zum Korporal der Gardekavallerie! Diese Rangerhöhung entsprach dem allgemein geltenden Karriereritual für junge Adlige, die gleichzeitig studierten und in der Garde dienten.

Es war überhaupt nichts daran zu beanstanden, blendende Leistungen in Griechisch und Latein oder in den Gotteswissenschaften durch einen mittleren Unteroffiziersdienstgrad zu vergelten. Für den Kleinadligen aus der Provinz war die Beförderung eine große Auszeichnung, denn er konnte auf kein eigenes Reservoir an materiellen oder finanziellen Mitteln zurückgreifen, auf diese Weise aber seine Reputation erhöhen. Der Dienst in der Garde besaß jedoch nicht nur diesen individuellen persönlichkeitsfördernden Aspekt.

Die Garde hatte sich in mehr als sieben Jahrzehnten zu einer elitären Problemtruppe gemausert. Peter I. hatte einst mit seinen beiden Spielregimentern, die in den Ortschaften Preobrashenski und Semjonowski nahe bei Moskau untergebracht waren, Furore gemacht. Nach dem Beginn der Herrschaft Peters im Jahre 1689 hatte der spielerische Umgang mit Muskete und Säbel ein Ende. Die Regimenter behielten ihre Namen, aber Zar Peter verlegte sie mit der Gründung Petersburgs am Beginn des 18. Jahrhunderts in die neue Hauptstadt. Die Preobrashensker galten als das erste Regiment im Reich und dessen erstes Bataillon hatte sein Quartier in unmittelbarer Nähe des Winterpalais. Während des Nordischen Kriegs 1700 bis 1721 zeichneten sich die beiden Einheiten durch besondere Standhaftigkeit und verwegenen Mut aus. Unter der Herrschaft Annas I. gesellte sich als drittes das Ismailowski-Regiment hinzu, und alle drei Truppenteile bildeten gemeinsam die Garde-Infanterie. Kaiserin Anna stellte auch die ersten berittenen Einheiten auf. 1730 formierte sie das Kavallerieregiment der Leibgarde. Erst im Todesjahr Katharinas II., 1796, folgten Leibhusaren- und Leibkosakenregimenter. Alle anderen Garderegimenter entstanden mit ihren vielfältigen Spezialeinheiten erst im Laufe des 19. Jahrhunderts.

Wenn Grigori Potemkin schon 1757 (oder 1758) zum Korporal der Gardekavallerie ernannt wurde, so war das eine im doppelten Sinne herausragende Auszeichnung. Die Gardekavallerie war noch jung, zahlenmäßig klein, im Aufbau begriffen und der Dienst blieb vorerst in der Regel an das Leben in der Hauptstadt Petersburg gebunden. Potemkin lernte und studierte noch in Moskau. Vielleicht standen die folgenden Ereignisse gerade mit seiner Beförderung in der Garde in Verbindung. Man kann diese Vermutung nur aus den Fakten selbst ableiten. Beweise aus dem Munde oder der Feder Potemkins selbst gibt es nicht.

Ob dem jungen Grigori die Verkoppelung zwischen klassischem Griechisch, theologischen Erbauungen und einem höheren Dienstgrad in der Garde etwas merkwürdig erschien, ob ihm die Audienz bei der Kaiserin zu Kopf gestiegen ist oder ob er schlicht keine Lust mehr zum Lernen hatte – das alles mag dahingestellt bleiben. Allein zählende Tatsache bleibt, dass man ihn 1760 »wegen Faulheit und Nachlässigkeit im Unterricht« von der Lehranstalt ausgeschlossen hat. Da zählte er bereits einundzwanzig Jahre und hatte wohl auch nichts mehr auf einem Gymnasium zu suchen – selbst, wenn dieses in den Bestand der Moskauer Universität gehörte. Außerdem scheint er in dieser Zeit noch von einer hinreißend unbekümmerten Ziellosigkeit gewesen zu sein, die sich offenbar mit leicht prahlerischer Selbstironie paarte. Der oft zitierte Ausspruch: »Wenn ich nicht Feldherr werde, dann wenigstens Bischof«, kann von Potemkins tatsächlichem Lebensergebnis her sicherlich als An-

2. Geschichten um Herkunft, Kindheit und Jugend Grigori Potemkins

zeichen frühen Selbstberufungsgefühls interpretiert werden. Man sollte mit derartigen Selbstäußerungen jedoch vorsichtig umgehen. In Wirklichkeit war es eher ein fröhliches und vielleicht unbedachtes Wort, möglicherweise abwehrend gegen drängende Pflichten zur Berufswahl und, wenn man es so sehen will, ein charakterliches Pendant zu der Antwort Katharinas II., als sie noch ein kleines Mädchen Sophie in Stettin war. Wenn man sie fragte, was sie später einmal werden wolle, antwortete sie schlicht und einfach: Königin.

Aus diesem Holz war offenbar auch Grischa Potemkin geschnitzt, ohne dass es vor 1762 irgendwelche Berührungspunkte zwischen diesen beiden Menschen gegeben hätte. Sie begegneten einander nicht und Katharina ahnte nichts von der Existenz Grigori Potemkins.

Höherfliegende Erwartungen durfte Grigori damals noch nicht hegen. Er war vorderhand nicht mehr als ein relegierter Gymnasiast. Der Rauswurf aus der Universität entzog ihm aber Gott sei Dank nicht die militärische Option – er besaß ja noch den Korporalsrang in der Garde. Wenn es mit der philologisch-geistlichen Laufbahn nicht klappen wollte, konnte man es immer noch mit dem Säbel versuchen! So machte er wohl eher aus der Not eine Tugend und trat 1761 den Dienst als Wachtmeister ohne Sold bei den Gardekavalleristen an. Potemkin musste nicht befürchten, ob des widerspenstigen Gymnasiallebens vielleicht für den Dienst in der Garde suspekt zu sein. Die Garde hatte sich bei Elisabeths Thronbesteigung als politisch nutzbares Instrument verdient gemacht und genoss den besonderen Schutz der Monarchin. Elisabeth hatte sich selbst zum Oberst aller Garderegimenter erklärt. Sie erhob die ihr besonders hilfreiche erste Kompanie des Preobrashenski-Regiments zu ihrer »Leib-Kompanie« und alle darin dienenden Soldaten in den Adelsstand.

Allerdings erhielten nicht alle Gardisten einen derartig feinen Lohn. Aus materieller Sicht war der Dienst in der Garde nicht eben einträglich. Auch das Beispiel Potemkins liefert dafür einen Beleg.

2. Geschichten um Herkunft, Kindheit und Jugend Grigori Potemkins

Die jungen Adligen drängten aus anderen Gründen in die Elitetruppe. Der Dienst in der Garde bedeutete die nicht unbegründete Aussicht auf einträgliche Karrieren und Förderungen. Nach gelungenen Staatsstreichen winkte die Befriedigung politischen Ehrgeizes. In Russland bildete die Garde den Boden für das politische Abenteuer, in dem »zufällige« Menschen während des 18. Jahrhunderts in schwindelnde Höhen aufsteigen – aber auch wieder ins Bodenlose abstürzen konnten.

Jurij Lotman hat in seiner Kulturgeschichte des russischen Adels treffend beschrieben, wie sich in der Garde jene Züge der Adelswelt akkumulierten, die eben zu Lebzeiten Potemkins sichtbar wurden: »Dieser privilegierte Kern der Armee, der Rußland Theoretiker, Denker, aber auch Trunkenbolde schenkte, verwandelte sich rasch in ein Mittelding zwischen Räuberbande und kultureller Avantgarde. Und es waren gerade die Trunkenbolde, die in Augenblicken des Aufruhrs sehr oft an der Spitze zu finden waren.« Zwar gab es seit Peter I. genaue Vorschriften für Besoldung, Dienstränge und Aufgabenverteilung in der Garde. Aber die schwerfällige Bürokratie, die sich im Laufe der Jahrzehnte ins Unübersehbare steigernde Flut einander widersprechender Verordnungen und die Willkür in der autokratischen Machtausübung durch den Selbstherrscher und dessen Politiker öffneten begabten und geschickten Glücksrittern alle Wege, bis in die höchsten Kreise der staatlichen Hierarchie vorzudringen. Das war niemals ein gerader oder gar planbarer Weg. Das Schicksal der Gardisten hing von tausenderlei Zufällen ab, und vor allem von der Protektion durch einflussreiche Persönlichkeiten aus der Umgebung des Autokraten. Ob der rausgeworfene Gymnasiast überhaupt eine Chance bekommen würde, konnte sich erst in der Zukunft erweisen.

Andererseits: Kaiserin Elisabeth war krank, der Hof grummelte bereits und die Frage, ob der Thronfolger Peter oder die ihm angetraute Großfürstin Katharina das Rennen um das Thronerbe gewinnen würde, beschäftigte die Aristokraten in-

2. Geschichten um Herkunft, Kindheit und Jugend Grigori Potemkins

tensiver als die Sorge um das Schicksal russischer Soldaten auf den Schlachtfeldern des Siebenjährigen Krieges. Katharina hatte jedenfalls vorsichtshalber, und ganz im Gegensatz zu ihrem Gemahl, die Nähe zu potenten Gardeoffizieren gesucht und diese nicht nur bei ihrem Favoriten Grigori Orlow gefunden.

Grigori Potemkin konnte vorerst bestenfalls darauf hoffen, die militärische Trittleiter Stufe für Stufe zu erklimmen und vielleicht eines Tages mit bescheidenem Rang und Abfindung auf das provinzielle Gut in Weißrussland zurückzukehren – ganz wie einstmals der Vater. Aber der vom Vater auf den Sohn vererbte Besitz mit 430 »Seelen« (Leibeigenen) war nicht gerade üppig und keineswegs geeignet, den Lebensunterhalt eines künftigen Gardeoffiziers mit aufwendigen Ansprüchen zu sichern. Die Mutter und die fünf Schwestern wollten von den Einkünften auch noch leben.

Bis zu diesem Zeitpunkt am Ende der fünfziger Jahre hatte Grigori Potemkin noch nichts geleistet, was eine andere Perspektive eröffnet haben könnte. Er hatte keine politischen Ambitionen erkennen lassen und zeichnete sich eigentlich durch keinerlei außergewöhnliche Fähigkeiten aus. Er besaß keine aristokratische Herkunft und demzufolge auch keine fördernden Beziehungen. Die Bekannten und Freunde seiner unmittelbaren Erlebniswelt – die späteren berühmten Dichter und Publizisten Denis Iwanowitsch Fonwisin oder Nikolai Iwanowitsch Nowikow – neigten eher zu feingeistigen und literarischen Interessen, denn zu staatspolitischem oder gar zu militärischem Ruhm.

Grigoris Aussichten schienen im Grunde zunächst eher trübe als glänzend zu sein. Aber der junge Mann besaß einen starken Ehrgeiz. Er gab sich selbst überzeugt, ungestüm, unduldsam und sensibel wie viele seiner Altersgenossen. Die Ungeduld reichte so weit, sich nicht mit der allgemein gewohnten militärischen Karriere-Langeweile stumpfen Kasernendienstes abzufinden. Er suchte nach Wegen für einen ganz persönlichen Ausweg aus der Soldaten-Tristesse.

2. Geschichten um Herkunft, Kindheit und Jugend Grigori Potemkins

Ein Jahrhundert später wäre aus Potemkin vielleicht ein Nihilist geworden, ein revolutionärer Schwärmer, den anarchistischen Ideen eines Michail Bakunin verpflichtet. Noch aber lebte Russland im 18. Jahrhundert. Potemkin ging den Weg vieler seiner Standesgenossen. Er reiste nach Petersburg, sah sich ein wenig in der aufstrebenden Stadt und am luxuriösen Hofe um. Er gewann die Erkenntnis, dass ein ehrgeiziger junger Mensch im Glanze der Hauptstadt vielleicht größere Chancen besitzen könnte als im konservativen Moskau, zumal ihn der Dienst in der Garde ohnehin in erster Linie mit Petersburg verknüpfte. Aber man benötigte viel Geld und das besaß er nicht. Schließlich fasste Grigori Mut und lieh sich beim Erzbischof Ambrosius von Moskau, dem er durch seine ernsten religiösen Übungen freundschaftlich verbunden war, fünftausend Rubel. Der erste Schritt zum Glück konnte getan werden. Aber Geld allein, so sagt der Volksmund, macht noch nicht selig, selbst wenn ein Bischof der Spender ist. Es bedarf der geeigneten Verbindungen und Protektionen, des Glücks der Stunde, gepaart mit individuellen Zielen und Willen, um das Geld in Kapital verwandeln zu können.

In dieser Hinsicht erwiesen sich die inneren Querelen im Hause Romanow für den jungen Mann als bemerkenswert hilfreich. Als Grigori Potemkin mit großen Erwartungen im Kopfe und einer erklecklichen Summe im Beutel nach St. Petersburg kam, lachte ihm sofort das Glück. Die Kaiserin Elisabeth war im Dezember 1761 gestorben und Großfürst Peter hatte als Kaiser Peter III. den Thron bestiegen. Großfürstin Katharina wartete auf ihre Chance zur Thronerobung – unfreiwillig durch Peters Ungeschicklichkeiten unterstützt. War es ein Zufall, der persönliche Charme oder die Macht des Goldes: Potemkin erhielt sofort die Stelle eines Adjutanten beim Prinzen Georg von Holstein, der zum Gefolge des Kaisers Peter III. zählte. Es ist nicht ganz klar, wessen Zuspruch er diese bemerkenswerte Gunst verdankte. Aber durch diese Anstellung geriet er sofort in das Umfeld der kaiserlichen Familie, ohne dass daraus irgendwelche unmittelbaren Konsequenzen oder Vorteile erwuchsen. Jeder Eleve musste sich selbst erst einmal die Sporen verdienen, die er später tragen und vergolden wollte. Bei allen Risiken war der junge Mann gut beraten, nicht sofort eine bestimmte Partei zu ergreifen.

Grigori legte das von Ambrosius geliehene Geld »standesgemäß« an. Er stürzte sich kopfüber in das wilde und trunkene Leben russischer Gardeoffiziere und suchte bei Wein, Weib und Gesang nicht nur Trost, sondern vor allem Selbstgeltung. Potemkin begab sich auf den besten Weg, das Korps der Gardetrunkenbolde um einen tatkräftigen Mitstreiter zu bereichern. Seine Freigebigkeit und Lebenslust, seine komödiantischen Talente machten ihn sehr schnell bei jedermann beliebt. Der Schuldenberg wuchs dabei kräftig an.

Aber Grigori Potemkin erhielt auch Zugang zu jenen Offizierskreisen, die glaubten, der schönen Großfürstin Katharina nicht nur den Hof machen zu müssen, sondern ihr auch den Thron erobern zu können. Es darf angenommen werden, dass Grigori Potemkin erst nach und nach von derartigen Machtspielen erfuhr. Im Mittelpunkt der Aktionsgruppe, die sich bei gefährlichen und geradezu hochverräterischen Ideen betrank, standen die Brüder Orlow, unter denen Grigori Grigorjewitsch Orlow bereits bis in das Schlafzimmer und in das Bett der Großfürstin Katharina vorgedrungen war. Die Brüder Orlow verkörperten den Typus russischer Musketiere, jener Mischung von Trunkenbolden, Haudegen und begabten Strategen, aus der später und nach gehöriger Reifung einige der besten Köpfe Russlands hervorgingen. Aber solange Kaiserin Elisabeth lebte und noch keine endgültige Entscheidung über die Thronfolge getroffen hatte – die ihr nach dem Erlass Peters des Großen aus dem Jahre 1721 allein zustand – waren alle Möglichkeiten offen. Selbst Großfürstin Katharina beschäftigte sich noch nicht wirklich ernsthaft mit der Frage, ob und wie sie auf den Thron gelangen könnte. Es war vorerst noch immer ein Spiel mit der Möglichkeit, provoziert durch das anhaltend kindliche und wenig seriös-würdevolle Benehmen des offiziellen Thronfolgers Peter.

2. Geschichten um Herkunft, Kindheit und Jugend Grigori Potemkins

Auch nach Peters Thronbesteigung änderte sich für Potemkin zunächst wenig. Es sind keine Zeugnisse bekannt, die belegen könnten, dass sich der junge Grigori Potemkin während dieser Monate in irgendeiner Weise für politische, soziale oder gesellschaftliche Fragen aktiv interessiert hätte. Obwohl er jetzt in Petersburg lebte und bei der Garde diente, hat er keine erkennbaren Meinungsäußerungen über seine persönliche Haltung zur Tochter Peters des Großen, zum Krieg gegen Preußen oder über den Thronfolger und dessen Gemahlin hinterlassen. Es wird ihm sicherlich nicht verborgen geblieben sein, dass Elisabeth große Zweifel an der Thronfähigkeit Peters besaß, dass dessen Gemahlin Katharina an einer eigenen Thronbesteigung grundsätzlich nicht uninteressiert schien und dass sich um dieses Dreigestirn zahlreiche machtpolitische Gespinste woben.

Der junge und gleichermaßen depressive wie verspielte neue Kaiser Peter III. liebte Marionetten-Soldaten, die er willkürlich und schikanös kommandieren konnte. Menschen und Tiere quälte er gleichermaßen mit unverhüllter Leidenschaft. Seine Gattin hasste er. Gegenüber seinem wahren oder vermeintlichen Sohn Paul Petrowitsch, der mit der Thronerhebung Peters III. zum Thronfolger ernannt wurde, verhielt er sich gleichgültig. Dafür trieb sich der Kaiser mit verdorbenen Weibern umher, trank unmäßig und teilte zumindest in dieser Hinsicht die Untugenden seiner Gardeoffiziere.

Auf anderen Gebieten zog er sich deren Verachtung zu: Preußens König Friedrich den Großen verehrte er abgöttisch. Tagtäglich ließ er die ihm zugestandene Holsteiner Garde in Oranienbaum Paradeschritt üben. Peter kleidete die russische Armee in preußische Uniformen. Überhaupt unternahm Peter III. sofort alle Anstrengungen, sich in Russland unmöglich zu machen. Die Beendigung des Krieges gegen Preußen war im humanitären Sinne und im Friedensinteresse für Europa durchaus vernünftig, wurde von den russischen Patrioten jedoch als Schlag ins Gesicht der russischen Seele empfunden. Peter privilegierte den Adel, aber den Kirchenbesitz drohte er weitgehend zu säkularisieren. Außerdem wollte Peter III. für sein

2. Geschichten um Herkunft, Kindheit und Jugend Grigori Potemkins

kleines Herzogtum Holstein einen völlig absurden Krieg gegen Dänemark führen.

Das alles wäre für Russland vielleicht sogar noch hinnehmbar gewesen, wenn der fremde Kaiser nicht zwei Todsünden begangen hätte. Der mit geradezu kindlichem Übermut in Szene gesetzte Preußen-Fimmel brachte die national- und standesbewusste Garde gegen ihn auf. Und: Er versäumte keine Gelegenheit, seine Gemahlin Katharina öffentlich zu beleidigen. Die Gründe für den Hass gegen die Gattin lagen nicht im rationalen Bereich seiner Gedanken. Sie resultierten auch nicht aus kontrolliertem politischem Kalkül, denn zu jener Zeit besaß Katharina z.B. noch gar keine antipreußische Gesinnung. Zweifelsohne verfügte Katharina über Fähigkeiten und Einsichten, die ihrem Gemahl nicht gegeben schienen. Peter hasste Russland und die orthodoxe Religion – Katharina wandte sich beidem zu, aus Überzeugung und auch aus machtpolitischer Berechnung. Weder die Garde noch Katharina ließen sich letztlich die Anmaßungen des pockennarbigen Trunkenboldes, dem eigentlich alle menschlichen und geistigen Voraussetzungen für die hohe Sendung eines russischen Kaisers fehlten, gefallen.

Die Ränke zum Sturz des rechtmäßigen Kaisers entsprangen nicht in erster Linie einer tiefen Sorge um die Politik, Wirtschaft oder geistige Kultur des künftigen Russland. Sie folgten individuellen und machtinstinktiven Interessen einzelner Personen. Verantwortung für Russland? Ja, als Grundlage zur eigenen Machtentfaltung.

Revoltierende Gardeoffiziere hatten in der russischen Geschichte bereits mehrfach schlagkräftig ihre Macht demonstriert. Kaiserin Elisabeth verdankte den Thron 1741 einem Putsch der Garde. 1762 verbanden sich die Interessen Katharinas mit denen einiger Gardeoffiziere. Peter III. regierte nur ein halbes Jahr. Dann wurde er gestürzt und bei einem Handgemenge, das die Brüder Orlow organisiert hatten, im Schloss Ropscha nahe Petersburg ermordet. Großfürstin Katharina griff geschützt von den Musketen und Säbeln der ihr treu ergebenen Gardisten nach dem Thron. Wie so oft in der Geschichte gewaltsamer politischer Umstürze mündete alles in einer atemlosen und letztlich schnell improvisierten Aktion mit hohem Risiko. Hätte Peter nicht kopflos reagiert und die ihm verbliebenen Anhänger zielstrebiger für sich eingespannt, der Putsch wäre wie ein Kartenhaus in sich zusammengebrochen. So aber triumphierte Katharina und demütigte den ungeliebten Gemahl – mit einem nicht wieder gutzumachenden Ergebnis.

Grigori Potemkin diente in jenen dramatischen Sommermonaten des Jahres 1762 noch immer als Wachtmeister in der Garde. Das war kein besonders hervorgehobener Posten, mit dem man per se auf sich aufmerksam machen konnte. Außerdem lief das Regiment unter Führung seiner Offiziere bereitwillig und geschlossen zur neuen Kaiserin über. Für die heroische Tat des einzelnen und unbekannten Soldaten blieb da nur wenig Spielraum. Aber immerhin: Potemkin nahm in den kritischen Tagen an vielen wichtigen Ereignissen in der unmittelbaren Umgebung Peters und Katharinas aktiv teil. Es wäre übertrieben, ihn zu den Mitverschworenen zu zählen. Aber er wusste von den Plänen zur Insurrektion. Ein Verwandter Alexei Orlows diente mit Potemkin in der gleichen Einheit, informierte ihn über die Ereignisse und führte ihn zumindest an den Kreis der Verschwörer heran.

Grigori Potemkin agitierte in mehreren Kasernen für die Thronerhebung Katharinas. Er gehörte zu der Eskorte, die Katharina am 28. Juni 1762 nach Peterhof begleitete und die einen Tag später Peter III. von Oranienbaum nach Peterhof brachte. Von besonderem Interesse ist die durch glaubwürdige Quellen belegte Tatsache, dass er am 6. Juli zur Wache im Schloss Ropscha eingeteilt worden war. Grigori Potemkin hat die Ermordung Peters III. aus unmittelbarer Nähe erlebt. Er hatte offensichtlich keinen persönlichen Anteil an der Bluttat. Eine persönliche Mitschuld Potemkins an dem Mord ist eher unwahrscheinlich. Aber er genoss ganz offensichtlich das Vertrauen der Verschwörer.

Alles in allem bleibt Potemkins Rolle bei der Palastrevolte in zahlreichen Punkten unklar und verschwommen. Keinesfalls hat er damals schon den Grundstein für seine spätere steile Karriere gelegt. Katharina II. hat wenige Wochen nach dem Staatsstreich in einem Brief an ihren früheren Geliebten und Freund Poniatowski auf einen »siebzehnjährigen Subalternoffizier namens Potemkin« hingewiesen, der sich bei der Affäre durch »Scharfblick, Mut und Schwung« ausgezeichnet habe. Hier scheint sich die Kaiserin geirrt zu haben. Weder das Alter Grigori Potemkins stimmte, noch zählte er zu den markantesten Aktivisten in dem Machtkampf. Vielleicht hat sich Katharina in dem ihr eigenen Mitteilungsbedürfnis hinsichtlich der Lebensdaten und Eigenschaften sogar bewusst vergriffen: Der junge Potemkin hatte ihre Aufmerksamkeit erregt und er interessierte sie – mitten in den ärgsten Tagen, als es um Leben und Tod ging.

Tatsächlich muss Grigori in den Putschtagen irgendetwas geleistet haben, das ihn zumindest ein wenig aus den mitlaufenden Gardisten heraushob und die anhaltende Aufmerksamkeit Katharinas erregte. Die Historie hält da sogar eine rührselige Geschichte bereit: Bei einer Truppenparade nach dem Staatsstreich habe Katharina angeblich das Fehlen ihrer Degenquaste bemerkt. Auch Wachtmeister Potemkin habe den Makel aus der Masse der Paradierenden heraus erkannt, sei herangeritten und habe der Kaiserin die eigene Quaste überreicht – auf der Stelle habe er sich in die Herrin verliebt! Diese Geschichte wird wohl lediglich für den großen Legendenschatz um Potemkin taugen. Sie ist bereits aus einem einfachen Grunde wenig glaubwürdig. Die Kaiserin hätte niemals die Degenquaste eines Unteroffiziers angenommen und ein unbezahlter Wachtmeister würde niemals den Mut besessen haben, seiner von Gott gesandten Kaiserin ein derartiges Angebot zu unterbreiten. In jenen aufregenden Tagen war Katharina zu ihrer eigenen Sicherheit stets dicht von Offizieren umgeben, die jeden ungebetenen Menschen sofort drastisch aus der kaiserlichen Nähe verbannten. Die Episode scheint vom späteren Ergebnis absoluter

Vertrautheit zwischen Katharina und Potemkin her erfunden worden zu sein. Als 1762 die Belohnungen für die Mitwirkenden an der Revolte verteilt wurden, stand Potemkin ganz am Ende der von Katharina eigenhändig zusammengestellten Liste. Die Kaiserin notierte: »Quartiermeister Potemkin zwei Dienstgrade in seinem Regiment und 10 000 Rubel.« – Eine Zahl mit noch mehr Nullen hatte sie wieder durchgestrichen!

Alle Bemühungen, die persönliche Rolle Potemkins beim Staatsstreich von 1762 möglichst gering einzuschätzen, ändern nichts an den Tatsachen: Der Anfang war gemacht! Potemkin war im Sommer 1762 bei der Palastrevolte gegen Peter III. als Parteigänger Katharinas in das Blickfeld der Kaiserin geraten.

Am 9. August 1762 teilten die »St. Petersburger Nachrichten« (St. Peterburgskije Vedomosti) mit, dass dem Seconde-Leutnant Grigori Potemkin 400 »Seelen« übergeben worden sind. Er erhielt das Geschenk anlässlich der Krönungsfeierlichkeiten für Katharina II. Ein silbernes Tafelservice vervollständigte die Gabe. Im Vergleich zu den märchenhaften materiellen Ehrungen, welche die Orlows oder Schuwalows erhielten, wirkten die Geschenke für Potemkin bescheiden. Er hatte ja auch niemals zum engsten Kreis der Verschwörer gehört, war der Kaiserin bis dahin vollkommen unbekannt und trat erst mit dem Staatsstreich in ihr Blickfeld. Für diese Voraussetzungen wurde er gut belohnt, zumal die Aufmerksamkeiten mit den ersten Geschenken nicht beendet waren.

Er durfte noch im selben Jahr als Sonderkurier nach Stockholm reisen, um den dortigen russischen Gesandten über den Machtwechsel in Russland zu informieren. Das war bereits eine heikle Mission, zumal für einen in politisch-diplomatischen Fragen unerfahrenen jungen Mann. Das Haus Holstein-Gottorp war seit Generationen eng mit dem schwedischen Königshaus verbunden. Peter III. hatte vor dem von Elisabeth verfügten Verzicht zu den Prätendenten auf die schwedische Königskrone gehört. Der Sturz und die Ermordung Peters konnten sehr schnell als antischwedischer Affront gewertet werden. Zumindest belastete die Bluttat die Beziehungen zu dem nördlichen Nachbarn.

Durch diese diplomatische Aktion schien Potemkin die erforderliche »Hoffähigkeit« erlangt zu haben. Die Kaiserin ernannte ihn zum »Kammerjunker« und zog ihn damit erstmals in ihre Nähe. Die Reise nach Schweden hatte offensichtlich eine Alibifunktion besessen. Vom unbesoldeten Wachtmeister über den Seconde-Leutnant und diplomatischen Beauftragten zum Kammerjunker – in wenigen Wochen! Das war ein beachtlicher Aufstieg für den bislang namenlosen jungen Mann und dennoch lediglich die erste Sprosse auf einer Leiter, die bis in den irdischen Himmel führen sollte.

Die historische Forschung hat nach den konkreten Gründen für den jähen Aufstieg Potemkins gesucht. Über Nacht ist er aus dem dunklen Nichts in das grelle Rampenlicht kaiserlicher Gunst vorgedrungen. Es sind von ihm keine herausragenden Heldentaten bekannt, er besaß lediglich das Glück, sich zur rechten Zeit, am rechten Ort und bei den richtigen Persönlichkeiten in Szene zu setzen. Nicht die ruhmreiche Leistung als Politiker, Höfling oder Militär brachte den Aufstieg, sondern die Gunst der Stunde und – der Monarchin. Sie hatte hochfliegende Pläne zur Erneuerung Russlands und zur Reformierung der Staatsverwaltung und sie suchte dringend geeignete Männer, die ihre Ideen in praktische Politik umsetzen konnten. Wenn diese Männer außerdem jung, ansehnlich und liebevoll waren, musste das kein Nachteil sein.

Potemkin wurde aus den Reihen der Garde herausgehoben. Der Vorgang verdient Beachtung. Katharina II. förderte eine Plejade glänzender Persönlichkeiten, deren individuelle Stärken und Schwächen den Ruhm des Vaterlands begründen sollten. Es waren Riesen hinsichtlich ihres Geistes, ihres Denkvermögens, ihres Organisationstalentes und ihrer Willenskraft. Im Nachhinein lässt sich sagen, dass der Staatsstreich von 1762 zu den Geburtsstunden dieser großen Persönlichkeiten zählte. Grigori Potemkin gehörte damals bereits zu den wenigen Menschen, denen dank des kaiserlichen Willens zumindest die

Chance eröffnet wurde, dereinst vielleicht in die Geschichte einzugehen. Potemkin hat diese Chance genutzt – mit allen Mitteln und zu jeder Zeit. Wer wollte ihn dafür tadeln?

Unser so überraschend strahlender Held bot zur Zeit der Palastrevolte zweifelsohne das Bild eines schönen, großen und jungen Mannes mit gefälligen äußeren Erscheinungen. Er hatte ein hübsches Gesicht und volle, brünette Haare: »ein wahrer Alkibiades«, leidenschaftlich, fröhlich, intelligent und ungezwungen. Er war klug, wendig und gebildet sowie bei den Kameraden in der Garde sehr beliebt: Er lachte gerne und viel, spielte, liebte, trank unmäßig und machte weiterhin Schulden über Schulden. Der junge Gardeoffizier besaß jedoch auch noch besondere Fähigkeiten: Grigori konnte wunderbar singen und bewies als schauspielerisch begabter Stimmenimitator nahezu perfekte Talente. Die Legende berichtet, dass der auf diesem Gebiet auffällig talentierte junge Offizier den Brüdern Orlow auffiel und sie ihn als Spaßmacher in den intimen Kreis einführten, den die Kaiserin um sich versammelte. Hier trafen sich regelmäßig jene Personen, denen sie in besonderer Weise ihre Macht verdankte. Katharina wollte sehen, was der Leutnant zu ihrer Unterhaltung beitragen konnte. Grigori riskierte die einmalige Frechheit, den deutschen Akzent in der russischen Aussprache Katharinas zu imitieren: Ihre Kaiserliche Majestät fand die Gaukelei amüsant und lachte unbändig. Katharina ließ keinerlei Spuren von Gekränktheit erkennen. Ganz im Gegenteil.

Unverschämtheit hat schöne und erfolgreiche Menschen noch immer geadelt, zumal bei einer Monarchin, die darauf versessen war, gleichermaßen gut aussehende wie intelligente Männer um sich zu wissen. Die raubeinigen Brüder Orlow konnten ihre Bedürfnisse in dieser Hinsicht nicht befriedigen, obwohl sie in allerhöchster Gunst standen. Das sollte sich auch in den folgenden Jahren nicht ändern. Aber von Stund an protegierte die Kaiserin den jungen Potemkin, in dem sie nicht nur den Possenreißer zu ihrer Belustigung erblickte, sondern trotz seiner Jugend und Unbekümmertheit vor allem Züge einer intelligenten und starken Persönlichkeit erkennen konnte. Er erhielt Zutritt zu ihren »kleinen Empfängen«, bei denen es so unkonventionell, ausgelassen und lustig zuging, dass Potemkin all seine umfassenden musischen und mimischen Talente ungezwungen entfalten konnte. Das wiederum gefiel der Kaiserin. Sie fühlte sich mehr und mehr zu dem kultiviert auftretenden jungen Mann hingezogen, ohne dass ihre engen Beziehungen zu den Orlows oder den Schuwalows, zu Bestuschew-Rjumin oder dem Kanzler und Außenminister Nikita Panin darunter gelitten hätten.

Aber selbst bei dieser Anekdote ist für den Historiker Vorsicht geboten. Sie ähnelt allzu auffallend dem Exempel mit der Degenquaste: Der junge, forsche Potemkin erfreute mit eigener mutiger und spielerischer Leistung das Gemüt seiner Kaiserin – zur rechten Zeit und am rechten Ort! Die ersten Begegnungen Katharinas und Potemkins erscheinen außerordentlich variantenreich ausgeschmückt, aber dennoch nach einem Grundmuster konstruiert. Stets führte sie der Zufall oder die hilfreiche Hand Dritter zueinander. Stets durfte sich Potemkin durch persönlichen Witz und Entschlossenheit seiner Kaiserin nähern, und diese gewährte huldreiche Anerkennung.

Dieses Grundmuster erregt einen Verdacht: Sollte Grigori Alexandrowitsch Potemkin vielleicht doch lediglich über gewitzte Kabinettstückchen an die Staatsspitze Russlands vorgedrungen sein? Sollte hier vielleicht doch lediglich die spontane Laune einer verliebten Frau ausschlaggebend gewesen sein, die ein entschlossener Spieler ausgenutzt hat? Der Gedanke erscheint unvorstellbar und beruhigt lediglich durch das Fazit: Die Wege des Mannes zum Thron können durchaus unschicklich gewesen sein. Sie ändern nichts an dessen Lebensleistungen für den Thron!

Es unterliegt außerdem keinem Zweifel, dass auch Grigori Potemkin von der strahlenden Persönlichkeit Katharinas berauscht war. Sie gab sich ihren engen Freunden und Mitverschworenen gegenüber einfach und überzeugend, ohne dass dadurch die Autorität ihrer Majestät und deren Distanz zu allen Untertanen gelitten hätte. Die Kaiserin, selbst wenn sie durch einen Putsch auf den Thron gelangt war, blieb für den jungen und armen Landadligen Potemkin vom ersten Tage ihrer Bekanntschaft an eine sakrosankte und in gewisser Weise ferne Gottheit. Daran hatte auch die verwegene Stimmenimitation nichts geändert. Außerdem brillierte Katharina gerade auf jenen Gebieten, an denen auch Potemkin von jungen Jahren an äußerst interessiert war. Beide liebten die Literatur und Philosophie, konnten stundenlang angeregt über religiöse Theorien debattieren. Die geistige und emotionale Zuneigung zwischen diesen beiden Menschen wuchs langsam und sie gaben sich auch keine Mühe, ihre gegenseitigen Sympathien diskret zu behandeln. In einem Hofstaat, in dem das System mit- und gegeneinander rivalisierender Favoriten oder Hofparteien zum Repertoire alltäglicher Spielregeln zählte, musste diese augenfällige Beziehung Neider auf den Plan rufen, zumal die Brüder Orlow ständig auf ihre älteren Rechte bei der Kaiserin pochten. Leider besaßen sie weder die Geschmeidigkeit noch die Kultur des jungen Potemkin. Sie hatten den Staatsstreich organisieren können. Dabei setzten sie auch ihr Leben für Katharina ein. Aber für die politische Strategie der neuen Kaiserin reichte der Säbel nicht mehr aus. Potemkin verfügte da über eindeutige Vorteile – er konnte die Hand *und* den Kopf mit Erfolg anstrengen.

Darum blieben seine Wege im Umfeld der Kaiserin von Beginn an ungewöhnlich. Potemkin wurde 1762 noch nicht Katharinas Favorit und Liebhaber. Die Kaiserin beachtete und förderte ihn jedoch auf eine so intensive Art und Weise, dass die Brüder Grigori und Alexei Orlow ihren Argwohn und ihre Eifersucht nicht zügeln konnten. Eigentlich bestand dafür noch kein konkreter Grund. Katharina hatte sie in den ersten Monaten nach der Machtübernahme derartig mit Gunstbezeugungen und Geschenken überhäuft, dass sie sich ihrer unanfechtbaren Stellung am Hofe gewiss sein konnten. Zeitweilig hatte es den Anschein, dass Grigori Orlow alle Fäden der Staatsführung in Händen hielt. Er wartete auf die letzte Gunstbezeugung – eine

2. Geschichten um Herkunft, Kindheit und Jugend Grigori Potemkins

formelle Eheschließung mit Katharina. Diese Hoffnung trog ihn allerdings. Dafür flüsterten ihm freundliche Mitmenschen Gerüchte über intime Begegnungen zwischen der Kaiserin und Potemkin ins Ohr. Grigori Orlow glaubte den Verdächtigungen. Er sah seine Ausnahmestellung neben der Kaiserin gefährdet und wollte allen Eventualitäten vorbeugen. Der Favorit galt schließlich bis zu dieser Zeit automatisch als der einflussreichste Mann am Hofe. Er besaß nicht nur das Vertrauen der Kaiserin, sondern sprach in allen Fragen der Innen- und Außenpolitik ein beachtetes Wort mit.

Grigori Orlow wollte das Problem auf seine Weise lösen. Er lud den Kontrahenten zu einem üppigen Festmahl und provozierte gemeinsam mit dem Bruder Alexei einen Streit, der in einer wilden Prügelei gipfelte. Angeblich verlor Potemkin bei dieser Schlägerei das linke Auge. Aber die Geschichte passt zu gut in das Bild anrührender Legenden: Degenquaste – Stimmenimitation – Prügelei mit dem Rivalen: Eine außergewöhnliche Episode griff in die andere. Eine glaubwürdigere Variante besagt, dass der Augenverlust die Folge einer vernachlässigten und falsch behandelten Infektion gewesen ist. Als Tatsache bleibt, dass Grigori Potemkin schon in dieser frühen Zeit ein Auge verloren hat. Im Laufe der Jahre ist Potemkin oft porträtiert worden. Die Bilder zeigen ihn mit allen Statussymbolen ausgerüstet, je nachdem welchen Rang er in der Hierarchie erreicht hatte. Grafiken und Bilder dokumentieren ihn mit und ohne Augenbinde, idealisiert oder natürlich. Der Sinn und Zweck des jeweiligen Bildes heiligte immer auch die Mittel.

Potemkin hatte das linke Auge verloren, trug stets eine Augenbinde und musste mit diesem Makel leben. Der Verlust an natürlichem Ebenmaß hat seiner unglaublichen Karriere nicht geschadet – weder bei der Kaiserin noch im Russischen Reich. Die Kaiserin forderte die gestaltende Kraft einer phänomenalen Persönlichkeit. Aus der gleichen Zeit rührte auch die Rivalität der Orlows mit Potemkin. Der Gegensatz zog eine Auseinandersetzung nach sich, die nicht nur über viele Jahre hinweg in persönlichen Attacken ausgetragen wurde. Der

Konflikt zwischen Potemkin und den Orlows drehte sich um die Macht im Reich und um die Grundlinien der russischen Reichspolitik. Wenn weiter oben Lotmans Ansicht zitiert wurde, dass aus der Mischung von Trunkenbolden und kultureller Avantgarde Individuen und Genies erwuchsen, die Katharinas und Russlands Ruhm mehrten, dann lieferte nicht nur Potemkins Aufstieg dafür einen Beweis. Der Streit zwischen Potemkin und den Orlows sah auch auf der Seite der Orlows Sieger und Verlierer.

Zunächst löste der Augenverlust in Grigori einen seelischen Schock aus. Er zog sich über Nacht vom Hof zurück, lebte lange Monate wie ein Eremit und las, so viel er nur geistig verarbeiten konnte. Immer wieder zogen ihn theologische und philosophische Schriften in ihren Bann. Er vervollkommnete seine Allgemeinbildung, die er bisher am Moskauer Universitätsgymnasium und durch Selbststudien erworben hatte.

Der Kaiserin gefiel die plötzliche Abwesenheit Potemkins nicht. Sie erfuhr natürlich, welche psychischen Qualen der stolze und schöne Mann durchlitt. Nicht Potemkin, sondern Katharina ergriff die Initiative, ihn an den Hof zurückzuholen. In aller Öffentlichkeit erkundigte sie sich nach seinem Befinden und Potemkin erfuhr seinerseits, welche Sorgen er der Kaiserin bereitete. Katharina II. traf Vorkehrungen, Grigori in eine Stellung zu bringen, die ihn ständig an den Hof zwingen sollte. Ihre Reaktionen schürten erneut den Argwohn der Orlows. Die Ironie der Geschichte forderte auch hier ihren Tribut: Grigori Orlow musste die erforderlichen Schritte einleiten, Potemkin an den Hof zurückzuholen.

Für Grigori Potemkin endete an diesem Punkt die Unschuld der Jugend. Eine Woge geschichtlicher Ereignisse und subjektiver Zufälle hatte ihn emporgespült und zu jener Person geführt, die fortan sein Leben bestimmen sollte: zu Kaiserin Katharina II. Zunächst ein mehr oder weniger zufälliger Mitläufer in der Revolte gegen den rechtmäßigen Zaren, war er durch seinen individuellen Charme und durch sein Komödiantentum in das Blickfeld Katharinas gelangt. Aber die Ausstrahlung seiner

Persönlichkeit genügte der Kaiserin vorerst. Sie kannte ihn noch nicht einmal richtig und schon erhob sie ihn in hohe Würden. Der Weg zum wahren Favoriten der Kaiserin blieb für Grigori Potemkin noch sehr lang. Vorerst lernte er das 1x1 der Staatsführung, stieg er auf der Karriereleiter jene Sprossen empor, die ihn eines Tages in die Lage versetzen könnten, den Rang einzunehmen, der ihn für den Aufenthalt an der Seite der Kaiserin legitimierte. Einen langfristigen und zielstrebigen Plan gab es dafür nicht. Er schien an dieser Stelle seines Lebens aber bereits stark genug, von den in höchster Gunst befindlichen Orlows als ernsthafter oder sogar gefährlicher Konkurrent betrachtet zu werden.

3.
Aufstieg zum Liebhaber und Favoriten der Kaiserin Katharina II.

Das Voranschreiten Potemkins vom soldlosen Gardewachtmeister an die Staatsspitze muss dem sachlich-kritischen Betrachter am Beginn des 21. Jahrhunderts merkwürdig vorkommen. Parlamentarisch-demokratisch determinierte Politikerkarrieren mögen gleichfalls bisweilen verschlungenen Wegen folgen, eignen sich jedoch zu keinem historischen Vergleich. Natürlich konnten damals weder die Kaiserin noch Potemkin ahnen, zu welchem Ziel, Ergebnis und Ende die sich anbahnende Liason einmal führen würde.

Ein kurzer zeitlicher Sprung in das Jahr 1763 kann das kaiserliche Auswahlprinzip anschaulich verdeutlichen. Selbst wenn Katharina II. in diesem frühen Stadium ihrer Machtkonsolidierung trotz der Sorgen um die Staatsführung bereits sehr persönliche und dabei durchaus auch erotische Gefühle für den jungen Potemkin empfunden haben sollte, was zunächst ihre persönliche Angelegenheit gewesen wäre, gab sie sich doch von Anfang an sichtbare Mühe, Grigori in Verantwortungspositionen zu etablieren, in denen er ihr persönlich nahe sein konnte und zugleich die Kunst der Staatsführung erlernte. Als sie ihn wider alle Rangordnung zum Gehilfen im Amte des Oberprokurators beim Heiligen Synod, der obersten Kirchenbehörde im Reich, ernannte, begründete die Kaiserin den Schritt, »... damit er sich gewöhne, geschickt und geeignet zur Erledigung der Geschäfte dieser Stellung (des Oberprokurators beim Heiligen Synod – Anm. des Autors) zu werden, wenn wir es in Zukunft für gut halten, ihn wirklich an diese Stelle zu bestimmen«.

Die an alte Rangordnungen gewöhnten Höflinge waren irritiert. Dem jungen und unerfahrenen Grigori Potemkin wurde bereits im September 1763 das Recht zugesprochen, den Oberprokurator beim Heiligen Synod zu vertreten, obwohl er offiziell nur dessen Gehilfe war. Potemkin, der eben erst zum Leutnant beförderte junge Mensch, avancierte faktisch zum Minister für alle Kirchenangelegenheiten Russlands. Es gibt in der Kriegsgeschichte Beispiele, dass ein gemeiner Soldat im Felde für besondere Tapferkeit vor dem Feind spontan befördert worden ist. Aber selbst ein Priester dürfte kaum vom Fleck weg Bischof geworden sein – nur weil es seinem Kardinal so gefallen hätte! Katharina durfte den Korporal zum Minister ernennen. Sie war die Alleinherrscherin. Wer wagte da einen Widerspruch – die Orlows? Die waren viel zu sehr mit der Konsolidierung eigener Machtpositionen beschäftigt. Der Vorgang veranschaulichte sowohl das allgemeine Verständnis vom Wesen autokratischer Macht als auch den von der Kaiserin bereits erreichten Unabhängigkeitsgrad.

Er demonstrierte aber auch das gesunde Maß an Verwegenheit im Karrierebewusstsein Potemkins. Vielleicht trug Katharina seinen natürlichen und religiösen Gefühlen Rechnung. Vielleicht gab es keinen anderen freien Posten für den begehrten Mann. Vielleicht erschien ihr auch ein Kirchenamt hinreichend unverdächtig für die Legitimation des zukünftigen Favoriten. Vielleicht ließ sie auch im Umgang mit der Kirche bezüglich ihrer Säkularisierungspläne besondere Sorgfalt walten und wollte hier einen zuverlässigen Mitarbeiter einsetzen. Die Kaiserin erließ präzise Anweisungen, nach denen Potemkin sich nicht nur in die Materie einarbeiten, sondern vor allem Erfahrungen in der Verwaltungsarbeit sammeln sollte. Die Kaiserin wusste auch selber genau, was er zu tun hatte. Er musste die gesamte kirchliche Gesetzgebung überprüfen und die Kontrolle über alle Vorgänge in der Kirchenhierarchie ausüben. Sie reihte ihn in die privilegierte Schar ihrer ministeriellen Diener ein. Ob Potemkin mit der Aufgabe einverstanden war, ob er sie überhaupt ausfüllen konnte, ob er sie verstand, das war eigentlich nebensächlich. So ist auch keine Stellungnahme von seiner Seite zu dem ehrenvollen Amt

3. Aufstieg zum Liebhaber und Favoriten der Kaiserin Katharina II.

übermittelt worden. Umso eindeutiger war das Resultat. Potemkin hat die Arbeit nicht nur ausgeführt, sondern die Chance als solche positiv begriffen, die ihm seine Kaiserin eröffnet hatte.

Betrachtet man die potemkinsche Willensstärke, die er in den folgenden Jahren an den Tag legte, dann kann man auch hinsichtlich seiner Beziehungen zur Kaiserin nicht erwarten, dass er sich lediglich als Instrument ihrer Launen benutzen ließ. Der Aufstieg in der höfischen Hierarchie war für ihn ein erstrebenswertes Ziel, dem er sein eigenes Verhalten von Fall zu Fall unterordnete.

Katharina muss sich ihrer Sache bei Potemkin sicher gewesen sein oder sie hat es einfach darauf ankommen lassen, weil ihr der frische Mann mit dem einen Auge an sich gefallen hat. Beide Varianten erscheinen realistisch. In der Regel hat sie ihre Mitarbeiter sehr sorgfältig ausgewählt. Personalpolitische Missgriffe ließen sich natürlich nie gänzlich ausschließen. Extreme politische Wendepunkte sind zu jeder Zeit besonders geeignet, opportunistische Nichtskönner an die politische Oberfläche zu spülen. Das sind in der Regel Versager, deren einzige Leistung darin besteht, ihren Mantel nach dem Wind zu drehen. Mitunter fahren sie dabei nicht einmal schlecht, sichern sich Posten, Einkünfte und ein schamloses Wohlleben. Am Ende steht jedoch die Verachtung – der neuen Herren und der Öffentlichkeit. Aus dieser scheeläugigen Glibbermasse kleingeistigen Bodensatzes war Potemkin nicht aufgetaucht. Dazu besaß er einen zu starken Charakter. Die Entscheidung für Potemkin hat Katharinas Instinkt für fähige Persönlichkeiten geschärft und bestätigt. Er sollte ihr tatsächlich alle Investitionen in seine Karriere doppelt und dreifach vergelten, später, als die Zeit reif war …

Die Kaiserin hatte mit Potemkin weit mehr vor, als es zunächst den Anschein hatte. Er blieb in ihren Plänen kein passives Medium, das man beliebig und je nach Laune von einer Stelle auf die andere schieben konnte. Eine derartige Kreatur hätte die Kaiserin nicht ernsthaft lieben können. Ihr Streben wird auch durch die Tatsache verdeutlicht, dass er in derselben Zeit, in der er im Heiligen Synod politisches Rüstzeug erwarb, verschiedene andere Aufgaben in der Armee löste. Die Kaiserin setzte ihn als Aufseher in einer Uniformschneiderei ein – vielleicht benötigte sie in ihrem Rang als Oberst des Preobrashenski-Regiments eine besonders hübsche Paradeuniform. Das alles waren jedoch Übergangsaufgaben, die im historischen Rückblick nicht besonders zählen.

Überhaupt sind exakte Nachrichten über Potemkins Lebensweg in den ersten Jahren der Herrschaft Katharinas eher dürftig. Man weiß, dass er erst drei Jahre später, 1766, ein selbstständiges Kommando in der Armee erhielt. Im darauf folgenden Jahr schickte man ihn als Abteilungskommandeur seines Garde-Kavallerieregiments nach Moskau. Diese Berufung stand erst in zweiter Linie mit militärischen Notwendigkeiten in Verbindung. Sie gehörte zu Katharinas staatspolitischen Reformplänen – zur Vorbereitung der Arbeit in der Gesetzgebenden Kommission. Die Entsendung Potemkins nach Moskau bestätigte die Tatsache, dass sich Grigori Potemkin ständig im erweiterten Umfeld der Kaiserin aufhalten sollte. Zu ihren direkten politischen Vertrauten oder intimen Partnern zählte er zumindest offiziell noch nicht. Da besetzten Graf Nikita Panin und die Brüder Grigori und Alexei Orlow nach wie vor die ersten Plätze.

Als die Kaiserin ihre Herrschaft antrat, wusste sie, auf welch schwankenden Füßen ihr Thron stand: Der Staatsstreich, der Gattenmord an Peter III., der unschuldige Iwan VI. in der Festung und der Thronfolger Paul sowie der erklärte Wille des Außenministers Panin, ihre Regentschaft lediglich zum Nutzen Pauls dulden zu wollen. Das alles waren schwer wiegende Unsicherheitsfaktoren für die Kaiserin. Katharina hatte keinen guten Leumund, weder in Russland noch jenseits der Grenzen. Bisweilen regte sich sogar Widerstand gegen die Usurpatorin auf dem Thron. Der kam aus den Reihen der Kirchenfürsten. Katharina setzte in dem Bestreben, die Staatskassen zu füllen, die Säkularisierungspolitik Peters III. mit drastischen Mitteln fort. Obwohl die Mehrheit der Geistlichen den Regierungsanordnungen brav folgte, wagte z.B. der Erzbischof von Rostow, Arseni Mazejewitsch, einen öffentlichen Protest gegen die »Kirchenräuber« und »Feinde Gottes«. Er bewies unter dem Schirm des Gotteswortes seltenen persönlichen Mut und den Willen, gegen die Staatsmacht zu opponieren.

Diese Art der Selbstentsagung hatten in der Geschichte der russischen Kirche nur wenige Männer gewagt. Dazu hatte wohl der »Protopope« Awwakum gezählt, der in der Mitte des 17. Jahrhunderts, während der Kirchenspaltung, zu den Mitbegründern der Altgläubigen gehörte. Vor allen anderen darf in dieser Hinsicht jedoch der Moskauer Metropolit Philipp genannt werden. Der Geistliche hatte im März 1568 dem Zaren Iwan IV. in aller Öffentlichkeit den Segen der Kirche verweigert, weil er die Schreckensherrschaft dieses Zaren für gottlos hielt. Philipp wurde abgesetzt, in ein Gefängnis gesteckt und ermordet.

Jetzt schien es, als seien die Jahrhunderte an den Zaren ohne Lernprozess vorübergegangen. Die aufgeklärte Monarchin Katharina II. duldete keinen Widerspruch, wenn es um ihr eigenes Ansehen und um ihre Autorität ging – schon gar nicht vonseiten der Geistlichkeit. Der aufgeklärte Absolutismus war auch in Russland keineswegs durch Förderung von Insubordinationen gegenüber dem Imperator charakterisiert. Der fromme Meuterer Arseni wurde im April 1763 von einem willfährigen Synodalgericht, bestehend aus vertrauten Kirchenkollegen, seines Amtes enthoben und in ein Kloster in der Nähe von Archangelsk verbannt. Aber Vater Arseni blieb sich in seiner Empörung ebenso treu wie die Mehrheit des Klerus in der Bereitschaft zur Unterordnung unter die Kaiserin. Vor seiner Absetzung hatte Arseni nur die Kirchenenteignungen durch die Staatsmacht verurteilt. Jetzt griff er die Kaiserin persönlich an und bezichtigte sie der Thronräuberei. Er sprach damit lediglich eine allgemein verbreitete Ansicht offen aus, wurde aber vielleicht gerade deswegen für geistig unzurechnungsfähig erklärt.

3. Aufstieg zum Liebhaber und Favoriten der Kaiserin Katharina II.

Arseni verschwand als namenloser Gefangener – wie der nominelle Kaiser Iwan VI. – in die Festung Reval. Ohne jemals die Freiheit wiederzuerlangen, starb er dort im Jahre 1772. Der Geistliche hatte sich eigentlich weder gegen den Staat noch ernsthaft gegen die Kaiserin vergangen. Er hatte lediglich die Wahrheit offen ausgesprochen. Im Reiche Katharinas war Katharina selbst das Maß der Wahrheit. Mit so dynamischen Männern wie den Brüdern Orlow an der Seite konnte sie ihre Wahrheit durchsetzen und übermütige wie irregeleitete Geister einfach verschwinden lassen. Diese Praxis war natürlich auch ein zweischneidiges Schwert: Wenn die energischen jungen Männer der ersten Stunde eines Tages zu mächtig werden sollten und wenn es der Kaiserin nicht gelingen sollte, ihre eigene Macht fest zu verankern, z.B. durch so ergebene und fähige Persönlichkeiten wie Grischa Potemkin.

Für die Kaiserin muss die aufrührerische Verstocktheit Arsenis schockierend gewesen sein. Sie reagierte maßlos, weil der widerborstige Geistliche sie aus ihren naiven Träumen gerissen hatte.

Ihr höchstes Ziel war, von jedermann geliebt zu werden. Sie hatte sich mit französischen und deutschen Aufklärern, Politikern und Publizisten beraten. Man hatte sich ganz allgemein über die großen Themen Gerechtigkeit, Freiheit und Glück für Russland ausgetauscht.

Das gründliche Nachdenken führte die Kaiserin zu der edlen Erkenntnis: »Es ist gegen die christliche Religion und die Gerechtigkeit, Menschen, die alle mit der Geburt die Freiheit mitbringen, zu Sklaven zu machen ... Freiheit, Seele aller Dinge, ohne dich ist alles tot. Ich will, daß man den Gesetzen gehorcht, aber ich will keine Sklaven. Glücklich zu machen, sei das allgemeine Ziel ... Man binde mir die Hände so viel man will, um mich zu hindern, Böses zu tun, aber man lasse mir freie Hand, Gutes zu tun. Dem kann jeder vernünftig denkende Mensch zustimmen ... Ich will das Wohl dieses Landes, wohin Gott mich geführt hat; er ist mein Zeuge. Der Ruhm dieses Landes ist auch der meinige ... Die Macht ohne das Vertrauen der Nation ist nichts für denjenigen, der geliebt und gerühmt werden will.«

Wer wollte solchen feinsinnigen Worten widersprechen? Wie aber sollte das Grundübel der russischen Gesellschaft, die Leibeigenschaft, beseitigt oder zumindest gemildert werden? Stand nicht bereits die Machteroberung zu diesen ideellen Phantasien im krassen Widerspruch?

Mit allen ihr zu Gebote stehenden Mitteln wollte Katharina ihre Herrschaft festigen. Das verlangte nach einer staatspolitischen Institutionalisierung der aufgeklärten Reformvorstellungen. Die Kaiserin brachte ihre gleichermaßen idealen wie vagen Reformvorstellungen für Russland in der »Instruktion«, dem Grundsatzpapier für die Ausarbeitung eines neuen Gesetzbuches, zum Ausdruck. Das Dokument entstand im Jahre 1765, als gerade ein weiteres Hindernis auf dem Wege zur uneingeschränkten Macht beseitigt worden war. Im Juli 1764 hatte man den nominellen Kaiser Iwan VI. unter dubiosen Umständen in der Festung Schlüsselburg ermordet. Angeblich fiel er, so lautete die offizielle Sprachregelung, einer Verschwörung zum Opfer. Die konkreten Todesumstände nährten den Verdacht, die Kaiserin oder Graf Panin hätten ihre Hände im Spiel gehabt. Katharina verbot öffentliche Äußerung über diesen Vorfall, gleichgültig, ob im In- oder Ausland. Dadurch wurden die Gerüchte in Russland und Europa nur noch lauter.

Ein neues Gesetzbuch, so hoffte nun die Kaiserin, werde Russland grundlegend reformieren, das Volk mit seiner Monarchin aussöhnen, das Ausland aufhorchen lassen und sehr schnell für den gebührenden Nachruhm in der Geschichte sorgen. Dahinter würde das Gerede über Peter III., Iwan VI., Vater Arseni oder über die Thronansprüche des Großfürsten Paul Petrowitsch verschwinden.

Die »Instruktion« enthielt eine breit gefächerte Übernahme von philosophisch-staatspolitischen Ansichten Montesquieus, Cesare Beccarias und Friedrichs II., deren Umsetzung in Russland das Wohlergehen der Bauern und Bürger sichern sollte. Zumindest beschrieb Katharina so ihre Absichten in zahlreichen Briefen, die sie, ihr Projekt im Voraus lobend, in alle Welt sandte. So edel, abstrakt und allgemein das Dokument auch formuliert worden war, die Kaiserin hatte es höchstselbst vorgelegt und das verdiente den nötigen Respekt ihrer Untertanen.

In den nachfolgenden vier Jahren pressten zahlreiche Würdenträger und Politiker mit großem Aufwand und Wertschätzung Katharinas aufgeklärte Schwärmereien in handhabbare Gesetze, Verordnungen und Regelungen. Bis schließlich alles im Sande verlief. Vor diesem Hintergrund der hochfliegenden Aufgeregtheit Katharinas, wie auch ihrer aristokratischen Beamten und Staatsmänner um die große Zukunft des Reichs, ist auch der Eintritt Potemkins in die Politik und in das höfische Leben Russlands zu betrachten.

Potemkin nahm in Moskau nicht nur die militärischen Aufgaben innerhalb seiner Gardeeinheit wahr. Die Kaiserin hatte aus dem ganzen Reich Vertreter zu einer »Großen Kommission« einberufen, die auf der Grundlage der »Instruktion« (die ohnehin schon vor ihrer Veröffentlichung durch Graf Panin und andere Würdenträger zusammengestrichen worden und all ihres aufklärerisch-liberalen Inhalts beraubt worden war) das neue Gesetzes- und Reformwerk diskutieren und verabschieden sollten. Die Kommissionäre berieten mehrere Jahre. Am Ende blieb kaum etwas von den ursprünglichen Absichten übrig. Im Gegenteil. Die Leibeigenschaft der Bauern wurde weiter verschärft, und die Herrschaft des Adels gefestigt.

Potemkin nahm infolge einer kaiserlichen Order aktiv an den Beratungen der Kommission und deren Arbeitsgruppen teil. Obwohl die Informationen über sein Leben und seine Entwicklung auch zwischen 1763 und 1768 noch immer relativ spärlich sind, ist bekannt, dass er sowohl als Experte für die »fremdstämmischen« nichtrussischen Völker fungierte als auch an den Debatten über zivile und kirchliche Angelegenheiten mitwirkte. Er muss seine Sache gut gemacht haben und erfreute sich auch über diese Jahre hinweg der gleich bleibenden Gunst der Kaiserin.

3. Aufstieg zum Liebhaber und Favoriten der Kaiserin Katharina II.

Im September 1768 ernannte sie ihn zum Hofkämmerer. Er durfte sich nun mit dem Titel »Exzellenz« anreden lassen und hatte eine Position, die seine ständige Anwesenheit am Hofe erforderte. Eine wirklich einflussreiche Machtstellung war das noch nicht und es gibt aus dieser Zeit auch noch keine Anzeichen für besondere Privilegien bei der Kaiserin. Potemkin stieg lediglich in der Rangordnung auf.

Er hatte bislang im Heiligen Synod und in der »Großen Kommission« mitgewirkt, relativ unbedeutende militärische Aufgaben erfüllt, aber noch keine spektakulären Taten vollbracht, die ihn in der Öffentlichkeit bekannt gemacht bzw. jenen Ruhm eingetragen hätten, der eine ständige Anwesenheit im Umfeld der Kaiserin legitimierte. Die anfängliche Rolle eines fröhlichen Komödianten hatten ihm die Brüder Orlow vergällt. Das Jahr 1768 bot endlich die Gelegenheit, sich auf militärischem Gebiet auszeichnen zu dürfen.

Beim Regierungsantritt Katharinas II. besetzten die Türken und die ihnen hörigen Krim-Tataren noch immer die Krim und die nördliche Schwarzmeerküste. Katharinas Außenpolitik sah sowohl die Ausdehnung der russischen Grenzen nach Süden als auch eine Einmischung in die innerpolnischen Fragen vor, ohne dass die Kaiserin für ihre Absichten konkrete, langfristige Pläne verfolgte.

Die Zerstörung der Unabhängigkeit Polens und die Schwächung der Türkei galten als grundsätzliche strategische Optionen. Polen und das Osmanische Reich grenzten direkt aneinander. Die Türkei reagierte scharf gegen die russische Polenpolitik und verlangte den Abzug der russischen Truppen aus Polen. Der polnische König von Katharinas Gnaden, Stanislaus Poniatowski, wurde vom Sultan nicht anerkannt. Frankreich, das traditionell keine russenfreundliche Politik betrieb, stachelte die Hohe Pforte auf und suggerierte, Russlands Einmischung in Polen bedrohe die Türkei. Überdies suchte der Sultan nach Wegen, den russischen Drang nach Süden zu stoppen. Es kam zu militärischen Provokationen in den Grenzgebieten, die permanent eskalierten und ihren Höhepunkt er-

3. Aufstieg zum Liebhaber und Favoriten der Kaiserin Katharina II.

reichten, als russische Kosaken polnische Aufständische auf tatarischem Gebiet verfolgten. Sultan Mustafa III. nahm das Ereignis zum Anlass, am 25. September 1768 die Beziehungen zu Russland abzubrechen. Es begann der erste Türkenkrieg Katharinas II. – für die Kaiserin eine willkommene Gelegenheit, die Beratungen der »Großen Kommission« abzubrechen. Die Reformen blieben in unverbindlichen Ansätzen stecken. Für Katharina hatte die »Große Kommission« dennoch einen nützlichen, vielleicht sogar grandiosen Sinn. Die 450 Delegierten boten der Kaiserin den Titel »die Große« an. Huldvoll nahm die Monarchin den sie keineswegs überraschenden Vorschlag an, bedeutete der Titel doch für sie eine schöne Legitimation der als nicht ganz koscher geltenden Throneroberung.

Die überraschende türkische Kriegserklärung schockierte Katharina im ersten Augenblick tatsächlich. Aber sie fasste sich schnell und wollte den Türken alsbald »den Mund stopfen«, eifrig durch ihren Brieffreund Voltaire unterstützt. Russland steuerte zwei Ziele an: Den Territorialgewinn und den »heiligen Kreuzzug« gegen die »ungläubigen« Muslime im Osmanischen Reich. Die europäischen Mächte stützten zwar den Kreuzzugsgedanken, aber der von Russland beabsichtigte territoriale Zugewinn stieß auf wenig Sympathien.

Die Kriegserklärung der Türkei veränderte die bisherigen innen- und außenpolitischen Schwerpunkte der Herrschaft Katharinas. Dazu trugen auch die inneren Auseinandersetzungen in Polen bei, die in einem Bürgerkrieg gipfelten. Bis zu diesem Zeitpunkt hatte Graf Panin die Außenpolitik in dem Bestreben geleitet, militärische Konflikte möglichst zu vermeiden und der kaiserlichen Reformpolitik friedliche Spielräume zu eröffnen. Diese Politik wurde angesichts der osmanischen Kriegserklärung als gescheitert betrachtet. Katharina konnte die Gelegenheit nutzen und warf ihre Verfassungs- und Gesetzesprojekte über Bord, ohne dass dem Verzicht ein fader Geruch von Endgültigkeit anhaftete. Sie berief einen Obersten Kriegsrat, der die neuen politischen Ziele definieren und deren Erfüllung koordinieren sollte.

3. Aufstieg zum Liebhaber und Favoriten der Kaiserin Katharina II.

Im Mittelpunkt standen zwei Aufgaben: Die Befriedung Polens und die Revision des Friedens von Belgrad aus dem Jahre 1739. Damals hatte Feldmarschall Münnich unter der Herrschaft der Kaiserin Anna die Türken am Pruth geschlagen und die Moldau besetzt. Münnich hatte bei diesem Feldzug zum ersten Mal den Gedanken in konkrete Worte gefasst, Konstantinopel zu erobern und ein neues griechisches Kaiserreich unter russischer Ägide zu errichten. In Belgrad war unter dem Einfluss Österreichs und Frankreichs lediglich ein Kompromissfrieden erzielt worden. Dieser Vertrag sollte nun geändert werden.

Katharina II. wollte die freie russische Schifffahrt auf dem Schwarzen Meer erzwingen. Der Gedanke an ein Griechisches Reich auf dem Balkan erlebte eine Renaissance, lebhaft gefördert durch Voltaire, der darin die Vollendung des petrinischen Erbes erblickte. Voltaire bestürmte Katharina in zahlreichen Briefen, die Türken aus Europa zu vertreiben und Griechenland von den Muselmanen zu befreien.

Am 17. November 1768 schrieb er nach den ersten Gerüchte von einer türkischen Kriegserklärung an Katharina: »Einerseits zwingen Sie die Polen, tolerant und glücklich zu werden ... zum anderen scheinen Sie es mit den Muselmanen zu tun zu bekommen ... Sollten sie Ihnen den Krieg erklären, dann könnte sich ereignen, was schon Peter der Große seinerzeit beabsichtigte, nämlich Konstantinopel zur Hauptstadt des Russischen Reiches zu machen.«

Beide Aufgaben – die »Befriedung« Polens und der Krieg gegen die Türkei – verlangten besondere russische Anstrengungen und einen nüchternen Blick auf die militärpolitischen Realitäten des Reichs. Der Bürgerkrieg in Polen weitete sich bis nach Weißrussland aus. Andererseits hielten die Türken die Krim und deren Vorfeld besetzt. Sie kontrollierten das ganze Schwarze Meer.

Trotz dieser Voraussetzungen begann der Krieg für Russland günstig. Die Kampfhandlungen wurden erst 1769 eröffnet und es gelang die Einnahme der Festung Chotin durch russische

3. Aufstieg zum Liebhaber und Favoriten der Kaiserin Katharina II.

Truppen. Jassy fiel ebenfalls in russische Hand und ein russisches Korps drang bis nach Bukarest vor. Nach der Eroberung von Asow und Taganrog konnte mit dem Bau einer russischen Schwarzmeerflotte begonnen werden. Die größten Erfolge erfocht der Feldmarschall Pjotr Rumjanzew im Jahre 1770, als er die Türken am Pruth besiegte und die türkischen Festungen Ismail, Kilia, Akkerman und Braila eroberte.

Weit spektakulärer als Rumjanzews Erfolg auf dem Festland war der russische Seesieg über die türkische Mittelmeerflotte, der im Juni 1770 in der Bucht von Tschesme erfochten wurde. Das russische baltische Geschwader war von Katharina ins Mittelmeer beordert worden, um in Griechenland und Montenegro Aufstände gegen die Osmanen zu unterstützen. Das Geschwader stand unter dem Kommando Alexei Orlows, der sich seinerzeit bei der Beseitigung Peters III. »ausgezeichnet« hatte, von Navigation und Seekriegstaktik jedoch relativ wenig verstand. Dank der großzügig führenden Hand englischer Seeoffiziere wurde die Bataille bei Tschesme für Russland siegreich beendet und ging als ein Ruhmesblatt in die russische Seekriegsgeschichte ein. Der Seesieg war vielleicht in seetaktischer Hinsicht brillant, konnte jedoch nicht darüber hinwegtäuschen, dass das Geschwader keine seiner eigentlichen Aufgaben erfüllte. Es gab keine griechische Erhebung gegen die Türken, die Dardanellen konnte man nicht blockieren und auf die russischen militärischen Landoperationen hatte die Schlacht von Tschesme kaum einen Einfluss.

Die politische und ideologische Auswirkung der Schlacht war größer als ihr militärisch-taktischer Erfolg. Russland schlug im Konzert der europäischen Großmächte einen neuen Ton an. Die bestehende Kräftebalance geriet in Bewegung, denn die russischen Siege von 1770 markierten den Höhepunkt des ganzen russisch-türkischen Krieges.

Im darauf folgenden Jahr besetzten russische Truppen die Krim und installierten dort ein tatarisches Interimsregime, das 1772 die Trennung vom Osmanischen Reich proklamierte und ein Bündnisabkommen mit Russland schloss.

Währenddessen hatte Russland vollauf damit zu tun, die Unruhen in Polen zu bekämpfen. Die beiden Kriege gegen die Türken und gegen die polnischen Konföderierten verschlangen gewaltige Kräfte und Mittel, die einen baldigen Frieden an allen Fronten geraten erscheinen ließen. Außerdem breitete sich auf dem Balkan und in der südlichen Ukraine die Pest aus. Die Seuche erfasste im Jahr 1771 auch Moskau und brachte die Rekrutierung neuer Soldaten und Einheiten in Gefahr.

Das größte Problem war jedoch die internationale Krise, die Russland, Polen und die Türkei durch ihre Kriege ausgelöst hatten. Das »Nordische System« und die habsburgisch-bourbonische Allianz zerfielen. Stattdessen deutete sich eine preußisch-österreichisch-russische Verbindung zur Aufteilung des polnischen Staates an. Da aber Österreich auf dem Balkan eigene Interessen verfolgte und die russischen Aspirationen mit Argwohn betrachtete, Preußen jedoch ein Bündnis mit Österreich aus den gleichen Gründen enger am Herzen lag als eines mit Russland, entstand für Russland die Gefahr, die Krise nicht mehr aus eigener Kraft beherrschen zu können. Ein sichtbares Signal für die komplizierte Situation war der Gedanke des österreichischen Kanzlers Kaunitz vom Dezember 1768: Österreich, Preußen und das Osmanische Reich mögen sich in einer Allianz vereinen. Kaunitz hatte bei dieser Idee noch einen Hintergedanken. Falls Friedrich II. Schlesien an Österreich zurückgäbe, sollte Preußen das Königreich Polen und obendrein das Herzogtum Kurland erhalten – ohne Russland zu fragen. Kurland wurde damals noch – ein Relikt aus der Zeit der Kaiserin Anna I. – durch den Herzog Ernst Johann von Biron regiert.

Die russischen Siege gegen die Türken veränderten alle weiteren Überlegungen und veranlassten Österreich zu einem Truppenaufmarsch. Der russische Nachbar sollte auf dem Balkan keine weiteren Gebietsgewinne erzielen dürfen. Aber die russische Regierung blieb standhaft. Mehr und mehr trat das unvermeidliche Junktim zwischen den Konflikten in Polen und auf dem Balkan in den Vordergrund.

Nach langen Verhandlungen unterzeichneten die Parteien am 5. August 1772 den formellen Teilungsvertrag für Polen. Drei große Staaten annektierten Polen, um ihre seit 1770 verhandelten Ansprüche abzugelten. Die russische Regierung verzichtete in diesem Dokument darauf, im Rahmen künftiger Friedensverhandlungen mit der Türkei die Donaufürstentümer erwerben zu wollen. Dafür erhielt Russland das polnische Livland und Teile Weißrusslands. Das Abkommen schloss eine sofortige antirussische Intervention Österreichs auf dem Balkan aus und lieferte allen drei Unterzeichnerstaaten eine Art Modellvorstellung für das auch künftig mögliche Krisenmanagement im Konfliktfall.

Bereits vor der formellen Unterzeichnung der Teilungsakte konnte Feldmarschall Rumjanzew im Mai 1772 ein Waffenstillstandsabkommen mit der Türkei schließen. Im Juli des gleichen Jahres folgte eine analoge Vereinbarung für den Kriegsschauplatz im Mittelmeer. Der Weg zu Friedensverhandlungen schien geebnet. Dennoch drängte Russland. In Schweden hatte der mit einem Staatsstreich König Gustafs III. verbundene Sieg einer antirussischen Partei neue Gefahren heraufbeschworen. Die russische Regierung musste bei den Friedensgesprächen mit der Türkei darauf achten, die eigenen Forderungen auf den Besitz der Krim durchzusetzen und den Waffenstillstand so lange wie möglich auszudehnen. Dieses Vorhaben gelang nicht.

Katharinas Favorit Grigori Orlow, der die Verhandlungen führte, hatte die russischen Forderungen mit arroganter Dummheit mit einem Ultimatum verbunden und Ende August 1772 zum großen Ärger seiner Herrin, des Hofes und der Regierung lediglich den Abbruch der Verhandlungen bewirkt. Der Grund für Orlows unbeherrschtes Verhalten in den Friedensgesprächen war die neue Situation am Hofe. Eine einflussreiche Gruppe um den Grafen Panin und den Thronfolger bemühte sich erfolgreich, die Kaiserin von ihrem Favoriten zu trennen. Orlow ahnte die für ihn existenzielle Gefahr. Statt seine Position durch einen schnellen und Russland stärkenden

3. Aufstieg zum Liebhaber und Favoriten der Kaiserin Katharina II.

Frieden zu untermauern, geriet er in Panik und sah nur ein Ziel: So schnell wie möglich zurück nach Petersburg! Dort würde er es seinen Gegnern zeigen und die Kaiserin hatte er bisher immer noch überzeugen können.

Der Fehler Grigori Orlows beschwor ernste Gefahren herauf. Der Krieg gegen die Türkei hatte noch kein Ende gefunden und schon drohte an der schwedischen Grenze ein neuer Konflikt. Nur unter großen Mühen erreichte Russland eine Verlängerung des Waffenstillstandes und die türkische Bereitschaft zu einem neuen Friedenskongress, der in Bukarest stattfinden sollte. Die Nachricht von den schwedischen Interventionsvorbereitungen drang bis in die Türkei vor und stärkte die Position Konstantinopels. Die russische Seite musste ihre Forderungen reduzieren. Feldmarschall Rumjanzews und General Suworows militärische Siege hatten nach Grigori Orlows gefährlicher Verhandlungsführung keinen großen politischen Bestand. Der Souveränitätsstatus der Krim blieb weiter umstritten, und von einer freien russischen Schifffahrt auf dem Schwarzen Meer konnte weiter keine Rede sein. Der Waffenstillstand verlief ergebnislos, und im März 1773 flammte der russisch-türkische Krieg erneut auf.

In der neuen Kriegsrunde hatte Russland eine ungünstigere Position als in den Vorjahren. Rumjanzews Vorstoß gegen die türkische Hauptmacht jenseits der Donau endete mit dem russischen Rückzug.

Im selben Jahr brach im Innern Russlands der Pugatschow-Aufstand aus. Die Revolte zog einen sozialen Flächenbrand bisher nicht gekannten Ausmaßes nach sich. Pugatschows Bauern und Kosaken banden erhebliche Truppenkontingente und die Regierung geriet in Aufregung. Diese drei Gefahrenherde: die schwedischen Rüstungen, die militärischen Misserfolge im Süden und der massive Bauernaufstand im Landesinnern zwangen die Regierung, ihre territorialen Forderungen gegenüber der Türkei erheblich zu reduzieren. Nur am Verlangen nach der Krim und an dem Prinzip der freien Schifffahrt auf dem Schwarzen Meer hielt Petersburg strikt fest.

Russland steckte in einer ernsten Krise. Das Blatt konnte aber durch militärische Erfolge an der türkischen Front gewendet werden. Tatsächlich erzielten Rumjanzew und Suworow in kurzer Zeit neue Siege. Im Juni 1774 überschritt Rumjanzew mit seinen Soldaten erneut die Donau und stellte starke türkische Kräfte in deren Feldlager bei Kozluce zum Kampf. Die Vernichtung der osmanischen Teilstreitkräfte und die nachfolgenden russischen Operationen zerstörten die türkische Logistik und überzeugten den Großwesir von der momentanen Aussichtslosigkeit weiterer kriegerischer Handlungen gegen Russland. Nach Jahren vergeblicher Verhandlungen benötigten beide Seiten nun ganze fünf Tage für eine Einigung. Am 10. Juli 1774 wurde in dem türkischen Dorf Kütschük-Kainardshi der Frieden unterzeichnet.

Die Türkei verlor die Meerenge am Ausgang des Asowschen Meeres und die Provinz Jedysan, die der Fluss Bug teilte. Der westliche Teil fiel an das Krim-Khanat, der östliche – zwischen Bug und Dnjepr – an Russland. Das Russische Reich errang politische und strategische Vorteile und Zugewinne. Die autonome Herrschaft des Krim-Khans zwischen den Flüssen Dnjestr und Kuban beendete die osmanische Lehnshoheit über die Krim und die türkische militärische und wirtschaftliche Kontrolle über fast die gesamte Nordküste des Schwarzen Meeres.

Doch die wichtige Festung Otschakow blieb in türkischer Hand. Russland erhielt als Ausgleich das Gebiet um Asow und die Festungen Kertsch, Jenikale und Kinburn. Das Schwarze Meer stand für die russische Handelsschifffahrt offen. Im Kaukasus gelangte Russland in den Besitz der »beiden Kabardeien« und de facto auch des östlichen Georgien. Der türkische Sultan verpflichtete sich, die Christen im gesamten Osmanischen Reich zu schützen. Er gewährte dem russischen Handel Freizügigkeit. Russland durfte im Osmanischen Reich Konsulate einrichten und in Konstantinopel eine orthodoxe Kirche unterhalten, die allen Gläubigen zugänglich sein sollte.

So nützlich der Frieden beiden Staaten auch erschienen sein mag, das Ende des ersten russisch-türkischen Krieges bestimmte bereits den Beginn eines zweiten Krieges. Russland nutzte die Friedensbedingungen zum Ausbau seiner Macht an den südlichen Grenzen und stieß dabei auf türkische Gegenreaktionen. Neue Kriegsursachen resultierten auch aus den noch nicht erreichten Zielen.

Der Sultan-Kalif blieb geistliches Oberhaupt der Krim-Tataren. Die türkische Festung Otschakow kontrollierte die russischen Flüsse Bug und Dnjepr in ihren Mündungsgebieten. Die Konzessionen an die im Osmanischen Reich lebenden Christen blieben weit gehend verbaler Natur, weil Russland in dieser Frage kein Interventionsrecht besaß. Andererseits mischte sich Russland bei religiösen Fragen in die innertürkischen Belange ein.

Das Schwarzmeer-Monopol hatte dem türkischen Reich militärische und politische Größe verliehen, war aber auch eine Grundlage für seine Wirtschaftsordnung. Der Regierung Russlands stellten sich die Dinge gegensätzlich dar. Die freie Schwarzmeerschifffahrt galt in Petersburg als Vorausbedingung für die Kolonisierung des gesamten Südens, für die europäische Größe Russlands und für das russische Selbstverständnis als imperialer Großmacht.

Peter I. hatte das Fenster zur Ostsee aufgestoßen – Katharina II. öffnete mit dem Frieden von Kütschük-Kainardshi das Tor zum Mittelmeer. Es bedurfte weiterer Anstrengungen, das Tor für die Zukunft offen zu halten. Zunächst milderte der Vertrag von 1774 die innere und äußere Krise des Zarenreichs. Die Einigung über Polen und der Frieden mit der Türkei hatten Katharina II. und dem Russischen Reich politische Entlastung gebracht. Es blieb der Aufstand Pugatschows als herrschaftsbedrohender Angriff des rebellierenden Volkes.

Aber der Frieden von Kütschük-Kainardshi führte auch zu einem Einschnitt in die gesamte internationale Stellung und in die Außenpolitik Russlands. Der außenpolitische Schwerpunkt verlagerte sich auf den Orient. Die Suche nach kolonialen Expansionsräumen erreichte den Status eines politischen Programms. Damit schlug die entscheidende Stunde für Grigori Potemkin, ohne dass sich dessen irgendein Mensch sofort bewusst wurde.

Grigori Alexandrowitsch Potemkin? Alle bisherigen Darlegungen über die russische Politik und Kriegsführung während des ersten russisch-türkischen Krieges haben den Namen Potemkins unerwähnt gelassen. Potemkin hat in jenen Jahren noch keine entscheidende politische Rolle gespielt. Dennoch lebte Grigori Potemkin im Blickfeld der Kaiserin. Katharina II. unternahm in all den Jahren erhebliche Anstrengungen, ihm einen festen Platz in ihrem Leben und Herrschen zuzuweisen. Diesem Ziel hatte die Beförderung in den Heiligen Synod ebenso gedient wie Potemkins Teilnahme an den Beratungen der Großen Kommission in Moskau. Die Wünsche und Befehle der Kaiserin bestimmten schließlich auch seinen Weg im ersten russisch-türkischen Krieg.

Katharina II. bereitete die Feldzüge gemeinsam mit ihren Generälen vor, beriet die Friedensverhandlungen mit Militärs, Politikern und Günstlingen. In die Debatten und Aufgaben bezog sie auch Potemkin ein, ohne ihn bereits eine herausragende Rolle spielen zu lassen. Mit Erlaubnis seiner Herrin meldete er sich im Januar 1769 – noch bevor die Kampfhandlungen begonnen hatten – zum aktiven Kriegsdienst und reiste in den Süden ab, wiederum mit einer entsprechenden Erlaubnis der Kaiserin. Der gesamte Militärdienst Potemkins im ersten Türkenkrieg hatte allerdings einen für Truppenoffiziere untypischen Charakter und erweckte nicht nur den äußeren Eindruck, als handele es sich um ein öffentliches Demonstrationsspiel, das dem Hofkämmerer Grigori Potemkin zu dauerhafter, hofwürdiger Reputation verhelfen sollte. Der junge Mann erhielt Aufgaben, die seinen Aufenthalt in größter Nähe zur Kaiserin legitimierten und ihn gleichzeitig auf höchste Anforderungen vorbereiteten, die den politischen Intentionen der Kaiserin und des Staates entsprachen. Grundlegende persönliche und politische Entscheidungen waren bezüglich der Perspektiven Potemkins noch nicht gefallen.

Zunächst diente Potemkin mit subalternen Aufgaben in militärischen Marscheinheiten unter dem Kommando eines der Fürsten Golizyn. Die Aufgaben schienen ihm unakzeptabel und seiner nicht würdig zu sein. Am 24. Mai 1769 schrieb er aus dem Hauptquartier General Prosorowskis am Dnjestr direkt an die Kaiserin (was in der hierarchischen militärischen Rangordnung ungewöhnlich war). Er zog mit sehr bestimmten Worten ein erstes Fazit aus ihren Beziehungen, definierte seinen eigenen Standort in dieser bislang ungleichen Partnerschaft und legte seine künftigen Absichten ungeniert dar: »Allmächtige Kaiserin! Die unvergleichliche Fürsorge Eurer Majestät für das allgemeine Wohl haben uns unser Vaterland lieb und teuer werden lassen. Das Pflichtgefühl eines treuen Untertanen verlangte von jedem von uns, daß wir Euren Wünschen nachkommen, und in dieser Beziehung kann ich sagen, daß ich genau nach dem Willen Eurer Majestät gehandelt habe. Voll Dankbarkeit habe ich das Wohlwollen Eurer Majestät empfunden, ich habe in den Geist Eurer weisen Entscheidungen einzudringen versucht und mich bemüht, ein guter Bürger zu sein. Aber die hohe Gunst, mit der ich besonders geehrt worden bin, erfüllt mich der Person Eurer Majestät gegenüber auch mit besonderem Ehrgeiz. Ich habe die Pflicht, meiner Kaiserin und Wohltäterin zu dienen, aber meine Dankbarkeit wird nur dann ihren vollkommenen Ausdruck finden, wenn ich mein Blut zum Ruhme Eurer Majestät habe dahingeben dürfen. Diese Gelegenheit hat sich mir in diesem Krieg geboten, und ich bin nicht müßig geblieben. Erlaubt mir jetzt, Allmächtige Kaiserin, mich Euch zu Füßen zu werfen und Euch zu bitten, mir ein aktives Kommando, ganz gleich in welcher Eigenschaft, in dem Korps des Fürsten Prosorowski zu geben, ohne mich deswegen für immer, sondern nur für die Dauer des Krieges, zur Armee abzukommandieren. Ich habe mich stets bemüht, Allmächtige Kaiserin, in Euren Diensten Euch nützlich zu sein. Meine Vorliebe gilt der Kavallerie, von der ich sagen kann, dass ich sie von Grund auf kenne. Dass Aufopferung für seinen Herrscher und Nichtachtung des eigenen Lebens im Krieg allein zum Erfolg führen, diese Regel der Kriegskunst habe ich mir zu eigen ge-

3. Aufstieg zum Liebhaber und Favoriten der Kaiserin Katharina II.

macht. Das haben mich, Allmächtige Kaiserin, meine strategischen Studien und der General, unter dessen Kommando ich mit Eurer Kaiserlichen Erlaubnis dienen möchte, gelehrt. Ihr werdet sehen, dass mein Eifer, Euch zu dienen, meinen Mangel an Erfahrung wettmacht und dass Ihr Eure Entscheidung nicht zu bereuen haben werdet. Allmächtige Kaiserin, ich bin Eurer Majestät untertänigster Diener Grigori Potemkin.«

Nein, ein willenloser Liebhaber der Kaiserin war dieser Mensch nicht. Höflich, selbstbewusst und sittsam brachte er sich aus dem Felde in Erinnerung und forderte, gar nicht bescheiden, höhere Aufgaben, die ihn für die Kaiserin noch anziehender machen konnten. Solche Männer suchte sie, denn bei Lichte besehen stand es um die russischen Kriegsvorbereitungen nicht sehr gut. Kehren wir noch einmal zum Ausgang des ersten russisch-türkischen Krieges zurück.

Die Krim-Tataren fielen im Januar 1769 in die russische Kolonie Neu-Serbien ein und verwüsteten diese. Ein starkes türkisches Heer marschierte nach Podolien und vereinigte sich mit den aufständischen Polen. Diesen beiden Angriffen hatte Katharina die Truppen Golizyns und Rumjanzews entgegengesandt. Die Feldherren erzielten bei Asow und Taganrog Erfolge, aber das spöttische Bild, das Friedrich II. von Preußen über den russisch-türkischen Krieg malte, mochte wohl auch Potemkin bedrücken.

Friedrich schrieb sarkastisch: »Die Generale Katharinas beherrschten von Lagerkunst und Taktik nicht einmal die Anfangsgründe, die des Sultans waren noch unwissender. Um sich also einen rechten Begriff von diesem Krieg zu machen, muß man sich Einäugige vorstellen, die Blinde gehörig schlagen und ein völliges Übergewicht erlangen.« Der einäugige Potemkin besaß einen scharfen Verstand. Er sah an Ort und Stelle die Missstände in der russischen Armee. Er forderte seinen Einsatz – und er erhielt ihn.

Die Kaiserin erhörte den Ruf und entsprach dem Wunsche im eigenen Interesse. Potemkin erhielt die erwünschten Kommandos und durfte sich auszeichnen, was für einen Menschen mit Energie und Tatkraft angesichts der desolaten Vorbedingungen vielleicht gar nicht so schwer war. Für seine Tapferkeit in der Schlacht von Chotin erhielt er den Rang eines Generalmajors. Nachdem die Truppen General Repnins – ein ähnlich fähiger Feldherr wie Rumjanzew und Suworow – die Stadt Ismail eingenommen hatten, verlieh die Kaiserin Potemkin, der sich an der Erstürmung beteiligt hatte, sowohl den St.-Annen-Orden als auch den St.-Georgs-Orden. Sein Oberbefehlshaber, Feldmarschall Rumjanzew, berichtete der Kaiserin am 9. September 1770: »Auf Grund der Schilderung der stattgefundenen Schlachten werden Euer Majestät sich ein Bild machen können, in welchem Maße Generalmajor Potemkin durch seinen rückhaltlosen Einsatz Anteil daran hatte. Ohne sich erst zum Eingreifen antreiben zu lassen, hat er aus freiem Willen jede Gelegenheit wahrgenommen, am Kampfe teilzunehmen!«

Ob Grigori Potemkin tatsächlich dieses Lob verdient hatte oder ob der kluge Rumjanzew genau wusste, welch günstiges Urteil die Kaiserin über ihren Schützling erwartete, mag dahingestellt bleiben. Sicherlich trafen im konkreten Fall beide Komponenten zu. Rumjanzew führte bei zahlreichen höfischen Personalangelegenheiten zumindest die zweite Feder – selbst bei der Auswahl von Liebhabern für die Kaiserin. Er wird kein Interesse daran gehabt haben, sich ausgerechnet in Sachen Potemkin in die Nesseln zu setzen.

Tatsache ist auch, dass der Bericht Rumjanzews im Staatsrat zu Petersburg verlesen wurde, dass sich die Kaiserin entzückt zeigte und dass spontan beschlossen wurde, den gerühmten jungen Generalmajor zur persönlichen Berichterstattung über die allgemeine militärpolitische Lage auf den Kriegsschauplätzen in die Hauptstadt zurückzubeordern. So wollte es die Kaiserin!

Dass diese Privilegierung der rivalisierenden Heerführer als ungerecht, übertrieben und diskriminierend empfunden wurde, sprach sich natürlich herum, und auch Fürst Golizyn wusste jetzt mit leicht mokanter Ironie und mit euphorischer Begeisterung zu vermelden: »Zu keiner Zeit hat sich die russische Kavallerie durch Zusammenhalt und Tapferkeit so ausgezeichnet wie unter Generalmajor Potemkin.«

An dessen Rührigkeit und militärischen Fähigkeiten wollte nun niemand mehr zweifeln. Der Wille zu einer Leistung, die Russland und der Kaiserin dienten, sowie die persönliche Annäherung an Katharina beförderte seine Karriere. Viele Freunde hat sich der ehrgeizige junge General durch seine Forschheit allerdings nicht erworben. Aber sein Dienst für die Kaiserin stärkte Russlands Kriegsglück – zumindest in einigen Abschnitten. Der Erfolg gab ihm Recht.

Im Wesentlichen ging es nicht so sehr um den detaillierten Gefechtserfolg, sondern um den Weg an die Seite Katharinas. Potemkin eilte sofort nach Petersburg. Das allgemeine Geraune erhielt reichlich Nahrung, als ihn die Kaiserin in einer Privataudienz empfing. Der Hofklatsch wisperte aufgeregt von einer stürmischen Liebesszene. Es war niemand dabei.

Allerdings, Potemkin erhielt unmittelbar nach der Begegnung das offizielle Recht, das er sich bereits vorher genommen hatte, Briefe direkt an die Kaiserin richten zu dürfen. Diese antwortete dann ebenfalls unter Umgehung des »Dienstwegs«. Außerdem gab sie Potemkin bei dessen Rückkehr an die Front ein persönliches Handschreiben an Feldmarschall Rumjanzew mit. Am 23. November 1770 schrieb sie: »Den Überbringer dieses Briefes, Herrn Generalmajor Potemkin empfehle ich Ihnen als einen Menschen, erfüllt von der Lust, sich auszuzeichnen; ebenso ist sein Eifer mir bekannt. Ich hoffe, daß Sie seine Jugend nicht ohne nützlichen Rat lassen, ihn selbst aber nicht verwenden werden, denn er ist mit Gaben geboren, die dem Vaterland Nutzen bringen können.«

Unverhüllter konnte eine Kaiserin ihre persönlichen Wünsche kaum formulieren. Rumjanzew verstand selbstverständlich sofort. Die Anspielungen im Brief Katharinas enthielten genügend Hinweise darauf, was man von dem Vorgesetzten Potemkins erwartete.

Solange der Krieg andauerte, fuhr Potemkin immer wieder nach Petersburg und schrieb der Kaiserin zahlreiche Briefe.

3. Aufstieg zum Liebhaber und Favoriten der Kaiserin Katharina II.

General Potemkin genoss eine Ausnahmestellung unter den russischen Heerführern, und Rumjanzew gab sich alle erdenkliche Mühe, das Spiel nicht zu unterbrechen. Er schrieb an Katharina ebenso nebelhaft wie hintergründig über Potemkin: »... dass er an allen Plätzen, wo wir Krieg führen, sich bemerkenswert umgetan hat und in der Lage war, in Bezug auf unsere Stellung und die Verhältnisse dieses Landes Rede zu stehen, machten mich geneigt, ihn ... nach St. Petersburg in Erfüllung seiner Bitte zu beurlauben ...«

Den Nachweis einer konkreten Leistung blieb Rumjanzew aus gutem Grunde schuldig. Offensichtlich hat sich Potemkin an allen möglichen Plätzen aufgehalten, hat die militärische Lage sorgfältig beobachtet, dabei auch Mut und Tapferkeit bewiesen – aber nur wenige konkrete Verantwortlichkeiten übernommen. Er benötigte zur Legitimierung seiner weiteren Karriere im kaiserlichen Umfeld den Geruch von Pulverdampf auf dem Schlachtfeld.

Es wäre allerdings ungerecht gegenüber Katharina und Potemkin, wollte man die Rolle des jungen Generalmajors nur auf die eines kaiserlichen Spions am Rande der Schlachtfelder reduzieren, der sich lediglich die Meriten für seine spätere Hofstellung verdienen sollte. Er war tapfer, er diente Russland und die Schwächen in der Armee und Kriegsführung empörten ihn. Hier, in den Gefechten des ersten russisch-türkischen Krieges, erwarb er jene Grundkenntnise, die ihn später zu seinen Arbeiten für eine weit reichende Reform des russischen Militärwesens befähigen sollten.

Tatsächlich dachten Katharina und Potemkin auch in ihren persönlichen Beziehungen über den Tag hinaus. Es ging während des russisch-türkischen Krieges nicht darum, dass sich Grigori jeden Abend mit blutbeschmiertem Säbel zur Ruhe begab. Sein Briefwechsel mit Katharina verweist darauf, dass er sich bemühte, seine Ausnahmestellung in der Armee selbst zu definieren, durch die Kaiserin bestätigen zu lassen und danach weiter zu festigen. Diese Anstrengungen fielen in jene Zeit, in der Katharina ihre aufgeklärten Reformbestrebungen ad acta gelegt hatte und sich ganz dem imperialen Expansionszug gegen Polen und den Süden zuwandte. Es war nicht schwierig, die Position eines Auserwählten zu finden, wenn Potemkin sich nur den Herrschaftsintentionen Katharinas unterordnete und diese durch eigene Gedanken und Taten bereicherte.

Mit feinem Gespür für das Machbare hatte er im Mai 1769 die passenden Worte gefunden. So wünschte sich Katharina ihre Mitarbeiter, Günstlinge und Liebhaber. Auf der Grundlage der damaligen Loyalitätserklärung hatte sie Potemkin im November 1770 an Rumjanzew empfohlen, und der gleiche Geist sollte auch ihren entscheidenden Brief an Potemkin vom Dezember 1773 beherrschen.

Der Generalmajor hatte nach seiner Petersburger Visite von 1770 weiterhin an verschiedenen Kampfhandlungen teilgenommen und reiste zwischendurch immer wieder nach Petersburg. Seine Teilnahme an den Schlachten hatte keine kriegsentscheidende Bedeutung, aber die Besuche in der Hauptstadt erwiesen sich als lebenswichtig.

Die Kaiserin gab später das positive Urteil ab: »In dem Feldzug von 1769–1774 bedeutete Fürst Grigori Alexandrowitsch Potemkin mit seiner Intelligenz und seinen Ratschlägen eine große Hilfe. Er ist ein unendlich treuer Diener.« Hilfe und Diener – die Reizworte besaßen einen symbolischen Charakter für die damalige Rolle Potemkins im Leben Katharinas, aber auch für seine spätere Stellung, als der ganz große Liebesrausch an Emotionalität verloren hatte. Vorerst vergingen noch Jahre, in denen sich Potemkin im Kriegshandwerk übte und fleißig um die Gunst der Kaiserin warb.

Eine endgültige Entscheidung im Sinne der Hinwendung Katharinas zu Potemkin erfolgte erst Ende 1773. Am 4. Dezember jenes Jahres schrieb die Kaiserin den alle Zweifel Potemkins beseitigenden Brief: »Herr Generalleutnant ... wahrscheinlich sind Sie vollkommen davon in Anspruch genommen, Ihre Blicke auf die Stadt Silistria (die damals gerade unter maßgeblicher Teilnahme Potemkins belagert wurde – Anm. des Autors) zu heften, so daß Sie keine Zeit haben wer-

3. Aufstieg zum Liebhaber und Favoriten der Kaiserin Katharina II.

den, Briefe zu lesen, und obwohl ich noch nicht weiß, ob Ihre Beschießung erfolgreich war, bin ich nichtsdestoweniger überzeugt, daß alles, was Sie unternehmen, einzig und allein auf Ihre Treue und Ergebenheit zu mir persönlich und dem geliebten Vaterland gegenüber, dem Sie gerne dienen, zurückzuführen ist. Da ich meinerseits jedoch ängstlich darauf bedacht bin, mir ehrgeizige, mutige, intelligente und fähige Menschen zu erhalten, bitte ich Sie, sich nicht der Gefahr auszusetzen. Nachdem Sie diesen Brief gelesen haben, werden Sie vielleicht fragen, zu welchem Zweck er geschrieben worden ist. Darauf will ich antworten: damit Sie die Bestätigung meiner Gedanken über Sie in Händen haben, denn ich bin stets Ihre Ihnen äußerst wohlwollende Katharina.«

Die Kaiserin gab eine Liebeserklärung ab, die Potemkin in ihren Bann zog. Der Brief forderte den Sachverstand des Adressaten für die Reichspolitik ein. Und das Schreiben besaß einen dritten Grund. Warum richtete Katharina ausgerechnet im Dezember 1773 die dringende Forderung nach unbedingter Rückkehr in die Hauptstadt an Potemkin?

Die Herrscherin befand sich in einer Notlage. Sie zog Potemkin mit der Hoffnung auf Rettung in ein höfisches Intrigenspiel hinein, das höchste staatspolitische Priorität besaß. Der einäugige General sollte seine Meisterprüfung ablegen und sich im Dienste der Kaiserin auf oberster Ebene bewähren, bevor sie sich ganz mit ihm verband. Potemkin nahm die Herausforderung an.

Als Hauptakteure agierten in dem Spiel neben der Kaiserin deren Sohn und Thronfolger Paul Petrowitsch, Graf Nikita Panin, die Brüder Grigori und Alexei Orlow und – Grigori Potemkin. Der Generalmajor eilte nach Petersburg. Er fand dort im Januar 1774 eine brisante Situation vor. Es ist mit an Sicherheit grenzender Wahrscheinlichkeit anzunehmen, daß Potemkin zu jedem Zeitpunkt, wenn auch nicht in allen Details, so doch in den Grundzügen, stets über die Entwicklung der inneren Beziehungen und der politischen Absichten am Hofe informiert war.

3. Aufstieg zum Liebhaber und Favoriten der Kaiserin Katharina II.

Bei der Thronbesteigung Katharinas hatten die fünf Brüder Orlow, vor allem Grigori und Alexei, eine bedeutende Rolle gespielt. Sie standen der Kaiserin seither besonders nahe. Nikita Panin und Paul Petrowitsch verachteten die Emporkömmlinge. Sie fürchteten deren Einfluss auf die Monarchin. Graf Panin hatte einer Regentschaft Katharinas nur unter der Bedingung zugestimmt, dass sie dem Thronfolger sofort die Regierungsgewalt übertrüge, wenn dieser die Volljährigkeit erreichte. Das wäre spätestens im Jahre 1772 der Fall gewesen – Katharina hatte das Datum verstreichen lassen, nicht auf den Thron verzichtet und galt ihrem Sohn als Usurpatorin.

Grigori Orlow, den die zeitgenössische und historische Literatur im Unterschied zu seinem Bruder Alexei als roh, arrogant, anmaßend, faul und dumm charakterisiert, galt nicht nur als Geliebter der Kaiserin. Tatsächlich haben sie gemeinsam drei Kinder gezeugt. Grigori Orlow lebte über zehn Jahre hinweg in der Hoffnung, Katharina so bald wie möglich heiraten zu dürfen. Vielleicht hat es sogar den gemeinsamen Wunsch nach ehelicher Verbindung einmal gegeben. Vielleicht entsprach es auch den Tatsachen, dass Nikita Panin 1763 für diesen Fall mit einem Staatsstreich zu Gunsten Paul Petrowitschs gedroht hatte. Aus der Hochzeit ist nichts geworden, aber Grigori Orlow lebte an der Seite Katharinas. Sie überhäufte ihn mit märchenhaften Geschenken, Orden und Ehrungen. Er zählte trotz aller Schmähungen ob seines Anspruchs nicht nur zu den reichsten, sondern auch zu den besonders aktiven und einflussreichen Menschen in Katharinas Umfeld.

Mag er als Mensch unleidlich gewesen sein, Grigori Orlow gehörte über viele Jahre hinweg zu den stärksten politischen Stützen im Reiche Katharinas. Mit Mut und der Bereitschaft zur Selbstaufopferung säuberte er Moskau im Jahre 1770 von der Pest. Sein Bruder Alexei galt als der Sieger von Tschesme. Der Bruder Fjodor Orlow hatte ebenfalls an dieser legendären Seeschlacht teilgenommen. Die Orlows genossen dank ihrer Rolle bei dem Staatsstreich von 1762 eine unangefochtene starke Position in der russischen Reichsführung. Die Kaiserin fühlte sich ihnen gegenüber schuldig.

Während Alexei seiner Kaiserin treu und zurückhaltend diente und dafür auch deren besonderes Vertrauen genoss, wurde Grigori für Katharina mehr und mehr zur Last. Er forderte für sich selbst zu viel und maßte sich Rechte an, die seinen wirklichen politischen Einfluss auf die Kaiserin und auch deren Zuneigung überstiegen.

Graf Panin hatte nach dem Ende des »Nordischen Systems« gleichfalls an Einfluss verloren, bildete jedoch gemeinsam mit dem Thronfolger eine starke politische Bastion – gegen Grigori Orlow. Für die Kaiserin bestand die dringliche Aufgabe den Druck abzuwehren, der vom Herrschaftsbegehren des Thronfolgers und vom politischen Willen Panins ausging. Mehr und mehr erkannte Katharina, dass sich Grigori Orlow in diesem Spiel zu einem Unsicherheitsfaktor wandelte. Er musste durch eine verlässliche, starke und kompromisslose Persönlichkeit ersetzt werden, die sie vor dem zerstörenden Feuer schützen konnte und ihr durch seine Persönlichkeit jene Kraft gab, die sie zur Aufrechterhaltung ihrer autokratischen Macht benötigte. Dazu wurde eine komplizierte Intrige inszeniert, die sich über mehrere Jahre erstreckte, keineswegs nach einem exakten Plan verlief und letztlich doch zum beabsichtigten Ziel führte.

Ein erster Schritt bestand in der behutsamen Distanzierung Katharinas von Grigori Orlow. Der war simpel genug und tappte in die ausgelegten Fangeisen. Katharina, in Liebesdingen keineswegs puritanisch veranlagt, konnte Untreue bei ihren Geliebten weder leiden noch dulden. Allerdings ließ sich Untreue bei dem Geliebten in politischer Hinsicht von Fall zu Fall auch bestens verwerten. Sie nutzte gezielte Indiskretionen über Liebschaften Grigori Orlows, um ihn aus ihrem Umfeld zu verbannen. Katharina II. hatte ihren Favoriten im September 1772 mit der Verhandlungsführung in Focsani betraut. Sie erwartete einen für Russland günstigen Frieden mit den Türken. Orlow reist nach Focsani ab.

3. Aufstieg zum Liebhaber und Favoriten der Kaiserin Katharina II.

Graf Panin hatte auf diese Stunde gewartet und präsentierte nicht nur eine der Fürstinnen Golizyn als Geliebte Grigori Orlows, sondern auch gleich den jungen Gardeoffizier Alexander Wassiltschikow für das Bett der Kaiserin – der stille und freundliche Junge würde keine eigenen ehrgeizigen politischen Ambitionen verfolgen.

Zwischen Panin und Katharina muss in diesem Falle Einverständnis geherrscht haben. Die Kaiserin fürchtete sich zwar vor der Macht und vor der Gemeinheit Grigori Orlows, aber das neue Arrangement sicherte für eine gewisse Zeit Ruhe vonseiten des Thronfolgers.

Grigori Orlow durchschaute das Gespinst nicht. Er beging einen großen politischen und persönlichen Fehler. Als er von den Entscheidungen in Petersburg erfuhr, erregte er sich derart, dass er die Verhandlungen mit den türkischen Abgesandten auf anmaßende Weise in eine Sackgasse führte und schließlich sogar zum Scheitern brachte. Er verpatzte seiner Kaiserin den erhofften Frieden mit der Türkei und der Krieg ging weiter. Anschließend reiste Grigori Orlow Hals über Kopf nach Petersburg zurück. Bereits vor der Hauptstadt fingen ihn Soldaten ab und brachten ihn nach Gatschina. Die Kaiserin wollte ihn nicht persönlich empfangen.

Nach all den Jahren gemeinsamen Lebens waren beide aufgeregt und voll Angst. Sie besannen sich jedoch und suchten nach einem Ausweg. Der Bruch sollte weder die Kaiserin noch Grigori Orlow die Ehre kosten. Orlow musste aus dem Schlafzimmer und von der Seite Katharinas weichen. Dennoch sollten ihm so viel Macht und Einfluss bleiben, dass er nicht zu einer Gefahr werden konnte – die Orlows hatten schließlich den Staatsstreich von 1762 organisiert. Außerdem schadete es nichts, wenn auch die Partei des Thronfolgers permanent das Gewicht ihrer Gegner spürte. Das schützte ebenfalls vor zu großem Übermut!

Katharina balancierte die Situation aus: Der neue Favorit galt als die politische Harmlosigkeit in Person; sie bat den Kaiser in Wien, Grigori Orlow zum Reichsfürsten des Heiligen Römi-

3. Aufstieg zum Liebhaber und Favoriten der Kaiserin Katharina II.

schen Reichs Deutscher Nation zu ernennen. Diesem Wunsch entsprach der katholische Kaiser und eines Tages stolzierte der neue Reichsfürst wieder unbefangen, fröhlich plaudernd und mit ahnungsloser Unschuldsmine durch die Gänge des Winterpalais in St. Petersburg. Kein Wässerchen konnte er trüben, nichts war geschehen.

Erstaunt rieben sich die Höflinge und Diplomaten die Augen und dachten angestrengt über die neue Situation nach. Was hatte der Favoritenwechsel für sie selbst, für die äußeren Mächte oder für die Reichspolitik zu bedeuten? Wer stand dahinter? Vielleicht eine bis dahin unbekannte Person, der man rechtzeitig schmeicheln sollte? Die Gerüchte brodelten und jeder interpretierte den Wechsel zu seinen eigenen Gunsten. Der britische Gesandte, Sir Robert Gunning, schrieb seinem Außenminister, dem Grafen von Suffolk: »Ich habe gute Gründe zu der Annahme, daß die Ausschaltung des Grafen Orlow einen entscheidenden Verlust für uns bedeutet. Er und seine Brüder waren in letzter Zeit ebenso antipreußisch wie anti-gallisch und von Grund auf England zugetan.« Der Gesandte durchschaute das Spiel einigermaßen, das da gerade ablief: »Es ging auch nicht darum, den Mann (Wassiltschikow – Anm. des Autors) aufsteigen zu lassen, sondern die Gelegenheit zum Sturz der Orlows wahrzunehmen. Panin ergriff sie. Es heißt, dass die Kaiserin bereits bereut und ihm (Orlow) von neuem zugetan ist. Da sie außerdem Angst hat, Panin könnte zu mächtig werden, fühlt sie sich offensichtlich unbehaglich.«

Sir Gunning beobachtete sehr umsichtig und kannte die verschiedenen widerstreitenden politischen Parteien. Er wusste, dass die Brüder Orlow das Reich stützten, dass der Thronfolger und der Minister Panin jeden ihrer Schritte verfolgten und dass die Kaiserin alle Geschicklichkeit aufwenden musste, um zwischen den Parteien zu vermitteln. Der Kompromiss hieß Wassiltschikow – vorerst, denn es gab natürlich keine Garantie, dass der zum gleichen Zeitpunkt volljährig werdende Thronfolger ewig ruhig bleiben würde. Es gab ebenso keine Aussicht, dass die Orlows freiwillig auf ihren ersten Platz am

Hofe verzichten würden, zumal sie nach wie vor, getragen vom Willen der Kaiserin, entscheidende Schlüsselstellen im Staatsgefüge in der Hand hielten.

Man konnte absehen, dass neue Probleme alsbald ins Haus stehen würden: Der Krieg gegen die Türkei ging weiter und im Jahre 1773 tauchte mit der Pugatschowschtschina eine neue und existenzbedrohende Gefahr für die Kaiserin auf.

Im Ural und an der Wolga erhob sich, geführt von dem Kosaken Jemljan Pugatschow, ein Bauernheer, welches das Land mit Mord und Bränden überzog. Unter dem Banner des unbotmäßigen Kosaken sammelten sich alle Unzufriedenen und Gedemütigten des Reichs. Pugatschows drohende Gefährlichkeit bestand auch darin, dass er als der angeblich dem Mordanschlag entronnene Peter III. in Erscheinung trat. Der »legitime« Kaiser kam mit Säbel, Strick und Feuer, um seinen ihm »rechtmäßig« zustehenden Thron in Besitz zu nehmen. Derartige Legenden hatten in Russland eine lange Tradition. Am Beginn des 16. Jahrhunderts waren der erste und der zweite falsche Demetrius jeweils als »rechtmäßiger« Sohn Iwans IV. gegen Moskau gezogen. Falsche Zaren und Regenten bevölkerten zu jeder Zeit das russische Land und schürten die Dummheit der armen Menschen.

Pugatschow erschütterte das Reich in seinen Grundfesten, weil das Volk bittere Not litt und die Qualen des Alltags nicht länger erdulden wollte. Katharina II. machte sich anfänglich gegenüber ihren ausländischen Freunden über die Revolte lustig. Es durfte nicht sein, dass der Schatten innerer sozialer Konflikte auf ihre aufgeklärte Welt fiel und das freundlich-optimistische Bild einer allgütigen Landesmutter beschädigte. Aber Pugatschow rückte mit jedem Tag näher an Moskau heran.

Der Türkenkrieg, der Pugatschow-Aufstand und die munter weiter gehenden Hofintrigen um Krone und Macht ließen Katharina gegen ihren eigenen Willen nicht zur Ruhe kommen, verlangten nach energischem Handeln.

Mit wachsender Sensibilität für den notwendigen Schutz des Throns spürte sie die geistige Leere, die sie bei dem bereitwilli-

3. Aufstieg zum Liebhaber und Favoriten der Kaiserin Katharina II.

gen Wassiltschikow empfinden musste. Katharina benötigte in der schwierigen Situation der Jahre 1773/74 Ratgeber und Favoriten, die sie selbst in Spannung versetzen konnten und die ihr wirksam halfen, die Probleme ihres Reichs zu lösen. Die Kaiserin brauchte Männer und Frauen um sich, die ihr die Last der drohenden Staatskrise abnahmen. Das ganze Jahr 1773 über hielt der Schwebezustand ungelöster Fragen an. Dann entschloss sie sich, ihrem Gefühl, ihrer Zuneigung und dem rationalen Kalkül mit energischem Schritt nachzugeben: Sie schrieb Potemkin am 3. Dezember 1773 den entscheidenden Brief. Potemkin folgte dem Ruf seiner Herrin stehenden Fußes und ahnte, wie drängend dieser Ruf sein musste.

Aber gemach. Die Idee konnte nur Schritt um Schritt durchgesetzt werden: im Krieg, bei den Hofintrigen, im Kampf gegen Pugatschow und in der persönlichen Sphäre. Potemkin reiste zunächst bis in den Vorhof des Machtzentrums. Wenn er vielleicht doch gedacht hatte, von der Kaiserin spontan und mit offenen Armen aufgenommen zu werden, hatte er sich geirrt. Er musste sich in Geduld üben.

4.
Eintritt in die kaiserliche Welt der Liebe und der Politik – Die Jahre der Leidenschaft

Potemkin avancierte nicht automatisch zum ersten Liebhaber und exklusiven politischen Berater Katharinas. Für diese Zurückhaltung gab es von Katharinas Seite gewichtige persönliche und politische Gründe. Als die Kaiserin Grigori Orlow aus dessen Wolkenheim stieß und aus seiner Geliebtenrolle verabschiedete, trat nicht Potemkin, sondern Alexander Wassiltschikow an Orlows Stelle. Panin und der Thronfolger galten als Initiatoren für den Wechsel. Der junge Mann nahm im Vergleich zu Orlow eine ganz andere Position ein. Grigori Orlow gehörte zum engsten Beraterkreis der Selbstherrscherin. Orlow musste das Feld räumen, weil er die politischen und menschlichen Erwartungshaltungen Katharinas nicht befriedigen konnte und – weil er in dem Bemühen um die notwendige Balance zwischen Katharina und dem Thronfolger zum störenden Ungleichgewicht für beide Seiten wurde. Der Wunsch Orlows nach eigener Herrschaft engte Katharina ein und schmälerte die Ansprüche Pauls. Wassiltschikow billigte man keinerlei politische Ambitionen zu. Er hatte der Kaiserin in deren Bett zu dienen, freundlich und willig zu sein, sonst nichts. Alle öffentlichen Auftritte Wassiltschikows an der Seite der Kaiserin und seine Rolle gegenüber den Großen des Reichs folgten den vorgeschriebenen Spielregeln des höfischen Rituals oder waren ein reines Spektakel ohne jeglichen staatspolitischen Hintergrund. Wenn sich die Höflinge um die Gunst des Liebhabers, der überrascht war von der plötzlichen Aufmerksamkeit, mühten, so geschah das nicht um seiner selbst willen, sondern weil man sich mit der Kaiserin gut stellen musste.

Bei all diesen Spielen fehlt nur noch ein Akteur: Grigori Alexandrowitsch Potemkin. Als er nach seiner Rückfahrt aus dem

Süden an Ort und Stelle sah, wie die Dinge liefen, gab er sich zunächst persönlich verärgert und enttäuscht. So hatte er sich seine Rückkehr in das Machtzentrum Russlands nicht vorgestellt. Daraus machte er auch in der Öffentlichkeit kein Geheimnis.

Der junge Adler hatte im ersten emotionalen Überschwang vaterländischer Gefühle tatsächlich geglaubt, sofort vom Kriegsschauplatz in die intimen Salons der Kaiserin fliegen zu können. Aber dann dachte Potemkin gründlicher nach und zog aus der Situation seine Vorteile. Sollte er sich dabei selbstkritisch analysiert haben, konnte er leicht feststellen, dass die rosige Anmut früherer Jahre unter ersten Verfallserscheinungen litt. Die bedauerliche Einäugigkeit, ungezügelte Trunksucht und ein ausschweifender Lebensstil ließen seinen äußeren Habitus allmählich weniger attraktiv erscheinen. Trotz seiner jungen Jahre musste er bereits erhebliche Einbußen an Attraktivität erfahren. Er war gerade über dreißig Jahre alt und man nannte ihn schon den »Zyklopen«. Der britische Gesandte beschrieb ihn in betont englischer Fairness: »Er ist ein Riese von Gestalt und sein Gesicht ist alles andere als anziehend.«

Trotz der von Gunning erwähnten Vernunft legte Potemkin eine krankhafte Eifersucht an den Tag. Er bekannte sich öffentlich und ungeniert zu seiner Sympathie für die Kaiserin. Anfangs hasste er sogar den hilflosen Wassiltschikow. Potemkin erfasste nicht sofort die inneren Mechanismen des Spiels, das die Kaiserin auch mit ihm trieb. Er begriff nicht auf Anhieb, dass das Stichwort für seinen großen Auftritt noch nicht gefallen war. Die Kaiserin wusste ja selbst noch nicht, wann die Zeit für dieses Stichwort reif sein würde. Aber seine gesunde Menschenkenntnis sagte ihm, dass die Kaiserin ihn gewiss nicht nach Petersburg gerufen habe, um ihren neuesten Liebhaber zu präsentieren. Die Befriedigung erotischer Bedürfnisse war die eine Seite des Problems, der politische Aspekt des Liebhabers eine andere. Das begann Potemkin allmählich zu verstehen.

Der Vorgang verdeutlichte, dass Potemkin zum damaligen Zeitpunkt nur relativ oberflächlich in die geheimen Pläne der

Kaiserin eingeweiht war. Die These, alle taktischen Winkelzüge in dem politischen Intrigenspiel hätten auf geheimen Absprachen zwischen Katharina und Potemkin beruht, scheinen aus der Luft gegriffen. Potemkin gehörte auch nicht zu jenen Menschen, die sich willenlos in ihr Schicksal ergeben. Er verstand sich nicht als kostbar verpackten, demütigen Befehlsempfänger. Unabhängig von dem tiefen Respekt vor der Kaiserin wollte er das Gesetz des Handelns selbst bestimmen. Also packte er den Stier bei den Hörnern.

Kurz entschlossen, wie es eigentlich seinem Charakter entsprach, bat Grigori Potemkin die Kaiserin noch im Januar 1774 um eine Privataudienz. Er riskierte viel, denn sein ständiges Drängen erinnerte fatal an die anmaßenden Wünsche Grigori Orlows. Aber er hatte richtig kalkuliert. Die Audienz wurde ihm in Zarskoje Selo, nicht weit vor den Toren der Hauptstadt gelegen, unverzüglich gewährt. Auch dieses zweite Vier-Augen-Gespräch fand ohne Zeugen statt. Es existieren daüber keine Aufzeichnungen der sonst so schreibfreudigen Kaiserin. Lediglich aus dem öffentlich sichtbaren Verhalten Katharinas und Grigori Potemkins während der folgenden Monate darf man den Schluss ziehen, dass sie sich über ihre künftigen Beziehungen zueinander geeinigt haben: im Interesse ihrer Liebe, ihrer Leidenschaft und zum Nutzen des Russischen Reichs. Das ist jedoch zunächst nur eine allgemeine Vermutung.

Die konkreten Folgen aus dem Gespräch sollten bald für jedermann deutlich erkennbar werden. Potemkin ging von Stund an bei Hofe ein und aus, als habe er in seinem Leben nie etwas anderes getan. Er gab sich leutselig, witzig, galant und in jeder Hinsicht unterhaltsam. Sein umfangreiches Wissen und sein phänomenales Gedächtnis auf allen nur möglichen Sachgebieten waren außergewöhnlich. Seine weltläufigen Umgangsformen stellten den armen Wassiltschikow ganz von selbst in den Schatten. Die Kaiserin freute sich in aller Öffentlichkeit über den munteren General und teilte ihr Vergnügen zahlreichen Korrespondenzpartnern im In- und Ausland ebenso ausführlich wie freigiebig mit.

Man gewöhnte sich bei Hofe selbstverständlich schnell an die Anwesenheit des Generalmajors Potemkin. Der Gedanke, das hässliche Genie, dessen abscheulichstes äußeres Merkmal die permanent blutig geknabberten Fingernägel waren, könnte bald »der kommende Mann« am Hofe sein, prägte sich wie von selbst ein und belebte den langweiligen Alltagsklatsch auf anregende Weise. Die politischen Hintergründe und Konsequenzen überblickten nur wenige der einflussreichen Persönlichkeiten. Auch sie konnten sich natürlich noch keine abschließende Meinung über die jähen Wechsel bilden.

Potemkin hatte ein natürliches Gespür für variable und zugleich effektvolle Inszenierungen. Nachdem sich Politiker, Hofleute und Diplomaten an seine Allgegenwart gewöhnt hatten, verschwand er wieder ganz plötzlich und überraschend von der Bildfläche. Betrachtet man sein Verhalten in den kommenden Wochen, erwächst tatsächlich der Eindruck eines wohl durchdachten und diszipliniert ausgeführten taktischen Spiels. Besuchern, die ihm ihre Aufwartung machten, erschien er melancholisch und schwermütig. Er erzählte ihnen von seiner hingebungsvollen Liebe zur Kaiserin und zum Vaterland. Er seufzte mit offen zur Schau gestellter Entsagung, dass seine Liebe nicht erwidert werde, und verkündete mit verschwörerischem Unterton, er werde sich wohl gänzlich vom Hofe zurückziehen. Diese Redensarten hinterbrachte man selbstverständlich eilfertig der Kaiserin. Sie dienten aber wohl eher zur Irreführung der Höflinge.

Denn ebenso offen, wie Potemkin von der unerwiderten Liebe zur Kaiserin sprach, verbreitete Katharina ihre Zuneigung zu Potemkin. Wassiltschikow? Der würde dabei nicht stören. Den könnte man nötigenfalls ohne Probleme großzügig abfinden und mit Vergünstigungen vom Hofe entfernen, sodass er seiner Wohltäterin ein Leben lang dankbar bleiben würde. Wenn Wassiltschikow aber nicht lediglich der Gespiele Katharinas war – so grübelten zumindest einige Höflinge – sondern gleichzeitig ein heimlicher Joker im machtpolitischen Spiel, dann würden mit einem Favoriten Potemkin die Karten bei Hofe zweifellos neu gemischt werden. Potemkin galt nach allen bisherigen Erfahrungen nicht als der Mann, der sich mit einer passiven Selbstdarstellung begnügen würde. Es gab am Petersburger Hof mannigfachen Anlass für ernsthafte Überlegungen über die Zukunft – des Hofes, der Reichspolitik sowie jedes einzelnen Höflings und Politikers.

Der eifersüchtige Potemkin benötigte für die selbst gewählte Isolation einen dramatischen und effektvollen Aktschluss. Was nützte die schönste Intrige, wenn niemand sie bemerkte? Davon konnte zwar im konkreten Fall keine Rede sein, aber der Effekt ließ sich immer noch steigern. Er ging – zumindest als Mönch gekleidet – in das Alexander-Newski-Kloster vor den Toren der Hauptstadt und begann ein wahrlich frommes Leben zu führen. Der Generalmajor verbrachte seine Zeit mit Meditationen und Gesängen.

Natürlich war Potemkin ein frommer und gläubiger Mensch. Das waren Iwan der Schreckliche, Peter der Große und Katharina II. auch. Er liebte philosophisch-theologische Dispute. Fragen der Religion und Kirchenpolitik haben ihn sein ganzes Leben beschäftigt. Es wäre jedoch naiv, annehmen zu wollen, er habe in der konkreten Situation des Jahres 1774 ernsthaft den Gedanken an ein geistliches Leben fern der materiellen Welt verfolgt. Sein damaliger Lebensentwurf zielte gerade in die entgegengesetzte Richtung. Er wartete einfach ab, wie die Kaiserin reagieren würde, ob sie es mit einem Favoriten Potemkin tatsächlich ernst meinte. Nichts sollte dem Zufall überlassen bleiben – ein Exzentriker bediente sich exzentrischer Methoden. Natürlich musste der Mönch auf Zeit nicht lange warten. Die Gräfin Bruce, eine enge Vertraute Katharinas, erschien im Kloster und forderte im Namen der Kaiserin, Potemkin solle unverzüglich an den Hof zurückkehren. Er würde den Rang eines persönlichen Adjutanten der Monarchin einnehmen. Wassiltschikow werde man auf Reisen schicken und mit einer anständigen Abfindung auf Dauer verabschieden.

So endete die Episode ganz undramatisch und unspektakulär. Wassiltschikow hatte den kaiserlichen Privatgemächern kaum mehr als zwei Jahre nahe gestanden und dafür lebenslang ausgesorgt. Seine Gefühle spielten keine Rolle. Vielleicht kam er sich wie eine Kokotte vor – oder er nahm die Dinge einfach, wie sie gerade kamen. Wer weiß das schon. Auf jeden Fall konnte Wassiltschikow stets in der Genugtuung leben, am Anfang einer beachtlichen Kette von Liebhabern gestanden zu haben, die das Bett der Kaiserin in den nachfolgenden Jahren teilen durften. Diesen Gedanken wird er jedoch tunlichst für sich behalten haben, fall er ihm überhaupt gekommen ist.

Mit diesem merkwürdigen Procedere mittels einer Maskerade in einem berühmten Kloster ist die Frage allerdings noch nicht beantwortet, warum ausgerechnet Grigori Potemkin der Favorit der Kaiserin werden sollte und warum er es für notwendig erachtete, eine derart aufgesetzte Posse zu spielen. Die Antwort auf diese Frage darf keinesfalls auf schwärmerische und stürmische Liebesbeziehungen mit entsprechenden Verwirrungen zwischen einer langsam alternden Kaiserin und einem brillanten Draufgänger reduziert werden. Potemkin war kein Mann, der sich damit zufrieden geben konnte, als farbloser Bettgenosse einer mächtigen und mannstollen Frau zu dienen. Katharina konnte andererseits in ihrer nächsten politischen Umgebung keinen zweiten Wassiltschikow gebrauchen. Es scheint selbst nach dem Aufenthalt im Kloster unwahrscheinlich, dass die Liebenden von St. Petersburg das ganze Spiel nur inszeniert haben sollten, um dem Zuzug Potemkins eine größere Glaubwürdigkeit und Legitimität zu verleihen.

Zumindest eine Persönlichkeit aus der Regierung durchschaute jeden Winkelzug dieses ganzen merkwürdigen Vorgangs: Graf Nikita Panin. Es ist auch kaum anzuzweifeln, dass er sich in dieser delikaten Frage mit dem Thronfolger Paul Petrowitsch beraten hat. Der offensichtlich unmittelbar bevorstehende Favoritenwechsel konnte erhebliche Folgen für die Reichspolitik nach sich ziehen. Das sah Panin, der jede Handlung nach ihren politischen Motiven und Folgen befragte, sehr deutlich. Eine kraftvolle Persönlichkeit wie Potemkin würde das Empfinden der Kaiserin für ihre absolute Macht stärken und dadurch einen neuen Rivalen und eine weitere Gefahrenquelle für den Thronfolger entstehen lassen. Graf Panin wollte eine Schwächung der Position Paul Petrowitschs verhindern. Außerdem wollte er seinen Einfluss auf die Kaiserin und den Hof nicht einbüßen.

Der Regierungschef ließ sich von der Kaiserin in einer Privataudienz empfangen. Panin lobte zuerst die Fähigkeiten und Leistungen General Potemkins über den grünen Klee. Aber dann betonte er mit mannhaftem Mut, dass die Ehrungen, die Potemkin bereits empfangen habe, den erwiesenen Taten zwar durchaus entsprächen. Aber anschließend warnte Panin die Kaiserin unverhohlen: »Der Staat und Sie selbst, Majestät, werden bald den Ehrgeiz, den Stolz und die Launen dieses Mannes zu spüren bekommen. Ich fürchte, daß Eure Wahl Euch viel Verdruss bereiten und weder die Zustimmung Eurer Untertanen noch Europas finden wird.« Das Volk, Europa – das klang wenig plausibel und appellierte höchstens an die Selbstgefälligkeit Katharinas. Die wusste natürlich, dass Potemkin bislang wenig zur politischen Strategie des Reichs beigetragen hatte, dass er in politischer Hinsicht als ein durchaus noch unbeschriebenes Blatt galt.

Charakterlich hatte sie ihn ebenfalls noch nicht in allen Schattierungen kennen gelernt. Aber sie hatte die Fähigkeiten dieses Mannes mit sicherem Instinkt erfasst. Panins Argumente beruhten obendrein lediglich auf mehr oder weniger nachweisbaren Vermutungen. Außerdem verfolgte Panin politische Ziele, die mitunter von denen der Kaiserin abwichen. Er vertrat die Partei des Thronfolgers und allein diese Option ließ ihn trotz aller Vertrautheit suspekt erscheinen. Die Kaiserin war klug genug und wich in ihrer Antwort einer direkten Konfrontation aus. Sie ließ aber keinen Zweifel daran aufkommen, dass sie in gar keinem Falle auf Potemkin verzichten werde. Der sollte mit Aufgaben betraut werden, die für den Staat und die Monarchin entsprechend seinen überragenden Fähigkeiten von größtem Nutzen sein könnten. Ihre Liebe zu dem merkwürdigen »Zyklopen« erwähnte Katharina nicht. Panins Versuch, die Kaiserin umzustimmen, scheiterte. Damit erlitt auch der Thronfolger eine Niederlage.

Zwischenzeitlich kehrte Grigori Potemkin ohne Umstände aus dem Alexander-Newski-Kloster zurück. Er glaubte seine Position gestärkt und schrieb der Kaiserin aus diesem Gefühl heraus am 27. Februar 1774 einen in seiner Zielrichtung ganz eindeutigen und fordernden Brief: »Allmächtige Kaiserin! Ich bin gewillt, mein Leben in Euren Diensten zu vollbringen, und habe nie gezögert, es aufs Spiel zu setzen, wenn sich eine Gelegenheit bot, Euren Namen zu verherrlichen. Ich hielt dies nur für meine Pflicht und dachte nicht an meine eigenen Interessen. Wenn ich feststellte, daß meine ehrgeizigen Pläne den Wünschen Eurer Majestät entsprachen, so bedeutete mir das reichlichen Lohn. Da ich, als ich zur Truppe kam, fast von Anfang an Truppen zu befehligen hatte, die von den Hauptkräften abgeschnitten waren und dicht beim Feind standen, versäumte ich nicht, diesem jeden nur möglichen Schaden zuzufügen; das kann der Oberbefehlshaber und können die Türken selbst bezeugen. Ich bin daher keineswegs neidisch auf jene, denen trotz ihrer Jugend schon öfters die kaiserliche Gunst zuteil geworden ist.

Nur besorgt bin ich, ob ich wohl in den Gedanken Eurer Majestät für weniger würdig als jene anderen befunden werde? Weil mich das quält, werfe ich mich Euch zu Füßen und erbitte – für den Fall, daß meine Dienste Euch genehm sind und ich mich noch Eurer unveränderten kaiserlichen Gunst erfreue – die Ernennung zum persönlichen Generaladjutanten Eurer Kaiserlichen Majestät. Dadurch kann sich niemand getroffen fühlen, aber ich würde es als mein höchstes Glück betrachten, um so mehr als ich unter dem besonderen Schutz Eurer Majestät die Ehre hätte, Eure weisen Befehle in Empfang zu nehmen, an ihnen zu lernen und dadurch Eurer Kaiserlichen Majestät und dem Vaterland noch besser zu dienen.«

Der Brief erscheint selbst bei heutiger Betrachtung verwegen und ungewöhnlich. Es entsprach zwar den höfischen Spielregeln, die eigenen Vorzüge gebührlich ins rechte Licht zu rücken. Aber sich ungeniert um eine Stelle zu bewerben, von der jedermann wusste, dass diese nur an die Bettgenossen der Kaiserin vergeben wurde, das war entweder sehr mutig oder eben doch ein im gemeinsamen Gespräch vorbereiteter Akt, der dazu diente, die äußere Form zu wahren und den Kritikern den Wind aus den Segeln zu nehmen. Ganz sicher schien sich Potemkin seiner Sache aber noch nicht zu sein. Die Formulierung, dass sich niemand getroffen fühlen könnte, verriet, dass die politischen Fronten hinsichtlich seiner Berufung nicht eindeutig geklärt waren. Die Intervention Panins hatte dies bewiesen. Es mag sein, dass die Formulierung direkt auf die Brüder Orlow, den Grafen Panin und den Thronfolger zielte, denn auf Wassiltschikow dürfte Potemkin kaum Rücksicht genommen haben. Darüber hinaus darf dem Briefschreiber zugestanden werden, dass er sich einer respektvollen, aber bestimmten und konsequenten Sprache bediente und die Autorität der Kaiserin keineswegs anmaßend verletzte.

Katharina hatte ganz offensichtlich auf das Signal gewartet. Vielleicht hatte sie sogar die Initiative zu dem Schreiben ergriffen. Auszuschließen wäre das nicht. Bereits am darauf folgenden Tag antwortete sie, so, als habe ihre Reaktion schon bereitgelegen: »Herr Generalleutnant: Ihr Brief wurde mir heute Morgen ... überbracht, und ich fand Ihr Gesuch in Anbetracht der Dienste, die sie mir und dem Vaterland geleistet haben, so bescheiden, dass ich angeordnet habe, eine Urkunde ausfertigen zu lassen, die Sie zum Generaladjutanten ernennt. Ich gestehe, es berührte mich besonders angenehm, dass Ihr Vertrauen mir gegenüber so groß ist, Sie Ihr Gesuch in einem direkten Brief an mich richten zu lassen und nicht Umwege zu versuchen. Ich bin Ihre Ihnen stets wohlwollende Katharina.«

Damit war der offizielle Startschuss zu einer selbst für das Russische Reich unvergleichlich glanzvollen Karriere gefallen. Die Kaiserin und Potemkin hatten einen Bund geschlossen, der Katharinas Größe in der Geschichte maßgeblich bestimmen sollte, der Grigori Potemkin zu einer historischen Persönlichkeit ersten Ranges werden ließ und der zugleich aus unendlich vielen Wechselfällen, Konflikten, Qualen und aufregenden Spannungen bestehen sollte.

Mit ihren nächsten Schritten stellte die Kaiserin die Wahl Potemkins zum neuen Generaladjutanten als einen Akt nahezu trivialer Normalität dar. Sie schrieb an alle möglichen Leute, dass sie nun zu Russlands Ruhm und Ehre einen Mann an ihrer Seite wisse, welcher der Kaiserin mit Ergebenheit und Eifer diene, und dass sie durch seine Auswahl auch in persönlicher Hinsicht überaus glücklich sei. Ihre Entscheidung bereitete ihr ein derartiges Vergnügen, dass die eigentlichen kritischen Probleme vorübergehend in den Hintergrund traten. Sie suchte zumindest gegenüber Dritten diesen Anschein zu erwecken. Der scharfsinnige Sir Robert Gunning urteilte da weit skeptischer. Am 4. März 1774 berichtete er seinem Außenminister das Neueste aus St. Petersburg und bestätigte, dass Potemkin nach allem, was man höre, ein Mann sei, der das Vertrauen der Kaiserin besäße und ohne Zweifel Einfluss auf die Staatsgeschäfte nehmen würde. Die Beobachtung entsprach den gegebenen Tatsachen. Gunning fuhr fort: »Wenn ich Eure Lordschaft davon in Kenntnis setze, daß die Wahl der Kaiserin von der Partei des Großfürsten (d.h. des Thronfolgers Paul Petrowitsch – Anm. des Autors) und den Orlows in gleicher Weise mißbilligt wird, da diese mit dem Stand der Dinge, wie er sich seit einiger Zeit ergeben hatte, anscheinend unzufrieden waren, so werden Sie sich nicht wundern, daß dies allgemein große Überraschung und sogar Bestürzung hervorgerufen hat.« Auch diese Beobachtung traf zu, wenngleich die Handlungsmotive bei den Orlows und der Partei des Thronfolgers unterschiedlich gewesen sein dürften. Gunning riet überdies, in Ruhe abzuwarten, wie sich das Kräfteverhältnis entwickeln werde.

Der britische Diplomat begnügte sich zunächst mit einer Charakteristik über den neuen Favoriten: »Es handelt sich um General Potemkin, der vor ungefähr einem Monat hier eintraf, nachdem er den ganzen Krieg bei der Truppe verbracht hatte, wo er, wie man mir sagte, allgemein verhasst war. Er ist ein Riese

4. Eintritt in die kaiserliche Welt der Liebe und der Politik ...

von Gestalt, unregelmäßig gebaut und sein Gesichtsausdruck ist ganz und gar nicht sympathisch. Was seine unbekannten Eigenschaften anbelangt, so scheint er große Menschenkenntnis und mehr Urteilskraft zu besitzen als seine Landsleute im allgemeinen. In der Fähigkeit, Intrigen einzufädeln und sich jeder Lage geschickt anzupassen, steht er keinem nach; und obwohl seine verworfenen Sitten berüchtigt sind, ist er der einzige, der Beziehungen zur Geistlichkeit unterhält.« Aus seiner Kenntnis über den Zarenhof schlußfolgerte Gunning: »Unter diesen Voraussetzungen und mit Rücksicht auf die bekannte Untätigkeit jener, gegen die er vielleicht zu kämpfen haben wird, kann er sich natürlich mit der Hoffnung schmeicheln, einmal jene Höhe zu erklimmen, die er sich in seinem grenzenlosen Ehrgeiz als Ziel gesteckt hat.« Welches konkrete Ziel das sein sollte, wusste Gunning damals auch noch nicht.

Obgleich in diesem Dossier Dichtung und Wahrheit eng beieinander lagen, bleibt bemerkenswert, dass der Diplomat das Wirken Potemkins von diesem Augenblick an mit größter Sorgfalt verfolgte und allein aus diesem Grunde politischen Scharfblick an den Tag legen musste. Wenn sich der britische Gesandte für Potemkin interessierte, darf vorausgesetzt werden, dass die diplomatischen Vertreter aus Österreich, Frankreich, Preußen, Sachsen oder Schweden ihrem Kollegen nicht nachstanden. Katharinas eilige Korrespondenzen und die Berichte der Botschafter machten Potemkin in Europa bekannt und interessant.

Potemkin begann seine neue Rolle sofort auffällig auszufüllen. Zeitgenossen berichteten darüber ausführlich. Graf Panins Bruder Peter schrieb: »Ich stelle mir vor, dass dieser neue Mann seine Rolle mit großer Vitalität spielen und viele Veränderungen verursachen wird, sobald es ihm nur gelingt, sich fest in den Sattel zu setzen.« Die Gattin Pjotr Rumjanzews, der die Wege zwischen Katharina und Potemkin noch vor Jahresfrist so geschickt begleitet hatte, schrieb ihrem Ehemann mit unverkennbarer Ironie: »Wassiltschikow ist gestern aus dem Palast ausgezogen; Du musst Dich daher von jetzt ab, mein

4. Eintritt in die kaiserliche Welt der Liebe und der Politik ...

Liebling, an General Potemkin wenden.« Hier sprach der Instinkt einer klugen Frau, denn diese Frage war noch keineswegs entschieden, angesichts des politischen Ambitionismus Potemkins, der Orlows, Panins, des Thronfolgers und vieler anderer Hofmitglieder, die alle ein Stück vom großen Kuchen des kaiserlichen Wohlwollens erhaschen wollten.

Der Interessenstreit ließ nicht lange auf sich warten. Am 7. März 1774 berichtete Gunning: »Der neue Favorit, der sich meiner Meinung nach darüber klar ist, dass die Situation den Orlows nicht passt, scheint Panin eifrigst den Hof zu machen, in der Hoffnung, der Graf werde dadurch seiner Beförderung mit weniger Abneigung gegenüberstehen; und die Kaiserin ihrerseits ist um Seine Kaiserliche Hoheit (den Thronfolger – Anm. des Autors) doppelt bemüht und behandelt Herrn Panin mit ungewöhnlicher Aufmerksamkeit, der mit diesem ganzen Lauf der Dinge sehr zufrieden zu sein scheint, da er natürlich alles begrüßt, was dazu beiträgt, die Macht der Orlows zu verringern.« Die Diplomaten loteten zunächst einmal die neuen Machtkonstellationen am Hofe sorgfältig aus, ehe sie ihre eigenen Interessen ins Spiel bringen konnten. Denn eines schien klar: Hinter jedem der streitenden Würdenträger standen politische Konzeptionen mit möglichen Wirkungen für die Perspektiven der russischen Reichspolitik. Die Frage, ob der persönliche Einfluss auf die Kaiserin als Mittel zur Durchsetzung politischer Ziele diente oder ob die politische Konzeption dem individuellen Machtanspruch diente, ist nicht so leicht zu beantworten. Sicherlich griffen beide Vorstellungen ineinander. Im Falle Potemkins gab es keine Trennung, das sollte sich bald herausstellen.

Nur einige Wochen gingen ins Land, dann zog Grigori Potemkin Anfang April 1774 in die Räume des Favoriten im Winterpalais ein. Frisch renoviert, lagen sie wie beim Vorgänger unterhalb der Privatgemächer der Kaiserin. Eine diskrete Wendeltreppe verband beide Wohnungen, sodass die Liebenden ungeniert und abgeschirmt von der höfischen Innenwelt miteinander verkehren konnten. Aber natürlich: Es gab in dem Palast nichts, was geheim geblieben wäre! Die Idylle der beiden Turteltauben sollte von den tausend Augen der Orlows, Panins, des Thronfolgers und ungezählter kleiner und kleinster Trittbrettfahrer bis in die pikantesten Details ausgespäht werden. Allerdings gaben sich die Kaiserin und ihr Favorit auch keine übertriebene Mühe, aus ihrer Wollust ein Staatsgeheimnis zu machen.

Katharina liebte Grigori mit der ganzen überschäumenden Kraft ihres nach Genuss süchtigen Körpers. Was über Jahre hinweg mehr oder weniger im Geheimen gewachsen war, brach sich ganz elementar Bahn. Die Hingabe war total. Katharina begann bereits, den Zenit ihres Lebens zu überschreiten: Sie alterte. Ihren Liebhaber beeinflusste keinerlei Anflug von Lebenskrise. Potemkin kalkulierte im Unterschied zu seiner Herrin nüchtern und spitzfindig, dass Katharina als Frau vielleicht nicht anders oder gar besser als seine zahlreichen Mätressen war, vielleicht sogar noch banaler. Aber sie beherrschte das Reich als Kaiserin! Andererseits: Die Liebe einer einzelnen Frau – selbst wenn es die Kaiserin war –, genügte ihm niemals. Später sollte er bisweilen in Panik geraten, zum Mystizismus und zur Entsagung neigen. Diese komplizierten Erscheinungen seines subtilen Charakters traten bereits in der Liebe zur Kaiserin sichtbar zutage.

Katharina sagte und schrieb offen, was sie dachte und fühlte bzw. was die Menschen über ihr Empfinden denken sollten. An Potemkin richtete sie die lockenden Worte: »Ich habe meinem ganzen Körper, bis in die kleinste Haarspitze hinein, befohlen, Euch nicht den geringsten Liebesbeweis zu geben. Ich habe meine Liebe zehnfach in meinem Herzen verriegelt, sie erstickt dort und quält sich und droht, es zu sprengen.« Dann gab sie zu: »Ein ganzer Strom absurder Worte entspringt meinem Kopf. Ich verstehe gar nicht, wie Du eine Frau, die so unzusammenhängend denkt, ertragen kannst.« Sie stellte die Frage natürlich rhetorisch, aber dennoch kam sie der Wahrheit nahe. Insgeheim befürchtete sie bisweilen: »Du wirst ihn mit deiner Maßlosigkeit anwidern«, direkt schrieb sie dem Geliebten: »O

Monsieur Potemkin, welches vermaledeite Wunder haben Sie vollbracht, einen Kopf derartig zu verwirren, der bisher als einer der besten Europas galt!« Wahrhaftig, sie gestand ihre Leidenschaft mit der pausbäckigen Aufgeregtheit einer Schülerin!

Zunächst musste Katharina keine Ängste über ein allzu schnelles Verglühen ihrer Leidenschaften ausstehen. Ihre und Potemkins Gefühle ergänzten einander auf höchst abwechslungsreiche, aufregende und streitbare Weise. Ihre liebkosenden Worte hätten sich gegenüber Außenstehenden vielleicht merkwürdig ausgenommen. Aber Liebe fragt – zumal im vorgerückten Alter – nicht so sehr nach den äußeren Attributen jugendlicher Schwärmerei. Katharina betrachtete den Liebhaber als schön und ebenbürtig. Sie erkannte seinen Ehrgeiz als Teil seiner Liebe zu ihr. Etwa zwei Jahre sollte der Rausch anhalten. Zwei Jahre, in denen Katharinas und Potemkins Beziehungen vor allem durch die körperliche Liebe dominiert wurden, ohne dass dadurch die Reichspolitik zu kurz gekommen wäre! Die Zeiten blieben ernst, die Staatskrise musste noch bewältigt werden. Liebe, Politik, Intrigenspiele – alles verwob sich miteinander zu einem kaum entwirrbaren Knäuel.

Die Liebe der Kaiserin und ihres Favoriten – namentlich der intime und erotische Teil ihrer Liebe – ist immer wieder Gegenstand literarischer oder publizistischer Effekthascherei gewesen. Die Bettgeheimnisse der Kaiserin und Potemkins genießen mitunter größere Aufmerksamkeit als deren historische Leistungen, die sie »groß« gemacht haben. Das Bedürfnis einer Suche nach sexuellen Sensationen oder gar Abnormitäten ist höchst überflüssig sowie ein lächerlicher Ausdruck kleinbürgerlicher Schlüsselloch-Mentalität. Das russische Kaiserhaus hat mit dem über Jahrzehnte wirkenden Verbot, die Lebenserinnerungen Katharinas zu veröffentlichen, Erwartungen geweckt, die diese Memoiren nicht erfüllt haben und auch gar nicht befriedigen wollten.

Die aufgeklärte Monarchin hat aus ihrem Drang nach sexueller Leidenschaft niemals ein Geheimnis gemacht, und den

Zeitgenossen war bekannt, dass sie stets einen jugendlichen Liebhaber hatte.

Favoriten, Mätressen, Schäferspiele – das alles gehörte zum Alltag an den absolutistischen Höfen Europas. Sie bildeten einen Ausdruck zeitgenössischer Lebenskultur und waren keine Erzeugnisse eines geschäftsmäßig vermarkteten Voyeurismus.

Petersburg zählte zu den prunkvollsten Residenzen auf dem europäischen Kontinent und alle Lebensäußerungen richteten sich nach dem Anspruch dieses Hofs. Stets ging die Kaiserin Katharina II. mit gutem Beispiel voran. Aber welch ein zivilisatorischer Unterschied bestand zwischen ihren kultivierten Manieren – auch in der Liebe – und dem bäurischen Vulgärstil, der die Beziehungen zwischen Peter dem Großen und seiner Gattin Katharina I. ein dreiviertel Jahrhundert davor beherrscht hatte! Darüber schweigt sich die Welt aus.

Obendrein ist daran zu erinnern: Katharina II. hat mit nahezu jeder Zeile ihres schriftlichen Nachlasses am eigenen geschichtlichen Ruhm gearbeitet. Es ist kaum zu erwarten, dass sie diesen Nachruhm ausgerechnet in den verschiedenen Varianten ihrer eigenen Lebenserinnerungen zerstören wollte. Außerdem ist ein wenig Erotik oder Frivolität in allen Lebenslagen keineswegs von Schaden. Wenn nur der gute Geschmack nicht verletzt wird. Das hatte Peter der Große jeden Tag getan – Katharina II. jedoch nicht. Alle pornografischen Erwartungen an ihre Lebenserinnerungen sind ganz einfach absurd.

Bereits die Liebe Katharinas II. zu Grigori Orlow hatte sich über das Niveau landläufiger Vorstellungen vom Verhältnis der Monarchin zu ihrem Favoriten erhoben. Orlow hatte nicht nur als Liebhaber, sondern auch als Politiker von hohem Rang und Einfluss gedient. Potemkin stand in dieser Hinsicht in der Tradition Orlows. Aber Potemkin war Orlow haushoch überlegen bezüglich seiner Fähigkeiten und seines Einflusses, nicht nur aufgrund seiner Geschicklichkeit und Geschmeidigkeit. Die Liebesbeziehungen, sofern sie den Bereich der körperlichen Erotik betrafen, gehörten zunächst in den Bereich der Privatangelegenheiten Katharinas und Potemkins. Obwohl die Kaiserin bereits an Körperfülle zunahm und über Verdauungsbeschwerden und Störungen im Blutkreislauf klagte, war sie allen Anforderungen Potemkins gewachsen, der ebenfalls kein Adonis war und sein Leben lang unter Erkältungen litt. Sie haben sich in ihren intimen Beziehungen nicht anders benommen als jedes heftig verliebte Paar. Es gab keine körperlichen, seelischen oder alltäglichen Bereiche, die dabei ausgenommen worden wären. Die machtbewusste Kaiserin und ihr ehrgeiziger Favorit fanden in der launischen, erregten und widerspruchsvollen Atmosphäre ihrer Gemeinsamkeit nicht nur die gegenseitige Erfüllung ihrer Lust, sondern seelische Befriedigung und Kraft zur Lösung staatspolitisch bedeutsamer Aufgaben. Sie waren einander in dem Willen ebenbürtig, dem Partner und dem Reich alle verfügbare Kraft zu geben. Es mag durchaus sein, dass Potemkin von Launen, Egoismen und Selbstsucht getrieben wurde und dass Katharina ihm in diesen Charaktereigenschaften keine Zügel anlegen konnte. Aber seine Leistungen zu ihrer Freude und für das Russische Reich glichen alle Mängel aus. Seiner Kaiserin dienen und über Russland herrschen, diese Maxime Potemkins galten von nun an bis zu seinem Tode, auch im Wandel der Liebesbeziehungen zu Katharina.

Grigori Potemkin musste sofort zwei Aufgaben lösen. Die große Liebe Katharinas konnte nur durch gegenseitiges Vertrauen gedeihen. Die um den Thron gruppierten Rivalen mussten gewonnen oder aus dem Felde geschlagen werden. Das Vertrauen gewann er schnell, denn Katharina liebte ihn so, wie sie ihn seit Jahren kannte: unermüdlich, hinreißend, aktiv und launisch.

Ihre Liebe basierte auf dem ständigen eruptiven Ausbruch wechselnder Gefühle. Potemkin war auf alle Männer, mit denen Katharina vor ihm intime Beziehungen unterhalten hatte, eifersüchtig, auf Saltykow, auf Poniatowski, natürlich auf Grigori Orlow und selbst auf den armen Wassiltschikow. Fünf-

4. Eintritt in die kaiserliche Welt der Liebe und der Politik...

zehn Liebhaber warf er ihr vor! Katharina schrieb ein »Aufrichtiges Geständnis«, mit dem sie ihn beruhigen wollte, indem sie wenigstens fünf Liebhaber zugab: »Nun, mein Held, ob ich wohl nach diesem Geständnis hoffen darf, dass Du mir meine Sünden vergibst? Du mußt einsehen, daß es sich nicht um fünfzehn, sondern nur um ein Drittel dieser Zahl handelt. Zu dem ersten wurde ich gezwungen, den vierten nahm ich aus Verzweiflung, und ich glaube nicht, daß Du diese beiden meinem Leichtsinn zuschreiben kannst. Und die drei anderen sind, wenn Du mich wirklich in die Lage hineinversetzt, bei Gott nicht auf ein ausschweifendes Leben zurückzuführen, was mir nicht liegt. Wenn ich in meiner Jugend einen Ehemann bekommen hätte, den ich hätte lieben können, so wäre ich ihm ewig treu geblieben. Die Schwierigkeit ist nur, daß mein Herz nicht eine Stunde ohne Liebe leben kann.«

Die Autorin meinte diesen Treueschwur ehrlich, gab aber nur nachgewiesene »Untaten« zu und beeindruckte Potemkin relativ wenig, weil er grundsätzlich auf jeden Mann in Katharinas Umgebung eifersüchtig war. Sie suchte ihn ständig neu zu beruhigen und an sich zu binden: »Nein, mein lieber Grischa, es ist unmöglich, daß bei mir, soweit es sich um Dich handelt, irgendein Wandel eintreten könnte. Sei einmal ehrlich mit Dir selbst: könnte man noch andere lieben, nachdem man Dich einmal kennengelernt hat? Ich bin der Meinung, daß es keinen Mann auf der Welt gibt, der es mit Dir aufnehmen könnte. Dies um so mehr, als mein Herz von Natur aus die Beständigkeit liebt, und ich möchte sogar noch weitergehen und sagen: auch allgemein gesprochen, liebe ich den Wechsel nicht. Wenn Du mich besser kennst, wirst Du mich achten, denn ich versichere Dir, ich bin ein Mensch, den man achten kann. Ich bin vollkommen aufrichtig, ich liebe die Wahrheit, ich hasse den Wechsel, und während zweier Jahre habe ich schrecklich darunter leiden müssen. Ich habe mir dabei die Finger verbrannt und will nichts mehr davon wissen. Ich bin in jeder Beziehung zufrieden. Mein Herz, mein Geist und meine Eitelkeit finden in gleicher Weise Gefallen an Dir, und was könnte ich mir Besseres wünschen? Ich bin vollkommen zufrieden. Wenn Du Dich weiterhin durch derartigen Klatsch aufbringen läßt, weißt Du, was ich dann tun werde? Ich werde mich in mein Zimmer einschließen, und nur Du sollst zu mir Zutritt haben und mich sehen. Wenn es notwendig ist, kann ich zum Äußersten gehen. Ich liebe Dich mehr als mich selbst.« Katharina trug natürlich etwas dick auf, aber als sie die Zeilen schrieb, war sie von deren Ehrlichkeit vollkommen überzeugt. Sie steigerte sich in Gedanken, deren Wahrheit sie so glauben wollte, wie sie sie formulierte. Und wenn die Kaiserin ihren eigenen Träumen glaubte, würde es Potemkin sicher auch tun. Katharina gab sich in dieser Hinsicht nicht naiv. Naivität in Liebesdingen gehörte zu ihrem Wesen.

Es existieren Dutzende solcher Briefe. Sie zeugen von der Eigenliebe und Hingabe der beiden Partner, vom ständigen Wechsel zwischen Streit und Versöhnung, als brauchten sie die Aufregung wie die Luft zum Atmen und als Ansporn für ihre Erfindungsgabe bezüglich der Erneuerung Russlands. Es gab keinen Lebensbereich, der nicht in die Flut von Zetteln, Notizen und Briefen eingegangen wäre: Von den täglichen Gesundheitsbeschwerden bis zur Vorstellung, das Russische Reich bis nach Konstantinopel ausdehnen zu wollen. Nur, obszöne oder perverse Schlüpfrigkeiten wird der sensationsgierige Voyeur vergeblich suchen! All ihre Gefühle und Sehnsüchte klangen in den schriftlichen Zeugnissen ihrer Liebe nach, ohne jemals zu vergessen, dass sie sich in einer konkreten Welt mit unermesslicher Verantwortung bewegten. Selbstverständlich registrierte die Umwelt jede ihrer Bewegungen und Ausbrüche. Was Wunder, dass die Brüder Orlow jede Gelegenheit suchten, um Katharina und Potemkin zu entzweien und den Favoriten ganz vom Hofe zu vertreiben. Besonders Alexei Orlow, der eine besondere Vertrauensstellung bei der Kaiserin genoss, machte aus seinem Herzen keine Mördergrube. Alexei Orlow, den Potemkin spöttisch als »Apotheker« apostrophierte, wusste, frei von Eifersüchtelei, über die intimsten Beziehungen der Kaiserin Bescheid. Er sprach mit Katharina ganz offen, natürlich nicht

4. Eintritt in die kaiserliche Welt der Liebe und der Politik…

ganz uneigennützig, über seine Sorge, sie könnte sich willenlos in die Hand Potemkins geben.

Katharina hatte jedoch vor ihrem »Grischa« keine Geheimnisse und berichtete ihm treuherzig: »Ich muß Dich unter allen Umständen sehen und mit Dir sprechen, denn es ist notwendig. Der Mann, den Du den Apotheker nennst, hat mich aufgesucht und mit mir ausführlicher gesprochen, ohne dass es ihm gelungen wäre, mich zum Weinen zu bringen. Er versuchte mir klarzumachen, wie verrückt mein Verhalten Dir gegenüber sei, und schließlich sagte er, er wolle um meines eigenen Glückes willen Dich überreden, wieder zur Truppe zurückzukehren, womit ich mich einverstanden erklärte. Sie alle tuscheln, obwohl Du ihnen in Wahrheit auch nicht mehr zuwider bist als Fürst Orlow. Ich habe mich zu keinem Wort des Apothekers mit Ja oder Nein geäußert, da ich vermeiden möchte, dass man mich in Zukunft als Lügnerin hinstellt.« Katharina dachte keine Sekunde daran, Potemkin auf Dauer zur Armee zu entsenden. Aber die Orlows nahmen nach wie vor mächtige und einflussreiche Positionen ein. Die gemeinsame Verstrickung in die Ereignisse um die Thronbesteigung und das gegenseitige Wissen um alle damit verbundenen unredlichen Vorgänge erwiesen sich über viele Jahre hinweg als ein zu starkes Band. Die Geschichte kehrte nicht von Zeit zu Zeit zurück – sie blieb allgegenwärtig und stabilisierte die autokratischen »Seilschaften«, bis auch diese unter dem Druck neuer politischer Forderungen und Aufgaben zerrissen.

In diesem Zusammenhang wirft die historische Literatur die Frage auf, ob Katharina und Potemkin miteinander verheiratet gewesen sind. Katharina hatte im Jahre 1745 den Großfürsten Peter Fjodorowitsch geheiratet. Nach dessen Tod hatte sie den Thron bestiegen und es entstand kurze Zeit später der Plan einer zweiten Eheschließung mit Grigori Orlow. Nikita Panin hatte sich dieser Idee erfolgreich widersetzt. Aus dem Jahre 1774 und aus der Folgezeit sprechen eine Reihe von Indizien für eine Ehe zwischen Katharina und Potemkin. Die Hochzeit soll Ende 1774 in der kleinen Samson-Kirche am Rande Petersburgs stattgefunden haben. Katharina sei nur von ihrer Dienerin Marija Sawischna Perekusikina begleitet worden. Als Trauzeugen sollen Potemkins Neffe Graf Alexander Nikolajewitsch Samoilow und der Kammerherr Jewgraf Alexandrowitsch Tschertkow fungiert haben. Die beiden Exemplare der Heiratsurkunde sollen Samoilow und der Perekusikina zur Verwahrung übergeben worden sein. Angeblich habe man Samoilow die Urkunde bei seinem Tode im Jahre 1814 mit ins Grab gelegt, während sich das zweite Exemplar möglicherweise im Besitz der alten Adelsfamilie Wolkonski befindet. Die ganze Geschichte klingt einigermaßen phantastisch. Tatsächlich haben die Urkunden – wenn es sie überhaupt gegeben hat – niemals das Licht der Öffentlichkeit erblickt und damit fehlt der dokumentarische letzte Beweis für eine Eheschließung. Die Verfechter der Ansicht, Katharina und Potemkin seien ein getrautes Ehepaar gewesen, stützen sich auf zahlreiche Formulierungen aus Briefen und Berichten, die sie als »Beweis« für ihre These betrachten.

Am Anfang der Legenden stand ein Schreiben des französischen Gesandten Graf de Ségur über das Verhältnis zwischen Katharina und Potemkin, in dem der Satz enthalten ist: »Die merkwürdige Grundlage seiner (Potemkins – Anm. des Autors) Rechte stellt ein großes Geheimnis dar, welches nur vier Menschen in Rußland bekannt ist.« Es ist wenig stichhaltig, die Hochzeitsthese auf diese Aussage stützen zu wollen. Der Brief des Gesandten datierte auf den 21. Dezember 1787 – auf einen Zeitpunkt, der 13 Jahre nach dem angedeuteten Ereignis lag. Es gab kein Geheimnis am Petersburger Hof, das eine derart lange Zeit sicher gehütet worden wäre!

Bereits für das Jahr 1782 ist eine Unterhaltung zwischen Kaiser Joseph II. und dem britischen Gesandten Sir Robert Murray Keith überliefert, in dem der Gesandte den Kaiser, der kurz zuvor Petersburg besucht hatte, fragte, ob die Gerüchte wahr seien, dass Potemkins Einfluss im Sinken begriffen wäre. Joseph II. antwortete: »Durchaus nicht, doch auf dem Gebiet der Politik sind sie nie so groß gewesen, wie die Welt geglaubt hat.

Die Kaiserin von Russland hat nicht den Wunsch, sich von ihm zu trennen, und aus tausenderlei Gründen und ebenso vielen Bindungen jeder Art könnte sie ihn gar nicht so leicht loswerden, selbst wenn sie es wünschte.« Diese Antwort konnte in jede gewünschte Richtung interpretiert werden und war kein Beweis für deine formelle Eheschließung. Der von Joseph II. dargestellte Zustand entsprach den Tatsachen und setzte keine offiziell-geheime Heirat voraus. Außerdem ist bei der Bewertung des Dokuments zu beachten, dass Joseph II. ein nüchterner und einfacher, bei seinen Besuchen in Russland ewig politisierender Mensch war, dem die glanzvolle Aura, mit der sich Potemkin zu umgeben wusste, auf die Nerven ging.

Es blieb der Versuch, den Tatbestand einer formalen Hochzeit – wenn man ihn denn für umwerfend wichtig genug hielt – aus der umfangreichen Korrespondenz zwischen Katharina und Potemkin zu ermitteln. Beide benutzten in der gegenseitigen Anrede wiederholt die Begriffe »Ehegemahl« oder »Gatte«.

In der bisweilen verzweifelten Suche nach einem Ehebeweis ist in so manche verschwommene Formulierung mehr hineingedichtet worden, als tatsächlich darin enthalten war. Briefe, wie der folgende Katharinas, entstanden vor und nach dem Zeitpunkt der »Eheschließung«: »Es tut mir sehr leid zu hören, daß Du krank bist. Es wird Dir eine gute Lehre sein: Geh auf dem Treppenflur nicht mehr barfuß! Wenn Du Deine Erkältung sobald wie möglich loswerden möchtest, nimm etwas Tabak, und Du wirst Dich sofort besser fühlen. Leb wohl, meine Liebe, mein Herz, mein lieber Ehemann. Du bist das Süßeste und Netteste. Du verkörperst all das, was sich die Phantasie unter Schönheit, Liebenswürdigkeit und Intelligenz vorstellen kann. Mein Geliebter, mein Engel, wenn Deine Gesundheit von meiner Liebe zu Dir abhängig wäre, so wärst Du der gesündeste Mann der Welt. O, mein Liebling, meine kostbare Seele.« Nicht nur gekrönte Liebende haben die Angewohnheit, sich bereits vor einer formal-juristischen Eheschließung, wenn sie in einem sehr engen Verhältnis gemeinsam leben, mit verbalen Attributen einer quasi vollzogenen Ehe zu schmücken.

Katharina konnte zwar, wenn es ihr nützlich erschien, auf nahezu inquisitorische Art prüde sein. In ihren eigenen Freuden erlaubte sie sich aber jede Freiheit. Und sie gestand auch dem eifersüchtigen Potemkin jegliche persönliche Freiheit – zumindest bezüglich der Frauen – zu. In den zahlreichen brieflichen Redewendungen findet sich kein Beweis für eine Eheschließung. Selbst wenn man die Annahme akzeptiert, es habe eine Ehe gegeben – sie wäre in keinem Falle der bürgerlichen Ehe des 19. und 20. Jahrhunderts ähnlich gewesen. Jeder Vergleich mit den Moralvorstellungen unserer heutigen Zeit über Liebe, Ehe und eheliche Treue wäre verfehlt.

Unabhängig von den permanent wiederholten Liebesbeweisen blieb das beiderseitige Verhältnis stets kompliziert und nicht frei von tief greifenden Spannungen. Es ist ohnehin müßig, nachzuforschen, ob Katharina und Grigori tatsächlich im Jahre 1774 geheiratet haben. Wenn sie es getan haben, ist dieses Geheimnis sehr gut gehütet worden. Es war eine Privatangelegenheit Katharinas und Potemkins und in diesem Bereich sollte sie auch ruhen bis in alle Ewigkeit.

Wenn Fürst Potemkin in späteren Jahren, als der Rausch der Sinne verflogen war, nichts von seinem Einfluss auf die Kaiserin einbüßte, dann lag die Ursache nicht in einem formalen Hochzeitsakt, sondern in seinen überragenden Fähigkeiten als Persönlichkeit, Politiker, Staatsmann und Militär. Seine Genialität unterschied ihn von dem machtsüchtigen Durchschnittsmenschen Grigori Orlow.

Katharina wäre töricht gewesen, hätte sie auf Potemkins Dienste verzichtet. Nach allen charakterlichen Veranlagungen dürfte Potemkin nicht bereit gewesen sein, das Schicksal eines morganatischen Prinzgemahls zu erdulden. Und Katharina die Große als biedere Frau Potemkin, stets darauf bedacht, dem exaltierten Fürsten warme Socken und ein gebratenes Täubchen zu servieren? Allein der Gedanke ist unvorstellbar. Für die gerechte Bewertung der Geschichte Russlands, Katharinas II.

und Grigori Potemkins entsteht ein größerer Nutzen, wenn man die Dinge lässt, wie sie sind. Die Beziehungen zwischen der Monarchin und dem Reichsfürsten sind auch ohne den offiziellen kirchlichen Trauschein plastisch genug erkennbar. Heirat – ja oder nein: Es blieb bei der leidenschaftlichen Liebe, den brennenden Eifersuchtsausbrüchen Potemkins und seinem unbezähmbaren Ehrgeiz als Mensch und Staatsmann.

Natürlich muss auch unter diesen Voraussetzungen berücksichtigt werden, dass beide nicht als Privatpersonen handelten, sondern an der Spitze des Reichs agierten. Jeder persönliche Charakterzug und jede individuelle Lebensäußerung verbanden die Liebe mit der Politik. Potemkin hasste Grigori Orlow oder selbst den in Liebesangelegenheiten unverdächtigen Nikita Panin nicht nur, weil diese der Kaiserin über Jahre sehr nahe gestanden hatten, sondern weil sie auch seine eigenen politischen Interessen und Ziele behinderten. Liebe und Politik, Politik und Liebe – es gab ein unauflösliches Wechselspiel im ausgefüllten Leben Potemkins als Diener an der Seite der Kaiserin.

Im Grunde genommen ist Potemkin auch schon in der ersten Zeit seiner Gemeinschaft mit der Kaiserin ein unausstehlicher Mensch mit überragenden Gaben gewesen. Mit Gaben, die den Anspruch der Maßlosigkeit erfüllten. Ebenso leidenschaftlich wie er Katharina liebte, betrieb er seinen Ehrgeiz oder das Verlangen, sein Leben Gott zu widmen. Der hemmungslose Stolz, die selbstzerstörende Eifersucht, der extreme Wille zum Herrschen, der nie erlahmende Tatendrang und die abgrundtiefe Mystik – all das gehörte wie selbstverständlich zu seinem Leben. Potemkin lebte, in allem, was er tat, aus vollen Zügen.

Katharina ist als »die Große« in die Geschichte eingegangen. Potemkin hat diesen Ruf nicht erworben. Aber Katharina, das sei unnachsichtig betont, war der elementaren Wucht dieses Menschen nicht gewachsen. Sie gab sich alle Mühe, ihn zu lieben und zu verstehen. Aber es war nur ein Rausch und es blieb ein Rausch. Der Urkraft Potemkin war niemand gewachsen – letztlich nicht einmal er selbst. Katharina fand lediglich in der

Tatsache einen Schutz, dass sie Russland als absolute Herrscherin regierte und nur Untertanen kannte – gleich, auf welcher Stufe der Hierarchie diese standen. Lediglich in diesem einzigen Punkt überragte sie ihren Grischa. Man darf allerdings nicht darüber nachdenken, auf welchem Wege sie zu dem herausragenden Status gelangt ist. Sie selbst hat in dieser Hinsicht keine Skrupel besessen.

Aus all den Ereignissen bis zum Ende des Jahres 1774 wurde deutlich: Grigori Potemkin nutzte die Monate ihrer überschäumenden Zuneigung für entscheidende Schritte zur Festigung seiner Stellung am Hof. Katharina büßte dabei nichts von ihrer kaiserlichen Würde ein. Sie ließ Grigori in den politischen Fragen relativ freie Hand und unterstützte alle Anstrengungen, dessen staatsmännischen Habitus zu stärken. Sie gab den exzentrischen Launen ihres Favoriten nach, wirkte jedoch gleichzeitig mäßigend auf ihn ein. Die häufige Aussage, er habe sie mit der Zeit beherrscht, scheint weit übertrieben – zumindest in Angelegenheiten des Staates und der Politik.

Menschen wie Pjotr Rumjanzew, Alexander Besborodko, Nikita Panin oder Alexei Orlow besaßen ebenfalls die Aufmerksamkeit der Kaiserin. Es störte auch nicht, dass sie alle individuelle Ansichten vertraten, die denen der Kaiserin oder Potemkins mitunter zuwiderliefen. Die wichtigen politischen Entscheidungen wurden kontrovers im Meinungsstreit beraten und von der Kaiserin nach den Ratschlägen ihrer Mitarbeiter und Berater entschieden. Die Diskussion von Sachfragen zur Vorbereitung von Richtungsentscheidungen hob weder das Prinzip der Autokratie noch die höfische Intrige auf: Unterlegene im Richtungsstreit mussten stets mit der Verbannung rechnen – ein »normales« Berufsrisiko.

Potemkin hatte bereits dadurch eine Ausnahmestellung unter den kaiserlichen Ratgebern, dass er in kurzer Zeit sehr schnell die Rangleiter emporstieg. Der Berufung zum Generaladjutanten folgte die Beförderung zum Oberstleutnant im Preobraschenski-Garderegiment. Der Offiziersdienstgrad in diesem traditionsreichen Regiment zählte zu den höchsten

Würden im Russischen Reich. Anfang Mai 1774 berief die Kaiserin Potemkin in das »Geheime Consilium«, das oberste Beratungsgremium im Staat, obwohl es ganz offensichtlich erheblichen Widerstand bisheriger Mitglieder des Consiliums gegeben hatte. Es vergingen keine vier Wochen und Potemkin befand sich als Vizepräsident der Kriegsakademie im Range eines Kommandierenden Generals in einer außerordentlichen militärischen Machtposition. Der Frieden von Kütschük-Kainardshi brachte ihm den Grafentitel des Russischen Reichs ein, obwohl seine Verdienste um diesen Frieden nicht besonders herausragend waren.

Der Favorit der Kaiserin bekam als bescheidene Zugabe ein diamantenbesetztes Schwert sowie ein mit Diamanten eingefasstes Bild der Kaiserin – Grigori Orlow hatte sich einstmals an der gleichen Gabe erfreuen dürfen. Als Zeichen besonderer Wertschätzung durfte Potemkin die Feierlichkeiten leiten, die Anfang 1775 in Moskau zum Abschluss des Friedens mit der Türkei stattfanden. Es versteht sich nahezu von selbst, dass der neue Graf alle hohen und höchsten Orden erhielt, die Katharina zu vergeben hatte. Es ging auf der Gunst- und Karriereleiter ständig aufwärts. Potemkin durfte als lebendes Denkmal für den byzantinischen Herrschaftsstil russischer Autokraten herhalten. Das gefiel ihm nicht nur, es entsprach seinen Ansprüchen an das Leben. Innerhalb eines halben Jahres, bis Ende Juni 1774, erhielt Potemkin den Oberbefehl über alle in »Neurussland« stationierten Husaren- und Pikenierregimenter. Die Kaiserin beförderte ihn zum General-en-Chef, Mitglied des Staatsrats, Vizepräsident des Kriegskollegiums und Generalgouverneur von »Neurussland«. Potemkin empfing den Weißen Adlerorden und den Alexander-Newski-Orden. 1775 folgte die Ernennung zum Generalgouverneur von Asow und Astrachan – um nur die wichtigsten Ämter, Kommandos und Ehrungen zu erwähnen. Wo sollte die Flut der Nobilitierungen nur enden?

Einmal auf dieser Schwindel erregend hohen Stufe angelangt, gehörten ausländische Auszeichnungen und Ehrungen zur

4. Eintritt in die kaiserliche Welt der Liebe und der Politik ...

selbstverständlichen Reputation. Katharina scheute keinerlei Mühen, bei ihren kaiserlichen und königlichen Vettern um entsprechende Würdigungen nachzusuchen. So traf sich innerhalb kurzer Zeit an Potemkins mächtigem Körper eine wundersame Kollektion kostbaren europäischen Glitzerwerks. Aus Preußen kam der »Blaue Adler«, aus Polen der »Weiße Adler« und »Heilige Stanislaus«, aus Dänemark der »Weiße Elefant« und aus Schweden der »Heilige Seraphim«.

International regte sich auch Widerspruch gegen den unaufhaltsamen Aufstieg des Grigori Potemkin. Frankreich und Österreich verweigerten Ehrenzeichen, weil Potemkin nicht katholisch war. Aber Mütterchen Katharina wusste Rat, wie sie den Ehrgeiz ihres Protegés befriedigen konnte. Sie erhob die Verleihung des Titels »Fürst des Heiligen Römischen Reichs« zu ihrer persönlichen Angelegenheit, wandte viel Kraft auf, um die widerborstige Maria Theresia zu überzeugen. Joseph II. fügte sich schließlich. Im März 1776 traf die Ernennungsurkunde in Petersburg ein, obwohl sich die russisch-österreichischen Beziehungen zu jenem Zeitpunkt weder lebhaft noch besonders initiativreich entwickelten. Aber ein schöner Titel, zur rechten Zeit an die geeignete Person gebracht, konnte für künftige Bindungen belebend wirken. Potemkin durfte sich nun in Russland als »Seine Durchlaucht«, »Serenissimus« oder schlicht als »Fürst« anreden lassen. Ob es Potemkin als Ärgernis betrachtet hat, dass diese schöne Ehrung vor ihm auch Grigori Orlow zuteil geworden war?!

Ein anderer wichtiger Antrag scheiterte: Der britische Gesandte erstrebte eine deutliche Verbesserung der Beziehungen Englands zu Russland und setzte sich energisch dafür ein, Potemkin den Hosenbandorden zu verleihen. König Georg III. lehnte entrüstet ab, und der Gesandte musste einen strengen Verweis ob seiner vorwitzigen Initiative einstecken.

Selbstverständlich verfolgten der Petersburger Hof und die russische Öffentlichkeit den dynamischen Aufstieg Potemkins mit wachsendem Interesse. Menschen, die sich in der Gunst gekrönter Häupter bewegen, sind stets von Schmeichlern umgeben und erfreuen sich vieler Freundschaften. Missgunst, Neid und Intrigantentum wachsen mit dem Ruhm, treten jedoch zunächst im Geheimen auf und erreichen materielle Gewalt, wenn sich eines Tages der Sturz des Privilegierten andeuten sollte. Wie sollte dieser Günstling auch nicht umschmeichelt werden? Was Orlow recht war, konnte Potemkin nur billig sein. Menschen aller gehobenen Schichten – Offiziere, Schriftsteller oder Beamte – erwarteten von dem neuen Stern am goldenen Himmel der Kaiserin Rat, Hilfe und vor allem Protektion. Selbst die Orlows fanden plötzlich zuckersüße Worte! Die Moskauer Universität, die ihn einst wegen erwiesener Faulheit und Unbotmäßigkeit relegiert hatte, wartete nun mit einem honorigen akademischen Ehrendiplom auf. Immerhin, die wackeren Professoren besaßen einen gewissen untertänigen Mut. Als sie von Potemkin mit der erhaben-rechthaberischen Heiterkeit unerreichbarer Götter auf den seinerzeitigen Rauswurf angesprochen wurden, antwortete einer ihrer Standhaftesten: »Damals hatten Sie es verdient, Euer Durchlaucht.« Potemkin konnte es sich leisten, schallend zu lachen und selbstverständlich stimmte der Chor serviler Akademiker in das allgemeine Gelächter ein. Ihr Mut war schließlich kalkulierbar.

Grigori Potemkin galten die Ehrungen als selbstverständliche Attribute seines neuen Standes und er hätte sich sehr gewundert, wenn sie eines Tages ausgeblieben wären. Der Volksmund sagt dazu ganz einfach: Macht korrumpiert. Der Favorit besaß ein nahezu natürliches Recht auf weitere Beweise für die Würdigung seines kometenhaften Aufstiegs. Er konnte abgrundtief verärgert und boshaft reagieren, wenn man ihm irgendeines der glitzernden Spielzeuge verweigerte. Katharina gab sich wahrhaftig alle Mühe, ihn zufrieden zu stellen. Aber wie ein garstiges kleines Kind trotzte er abstoßend, wenn das Ziel seiner Wünsche nicht auf Anhieb erreicht werden konnte. Er maulte regelrecht wie ein ungezogenes Balg und sprach in aller Öffentlichkeit abwertend über die Kaiserin. Mehrfach beschwerte sie sich bei ihm: »Ich bitte Dich, mich nicht mehr zu demütigen, und über alle meine Fehler und Laster zu schweigen, anstatt sie vor anderen auszubreiten. Erstens ist das nicht sehr angenehm für mich, und zweitens ist es nicht nett gegenüber irgend jemandem, aber am wenigsten der eigenen Frau gegenüber.« Dass er sich durch geringschätzige Redereien über die Kaiserin selbst schadete und Wasser auf die Mühlen seiner Gegner goss, darauf kam Potemkin offenbar trotz aller politischen Klugheit nicht. Als sich gegen seine Mitgliedschaft im »Geheimen Consilium«, die er selbst beantragt hatte, von dessen Mitgliedern Widerstand regte, sprach er einfach nicht mehr mit der Kaiserin. Die weinte bittere Tränen, gab schließlich nach, und Potemkin hatte wieder einmal seinen trotzigen Willen durchgesetzt.

In Geldangelegenheiten kannte Potemkins Appetit keinerlei Grenzen. Er verschlang riesige Summen, erhielt regelmäßig Geldgeschenke und bezog obendrein ein festes Gehalt. Er lebte auf großem Fuße und machte sich keine besonderen Sorgen über die Herkunft des Geldes. Er selbst schenkte großzügig und freigiebig. So wie das Geld kam, gab er es auch wieder aus. Katharina erhielt die ausgesuchtesten Geschenke und der Fürst scheute sich nicht, die eigene Barschaft für Staatsangelegenheiten einzusetzen – Katharina vergalt es ja wieder. Sie fügte dem Geld die erlesensten Sachpräsente hinzu: Pelzmäntel, Juwelen, Möbel und Kunstgegenstände. Ihre besondere Art von Humor charakterisierte jenes Tafelservice aus Porzellan, das Katharina ihrem »Gemahl« mit der Widmung übersandte: »Dem größten Fingernägelknabberer in Rußland.«

Katharina sorgte persönlich für sein tägliches Brot und bestritt die daraus erwachsenen Ausgaben. Damit der Nachschub nicht versiegte, erhielt Potemkin bei den regelmäßigen Landvergaben beträchtliche Anteile an Boden und »Seelen«. Er zählte bald zu den reichsten Grundbesitzern Russlands. Dennoch häufte er Schulden auf Schulden und gab die alten Gewohnheiten eines Gardeoffiziers nicht auf. Katharina musste große Anstrengungen unternehmen, um bei seinen Verbindlichkeiten überhaupt auf dem Laufenden zu bleiben.

Diese Charakteristika aus dem Leben Potemkins lassen seine Biografie mitunter besonders attraktiv erscheinen. Man kann sich in pikanten Details ergehen: Bei einem Festmahl wird zum Nachtisch eine Schale mit Edelsteinen gereicht! Potemkin wäre niemals dieser Potemkin geworden, wenn er sein Leben allein auf diese Weise verlottert hätte. Die Liebe zu Katharina entsprach seiner Leidenschaft für die Frau und dem Ehrgeiz, eine gewichtige Rolle in Russland zu spielen. Die arrogante und snobistische Gleichgültigkeit gegenüber den materiellen Dingen des Lebens entsprach dem ihm angebotenen Überfluss und zugleich seinem Willen, die eigene Persönlichkeit bedingungslos im Dienste der Kaiserin für Russland zu opfern.

Der Fürst gab sich nicht der leichtgläubigen Illusion hin, allein der kaiserliche Schirm bewahrte ihn vor Intrigen und Angriffen seiner täglich wachsenden Gegnerschar. Die Ehrungen, das Geld und die Immobilien festigten seine Stellung bei Hofe. Er wusste jedoch auch, dass die Macht letztlich nur durch positive Leistungen zum Ruhme der Zarin und des Vaterlands gesichert werden konnte. Ohne diese Voraussetzung hätte die Protektorin nicht endlos Geduld geübt. So entstand zwar bisweilen der Eindruck, dass sich Katharina in ihren intimen und persönlichen Beziehungen dem unersättlichen Moloch Potemkin voller Hörigkeit unterordnete, Angst vor seinen schikanösen Launen hatte und immer wieder danach strebte, ihn zufrieden zu stellen. Dieser äußere Anschein trog. Sie liebte ihn, in den ersten Jahren sogar abgöttisch – den schrecklichen und widerwärtigen »Zyklopen«. Aber sie wusste auch stets, dass er zu den ganz wenigen Menschen in Russland zählte, die ihr aus persönlicher Zuneigung und aus wohl verstandenem eigenen Ehrgeiz tatsächlich ergeben blieben. Potemkin wollte herrschen – Katharina herrschte. Er stürzte sich mit der gleichen Leidenschaft in die Arbeit für das Reich, mit der er Katharina liebte. Er wollte den eigenen Platz in Russland und in der Geschichte neben der Kaiserin erkämpfen und behaupten.

Dieser Wille trieb ihn voran, bewahrte ihn aber nicht vor Fehlern. Der eifersüchtige Liebhaber Grigori Potemkin besaß

4. Eintritt in die kaiserliche Welt der Liebe und der Politik ...

trotz aller Ehrfurcht vor der Kaiserin die unbeherrschte Schamlosigkeit, sich in der Öffentlichkeit über die Geliebte lustig zu machen. In der bekannt komödiantischen Art karikierte er deren Schwächen. Aber das blieben Entgleisungen, die man eher seiner Exaltiertheit zurechnete. Auch dieses ist die historische Wahrheit: Der Fürst und Feldherr, der Generalgouverneur der südlichen Provinzen, der Diplomat und Organisator ließ es niemals an der notwendigen Loyalität gegenüber der Kaiserin fehlen.

Die Tatsache der Erhebung Potemkins zum Favoriten hatte genügend Neider auf den Plan gerufen, zumal der Favoritenwechsel mit der faktischen Entfernung Grigori Orlows vom Hofe einherging. Hätte sich Potemkin allein auf die Rolle eines reich und fein ausstaffierten Geliebten beschränkt, wären die Gegner gering und wohl wollend geblieben. Sie fürchteten und hassten ihn nicht, weil er ekelhaft sein konnte, sondern weil er mit dem persönlichen Einfluss auf die Kaiserin eine politische Stellung beanspruchte, die für niemand anderen erreichbar schien. Selbst Grigori Orlow hatte nicht das durch Potemkin beanspruchte Maß an politischer Entscheidungsbefugnis besessen. Es war daher auch nicht verwunderlich, dass Potemkins Aktivität den Hof bald in zwei Parteien spaltete: in die Parteien der Schmeichler und der Neider. Obendrein begannen alle, den Reichsfürsten zu fürchten.

Die Diplomaten, die um Russlands Gunst buhlten, blieben zunächst unsicher, welche Partei sie unterstützen sollten: die der Macht oder die der Lösung von Sachfragen. Das musste nicht unbedingt ein Gegensatz sein. Aber das alte Trauma aller Herrschenden dieser Welt bestimmte auch den Petersburger Hof in der zweiten Hälfte des 18. Jahrhunderts. Beide Komponenten – die Macht und die Problemlösung – klafften mitunter beträchtlich auseinander. Katharina besaß die Macht, ihre Sachkompetenz hing jedoch in hohem Maße von den Fähigkeiten der Berater ab, die ihrerseits mit Sachkenntnis nach der Macht strebten. Es war ein ewiger Teufelskreis. Demzufolge hing viel davon ab, welche Haltung die in der Regierung maßgeblichen

Politiker gegenüber Potemkin einnahmen. Die Diplomaten lauschten dem Raunen der Hofparteien. Sie hörten genauer hin, wenn Panin, Rumjanzew, die Orlows oder der Thronfolger sprachen – von den Äußerungen der Kaiserin gar nicht zu reden. Mehr und mehr schenkten sie jedoch ihre Aufmerksamkeit dem Objekt ihrer Beobachtungen selbst – dem großen Potemkin.

Graf Nikita Panin zeichnete nach den formalen Aufgaben für die Außenpolitik verantwortlich. Er hielt jedoch die Fäden der Regierung weit gehend in der Hand und balancierte obendrein das komplizierte Kräfteverhältnis zwischen der Kaiserin und deren Sohn Paul aus. Panin galt nicht als besonders herzlicher oder gar naher Freund Potemkins, aber die Brüder Orlow mochte er noch weit weniger. Panin musste stets damit rechnen, dass der Orlow-Clan, an dessen Seite auch die einflussreichen Grafen Iwan und Sachar Tschernischew standen, weiterhin über entscheidende Machtpositionen am Hofe und in der russischen Politik verfügte.

Die Gesandten Englands und Schwedens hielten noch lange Zeit nach Potemkins Erhebung eine Rückkehr Grigori Orlows in seine vorherige Stellung für möglich. Sie schlussfolgerten dies aus dem Auftreten Grigori Orlows selbst, der so tat, als sei überhaupt nichts geschehen. Er umwarb nicht nur die hübschen Hofdamen, sondern er legte sich sogar mit Grigori Potemkin höchstpersönlich an. Der blieb erstaunlich ruhig und folgte darin den Wünschen Katharinas, die jeglichen Streit mit den Orlows vermeiden wollte. Sie forderte von Potemkin: »Das einzige, was ich Dich bitte nicht zu tun, ist, mich den Orlows gegenüber zu einer Voreingenommenheit zu bewegen, denn ich würde das als eine große Undankbarkeit Deinerseits betrachten. Es gibt niemanden auf der Welt, von dem mir der Fürst (Grigori Orlow) so viel Gutes zu erzählen pflegte und den er so gerne hatte wie Dich. Wenn der Fürst seine Fehler hat, so ist es nicht Deine und meine Aufgabe, sie zu kritisieren und die Aufmerksamkeit anderer darauf zu lenken. Er hatte Dich gern, und was mich anbelangt, so zähle ich ihn und seinen Bru-

4. Eintritt in die kaiserliche Welt der Liebe und der Politik ...

der beide zu meinen guten Freunden, und ich werde sie nie im Stich lassen.« Katharina beschwor ihren Geliebten sogar mit drohendem Unterton: »Das sei Dir eine Lehre! Wenn Du klug bist, wirst Du sie beherzigen. Es wäre unklug von Dir, wolltest Du mir darin widersprechen, denn es ist die reine Wahrheit.« Der gemeinsame Weg zum Thron verband auf eine für Außenstehende unerklärliche Weise derartig stark, dass selbst stärkste Gefühle in den Hintergrund treten mussten. Potemkin richtete sich danach – auf seine Weise. Die Zeit würde für ihn arbeiten.

Im persönlichen Umgang mit Nikita Panin fand die Kaiserin über die Orlows selten derart feste Worte. Hier schwankte sie. Graf Panin kannte alle Hintergründe und Schliche. Er hatte sich als Gegner der Orlows profiliert, weil er den Thronfolger und dessen Ansprüche stützte. Dennoch, die differenzierte Vorsicht im Umgang mit den Orlows lässt aufhorchen.

An den Orlows muss etwas gewesen sein, was ihre Stellung bei Hofe nahezu unerschütterlich machte. Grigori Orlow erscheint in der Geschichte ob seines grobschlächtigen Wesens und nach seiner Abwickelung aus dem Favoritenstande vorwiegend in einem besonders negativen Lichte. Er und seine Brüder verkörperten die Schattenseiten des Staatsstreichs. Dieses Urteil scheint nicht gerechtfertigt zu sein. Zumindest bildeten die fünf Brüder Orlow für die Kaiserin eine feste Bastion, mit der sie ihr kompliziertes Verhältnis zum Thronfolger für eine gewisse Zeit ausgleichen konnte. Darüber hinaus haben sich die Orlows in der ganzen Zeit um Katharinas Reich verdient gemacht. Sie führten die Kaiserin auf den Thron und besaßen einen erheblichen Anteil an deren Reichspolitik. Zu Ehren der Orlows sei angemerkt, dass sich die wissenschaftliche Forschung nicht ernsthaft darum bemüht hat, ihnen ein gerechtes Urteil widerfahren zu lassen. Die Romanow-Dynastie wollte nicht daran erinnert werden, dass die große Katharina ihre Krone einer kleinen Gruppe grobschlächtiger Gardeoffiziere verdankte. Ein von Gott gesandter und gesalbter russischer Kaiser durfte kein erpressbares Menschenkind sein!

Das Verhältnis zu den Orlows gab Potemkin manche Nuss zu knacken, zumal er stets die Auswirkungen seiner Handlungen gegenüber den Orlows auf den Thronfolger und auf den Grafen Panin beachten musste. Panin genoss das Vertrauen der Kaiserin, obwohl deren Beziehungen zum »jungen Hof« Pauls in Gatschina gespannt blieben. Potemkin bemühte sich um ein gutes und stabiles Verhältnis zu Panin und zum Zarewitsch. Bei Nikita Panin hatten seine Bemühen Erfolg, bei Paul Petrowitsch stieß er auf Ablehnung. Der Thronfolger hasste seine Mutter und deren nächste Umgebung derartig, dass auch gegenüber Potemkin normale Beziehungen nahezu ausgeschlossen erschienen. Andererseits wehrte Katharina jeden Versuch Pauls, Einfluss auf die Politik zu nehmen, beharrlich ab. Graf Panin bildete in jenen Jahren offenbar das einzige stabile und auch menschlich verlässliche Bindeglied für die notwendigen formalen Kontakte zwischen Mutter und Sohn.

Da Panin mit Potemkin für eine gewisse Zeit und in einem begrenzten Grade auf freundschaftlichem Fuße stand, herrschte zwischen dem Thronfolger Paul und Potemkin zumindest eine Art neutraler Waffenstillstand. Der britische Gesandte beobachtete: »Herr Potemkin steht noch immer in vertraulichster Verbindung mit Herrn Panin. Er lässt sich sehr oft durch seine Meinung im Rat bestimmen, und an dem Tag, wo dieser in der Stadt abgehalten wird, trennt er sich von den übrigen Mitgliedern, um sich zu Panin zu gesellen.«

Der Eindruck täuschte nicht. Sir Gunning hatte erkannt, dass die Trennung des Hofes pro und contra Potemkin auch im Geheimen Rat der Kaiserin zum Ausdruck kam. Auf der einen Seite der Favorit und Graf Panin, auf der anderen die Orlows und Tschernischews. Die Diplomaten versuchten, sich zurechtzufinden. Da ihr persönliches Ansehen – und die russische Politik gegenüber dem jeweiligen Land – immer auch von den Wünschen und Plänen konkreter Personen abhing, stieg oder fiel der Einfluss der Diplomaten mit den Vertretern der einzelnen Gruppierungen. Potemkin brachte das gewohnte Machtgefüge ins Wanken – aber natürlich nicht zum Einsturz.

4. Eintritt in die kaiserliche Welt der Liebe und der Politik ...

Das durfte gar nicht seine Absicht sein. Aber neue politische Interessen, Reformen und Ziele haben zu allen Zeiten nach neuen Köpfen verlangt. Auf menschliche Verluste oder gar Tragödien haben die neuen Herren dabei niemals Rücksicht genommen.

Graf Sachar Tschernischew musste von seinem Posten als Vizepräsident der Kriegsakademie weichen. Potemkin erhielt diese Funktion und nur seine militärpolitischen Befehle durften noch befolgt werden. Die Brüder Orlow verschwanden zumindest zeitweilig vom Hofe. In diesem Falle verband die Kaiserin Vorsicht mit Vorsorge. Alexei ging nach Italien. Später stieg er wieder in hohe Würden auf. Grigori Orlow heiratete, reiste ins Ausland und kehrte erst 1782 nach Russland zurück – um im darauf folgenden Jahr zu sterben. So spektakulär das Kapitel Orlow begonnen hatte, so sehr es die Kaiserin in ihren Bann schlug, so schlicht endete es auch.

Diese machtpolitischen Auseinandersetzungen, in die zahlreiche Politiker und Würdenträger involviert waren, vollzogen sich im Wesentlichen bereits im Jahre 1774. Grigori Potemkin ging als Sieger aus dem Machtkampf hervor. Bereits im ersten Jahr seines Favoritendaseins eroberte er die entscheidenden Positionen, die seinem Wunsch nach alleiniger Herrschaft im Dienste der Kaiserin entsprachen. Bestimmte Streitpunkte blieben vorerst ausgeklammert: Panin regierte weiterhin die Außenpolitik und der Gesandte Gunning schrieb Ende 1774 ohne besondere Fröhlichkeit: »Während meines ganzen Aufenthaltes hier habe ich das Innere des Hofes noch nie so frei von Intrigen erlebt wie während des vergangenen Monats ... Das darf sicherlich auf die Abwesenheit des Grafen Sachar Tschernischew, des Hauptdiktators und eigentlichen Urhebers von allem, zurückgeführt werden. Herr Potemkin schenkt den auswärtigen Angelegenheiten womöglich noch weniger Aufmerksamkeit, als es der Fürst (Grigori Orlow – Anm. d. Autors) getan hat. Infolgedessen hat er nichts dazu beigetragen, den preußischen Einfluss zu vermindern oder zu stärken.« Gunning bewahrte gegenüber Potemkin eine verhaltene

Skepsis, hatte innerlich aber wohl bereits dessen Partei ergriffen. Was sollte er auch anderes tun, wenn er England dienen wollte?

Grigori Potemkin konzentrierte sich zunächst auf die inneren Probleme des Reichs, auf die Festigung von Katharinas Macht und auf den Grundstein für die künftige »Lex Potemkin«.

Das Jahr 1774 zog über Russlands Regierung mit schweren politischen und sozialen Stürmen hinweg. Der Aufstand Pugatschows entflammte das Land. Potemkin brachte die gewohnten Machtstrukturen mit entschlossener Hand, vollendetem Charme und derben Flüchen durcheinander. Der Frieden von Kütschük-Kainardshi vereinbarte den Abschluss des Türkenkrieges. In diesem aufregenden Jahr tauchte in Venedig eine junge Dame auf, die sich als uneheliche Tochter der verstorbenen Kaiserin Elisabeth Petrowna ausgab. Die »Großfürstin Elisabeth II. von Groß-Russland« erwies sich bald als Erfindung. Aber die Schatten der Vergangenheit wichen nicht aus dem Gedächtnis Katharinas. Sie dachte an Peter III., an Iwan VI., an ihre eigene Thronbesteigung und an den Zarewitsch. Die Zügel zur Festigung der eigenen Macht mussten straff angezogen werden und dafür sollte Fürst Potemkin der rechte Mann am rechten Platze sein. Die Leistungsfähigkeit der Kaiserin hatte in den vorausgegangenen Jahren des Krieges, diplomatischer Anstrengungen und Hofintrigen beträchtlich gelitten. Sie benötigte einen starken Mann an ihrer Seite, der sie stützte und ihr zu neuen Hoffnungen verhalf.

Die falsche Großfürstin Elisabeth wurde nach Russland entführt und starb bald darauf im Gefängnis. Dieses Ende der Affäre löste das eigentliche Problem noch nicht. Auch Pugatschow gab sich als wieder auferstandener Kaiser Peter III. aus. Ihn galt es zunächst zu beseitigen, weil er die Unzufriedenen um sich sammelte, an denen es im damaligen Russland wahrlich keinen Mangel gab. Alle herablassenden und beruhigenden Spötteleien Katharinas gegenüber ihren ausländischen Briefpartnern nützten nichts. Die Bewegung Pugatschows schwoll zu einer Lawine an. Pugatschow bedrohte die Existenz Katharinas auf dem Thron.

Nach dem Frieden von Kütschük-Kainardshi bestanden größere Möglichkeiten für den Zusammenschluss der kriegsbedingt verstreut operierenden russischen Heereseinheiten. General Bibikow sammelte die Streitmacht und führte sie gegen Pugatschow. Ein durchgreifender Erfolg blieb ihm versagt. Überraschend starb Bibikow während des Feldzugs. Die Rebellen eroberten im Juli 1774 Kasan. Die Regierung geriet in Panik und sah Pugatschow schon in den Moskauer Kreml einziehen.

Fürst Potemkin empfahl der Kaiserin den General Peter Panin, einen Bruder des Außenministers, einen energischen und konsequenten Militär, der als Parteigänger des Thronfolgers nicht vor offener Kritik an der Monarchin zurückschreckte. Panins Ernennung missfiel der Kaiserin, weil sie die Partei des Thronfolgers kräftigte, aber gerade aus diesem Grunde befürwortete Potemkin die Berufung. Eine Gefahr für die Kaiserin erkannte er nicht. Aber eine Unterstützung General Panins konnte sein Gewicht und sein Ansehen beim Thronfolger und beim Außenminister Panin erhöhen. Außerdem schätzte Potemkin die militärischen Fähigkeiten General Panins. Er vertrat die Überzeugung, dass nur dieser begabte Offizier den Aufstand niederschlagen konnte. Peter Panin erfüllte alle Erwartungen. Mithilfe der aus dem Türkenkrieg hereilenden Truppen fügte er den Aufständischen eine Niederlage nach der anderen zu.

Pugatschow wurde gefangen und im Januar 1775 in Moskau öffentlich hingerichtet. Der Albtraum fand sein Ende. Die Kaiserin und der Hof durften aufatmen. Eine symbolische Geste folgte. Das Dorf, in dem Pugatschow geboren worden war, fiel dem Hass der Kaiserin zum Opfer. Soldaten brannten den Ort nieder und zerstörten ihn bis auf die Grundmauern. An anderer Stelle errichtete man das Dorf neu und es erhielt den Namen Potemkin. Das Vaterland dankte seinem Retter, obwohl Potemkins Verdienste um die Niederschlagung des Aufstands im

Vergleich zu denen General Panins eher bescheiden gewesen sind. Aber er hatte die richtigen Personalentscheidungen herbeigeführt und die bildeten ja wohl eine entscheidende Voraussetzung für den Erfolg! Außerdem darf man nicht unterschätzen, dass die Kaiserin ihrem Favoriten quasi die operativ-politische Leitung der Handlungen gegen Pugatschow übertragen hatte. Potemkin begnügte sich nicht damit, die Insurrektion zu ersticken, sondern er forschte nach deren sozialen, politischen und nationalen Ursachen. Der Fürst erkannte, dass die Erhebung nicht dem Mutwillen eines einzelnen Kosaken entsprungen war. Pugatschow verkörperte den zündenden Funken, der ein großes Feuer entfacht hatte.

Die Kaiserin wollte die Leibeigenschaft der Bauern sicherlich beseitigen. Aber einen konkreten Weg zur Lösung dieses Problems wusste sie nicht. Der Pugatschow-Aufstand ließ alle Ideen für die Bauernbefreiung in den Hintergrund treten. Stattdessen zog die Monarchin die Schlussfolgerung, dass das administrative Informations- und Verwaltungssystem über die Weite des russischen Raums hinweg den Ansprüchen der aktuellen Reichspolitik nicht länger gewachsen war. Die Regierung wusste wenig von dem, was in den entfernten Winkeln des Reichs vor sich ging, und ihre Beschlüsse erreichten nicht jede regionale Institution. Eine Verwaltungsreform zur Zentralisierung des Staates und zur Straffung seiner Exekutivorgane schien zwingend notwendig. Dabei konnte der Favorit zeigen, was in ihm steckte. Gemeinsam mit Potemkin arbeitete Katharina ein System aus, mit dem sie die Gouvernements reorganisierte und das Netz der staatlichen Verwaltungen enger knüpfte. Im September 1775 trat die Reform in Kraft. Die Verordnung dezentralisierte zwar den Machtapparat, verstärkte jedoch die zentrale Kontrolle über die Verwaltung. Das Reich wurde in 50 Gouvernements eingeteilt. Jedes Gouvernement untergliederte sich noch einmal in zehn Bezirke. An der Spitze der Gouvernements standen der Kaiserin direkt unterstellte Gouverneure. Katharina II. schrieb am 29. November 1775 an ihren Korrespondenten Grimm, der den Ruhm

4. Eintritt in die kaiserliche Welt der Liebe und der Politik ...

Katharinas in Westeuropa verbreiten sollte, dass sie »niemals Besseres gemacht habe« als diese Verwaltungsreform und dass die einstige Instruktion für das Gesetzbuch im Vergleich zu diesem neuen Werk »Geschwätz« gewesen sei. So hatten sich die Zeiten gewandelt! Nicht die schöne und wortgewaltige Illusion, sondern der praktische Verstand regierte jetzt die Kaiserin.

Es gab kaum ein Problem in der Verwaltung, in der Wirtschaft, bei den Finanzen, in der Armee und Flotte sowie in anderen wichtigen politischen, sozialen und geistig-kulturellen Bereichen, bei deren Lösung die Kaiserin nicht Potemkins Rat gesucht hätte oder ihm nicht die Entscheidung überließ. Nicht alle seine Entschlüsse fanden ihre Billigung. Bisweilen setzte er sich über den Geheimen Rat hinweg und erntete dessen Protest. Er blieb nicht frei von Fehlentscheidungen. Aber stets stürzte er sich mit Elan und Selbstbewusstsein in die ihm übertragenen Aufgaben. Die Kaiserin musste ihn z.B. bei der Verpachtung der Branntwein- und Salzsteuer zu ungünstigen Konditionen bremsen. Dafür unterstützte sie ihn, wenn es galt, die Privatinitiativen der Kaufleute zu fördern. Es scheint, dass ihr gegenseitiges Vertrauen völlige Offenheit in der Beratung aller nur möglichen Fragen einschloss. Sie korrigierten gegenseitig Briefe oder Staatspapiere und berieten angestrengt über deren Inhalte.

Grigori Potemkins Verhalten ließ die Höflinge die Hände über den Köpfen zusammenschlagen. Das hatte es in dem alltäglichen trägen und langweiligen Herrscherhaus noch nicht gegeben: Der Favorit der Kaiserin arbeitete Tag und Nacht. Er kümmerte sich um alles. Er liebte, lebte und arbeitete mit vollem Einsatz seiner gewaltigen Kräfte. Stets wollte er überall gegenwärtig sein, um anzuweisen, zu kontrollieren, anzuspornen oder zu strafen. Die Kaiserin freute sich über einen derartig einsatzbereiten und aufopferungsvollen Geliebten an ihrer Seite. Sie musste in Kauf nehmen, dass seine Pflichten ihn häufig aus ihrer privaten Sphäre entfernten. Besonders betrüblich fand es Katharina, wenn sie voller Erwartungen zu ihm ging und seine Zimmer mit fremden Leuten überfüllt fand: »Das ist wirklich zuviel! Nicht einmal um neun Uhr treffe ich Dich allein an! Ich kam in Deine Wohnung und fand dort eine Menge Leute herumlaufen, husten und einen großen Lärm verursachen. Doch war ich nur gekommen, um Dir zu sagen, daß ich Dich maßlos liebe«, beklagte sie sich mehrfach.

Potemkin hatte es nicht einfach, gleichzeitig ein begnadeter Liebhaber und nüchterner Staatsmann zu sein. Die Kaiserin stellte in jeder Hinsicht höchste Ansprüche. Es zeigten sich zwischen den Liebenden im Dualismus von Erotik und Politik Ansätze, dass ihr aufwendiger Bund vielleicht Belastungen ausgesetzt sein könnte, die ihn eines Tages zerbrechen oder zumindest in andere Bahnen leiten würden. Katharina ließ ihren Grischa zunächst mit zärtlicher Nachsicht gewähren und freute sich an seinen Erfolgen. Nach und nach entstand jedoch bei den Diplomaten der Eindruck, als habe allein Potemkin »die Ehre, dieses Reich zu regieren«. Dieser Ausspruch des schwedischen Gesandten, Baron Nolcken, mag boshaft oder anzüglich ausgefallen sein, weil Potemkin zu jener Zeit den Diplomaten gegenüber ein eher zurückhaltendes Verhältnis hatte.

Diese Distanz mag daher gerührt haben, dass er mit Nikita Panin ein stillschweigendes Abkommen getroffen hatte, sich nicht in dessen Domäne einzumischen und dadurch vielleicht das Verhältnis zum Thronfolger negativ zu beeinträchtigen. Die Ernennung zum Generalgouverneur der südlichen Provinzen hatte den ungeschriebenen Grundsatz zwar durchbrochen, denn dort gingen ihn die Beziehungen zu Polen, Österreich und dem Osmanischen Reich natürlich etwas an. Aber im Prinzip hielt er sich zunächst an das Agreement.

Potemkin blickte jedoch in die Zukunft und fand Möglichkeiten, den Kontakt zu den Diplomaten auf unverfängliche Weise zu intensivieren. Er absolvierte Höflichkeitsbesuche bei den Gesandten. Zu den Jahrestagen der Thronbesteigung Katharinas veranstaltete er Festessen für das diplomatische Korps mit allerlei Lustbarkeiten und Späßen. Nur dem offiziellen Gespräch über internationale Probleme ging er aus dem Weg. Das veranlasste Sir Gunning zu dem enttäuschten Einwurf: »Soweit ich auf Grund der wenigen Gelegenheiten, die ich hatte, um mit ihm zu sprechen, ein Urteil fällen kann, scheint er mir nicht mit jenen Talenten und Fähigkeiten begabt zu sein, die man allgemein bei ihm vermutete, er zeigt vielmehr im Gegenteil ein großes Maß von Unbekümmertheit und eine Freude an den kindlichen Vergnügungen.«

Gunning ließ sich täuschen. Potemkin präsentierte sich den Diplomaten nicht als Beamter im auswärtigen Dienst, sondern als ein über den Dingen stehender Staatsmann, der sich überlegen, fern von den Niederungen des Alltags gab und dabei gewissenhaft die Reaktionen seiner Gesprächspartner registrierte. Eines Tages würde sich der scheinbar fröhlich-naive Umgang mit den ausländischen Politikern schon noch auszahlen. Außerdem hatte Potemkin in seinem vorzüglich besetzten persönlichen Stab einen Mann, der »am Hofe« des Fürsten für außenpolitische Fragen verantwortlich zeichnete. Ein russischer Offizier deutscher Abstammung, Oberstleutnant Baur, war als Hauptflügeladjutant eingestellt worden. Bereits der Titel eines »Hauptflügeladjutanten« wirkte bezeichnend auffällig. Bei der Kaiserin gab es für die engsten Mitarbeiter höchstens den Titel und die Dienststellung eines »Flügeladjutanten«. Potemkin schickte seinen Baur oft ins Ausland. Offiziell musste er seltene und kostbare Delikatessen oder Geschenke besorgen. In Wahrheit reiste er stets in geheimer diplomatischer Mission, sondierte und arrangierte politische Vorhaben, die kein Gegenstand offizieller zwischenstaatlicher Verhandlungen sein konnten.

Oberstleutnant Baur stand mit all seinen organisatorischen und diplomatischen Fähigkeiten mit einer ganzen Schar sorgfältig ausgewählter Vertrauenspersonen im Dienste Potemkins. Die fürstliche Hofhaltung stellte vielgestaltige Forderungen. Menschen aller Herren Länder spiegelten das farbige Kolorit einer unorthodoxen Lebensführung und den weltoffenen Geist des Hofherrn. Franzosen, Deutsche, Perser oder Georgier – wer nannte die Namen all derjenigen, die zum Flair einer Hof-

4. Eintritt in die kaiserliche Welt der Liebe und der Politik ...

haltung potemkinscher Prägung gehörten! Aber nur ganz wenigen Menschen gewährte der Fürst unbedingtes Vertrauen. An der Spitze stand Wassili Popow, Sohn eines einfachen russischen Dorfgeistlichen. Popow hatte zunächst im Dienste eines der Fürsten Dolgoruki gestanden. Nach dessen Tod übernahm Potemkin den stellungslosen Mann. Popow erwarb das absolute Vertrauen Potemkins und der Kaiserin. Er stand in dem Ruf, loyal, verschwiegen, klug und allwissend zu sein. Er galt im Dienste für den Fürsten und die Kaiserin als unbestechlich. Zu jeder Stunde stand er bereit, und wenn es irgendein Geheimnis im Leben Potemkins gegeben hat – Popow wusste davon. Diskret nahm er all sein Wissen mit ins Grab, ohne dass er es nach dem Tode seines Dienstherrn in geschwätzigen Memoiren breitgetreten hätte.

Im Übrigen gab sich der Hof Potemkins lärmend und bunt wie die ganze Lebensführung seines Herrn, stets offen für Neuigkeiten und bereit zu neuen Taten. Der Hofstab durfte im Jahre 1775 erstmals beweisen, dass er tatsächlich zum Ruhme Katharinas beitragen konnte. Während das Jahr 1774 so viele Aufregungen mit sich gebracht hatte, konnte Katharina im darauf folgenden Jahr fröhlich feiern. Pugatschow und der Türkenkrieg gehörten der Vergangenheit an. Der neue Favorit hatte prächtig eingeschlagen. Für die Opposition gab es für den Augenblick wenig Anlässe zu Attacken auf die Monarchin. Die Querulanten und Intriganten des Orlow-Kreises hatte man für einige Zeit zum Schweigen gebracht. Nur der Konflikt mit dem Thronfolger schmerzte wie ein Stachel im Fleische. Das alles konnte sich auch wieder ändern. Aber zunächst rief ein großes Fest zu Ehren der Siege über die Türken und Pugatschow.

Potemkin selbst hatte der Kaiserin die geniale Idee nahe gelegt: Die Feiern sollten in Moskau stattfinden. Das alte und konservative Moskau, das der neuen Hauptstadt Petersburg stets ablehnend gegenübergestanden hatte, das zur Thronräuberin Katharina eine abwartende Distanz wahrte, sollte von der Macht und der Pracht einer siegreichen Imperatorin zeugen. Niemand konnte das Spektakel besser in Szene setzen als der

4. Eintritt in die kaiserliche Welt der Liebe und der Politik ...

einfallsreiche Potemkin! Er bot alle damals üblichen Freudensbekundungen und Lustbarkeiten auf: Triumphbögen, Paraden, Illuminationen, Feuerwerke und Bälle ohne Ende. Auch der gemeine Mann sollte abgespeist und die Kriegshelden mit hohen Ehrungen überschüttet werden, darunter die Feldmarschälle und Generäle Rumjanzew, Golizyn, Alexei Orlow und Peter Panin. Potemkin selbst ließ sich ebenfalls nicht vergessen und die Kaiserin beschenkte ihn reich mit Land und Seelen. Eine höchst zufriedene Katharina berichtete nach den ersten Amüsements überschwänglich an ihre Briefpartner im Ausland: »Ich bin jetzt vier Wochen hier, und man scheint erfreut, mich hier zu haben. Zwei Mal wöchentlich gebe ich einen Empfang bei Hofe, und jedes Mal erscheinen nicht weniger als vier- oder fünfhundert Damen. Ich habe drei Kostümbälle veranstaltet, zu denen nur der Adel zugelassen war; aber auf keiner dieser Veranstaltungen sind weniger als sechs- oder siebentausend Eintrittskarten verteilt worden. Am folgenden Tage habe ich den ratifizierten Vertrag erhalten, der vom Sultan unterzeichnet war. So ist diese wichtige Angelegenheit zu Ende gebracht, und alle Artikel werden Wort für Wort bestätigt. Im Juli will ich hier Friedensfeste veranstalten, und zwar so glänzend, wie man es noch nie erlebt hat. Ihr werdet sagen, ich gehe vollkommen in Veranstaltungen auf. Aber wir arbeiten auch sehr viel, und bald werden wir etwas herausgeben, was dem inneren Gefüge des Reiches unendlich gut tun wird. Dieses Jahr wird nicht zu Ende gehen, ohne in einem gewissen Sinne Epoche zu machen.«

Die Kaiserin spielte auf ihre gemeinsame Arbeit mit Potemkin zur Gouvernementsreform an, der sie die gleiche Bedeutung wie den Siegen über Pugatschow und die Türkei beimaß. Die Kaiserin leistete 1775 in Moskau ein gutes Stück Arbeit zur Demonstration ihrer eigenen historischen Größe. Potemkin schuf die Voraussetzungen.

Wieder war es auch Potemkin, der über den Augenblick hinaus dachte. Während er in Moskau den Stab des Zeremonienmeisters schwang und Tag und Nacht auf den Beinen blieb, um die vielen Feste zu organisieren, während er selbst zu nächtlicher Stunde noch mit Katharina an der Verwaltungsreform arbeitete, schweiften seine Gedanken bereits zu anderen großen Themen. Potemkin sollte in den Jahren 1774 bis 1776 seine Rolle als Favorit und zeitweiliger Geliebter der Kaiserin hervorragend spielen. Seine wahre historische Größe bereitete er in diesen Jahren erst vor: Bis dahin sollten noch Jahre vergehen. Aber die Anfänge seines Denkens waren bereits in diesen Jahren 1774/76 erkennbar.

In welch starkem Maße sich Potemkin damals bereits mit der Gestaltung der südlichen Ukraine und der Krim beschäftigte, bezeugten die Festlichkeiten in Moskau mit überragender Beweiskraft. Der Favorit organisierte in Moskau kein Vorspiel zu den späteren legendären »potemkinschen Dörfern«, sondern eher eine Machtdemonstration. Er zauberte eine spielerische Vision für die reale Reichspolitik der kommenden Jahre. Potemkin inszenierte 1775 ein politisches Volksfest, in dem er der nationalen und internationalen Öffentlichkeit seine Philosophie von der Zukunft Südrusslands und des Schwarzen Meeres vorstellte. Es erregt tatsächlich Erstaunen, in welch starkem Maße seine eigenen Ansichten bereits damals mit denen der Kaiserin korrespondierten. Katharina schrieb begeistert an ihre Brieffreundin Madame Bjelke: »Um das Volksfest zu inszenieren, wurde ein großes Feld zwei Meilen vor der Stadt ausgewählt und Schwarzes Meer benannt. Die beiden Straßen, die dorthin führten, hießen Don und Dnjepr. Zu deren beiden Seiten war eine Szenerie aus Landgütern, Windmühlen, Dörfern, Gasthäusern und so weiter aufgebaut. Auf dem Meer waren Boote zu sehen, und auf den Hügeln, die das Feld umsäumten, hatte man Bauten errichtet, die man Kertsch und Jenikale benannte (Namen südrussischer Städte und Festungen – Anm. des Autors). Es waren dies Ballsäle, Asow war der Speisesaal und Kinburn ein riesengroßes Theater. Stiere, Weinfontänen, Seiltänzer, Schaukeln und andere Volksbelustigungen befanden sich auf der anderen Seite des Meeres. In Taganrog hielten wir einen Jahrmarkt ab, und ein Feuerwerk wurde jenseits der

Donau veranstaltet. Der übrige Raum war festlich illuminiert. Schließlich vergnügten sich sechzig – oder hunderttausend Leute, vielleicht sogar noch mehr, nach Herzenslust ...«

Es gab nach diesem Fest genügend Zeitgenossen, die sich über das phantastische Panorama des Schwarzen Meeres vor den Toren Moskaus lustig machten. Potemkin sollte sie bald eines Besseren belehren. Katharina ließ keine Gelegenheit verstreichen, über die Ereignisse ins Ausland zu berichten. Nur wenige Menschen werden verstanden haben, dass es bei den Festlichkeiten um eine politische Konzeption ging, der keine exakten Organisationspläne zugrunde lagen. Man wusste im Ausland, wie gut sich Katharina darzustellen vermochte, und beachtete in erster Linie die monströse Gaukelei. An aggressive Expansionsabsichten dachte wohl noch niemand. Dafür fiel etwas anderes auf: Hinter dem Vorhang von Feuerwerken und Illuminationen verschwanden die in Moskau offen demonstrierten Sympathiekundgebungen für den Thronfolger Paul! Moskau unterstützte den Thronfolger. Es ging nicht um seine politischen Ansichten, die noch wenig konkret umrissen schienen, sondern darum, ihn als Gegenkraft zur thronräuberischen Kaiserin aufzurichten. Man musste sich keine besonders große Mühe geben, der Zarewitsch ließ sich aus Trotz bereitwillig gegen seine »aufgeklärte« Mutter in den Dienst eines antireformerischen Konservatismus spannen. Für den Moskauer Adel ging es um ein Prinzip – die Kaiserin hatte mit dem Staatsstreich lediglich die Munition geliefert. Es war kein Zufall, dass das bisherige harmonische Verhältnis zwischen Nikita Panin und dem Thronfolger hier in Moskau an Vertrautheit verlor. Dem loyalen Panin gelang es mit abnehmendem politischen Einfluss seltener, einen Ausgleich zwischen dem »alten« und dem »jungen« Hof auszubalancieren.

Aber auch Potemkin begann jetzt zielbewusster und offener in die Außenpolitik einzugreifen. In Moskau empfing der Favorit das diplomatische Korps. Der bisher sorgsam unterdrückte Streit zwischen Potemkin und Panin rückte in greifbare Nähe. Er gewann praktische Gestalt, als Panin und Potemkin während einer Sitzung des Geheimen Rats wegen der kurz zuvor in Persien ausgebrochener Unruhen in einen Wortwechsel gerieten. Potemkin wollte die Unruhen schüren oder zumindest nutzen, um den russischen Einfluss in Mittelasien und vor allem im Kaukasus zu stärken. Dadurch hätten die russischen Positionen gegenüber der Türkei verbessert werden können. Nach wie vor besaß Russland am Schwarzen Meer nur unzureichende Kräfte. Nikita Panin, der nur mit Vorbehalten auf die orientalischen Träume Katharinas und Potemkins reagierte, hielt das russische Eingreifen in Persien für abenteuerlich. Das sprach er ganz offen aus. Vorerst trennte man sich am Ende schweigend und ohne Konsequenzen.

Die Informationen und Gerüchte über den Politikerstreit um Persien blieben auch den Diplomaten nicht verborgen. Der britische Gesandte reagierte hellwach und sah eine Chance, mit und über Potemkin das russisch-englische Verhältnis zu verbessern. Die Regierung Seiner britischen Majestät hatte auf den Frieden von Kütschük-Kainardshi ausgesprochen russlandfreundlich reagiert. Sie gab zu erkennen, dass man in London die russischen Absichten am Schwarzen Meer wohl wollend betrachtete. Die englische Freundlichkeit hatte zwei Gründe. Zum einen bemühte sich die englische Außenpolitik um ein dauerhaftes Abkommen mit Russland und zum anderen hegte König Georg III. den sehr praktischen und zugleich delikaten Wunsch, russische Truppen zur Niederschlagung des Aufstands in den nordamerikanischen Kolonien anzuwerben.

Die englischen Bemühungen belegen es: Am Ende des Jahres 1775 war Potemkins Stellung im Reich fester als je zuvor. Die politische, körperliche und geistige Gemeinschaft mit der Kaiserin erwies sich ebenso beständig wie ihre Liebe zueinander. Das anhaltende Wechselspiel von Emotionen, Launen, Eruptionen und Versöhnungen erhöhte den Reiz der Verbindung. In dieser Hinsicht hatten die vorausgegangenen Monate nichts geändert. Ihre Liebesbriefe und flatternden Notizen beinhalteten Ende 1775 die gleichen sinnlichen und törichten Wortspiele wie Anfang 1774.

4. Eintritt in die kaiserliche Welt der Liebe und der Politik ...

Wenn es einen Unterschied gab, dann den, dass Potemkins Engagement für die Staatsführung immer häufiger Gelegenheit zu Auseinandersetzungen bot. Die individuellen Erscheinungen ihrer Liebe und ihre starken Charaktere verbanden sich zunehmend auf grundsätzliche Weise mit der Politik. Vorwürfe folgender Art, die Katharina an Potemkin richtete, blieben keine Einzelerscheinung mehr: »Ich musste erst einen solchen Zorn von Eurer Erhabenen Durchlaucht erwarten, da Ihr ja eifrig bemüht zu sein scheint, der Öffentlichkeit und mir zu beweisen, wie grenzenlos Eure mangelnde Selbstbeherrschung ist. Das ist ein klarer Beweis für Eure Undankbarkeit mir gegenüber und dafür, wie wenig Ihr Euch mir gegenüber verbunden fühlt. Denn diese Wut entspricht sowohl meinen Wünschen als auch dem Unterschied, der zwischen unseren Angelegenheiten und unserer Stellung besteht.«

Es wäre für das Jahr 1775 verfrüht, aus solchen Zornesausbrüchen auf eine erkaltende Leidenschaft zu schließen. Der einzige Grund, der immer wieder neu zu Streit und Ärger führte, bestand in der Launenhaftigkeit und im Egoismus Potemkins. Katharina schrieb zahllose Briefe und Notizen, in denen sie nach den Ursachen für die permanenten Zwistigkeiten forschte. Niemals benannte sie unterschiedliche Ansichten in politischen Fragen, die das Russische Reich bewegten. Stets ging es um die charakterlichen Mängel. Obwohl die Kaiserin wenig Interesse hatte, ihre eigene Verantwortung für Zerwürfnisse in den Mittelpunkt zu stellen, dürften solche Zeilen voller Verzweiflung ehrlich gewesen sein und ein kompaktes Bild ihrer Beziehungen zueinander vermittelt haben:

»Nach der Art, mit der Du manchmal sprichst, könnte man meinen, ich sei ein Scheusal mit allen Fehlern und besonders dem der Dummheit! Ich bin eine schreckliche Heuchlerin; wenn ich Qualen leide, wenn ich weine, so geschieht das nicht aus Empfindsamkeit, sondern aus irgendeinem anderen Grunde. Und daher musst Du das alles verabscheuen und mit einer Verachtung strafen, die sich meiner Seele einprägen soll. Doch diese Seele, so verdorben und schrecklich sie auch sein mag, kennt keine andere Art der Liebe, als denjenigen glücklich zu machen, den sie liebt. Aus diesem Grunde findet sie es unmöglich, auch nur einen Augenblick der Uneinigkeit mit dem zu ertragen, den sie liebt, ohne – zu ihrer Verzweiflung – wiedergeliebt zu werden.

Noch unmöglicher ist es für diese Seele, immer und zu allen Tageszeiten demjenigen, den sie liebt, über das und jenes Vorhaltungen machen zu müssen. Meine Seele ist im Gegenteil bemüht, Tugenden und Vorzüge bei dem Geliebten zu finden. Ich will in Dir gern jedes Wunder sehen. Sage es nur, wie Du Dich verhalten würdest, wenn ich Dir beständig die Fehler all Deiner Bekannten, all jener, die Dich achten und deren Dienste Du am meisten in Anspruch nimmst, vorhielte, wenn ich Dich für ihre Dummheiten verantwortlich machte? Würdest Du ruhig bleiben oder ungeduldig werden? Wenn ich angesichts Deiner Ungeduld zornig aufstünde, wegliefe und die Türen hinter mir zuschlüge, wenn ich danach frostig mit Dir wäre und mich weigerte, Dich anzuschauen, und noch kälter täte, als ich wirklich wäre, und zu all dem noch Drohungen hinzufügte?

Du kannst Dir diese Fragen selbst beantworten. Wenn ich Dich von oben herab behandelt und Dir schließlich nach all dem den Kopf erhitzt hätte und das Blut kochend geworden wäre, wäre es dann ein Wunder, wenn wir beide nicht genügend Menschenverstand besäßen, uns nicht mehr einigen könnten und beide zu gleicher Zeit aufeinander einredeten? Um Gottes willen, tu alles, was in Deiner Macht steht, um unsere Zwistigkeiten zu vermeiden, denn die Ursachen unseres Streits sind stets unwichtig. Das Wesen unserer Meinungsverschiedenheiten bezieht sich immer auf die Frage der Macht und nie auf jene der Liebe.«

Nicht die Frage der Macht im politischen Sinne hatte Katharina im Blick, sondern die Vorherrschaft in ihren persönlichen Bindungen: Potemkin wollte zeitweilig sogar die Kaiserin beherrschen. Darum endete dieser Brief: »Ich weiß, was Du mir antworten wirst, aber gib Dir keine Mühe, es zu tun. Laß dies unbeantwortet, da ich mich entschlossen habe, mir keine Gedanken mehr darüber zu machen. Willst Du mich glücklich machen? Sprich mir über Dich, und ich werde niemals zornig sein.«

Die Kaiserin verlangte, er sollte ihre Liebe nicht für seine Egoismen aufs Spiel setzen. Potemkin begann offenbar, an Macht und Einfluss über die von Kaiserin Katharina II. vorgegebenen Grenzen hinauszuwachsen und damit ihrer Liebesbeziehung einen Teil der Grundlagen zu entziehen. Er hatte nicht die Absicht, dieses zu tun. Die Sachlage stellte sich objektiv so dar und nahm eine für ihn selbst gefährliche Entwicklung. So sehr Katharina sich in ihren persönlichen Belangen auch unterwarf, an der sakrosankten Autorität der Monarchin durfte sie niemals rütteln lassen. Bahnte sich da eine Analogie zum Schicksal Grigori Orlows an? Orlow hatte weder das Charisma als Mann noch als Staatsmann, Katharina so sehr gefangen zu nehmen, wie Potemkin das vermochte. Orlow brachte niemals die Energie Potemkins auf, die einmal gewonnene Macht zu vergrößern und mit ihrer Hilfe Russlands Ruhm in Europa und Asien zu mehren. Orlow erwies sich dem Sendungsbewusstsein der Kaiserin unterlegen. Sein Ansehen, allein aus dem Erfolg beim Staatsstreich gespeist, verblasste. Potemkin drohte als Staatsmann und Diplomat mit Eigensinn und Launenhaftigkeit über die Kaiserin hinauszuwachsen. Natürlich haben die beiden Liebenden das in ihren Gedanken nicht so präzise empfunden, geschweige denn formuliert. Sie stritten und versöhnten sich und merkten nicht einmal, dass mit jedem Zerwürfnis ein Stück der Begierde abbröckelte. Sie brauchten einander – in der Liebe und für die Politik. Wer mochte schon wissen, wie dieser Gordische Knoten gelöst werden konnte? Sie wussten es selbst nicht, und nur die Zeit konnte ein Resultat hervorbringen.

Es gab weder einen staatspolitisch bedeutsamen Anlass noch tief greifende soziale Gründe, die Katharina und Potemkin nach zwei Jahren intensiver Liebe veranlassten, ihr Verhältnis zu überdenken. Nüchtern betrachtet, hatte Potemkin in der staatlichen Hierarchie eine Schwindel erregende Höhe erreicht. Es gab kaum eine Frage, an deren Entscheidung er nicht mitgewirkt hätte, so unbedacht er dabei auch bisweilen mit Katharina umging. Potemkin schmälerte die autokratische Macht der Kaiserin nicht, er stärkte sie. Nach zwei Jahren konnte sie ihm im Zentrum ihres Reichs eigentlich nichts mehr geben. Er brauchte neue Aufgaben, die seinen Ehrgeiz anstachelten, die dem Reich und der Kaiserin dienten. Schlicht formuliert: Potemkin hatte bis dahin alle erfüllbaren und vorstellbaren Ziele erreicht. Er langweilte sich und trieb mehr und mehr Unfug. Allerdings, die Vorstellung, dass ein einzelner Mann unter dem Schutz der Kaiserin in nur zwei Jahren eine derartig allmächtige Position erringen konnte, wirft ein bezeichnendes Licht auf den Charakter der russischen Gesellschaft jener absolutistischen Epoche Katharinas II.

Grigori Potemkin unterschied sich von Grigori Orlow in einem entscheidenden Punkt: Als er merkte, dass seine und Katharinas körperliche Leidenschaft langsam abkühlten, verwandelte er sich nicht in einen zänkischen Räsonierer. Er verdankte seine Stellung harter Arbeit. Sein Wirken hatte derartig viele neue Pläne und Visionen hervorgebracht, dass er aufgrund seines Charakters nicht mehr einhalten konnte. Potemkin lebte in der tiefen Überzeugung, dass Katharina die Mutter des Vaterlandes verkörperte und dass er ihr zu dienen hatte. Vielleicht hat Potemkin tatsächlich ernsthaft darüber nachgedacht, wie er sich aus dem Schlafzimmer Katharinas mit Anstand für beide Liebenden lösen konnte – um dafür umso öfter in ihren Dienst- und Empfangszimmern zu verweilen. Aber eigentlich lag die folgende Entwicklung weit mehr in der Logik ihrer Charaktere begründet, im üblichen Verfahren für die Liebhaber der Kaiserin, und vor allem in den gemeinsamen Vorstellungen Katharinas und Potemkins über die künftige Machterweiterung des Russischen Reichs. Natürlich verstand Potemkin als der aktivere Teil bei der Wandlung in ihren Beziehungen, dass er mit den Gefühlen der Kaiserin behutsam umgehen musste, dass sie einen neuen Liebhaber benötigte und dass es keinen kleinlichen Riss in ihren staatspolitischen Vorstellungen geben dürfte.

Es dürfte bei der Sprunghaftigkeit und Emotionalität ihrer aufregenden Bindung wenig wahrscheinlich gewesen sein, dass Katharina und Potemkin ihre Beziehungen nach einem abgesprochenen und ausgewogenen Plan umgewandelt haben. Am Ende, das verlangte der Respekt, den Potemkin der Monarchin schuldete, gewannen der Hof und die Diplomaten tatsächlich den Eindruck, Katharina hätte das glutvoll-zänkische Liebesverhältnis von sich aus beendet. Gunning meldete Anfang 1776 nach London: »Wenn ich der Information, die ich kürzlich erhielt, Glauben schenken kann, so beginnt die Kaiserin die Freiheiten, die sich ihr Günstling erlaubt, in einem anderen Lichte zu sehen, als sie es bisher zu tun pflegte.«

Nach den Moralvorstellungen am Petersburger Hof nahm kaum ein Mensch Anstoß daran, dass sich Potemkin und Rumjanzew nach einem neuen Liebhaber für die Kaiserin umsahen. Auch Gunning interessierte an dieser Frage lediglich, ob der neue Liebhaber die englischen, französischen oder preußischen Interessen vertreten würde. Diese Frage basierte jedoch auf einem großen Irrtum. Wer auch immer künftig in das Bett Ihrer Kaiserlichen Hoheit kriechen durfte, Potemkin würde weder einen zweiten Orlow noch einen zweiten Potemkin dulden, sondern höchstens einen zweiten, dritten oder vierten Wassiltschikow!

In dieser Hinsicht bewies Feldmarschall Rumjanzew eine glückliche Hand. Aus dem Türkenkrieg kannte er die beiden jungen Adligen Besborodko und Sawadowski. Er hatte sie für den Zivildienst am Hofe empfohlen und Katharina II. stellte sie als Privatsekretäre ein. Während Besborodko in den folgenden Jahren eine beachtenswerte Karriere als Staatsmann und Politiker durchlaufen und in den engsten Beraterkreis Katharinas aufsteigen sollte, blieb Sawadowski ein anderer Weg beschieden. Potemkin wählte den jungen, gebildeten und amüsanten, aber nur durchschnittlich intelligenten und fügsamen Menschen als neuen Gespielen für die Kaiserin aus. Erste Schritte hatte er während der Feierlichkeiten in Moskau eingeleitet. Selbstverständlich ging alles diskret, vornehm und geschmackvoll zu. Potemkin trug in Moskau die Hauptlast der Organisation, war ständig beschäftigt und hatte wenig Zeit für seine Kaiserin. Außerdem litt Potemkin unter allen möglichen Krankheiten. Es gab stichhaltige Gründe, dass seine Besuche bei der Kaiserin seltener werden mussten. Katharina beschwerte sich ausgiebig und gefühlvoll. Sie konnte es aber nicht ändern, dass Potemkin nicht mehr so häufig an ihrer Seite in der Öffentlichkeit erschien. Höflinge und Diplomaten witterten Spannungen und das Ende des Favoriten. Sie verstanden nicht, welche Motive die Handlungen der beiden führenden Köpfe des Reichs bestimmten und dass deren Liebes- und Lebensbeziehungen eine neue Qualität erreichten.

So spukten denn Gerüchte über den baldigen Sturz Nikita Panins oder über eine bevorstehende Rückkehr Alexei Orlows durch die kaiserlichen Paläste. Man rätselte über Depressionen und entsagungsvolle Äußerungen Potemkins, er wollte in ein Kloster gehen. Als er sich mit Katharina wieder einmal gestritten hatte, veranlasste das den britischen Gesandten zu der Aussage: »Zwei Besuche, die die Kaiserin dem Fürsten während seiner Krankheit machte (Potemkin hatte unter einem Gichtanfall gelitten – Anm. des Autors), beschworen eine heftige Auseinandersetzung zwischen ihr und dem Günstling herauf. Obwohl er jetzt die Fülle seiner Macht zu genießen scheint, wird sein Untergang von vielen zuversichtlich als ein Ereignis nicht allzuferner Zukunft vorausgesagt ...« Der Gesandte wahrte jedoch Vorsicht und schränkte ein: »... ich nehme an, daß das daher kommt, weil es allgemein erhofft wird, nicht aber von irgendwelchen tatsächlichen Symptomen. Ein Beweis für die schlechte Meinung, die man von seinem Charakter hat, ist der sich hier rasch verbreitende Glaube (so unbegründet er auch sein mag), er habe veranlaßt, dem Fürsten Orlow Gift zu geben. In der Tat ist seine Eifersucht gegenüber jedem, dem die Kaiserin mit einer gewissen Zuvorkommenheit begegnet, außergewöhnlich und scheint in einer Art und Weise und bei

4. Eintritt in die kaiserliche Welt der Liebe und der Politik ...

Gelegenheiten zum Ausdruck zu kommen, die für seine Herrin nicht schmeichelhaft sein kann, sie im Gegenteil wahrscheinlich abstoßen muß.«

Der Engländer hatte die Situation in ihren äußeren Erscheinungsbildern richtig beobachtet. Er hatte jedoch bald Gelegenheit, den wirklichen Standort Potemkins und dessen Motive zu erfahren.

Im April 1776 kam Prinz Heinrich von Preußen nach Petersburg. Er sollte den aktuellen Stand der russisch-preußischen Beziehungen sondieren und – wenn möglich – verbessern. Die zwischenstaatlichen Beziehungen beider Länder besaßen eine wechselvolle Vergangenheit. Vier Jahre zuvor hatte man gemeinsam Polen geteilt, aber Preußen hatte auch eine türkenfreundliche Haltung eingenommen, sehr zum Ärger Katharinas II., die Friedrich II. aus diesem Anlass einen »treulosen Schurken« tituliert hatte. Bevor die Kaiserin den Prinzen empfing, machte er Potemkin seine Aufwartung. Katharina hatte Potemkin für dieses Gespräch instruiert: »Wenn der Prinz zu Dir spricht, höre ihm bitte aufmerksam zu und erzähle mir nachher, was er gesagt hat, so daß ich mir ein richtiges Urteil bilden kann.« Diese Order erschien selbstverständlich. Vor dem Hintergrund der hartnäckigen Abschiedsgerüchte erlangte sie besonderen Wert, weil sie verriet, dass die Kaiserin und der Fürst nach wie vor die wichtigsten politischen Fragen miteinander berieten. Als Potemkin für den Prinzen einen Empfang gab, nahm auch die Kaiserin daran teil, und darin lag eine symbolische Bedeutung.

Weitere Episoden erregten die Gemüter: Katharina kaufte im Sommer 1776 das Anitschkow-Palais am Newski-Prospekt für Potemkin, ließ es auf ihre Kosten renovieren und bezahlte obendrein seine auflaufenden Spielschulden. Das alles sah wenig nach Entlassung oder Bruch aus, und der britische Gesandte mag wohl Recht gehabt haben, als er vermutete, lediglich die Gegner Potemkins wollten darin Signale für seinen Abschied sehen. Der Kauf des Anitschkow-Palais galt als Zeichen, dass er bald aus dem Zarenpalast ausziehen müsste. Plötzlich solidarisierten sich Leute, die vorher kein gutes Haar aneinander gelassen hatten. Alexei Orlow ging zur Kaiserin, goss Kübel voll Unrat über Potemkin aus und forderte dessen unverzügliche Entlassung. Die Kaiserin dürfe sich wohl einen Liebhaber halten, aber der habe nichts in der Staatspolitik zu suchen. Potemkin sei ein Übel für das Reich und für alle Kräfte, die ein Interesse am Frieden und Gedeihen dieses Reichs hätten. Wie schon am Beginn ihrer engen Beziehungen zu Potemkin, hörte Katharina den Schmähungen geduldig zu, gab jedoch keine bestimmte Antwort.

Sie hatte in jenen Wochen andere Sorgen. Die 1773 aus Hessen-Darmstadt zugeheiratete Gattin des Thronfolgers, Natalja Alexejewna, war im April 1776 im Kindbett gestorben. Die Ehe brachte dem Hof in Darmstadt eine Menge Geld ein, hatte jedoch einen wenig glücklichen Verlauf genommen. Katharina hatte auch keinen Hehl daraus gemacht, dass ihr die aufreizende Selbstsucht der jungen Großfürstin missfiel. Nun war die Schwiegertochter nicht mehr am Leben und Paul schien zunächst verzweifelt. Er erholte sich aber schnell, als seine Mutter ihm eine Reise nach Deutschland verordnete, auf der er die ursprünglich vorgesehene Wunschkandidatin aus Württemberg heimholen sollte. Der preußische Prinz konnte da gute Mittlerdienste leisten. Heinrich und Paul reisten etwa zur gleichen Zeit aus Petersburg ab. Prinz Heinrich befand es nicht einmal für notwendig, den nach wie vor an der Spitze der russischen Außenpolitik stehenden Grafen Panin aufzusuchen.

Zur gleichen Zeit stellte Potemkin einen Antrag an die Kaiserin: Er wollte eine Inspektionsreise nach Nowgorod unternehmen, zu dessen Gouverneur sie ihn ernannt hatte. Potemkin erhielt die Reiseerlaubnis. Wieder sahen seine Gegner darin ein Zeichen für die Ungnade, in die Potemkin gefallen sein sollte. Wieder berichtete der britische Gesandte: »... trotz dem Hasse, den Graf Orlow vermutlich dem Fürsten Potemkin entgegenbringt, bleibt der Schein noch immer in außerordentlichem Maße gewahrt. Bei seiner Reise nach Nowgorod wird er in allem vom Hofe unterstützt, und es heißt, daß er in wenigen Wochen wieder hierher zurückkehren wird.« Der Gesandte schenkte den umlaufenden Gerüchten Glauben: »Ich muß trotzdem annehmen, daß er die ihm geschenkte Gunst vollkommen verscherzt hat. Ich weiß, daß er bereits Einrichtungsgegenstände, die ihm gehören, aus seiner Wohnung im Winterpalast entfernt hat. Sein Hochmut in der Zeit seiner Macht hat ihm viele Feinde geschaffen, die sich nun wohl bei seinem Fall rächen werden, und es käme nicht unerwartet, wenn er seine Karriere in einem Kloster beschlösse, eine Lebensweise, für die er immer eine große Vorliebe gezeigt hat und die vielleicht die beste Zuflucht vor der Verzweiflung über seinen ohnmächtigen Ehrgeiz darstellt.«

Die Diplomaten irrten ebenso wie die Feinde Potemkins. Er musste Katharina versprechen, in spätestens drei Wochen wieder »zu Hause« zu sein. Auf den ausdrücklichen Befehl der Kaiserin nahmen ihn alle besuchten Orte mit wahrhaft königlichen Würden auf. Während seiner Abwesenheit bediente sich Katharina im Bett ganz ungeniert des jungen Sekretärs Sawadowski. Der erhielt wie seine Vorgänger den schönen Titel eines persönlichen Generaladjutanten, Geld und Landgüter. Nur zum Kammerherrn avancierte er nicht.

Brav kehrte Fürst Potemkin innerhalb eines Monats zurück und bezog wieder seine Räume im Winterpalais. Der Anitschkow-Palast blieb leer. Erneut hatten die Gegner ein vermeintlich sicheres Vorzeichen für seinen Sturz falsch interpretiert! Dennoch markierte die Reise nach Nowgorod vom Sommer 1776 einen Wendepunkt im Leben Katharinas und Potemkins. Sie hatten ein Arrangement gefunden, dass beiden Partnern die volle sexuelle Freiheit zueinander und gegenüber Dritten einräumte. An ihren vertrauten Liebesbeziehungen und an der staatspolitischen Rolle Potemkins änderte das jedoch nichts.

Katharina und Potemkin besaßen die Macht und die Stellung, so zu leben, wie es ihren individuellen Ansprüchen und Wünschen gefiel. Wer durfte sie kritisieren? Die politischen und persönlichen Gegner hatten schon vorher kein gutes Haar an dem

Liebespaar gelassen! Wenn es dem Ruhme der Kaiserin diente, durfte sich die Majestät jedes Mittels bedienen.

Katharina schrieb ihrem auf Reisen in Nordrussland befindlichen Geliebten: »Habt Dank, mein Meister – das ist der erste Punkt meines Briefes ... Secundo: was die Marschälle anbelangt, so werden wir nach Deiner Rückkehr darüber sprechen. Tertio: Ich vergehe vor Ungeduld, Dich wiederzusehen. Es ist mir, als hätte ich Dich seit einem Jahr nicht gesehen. Auf Wiedersehen, und Gott segne Dich. Ich küsse Dich, mein Freund. Komm glücklich und recht gesund zurück, und wir werden uns lieben.« Alle ihre Briefe quollen in jenen Wochen von verbalen Liebesschwüren über. Besaß Katharina wenigstens ein kleines schlechtes Gewissen? Vielleicht hatte sie tatsächlich große Sehnsucht nach Grischa, der in den vorausgegangenen zwei Jahren stets nur einen oder wenige Tage von »zu Hause« entfernt gelebt hatte. Jetzt trieb er sich vier Wochen lang in der Weltgeschichte umher und »Mütterchen« Katharina hatte Sehnsucht nach ihm – trotz der Tatsache, dass sie inzwischen einen neuen Geliebten hatte.

Mit diesem Arrangement hatten sie Regeln gefunden, die ihr Verhältnis bis zum Tode bestimmen sollten: Ungebrochen liebten sie sich und Potemkin nahm höchste staatliche Würden wahr – zum Ruhme seiner Kaiserin. Deren Ansehen als absolute Monarchin bedeutete ihm das größte Glück seines Lebens. Natürlich profitierte er davon. Die Kaiserin erhielt für die Befriedigung ihrer Lust ständig neue Geliebte, und Potemkin suchte sie ihr aus. Man benötigt großes Einfühlungsvermögen in den Geist der damaligen Zeit und in die Persönlichkeitsstruktur der Helden dieser Geschichte; man braucht eine gewisse Skrupellosigkeit und Verruchtheit, will man diese majestätische Lebensart verstehen oder gar billigen. Der Reichsfürst des Heiligen Römischen Reichs als Zuhälter der Kaiserin von Russland! Im Übrigen hielt sich Potemkin an vielen anderen Frauen schadlos. Seine Konkubinen wählte die Kaiserin zwar nicht selber aus, aber sie hatte auch keine Einwände gegen die Damen seines Herzens. Potemkin blieb der Herr über ihr Bett, denn er suchte die Gespielen nicht nur aus. Er setzte sie auch wieder ab und achtete streng darauf, dass die Liebhaber im Durchschnitt nicht länger als ein Jahr bei Katharina verweilten: In dreizehn Jahren engagierte er fünfzehn junge Männer. Es ging zwischen allen Beteiligten in der Regel ganz zwanglos zu. Die Liebhaber korrespondierten ungeniert mit Potemkin, brachten ihm ihre Verehrung dar und dankten mit Geschenken für die Gunst, die er ihnen gewährte. Potemkin strafte die Erwählten mit erhabener, bisweilen auch grollender Nichtachtung.

Er hatte genügend und genüsslich mit den Frauen zu schaffen, die er für sich selbst beanspruchte. Der Fürst legte sich ein aufreizendes Ensemble hübscher Frauen zu, die er nicht nacheinander, sondern gleichzeitig beglückte. Am Hofe erregte besonders neidvolles Aufsehen, dass die fünf Töchter seiner Schwester Maria Engelhardt den Kern dieses erlauchten und lustvollen Harems bildeten: Alexandra, Warwara, Katharina, Nadeshda und Tatjana. Alle diese schönen Mädchen ließ Potemkin gut verheiraten! Katharina II. korrespondierte mit ihm ebenso freundlich wie ungezwungen über seine und über ihre Geliebten.

Warwara ehelichte den Fürsten Sergei Golizyn und blieb diesem bis an das Ende ihrer Tage eine treu sorgende Gattin. Während dieser ganzen Zeit pflegte Potemkin mit Warwara stürmische und leidenschaftliche Liebesbeziehungen, die weit zärtlicher gerieten als jene zur Kaiserin. Besonders aufschlussreich für das geistige und moralische Milieu, in dem sich die abwechslungsreichen erotischen Spiele vollzogen, waren die Beziehungen Potemkins zu seiner Nichte Alexandra. Bis an sein Lebensende blieb Alexandra eine treue Verbündete. Das Mädchen heiratete den polnischen Adligen Xavier Branitzky, der im polnischen politischen Leben eine Rolle spielte und als General in russischen Diensten stand. Alexandra begleitete Potemkin auf vielen Reisen. Sie gehörte gleichzeitig zu den engen Vertrauten der Kaiserin und genoss ein solches Ansehen, dass Katharina und Potemkin sie mehrfach mit delikaten politischen

Missionen betrauten. Über ihren Gatten übte sie Einfluss auf die polnische Staatsführung aus. Alexandra verbrachte die Stunde seines Todes bei Potemkin und erbte einen bedeutenden Teil seines Vermögens.

Das Beispiel veranschaulicht, wie eng Gefühl, Liebe, Leidenschaft und Politik im Leben Potemkins miteinander verbunden waren. Das Spiel mit den Nichten mag im konkreten Fall überzogen erschienen sein, als höfisches Lebensprinzip war es nicht ungewöhnlich.

Potemkin hätte viel von seinem Nimbus verloren, wenn er das Prinzip nicht bis zum Äußersten getrieben hätte. Weder in der Liebe noch in der Politik musste er Verluste hinnehmen, nachdem er im Sommer 1776 gemeinsam mit der Kaiserin ihr Arrangement auf eine neue Basis gestellt hatte. Die pikante Erregung, der bohrende Stachel in allen Lebensbereichen, beflügelten ihn zur grandiosen Erfüllung jener Aufgaben, die ihm die Kaiserin in jener Zeit zur Festigung der südlichen Grenzen und zum Ausbau der russischen Machtpositionen am Schwarzen Meer stellte. Gemeinsam hatten sie das gewaltige Werk erdacht. Wie kaum ein anderer Mensch verstand Potemkin die Größe Katharinas II. durch selbstlose Leistung darzustellen. Potemkin stand bereits an der Spitze des Reichs. Seine eigentliche historische Mission lag noch vor ihm. Aus dem ratgebenden Geliebten wuchs der befreundete und geliebte Ratgeber, der seine wahre Lebensbestimmung erst noch finden sollte. Er verwirklichte sie im Süden, im Krieg gegen die Türkei, im »Griechischen Projekt«, in einer umfassenden Militärreform und in der russischen Außenpolitik.

Damals stand Potemkin erst am Beginn seiner individuellen Entwicklung als Politiker, Militär und Staatsmann. Er definierte bereits in dieser Zeit die Rolle des »Günstlings« oder des »Favoriten« unter der Herrschaft Katharinas II. neu. Grigori Orlow war ein Favorit und Günstling im klassisch-absolutistischen Sinne. Er verdankte die privilegierte und relativ sichere Stellung seiner aktiven Risikobereitschaft beim Staatsstreich und bei der Sicherung der Macht für Katharina während der

4. Eintritt in die kaiserliche Welt der Liebe und der Politik...

ersten Jahre ihrer Herrschaft. Hinter Grigori Orlow stand eine machtbereite Familie mit wachsender Anhängerschar. Bei der Kaiserin mag schwärmerische Zuneigung eine Rolle gespielt haben. Grigori Orlow fiel, weil er sich über die ihm zugewiesene Rolle als Favorit nicht erheben konnte. In den Krisenjahren 1773/74 verlangte Katharinas Ehrgeiz einen Favoriten, der die Krise bannte und ihr Bild in der Geschichte durch neue Taten zum Ruhme des Reichs aufwertete.

Potemkin wuchs über die Rolle des eigentlichen Favoriten hinaus zu eigenständiger historischer Größe. Er verbannte die ihm nachfolgenden »Favoriten« in das Reich der machtpolitischen Bedeutungslosigkeit. Erst am Ende seines Lebens musste er sich in diesem Punkte noch einmal zum Kampfe stellen, dann aber gegen einen Konkurrenten, der gleichfalls die Rolle eines bedeutenden Staatsmanns für sich beanspruchte ...

5.
Potemkin kolonisiert den Süden

Das Bündnis Katharinas II. mit Potemkin basierte nicht auf gemeinsamem Streben nach einer Scheinfassade. In gewisser Weise verdeckte der noble Rahmen ihrer Lebensführung die machtpolitische Zielstellung. Aber er entsprach den politischen Spielregeln in jenem Zeitalter, das man mit dem Begriff des russischen aufgeklärten Absolutismus bezeichnet und auch mystifiziert hat. Im Grunde genommen reduzierte sich dieser Terminus auf die persönliche Haltung jener Monarchen, auf die er angewandt worden ist: Joseph II., Friedrich der Große oder – Katharina II. Mit dem »aufgeklärten Absolutismus« meint man die kulturgeschichtlichen Werte einer breiten Bildung, Pflege und Förderung von Wissenschaft, Kunst und Kultur, Toleranz gegenüber Religionen und Andersdenkenden, sozial orientierte Gesetze, eine effektive Verwaltungsstruktur und die zivilisatorische Aufgeschlossenheit des Monarchen. Von allen diesen Erscheinungen besaß auch Katharina II. einen Teil. Die Monarchin verfügte über die eloquente Fähigkeit, ihre Anstrengungen, »Bildung« unter das Volk zu tragen, im westlichen Ausland so überzeugend zu vermitteln, dass niemand es wagte, den Wahrheitsbeweis einzufordern. Aber der persönliche Briefwechsel mit aufgeklärten, westeuropäischen Persönlichkeiten beseitigte in Russland die Leibeigenschaft nicht. Stattdessen bestärkten aufgeklärte Geister wie Voltaire den russischen absolutistischen Expansionsdrang nach Süden – gegen die »Ungläubigen«.

Der Aufstieg Potemkins fiel in die Zeit nach dem russischen Türkenkrieg 1768/74. Es hatte etwas Symbolisches, dass Potemkin am selben Tag die Ernennung zum Generalgouverneur von Astrachan und Asow, d.h. der südlichen Provinzen Russlands erhielt, an dem der russisch-türkische Vertrag von Kütschük-Kainardshi diesen Krieg beendet hat.

Aus diesem Zusammenhang erwächst die interessante Frage, ob Fürst Potemkin lediglich der militärische und administrative Exekutor des kaiserlichen Willens bezüglich der Domestizierung der südrussischen Steppen war oder ob er zu den geistigen Initiatoren und Konstrukteuren des großen Plans gehörte, das neue oströmisch-russische Reich zu errichten. Beide Denk- und Handlungsebenen standen in unmittelbarer Verbindung miteinander. Mit dem Konzept und den Aktivitäten zur wirtschaftlichen, militärischen und politischen Aufrüstung »Neurusslands« schuf Potemkin die logistische Basis für die Idee von der Eroberung Konstantinopels.

Allein die Antwort auf die Frage, warum die russische Regierung den Süden kolonisieren ließ, warum sie die Grenzen sicherte und zum Krieg gegen die Türkei rüstete, bleibt vielschichtig. Da spielten die Hoffnung auf eine bedeutende Führungsposition in der internationalen Politik und Wirtschaft ebenso eine Rolle wie die Bewältigung spontaner Bevölkerungsbewegungen, die Sucht nach Abenteuer und Reichtum, der wirksame Schutz vor Angriffen gefährlich erscheinender Berg- und Nachbarvölker oder auch der Wunsch, das Christentum zu verbreiten und die unterdrückten christlichen Brüder unter den eigenen Schutz zu stellen.

Alle wirtschaftlichen Quellen des weitläufigen Russischen Reichs, einschließlich der Grenzregionen, sollten maximal erschlossen und genutzt werden, ohne dabei grundsätzliche Wandlungen in der sozialen und politischen Ordnung des Landes in Kauf nehmen zu müssen. Der territoriale Gewinn im Süden tastete weder den Adel noch die Leibeigenschaft an.

Katharina II. war dem Imperialismus Russlands verpflichtet. Potemkin war dank sehr individueller Fähigkeiten unter der Protektion der Kaiserin vom kleinadligen Wachtmeister zu einem der führenden Männer des Staates aufgestiegen. Welche andere staatspolitisch wichtige Idee von imperialer Tragweite sollte er verfolgen, als die seiner Gönnerin? Potemkin glaubte tatsächlich an eine Idee und schaufelte nicht nur hemmungslos Besitz in die eigenen Taschen. Er verstand es, die Träume Katharinas im Hinblick auf den nahen Osten zu beflügeln, zumal er blumigen Worten aktive Taten folgen ließ.

Es ist relativ unerheblich, ob Grigori Potemkin der Zarin den zweiten Krieg gegen die Türkei eingeredet hat, wie es seine Kritiker kolportierten. Dieser Krieg stand mit dem grundlegenden historischen Selbstverständnis Russlands im Einklang. Dennoch besteht objektiv kein Widerspruch zu der Tatsache, dass alle Phasen des Türkenkrieges sowie die russische Kolonisierung der südlichen Ukraine und »Neurusslands« mit einem äußerst aktiven Potemkin verbunden einhergingen. Es ist aber auch wenig wahrscheinlich, dass es für alle Vorhaben im Süden einen exakten militärpolitischen Stufenplan – eine Konzeption zur Niederringung der Hohen Pforte – gegeben hat.

Da existierte der unerfüllte Traum und da ergaben sich die politischen Chancen. Je nach Lage der Dinge entschloss man sich zu konkreten Einzelschritten. Der siegreiche Krieg von 1768/74 ermöglichte den Ausbau der südrussischen Basis – dafür erwies sich Potemkin als der rechte Mann. Katharina II. stattete ihn mit umfangreichen Vollmachten aus. Er erhielt nicht nur freie Hand für die Kriegsführung, die Administration und Kolonisierung, sondern auch für die Regelung aller politischen Fragen, die mit den russisch-türkischen Beziehungen und im weiteren Sinne mit dem »Griechischen Projekt« in Verbindung standen.

Das Phänomenale an den geschichtlich bedeutsamen Leistungen Grigori Potemkins bestand in seiner Fähigkeit, das Aufbauwerk im Süden voranzutreiben und gleichzeitig im Zentrum alle entscheidenden Fäden bei der staatspolitischen Leitung des Landes in der Hand zu behalten. Seine Macht und sein Einfluss vergrößerten sich unermesslich. Damit wuchs die Menge der Neider und Gegner, die diesen ungewöhnlichen und unmöglichen Mann beseitigen wollten. Seine historische Leistung lag in der Kraft, vorausschauender als andere zu sein, weiter zu denken und konsequenter zu handeln

Potemkin war sich bewusst, dass eine Expansion Russlands nach Süden internationale militärische und politische Folgen nach sich ziehen würde. Die Macht im nördlichen Schwarzmeergebiet, die man den Tataren und Türken noch entreißen musste, sollte früher oder später durch Verträge mit den europäischen Gewalten gesichert werden. Wirtschafts-, Siedlungs- und Militärpolitik in diesem Gebiet waren zwangsläufig untrennbar mit der europaweiten Diplomatie verbunden. Nur ein politisch denkender Kopf mit militärischen und organisatorischen Fähigkeiten konnte die daraus resultierenden komplexen Aufgaben lösen. Derartige Menschen sind selten zu finden.

Wie nahm Potemkin also die umfangreichen Aufgaben in Angriff? Er redigierte und begutachtete nicht nur weiterhin die Korrespondenzen der Kaiserin zu allen diese bewegenden Fragen, regelte nicht nur wesentliche Staatsangelegenheiten durch direkte Eingriffe in die Kompetenzen verschiedener Ministerien, sondern er konzentrierte seine Gedanken und Aktivitäten mehr und mehr auf den Süden des Reichs. Die Entstehungsgeschichte des »Griechischen Projekts« verdeutlicht in eindrucksvoller Weise die Ideen und Chancen, die Potemkin für seinen Aufstieg nutzen konnte.

Mit der Neuorientierung in der russischen Außenpolitik hatte auch die Schar der Günstlinge und Politiker am Petersburger Hof Veränderungen erlebt. Nikita Panin leitete die Außenpolitik zwar bis 1781 formal weiter, aber mit der Einrichtung des Kriegskollegiums hatte man ihm im Jahre 1768 kontrollierende Fesseln angelegt. Sein politischer wie persönlicher Einfluss ging zurück, wurde aber durch die delikaten und diplomatisches Geschick erfordernden Aufgaben eines Beraters für Paul kompensiert.

Menschen traten in den Vordergrund, die der Kaiserin eine Neukonzipierung des staats- und machtpolitischen Kurses verhießen. Dazu zählte Alexander Besborodko und natürlich Grigori Potemkin. Bei der strategischen Orientierung auf den Orient spielte Potemkin eine entscheidende Rolle. Er lieferte die Interpretationen zum Vertrag von Kütschük-Kainardshi, entwarf die Programme für die Kolonisierung »Neurusslands«, propagierte seit 1776 die Annexion der Krim und sprach sich für die Vertreibung der Türken aus ihren letzten Stützpunkten am Nordufer des Schwarzen Meeres aus. Das militär- und außenpolitische Programm Potemkins avancierte letztlich zur Reichspolitik und die erhielt ihren ideologisch-propagandistischen Rahmen durch die Formulierung des »Griechischen Projekts«.

Die ersten konkreten Anstöße, ein neues griechisches Kaiserreich unter Ausschaltung der Türken auf dem Balkan zu errichten, stammten aus dem bereits erwähnten Briefwechsel Katharinas mit Voltaire während des ersten Türkenkriegs. Im November 1768 hatte Voltaire den zunächst noch rhetorisch verstandenen Gedanken geäußert, Konstantinopel müsse nach einem für Russland siegreichen Krieg zur Hauptstadt des Russischen Reichs erhoben werden. Voltaire vertiefte den Gedanken in vielen nachfolgenden Briefen. Er beschwor die Vertreibung der Türken aus Europa. Die Inthronisation Katharinas II. in Konstantinopel hielt er für ein begehrenswertes Ziel. Die Befreiung Griechenlands von den Osmanen betrachtete Voltaire als kulturelle Tat von europäischem Range.

Katharina freute sich zwar, welche Leistungen ihr der große Philosoph zutraute, aber sie blieb hinsichtlich der Realisierungsmöglichkeiten skeptisch. Die russischen Kriegsziele fielen wesentlich bescheidener aus. Katharinas Nüchternheit verärgerte Voltaire. Er forderte den großen expansiv-zivilisatorischen Schwung Russlands auf dem Balkan. Voltaire überschätzte die militärischen Möglichkeiten Russlands. Er verstand nicht, warum Österreich und Preußen nicht in die antimuselmanische Einheitsfront einrückten.

Im Juli 1769 – zu Beginn der Kampfhandlungen – schrieb Katharina Voltaire einen glühenden Brief, in dem sie über die russischen Kolonisierungserfolge im Süden berichtete, dass die Kolonisten keine Angst vor Türken und Tataren zu haben brauchten und für fünfzig Jahre frei von jeglichen Abgaben an den Staat wären. Da errichtete sie tatsächlich »potemkinsche Dörfer« oder besser »katharinäische Dörfer«. Am Anfang des ersten Türkenkrieges existierten jene Kolonisierungsprojekte, die Potemkin später verwirklichte, lediglich als reines Wunschgebilde der Kaiserin.

Mit den russischen Erfolgen in den Jahren 1769 und 1770 stieg Voltaires Hoffnung. Er fragte an, ob er der Kaiserin in Jassy, Adrianopel oder in Konstantinopel zu ihren Siegen gratulieren dürfte. Katharina gefiel diese Euphorie. Im August 1770, nach dem russischen Seesieg in der Bucht von Tschesme, schrieb sie überschwänglich, dass es wohl an der Zeit sei, Griechisch zu lernen. In Russland würden bereits die Werke Homers übersetzt. Katharina sah das nahende Ende des türkischen Sultans voraus. Sogar der preußische König klatschte trotz seiner argwöhnischen Blicke auf die russischen Kriegserfolge Beifall und lobte Katharinas zivilisatorische Leistungen. Nach dem Sieg der Russen bei Tschesme sah Friedrich II. das Mittelmeer bald mit russischen Schiffen bedeckt und die russischen Fahnen auf den Ruinen von Sparta und Athen. In Konstantinopel zitterte man bereits vor der russischen Flotte.

Aber mit dem Jahre 1770 war der Höhepunkt der russischen Erfolge vorüber. Der Krieg schleppte sich dahin. Innerhalb Russlands mehrten sich die Krisenerscheinungen, vor allem weil der Waffengang ungeheure finanzielle Mittel verschlang. Voltaire reagierte ungeduldig. Im September 1772 schrieb er an Katharina: »Allmählich verzichte ich auf die schönen Hoffnungen, die Mohammedaner aus Europa vertrieben zu sehen und eine Renaissance der Beredsamkeit, Dichtung, Musik, Malerei und Bildhauerkunst in Athen zu erleben. Weder Sie noch der Kaiser wollen zum Bosporus eilen.« Geradezu vor den Kopf geschlagen fühlte sich Voltaire, als Preußens König ihm im Oktober 1772 auf die Mahnung, sich doch endlich an dem Kreuzzug gegen die »Ungläubigen« zu beteiligen, unverblümt antwortete: »Weder der Kaiser noch ich werden zum Kreuzzug gegen den Halbmond blasen. Wer hat heute noch Lust, Reliquien von Jerusalem nach Hause zu schleppen. Wir hoffen vielmehr, dass es in diesem Winter zum Frieden kommt.« Den erhofften Frieden verdarb Grigori Orlow.

Voltaire gab nicht auf. Nach der ersten Teilung Polens hatte er neue Hoffnungen geschöpft, es werde zu einer europäischen Allianz gegen den Sultan kommen. Rumjanzews militärische Erfolge im Jahre 1773 brachten den Philosophen schier aus dem Häuschen. Am Ende handelten Russen und Türken den Frieden von Kütschük-Kainardshi aus, ein Sieg Russlands mit realistischen Ergebnissen, die auch die Akzeptanz Österreichs und Preußens fanden – nicht aber Voltaires.

Der Begriff »Griechisches Projekt« fiel im Zusammenhang mit dem Krieg noch nicht. Der Gedanke an eine Eroberung Konstantinopels und Griechenlands gefiel der Kaiserin als eine Art intellektuelles Spiel, weil man so Russlands Größe auf eindrucksvolle Weise in Europa propagierte. Einfluss auf die unmittelbaren Kriegsziele Russlands hatte er nicht, und weder Katharina noch Potemkin machten sich zu jener Zeit diese Idee als konzeptionellen Leitfaden ernsthaft zu Eigen. Das blieb einer späteren Zeit vorbehalten und auch dann blieb das »Griechische Projekt« eher ein schöner Traum und ein ideologisches Denkspiel als Wirklichkeit.

Es ist nicht sicher, ob der Terminus »Griechisches Projekt« von Potemkin erdacht wurde. Möglicherweise hat der spätere Kanzler Alexander Besborodko das politische Ideengebäude Potemkins und Katharinas in eine entsprechende begriffliche und schriftliche Form gebracht. Das »Griechische Projekt« ist auch nicht innerhalb weniger Tage entstanden. Seit 1774 bereitete Potemkin praktisch einen neuen Krieg gegen die Türkei vor. Erstmals sprach man 1779 von dem Projekt, als Diplomaten über die Taufe des Großfürsten Konstantin Pawlowitsch in St. Petersburg berichteten. Konstantin war nach Alexander der zweite Sohn aus der Ehe des Thronfolgers Paul mit Marija Fjodorowna, der Prinzessin Sophie von Württemberg-Mömpelgard. Die Taufe auf den Namen Konstantin ließ an Konstantinopel denken. Die Verbindung zwischen der Namensgebung und dem strategischen Ziel wurde damals eher beiläufig hergestellt. Es dürfte eine Legende sein, dass Konstantin seinen Namen aus einer gezielten politischen Absicht heraus erhalten hat und eines Tages tatsächlich in Konstantinopel herrschen sollte. Diese Verbindung entstand erst später.

In den folgenden Jahren gab es immer wieder Hinweise darauf, dass Potemkins ungestümer Aktivismus im Süden auf einer mehr oder weniger zielstrebig verfolgten Konzeption beruhte. Die Nebel verzogen sich im Jahre 1782, als Katharina II. in einem Brief an Joseph II. den Inhalt des Projektes ausführlich darlegte. Sie schrieb, dass das Osmanische Reich »von Geißeln gepeinigt ist, welche auch die best fundierten Monarchien zu zerstören vermögen«. Aus diesem Grunde müsse eine Neuordnung der christlichen Balkanvölker in die Wege geleitet werden. Russland sei bereit, die Osmanen mit Hilfe des römisch-deutschen Kaisers aus Europa zu vertreiben. Konstantinopel müsse zum Zentrum eines neuen griechischen Kaiserreichs unter der Sekundogenitur des Hauses Romanow werden. Die Häuser Habsburg und Romanow sollten ein ewiges Bündnis miteinander eingehen. Damit der Frieden zwischen ihnen gesichert bliebe, sollte ein aus der Moldau, der Walachei und Bessarabien gebildetes Fürstentum Dacien als unabhängiger Pufferstaat zwischen den beiden Reichen stehen. Dass dieses Fürstentum von Grigori Potemkin geführt werden sollte, entsprach den persönlichen Wünschen Katharinas und zeigt lediglich, wie groß Potemkins Anteil an der außenpolitischen Konzeption war. In jenen Jahren ordnete sich das »Griechische Projekt« organisch in die diplomatischen Beziehungen zwischen Österreich und Russland ein.

Das »Griechische Projekt« galt der russischen Staatsführung jedoch nicht nur als abstrakte imperiale Idee. Ein Blick auf den damaligen politischen Hintergrund macht deutlich, dass diese Idee nicht zu verwirklichen war. Die politischen Tatsachen dürften Katharina und Potemkin nicht entgangen sein. Nahezu alle Großmächte befanden sich in irgendwelchen gegenseitigen Konflikten und hatten kein Interesse, den Status quo auf dem Balkan grundlegend zu verändern. Russland und Österreich schlossen 1781 zwar ein Abkommen über gegenseitige Hilfe bei einem künftigen Krieg gegen die Türkei, aber da blieben immer noch die Wünsche der Großmacht Preußen zu berücksichtigen.

Dennoch: Russland hatte mit dem »Griechischen Projekt« eine ernst zu nehmende Expansionsidee formuliert und damit dem neuen Stil seiner Reichspolitik Ausdruck verliehen.

In dieser Hinsicht ist die Analogie frappierend: Im gleichen Ausmaß, wie die geistig-politische Idee des »Griechischen Projekts« zwischen 1774 und 1782 wuchs, hat Fürst Potemkin den Süden Russlands kolonisiert, die Streitkräfte reformiert und eine Flotte im Schwarzen Meer aufgebaut, kurzum: die gesamte Region auf den künftigen Schlag zur Realisierung der Ideen des »Griechischen Projekts« vorbereitet. Da der Fürst faktisch auch für die russische Außenpolitik, soweit sie sich auf den Orient bezog, verantwortlich zeichnete, hatte er einen guten Einblick in die Chancen des Projekts. Der enge Zusammenhang zwischen Theorie und Praxis darf in der russischen Reichspolitik jener Zeit nicht unterschätzt werden. Es bleibt der Einwand, dass sich die praktische Militärpolitik auch unter der Herrschaft Katharinas II. in der Regel weniger nach einmal formulierten Leitsätzen richtete.

Potemkins Aufgaben entwickelten sich sehr vielschichtig und forderten den Fürsten in außen- und innenpolitischer Hinsicht ebenso wie die Streitkräfte, die Administration, die Siedlungspolitik, der Städtebau und viele andere Sachgebiete, für die er eigentlich keine Vorbildung besaß, die er jedoch mit Energie und natürlichem Geschick in Angriff nahm.

Potemkin stand vor der Aufgabe, das Reich durch neue Industrie- und Handelszentren, Bildungseinrichtungen und Lokalverwaltungen wirtschaftlich, militärisch und kulturell zu stärken. Es erscheint kaum messbar, welch außerordentliche Leidenschaft und akribischen Arbeitswillen Potemkin in den dreizehn Jahren zwischen den beiden Türkenkriegen entwickelte, um das in ihn gesetzte Vertrauen zu erfüllen. Wären da nicht seine unzähligen Korrespondenzen mit der Kaiserin und mit vielen anderen Persönlichkeiten, wären da nicht seine Projekte, Direktiven und Vorschriften, die in russischen Archiven erhalten und vielfach veröffentlicht wurden und die Tatkraft und den Ideenreichtum des Generalgouverneurs belegen, man könnte tatsächlich zu der Ansicht neigen, die Biografen übertrieben die realen Leistungen dieses genialen rastlosen Arbeiters. Aber Potemkins Lebensleistung für Russland kann man gar nicht überschätzen.

Es ist lediglich schwer, bei den vielen Aufgabenbereichen nicht die Übersicht zu verlieren. Darum kann eine systematisierende Auswahl bei der Sicht auf seine Tätigkeitsfelder nur von Nutzen sein.

Da ging es zunächst um die Umstrukturierung des »Don« und der »Sitsch«. Potemkin musste die Frage beantworten, wie die traditionellen kosakischen Siedlungsstrukturen am Dnjepr und am Don mit ihren militär-patriarchalischen Rangordnungen und Organisationsformen für die russische Kolonisierung genutzt werden konnten. Seit dem 16. Jahrhundert bildeten die Kosaken eine Vorhut für den langsamen und systematischen Drang der Russen nach Süden, aber auch nach Osten und in die Weiten des sibirischen Raums. Die Kosaken – entlaufene Bauern, Soldaten und Abenteurer – griffen gern nach dem Säbel, der Muskete oder der Nagaika, wenn die Beute ergiebig genug schien. Die Kosaken hatten an den russischen Grenzen arteigene militärdemokratische soziale Organisationsformen hervorgebracht, die auf wagemutige Menschen, die der Leibeigenschaft oder dem Druck der Gesetze in Russland und Polen entfliehen wollten, eine magische Anziehungskraft ausübten.

An der Wende vom 16. zum 17. Jahrhundert hatten sich die Kosaken am Unterlauf des Dnjepr festgesetzt – ebenso wild wie der Strom selbst. Die Kosaken der »Saporoger Sitsch« galten als Inbegriff verwegener Rauf- und Angriffslust. Aber mit der erzwungenen Unterordnung unter die Oberhoheit Moskaus begann die ursprüngliche Militärorganisation ein halbes Jahrhundert später zu zerfallen. Das alte Spiel wiederholte sich: Die Ältesten, die Atamane und Hetmane, ließen sich um des persönlichen Reichtums willen von Moskau korrumpieren. Sie unterwarfen sich und setzten die Kosaken einer unaufhaltsamen Zentralisierung aus. Die kosakische Obrigkeit verriet die freiheitlichen Traditionen. Der einfache Kosak sank allmählich auf das soziale Niveau eines leibeigenen Bauern herab. Peter der Große beschleunigte diesen Prozess, als der Hetman Mazepa auf die Seite Karls XII. von Schweden überlief und viele seiner Anhänger in die Türkei flohen. Der Niedergang der kosakischen Militärdemokratie in der »Saporoger Sitsch« fand dadurch noch kein Ende. Erst als Potemkin auf der Bildfläche erschien und den wilden Traditionen den Todesstoß versetzte, ließen sich die Kosaken notgedrungen domestizieren. Potemkin verstand es meisterhaft, diese Tatsache geschickt zu verschleiern – die schlauen Saporoger Kosaken gingen ihm ins Netz.

Eine ganz ähnliche Entwicklung hatte sich seit dem 16. Jahrhundert auch bei den Kosaken am Don vollzogen: Soziale Differenzierung, zunehmende Unfreiheit bei den Unterschichten und wachsende Privilegien für die Atamane ließen den Eifer der Kosaken beim Schutz der südöstlichen Grenzen spürbar sinken.

Potemkin hatte auch den Oberbefehl über alle Kampfkräfte, die nicht zur regulären Armee gehörten. Dazu zählten auch die Kosaken. Er wollte deren Kampfkraft wieder stärken, ihre wirtschaftliche Unabhängigkeit festigen und die kosakische Militärorganisation unter Wahrung traditioneller Privilegien in das Gesamtsystem von Grenzsicherung und Kriegsrüstung einbinden.

Im Jahr des Friedens von Kütschük-Kainardshi erschütterte der Aufstand des Jemljan Pugatschow das Reich. Die Erhebung bot Gelegenheit, die unbotmäßigen Kosaken zu zähmen. Die Neuerwerbungen in der südlichen Ukraine und in »Neurussland« sowie die Kriegszüge gegen Türken und Tataren machten das Problem besonders dringlich. Die Don-Kosaken hatten sich dabei nicht mehrheitlich auf die Seite Pugatschows geschlagen. Aber die Gelegenheit schien der Regierung günstig, die Integration der Don-Kosaken in die Militärdisziplin des Reichs zu vollenden. Die Regierung unterwarf die südliche Ukraine ihrer zentralen Verwaltungsstruktur. Auf ganz ähnlichem Wege sollte auch die störende Autonomie der Don-Kosaken eingeschränkt werden.

Dieses Bestreben löste schwer wiegende Probleme aus. Die Regierung hatte zu Beginn der siebziger Jahre zwei Kosakenregimenter vom Don nach Asow und Taganrog umgesiedelt und den wilden Kriegern »ernannte Oberste« als Kommandeure vor die Nase gesetzt. Die Kosaken meuterten: 1772 musste das Kriegsministerium die Regimenter wieder in die ursprüngliche kosakische Militärorganisation des Don-Heeres zurückführen.

Die Regierung hatte einen Misserfolg erlitten, obwohl die Kosaken am Don im 18. Jahrhundert bereits einer deutlich wachsenden sozialen Differenzierung ihrer inneren Strukturen unterlagen. Die Ältesten beanspruchten die Privilegien, die ihnen bisher nur auf eine bestimmte Zeit gewährt waren, als lebenslängliches Vorrecht. Sie forderten die Gleichstellung ihrer Würden mit den Diensträngen in der regulären Armee und sie besaßen verschiedentlich sogar bereits Leibeigene. Außerdem gab es neben den Ältesten und den gemeinen Kosaken Atamane, die nach einer eigenen Machtstellung zwischen den militärischen Organisationen und dem Thron strebten. Die Regierung versuchte, die Konflikte zwischen Kosaken, Ältesten und Atamanen zu ihren Gunsten zu nutzen und alle divergierenden Gruppen einer einheitlichen Staatsraison zu unterwerfen.

An dieser Stelle setzte die organisationspolitische Virtuosität Potemkins ein. Er löste die Fragen nicht konfrontativ zugunsten einer Partei, sondern durch einen ausbalancierten Kompromiss im Interesse des Reichs. Er lieferte sein politisches Gesellenstück und öffnete den Weg zur gewaltlosen Eroberung des ganzen »Don«.

Am 14. Februar 1775 teilte die Kaiserin das gesamte Dongebiet dem Gouvernement Asow und dessen Generalgouverneur Potemkin zu. Vier Tage später verordnete Potemkin die Trennung von militärischer und ziviler Verwaltung. Er ernannte eine »wojskowoje grashdanskoje prawitelstwo«, eine Regierung für militärische und zivile Aufgaben, die er sich persönlich unterstellte. Potemkin berief in diese Institution den ernannten Ataman, zwei vom Generalgouverneur ausgewählte ständige Älteste und vier weitere Älteste, die jährlich durch eine allgemeine Wahl von den Kosaken bestimmt werden konnten. Alle Ränge und Stände sahen sich in einer Regierung würdig vertreten, die neben der Finanzverwaltung der »Beförderung der übrigen Geschäfte in den allgemeinen Staatsinstitutionen« diente. Diese Regierung hatte nichts zu bestimmen. Die Gouvernementskanzlei dirigierte ihre Tätigkeit und unterwarf sie den Gesetzen und Verordnungen des russischen Reichsrechts. Von den fünf Richtern ernannte der Generalgouverneur den ersten und dieser blieb ständig im Amt, während die beigeordneten vier kosakischen Richter wechselten. Der Ataman besaß die militärische Leitung des Don-Heeres. Seine Kompetenzen rangierten nicht höher als die eines Generals in der regulären Armee. Die Zivilämter konnten durch allgemeine Wahlen der Kosaken besetzt werden.

So gelang dem pfiffigen Potemkin nicht nur ein politisches Gesellen-, sondern sogar ein diplomatisches Meisterstück. Die traditionellen Strukturen des Don-Heeres blieben erhalten, ebenso die soziale Gliederung Ataman – Ältester – Kosak. Die Volksmeinung artikulierte sich in Wahlen, die Pflege kosakischer Traditionen galt als oberstes moralisches Gebot – neben der selbstverständlichen Pflicht, sein Leben im Dienste für Mütterchen Zarin auf dem Altar des Vaterlandes zu opfern. Der Kosak durfte sein Pferd, den Säbel und die Nagaika behalten. Damit ihm diese Privilegien nicht zu Kopf stiegen, band Potemkin alles in die zentrale Gouvernementsordnung ein.

Dennoch nahm man den Kosaken die Autonomie nicht vollständig. Es kam der Regierung entgegen, dass sich das Don-Heer offensichtlich der Bedeutung seiner Autonomie nicht recht bewusst war und an der Pflege der »Traditionen« festhielt. Die Persönlichkeit Potemkins garantierte zunächst eine relativ gefestigte Stabilität. Solange er lebte, hielt die Konstruktion. Erst 1792, ein Jahr nach Potemkins Tod, befahl Katharina drei Kosakenregimenter an den Kuban und sofort brach wieder ein Aufstand los. Die Kaiserin musste den Ukas zurücknehmen, verändern und die Ausführung erst einmal aufschieben.

Potemkin hatte durch seine zupackende Art im Umgang mit den Don-Kosaken drei wichtige Ziele erreicht. Er hatte einen militärpolitischen Risikofaktor friedlich beseitigt und ein verallgemeinerungsfähiges Modell für die zentrale Kolonisation der südlichen Ukraine geschaffen. Er hatte die Grenzen gesichert und die Stärke seines eigenen südrussischen Herrschaftsgebiets ausgebaut – stets in glaubhafter Untertänigkeit gegenüber der Kaiserin. Nicht alle Probleme ließen sich derart souverän lösen. Was bei den Don-Kosaken mit »sanftem« Nachdruck relativ einvernehmlich ermöglicht werden konnte, gelang bei deren kosakischen Brüdern aus der »Saporoger Sitsch« nur mit brutaler Gewalt.

Um das Jahr 1775 lag das Zentrum der »Saporoger Republik« im Mündungsgebiet des Flusses Podpolnaja (in den Dnjepr). Die Kosaken aus dem Saporoger Land sonnten sich in ihren Rechten und mahnten Russlands Pflichten an. Sie hatten noch nicht jenes Maß an sozialer Differenziertheit erreicht, das im Don-Heer schon zur Gewohnheit gehörte. Hetman, Richter und Schreiber wurden von der Volksversammlung für ein Jahr gewählt. Die ungezügelte Freiheit der Gemeinschaft galt als oberstes Gebot. Für diese Freiheit schlug und verbündete man sich zu jeder Zeit mit jedermann. Ein solch wildes Völkchen konnte Katharina wenig gefallen. Potemkin wusste schon seit dem ersten Türkenkrieg, als er sowohl Don- als auch Saporoger-Kosaken unter seinem Kommando hatte, dass die Methoden im Umgang mit den Saporogern anders sein müssten als jene gegenüber den Don-Kosaken.

Seit Juli 1774 verhandelte er ein Jahr lang mit den Saporogern. Das führte zu keinem Resultat, das im Regierungsinteresse gelegen hätte. Also griff die Obrigkeit zu anderen Mitteln.

Russische Truppen besetzten im Juni 1775 die Sitsch. Erstaunlicherweise ließen sich die Kosaken einfach überrumpeln und gaben ohne ernsthaften Widerstand auf.

Ehe Katharina II. im August 1775 offiziell die Aufhebung der Sitsch verfügte, hatte Potemkin bereits im Juni die Bezeichnung »Saporoger Sitsch« verboten und die Gründung der »Provinz Dnjepr« verfügt. Er gab das Kosakengebiet zur allgemeinen Besiedlung frei. Die Kosaken ließ er vertreiben. Der größte Teil wich in tatarisches oder türkisches Gebiet aus und kein Grenzposten stoppte den Exodus. Die verbleibenden Kosaken siedelte man an die großen Heerstraßen um oder wies sie russischen Linienregimentern zu. Im Grunde organisierte Potemkin eine gewaltsame Massendeportation.

In den folgenden Jahren unternahm er aus militärpolitischen Gründen einige Versuche, die Vertriebenen zurückzuholen. Den Rückkehrern stellte man jedoch derart harte Bedingungen, dass nur wenige der Aufforderung Folge leisteten. Sie durften lediglich zwischen dem Militärdienst und der Leibeigenschaft wählen! Erst nach der 1784 verfügten Amnestie fanden die Rückkehrwilligen einigermaßen akzeptable Wiederansiedlungsbedingungen vor; wohlgemerkt: in ihrer angestammten Heimat. Da ging es schon um die Vorbereitung auf den zweiten Türkenkrieg. Es charakterisierte die autokratische Flexibilität seiner Zeit, dass der gleiche Fürst Potemkin, der die Saporoger im Jahre 1775 zum Kriegsgegner abgeschoben hatte, 1787 und 1789 an die türkisch gewordenen Saporoger Kosaken appellierte, sie sollten doch den gemeinsamen christlich-orthodoxen Glauben nicht vergessen und wieder in die Heimat zurückkehren. Die Saporoger Kosaken taten ihm den Gefallen und kamen, getrieben vom Heimweh, in die weiten südrussischen Steppen zurück. Potemkin erwies sich als »dankbar«: Sie erhielten die heimatlichen Felder und Weiden zurück und durften, zu der besonderen Einheit »Kosaken des Schwarzen Meeres« vereint, in den Krieg gegen die Türken ziehen.

Potemkin erreichte durch die Gleichstellung der kosakischen Militärränge mit den Offiziersdienstgraden in der regulären

Armee, dass die Hetmane und Atamane im russischen Adel aufgingen. Dieser Prozess beschleunigte den Weg des einfachen Kosaken in die Unfreiheit, während der neue kosakische Adel keinen Grund mehr sah, gegen die Reichsregierung zu rebellieren. Aber selbst für die einfachen Kosaken ergab sich eine größere Rechtssicherheit. Die lieb gewonnenen kleinen, alltäglichen Traditionen durfte man in jedem Falle weiter pflegen. In wirtschaftlicher Hinsicht gewannen die Kosaken. Ihr Dienst für die Zarin besaß unschätzbaren Wert. Darum durfte der junge kosakische Adel Land und Leibeigene kaufen. Die breite Masse der Kosaken behielt sogar die persönliche Freiheit und das Recht auf Gemeindeland. Die Dienstverpflichtungen regulierten sich nach dem jeweiligen Bedarf, blieben flexibel und kamen den Wünschen der Kosaken entgegen. Die Umsiedlung an den nordkaukasischen Kuban oder Terek brachte weitere Privilegien mit sich. Potemkin hatte tatsächlich ein Meisterstück vollbracht. Mit der Unterwerfung der »Saporoger Sitsch« hatte Potemkin in kurzer Zeit einen zweiten wichtigen Schritt zur Eroberung des Landmassivs zwischen Kaspischem Meer und polnischer Grenze getan. Er bestimmte daraufhin drei geografisch-strategische Richtungen, in denen er die weitere Erschließung vorantreiben wollte: Von der Wolga zum Kaukasus; von den alten Grenzlinien zum Asowschen Meer und entlang des Dnjepr nach Südwesten. Er wollte keine Zeit verlieren, sondern die Expansion gleichzeitig in alle Richtungen vorantreiben. Der Kampf gegen die Türkei stand noch vor seiner Entscheidung. Russland benötigte militärische Bastionen an seinen Südgrenzen.

Durch zwei entscheidende Aktionen verstärkte Russland seine Frontstellung zum Schwarzen Meer. Pioniereinheiten und zivile Handwerker bauten die Festung Kertsch aus und die Truppen Rumjanzews rückten 1776 auf die Linie von Perekop bis Achtiar vor. Aufmerksame Beobachter konnten schon damals schlussfolgern, dass eine Einverleibung der tatarisch regierten und besiedelten Krim für Russland in greifbare Nähe rückte.

Zur Sicherung des Gouvernements Astrachan gegen die unruhigen Kaukasusvölker und gegen die drohende türkische Gefahr stellte Potemkin zwischen Kisljar und Mosdok die »Astrachaner Kosakenarmee« auf. Die Armee setzte sich zusammen aus Verbänden des Astrachaner Kosakenregiments, des Chopersker Kosakenregiments und der Wolga-Armee.

Am Dnjepr bereitete der Gouverneur die Gründung der Festungen Cherson und Slawensk vor. Bastionen, Festungen und Militärsiedlungen legten den Grundstein für das umfassende Kolonisierungsprogramm. Es entstand ein dichter Gürtel wehrhafter Siedlungen zwischen Mosdok im Osten und dem westlichsten Vorposten Donskoje. Zwischen den Festungen als Eckpfeiler dieser militarisierten Südgrenze knüpfte man ein mehr oder weniger dichtes Netz mit aufgerüsteten Kosakenstanizen, wehrhaften Städten, Militärlagern und permanent patrouillierenden Kosakeneinheiten.

Die Städte Georgiewsk und Stawropol bildeten im nördlichen Vorland des Kaukasus das Zentrum einer anschwellenden Kriegsmaschinerie. Von hier aus schwärmten Kosaken und reguläre Armee-Einheiten aus, durch die Steppen in die Bergwelt des Kaukasus.

In Stawropol residierte der Oberkommandierende aller militärischen und paramilitärischen Verbände (in den Jahren 1783–1787 nahm diese Aufgabe der Verwandte des Fürsten, Generalleutnant Pawel Sergejewitsch Potemkin, wahr). Er befahl ganze Einheiten der Kaukasusarmee zum Straßenbau in die Berge und nach Tiflis. Sie legten das Fundament für die berühmte Große Grusinische Heerstraße. Ein fester Wall entstand gegen die ewig aufsässigen Tschetschenen und Lesginen. Der Grenzlinie vorgelagert, weithin sichtbar als Zeichen russischer imperialer Macht, erhob sich die wuchtige Festung Wladikawkas.

Rund um die Bastionen, Städte, Wehrdörfer und Kosakenstanizen siedelten Bauern aus allen russischen Landesteilen. Sie sollten nicht nur den Boden erschließen, sondern die Soldaten mit Lebensmitteln versorgen. Die zivile Seite der Kolonialpo-

5. Potemkin kolonisiert den Süden

litik, die natürlich auch Potemkin organisierte, brachte größere und teilweise unerwartete Probleme mit sich. Die zahlenmäßig geringe ortsansässige Bevölkerung stand den Russen zum großen Teil ablehnend oder sogar feindlich gegenüber. Aber die Eroberer benötigten diese Menschen für die militärische Logistik, als Bauleute, Heeresversorger oder zum Auffüllen der durch Krankheiten oder Seuchen dezimierten Truppen. Sie fanden die Mittel, dieses Potenzial auszuschöpfen: durch Zwang und soziale Privilegien – mit Zuckerbrot und Peitsche.

Bereits damals erprobten Katharina II. und Potemkin eine Methode, die in der russischen Geschichte später wiederholt praktiziert werden sollte: Mehr oder weniger freiwillig durften Russen, Ukrainer, Bewohner des Kaukasus sowie Bauern, Handwerker und Kaufleute anderer Nationalitäten nach »Neurussland« umsiedeln. Zusätzlich warb man im Ausland – auch in Deutschland – um Kolonisten. Bereits im Jahre 1776 kümmerte sich Potemkin persönlich um die Ansiedlung von Albanern auf der Krim und in der Region um Asow. Die Bemühungen blieben nicht erfolglos. Den stärksten Zustrom erzielte die Regierung allerdings erst in den Jahren 1785 bis 1787, relativ lange nach dem Beginn der Erschließung, aber unmittelbar vor dem zweiten Türkenkrieg.

Die Ansiedler kamen aus wirtschaftlicher Not, zum Teil mit enthusiastischem Pioniergeist und mit unverkennbarer Abenteuerlust. Sie stießen in weit abgelegenen Gegenden auf komplizierte Lebensbedingungen. Der Mut zum wirtschaftlichen Neuanfang wurde oft überschattet von tragischen Verlusten.

1785 gründeten Neusiedler z.B. unweit Stawropol mit 1517 Menschen die Siedlung Kalinowka. Sieben Jahre später lebten davon nur noch 999 Personen. Ganze Dörfer – auch von Deutschen besiedelte – verschwanden nach wenigen Jahren wieder. Neuansiedlungen glückten nicht in jedem Fall.

Langsam, aber stetig breitete sich das Netz der Dörfer aus. Die schwersten Jahre lagen zwischen 1780 und 1785. Der fruchtbare Boden erlaubte über Jahre hinweg gute Ernten und festigte ein bäuerliches Selbstbewusstsein. Die Siedler wollten sich bald den staatlichen Abgabezwängen entziehen und die Ernteüberschüsse auf dem freien Markt verkaufen. Das führte zu neuen Konflikten mit der militärischen Administration, denn dadurch blieb die Armee weiterhin abhängig von den zentralen Versorgungslagern in Charkow und von einem mühseligen Nachschub über lange und gefährliche Wege.

Währenddessen trieben griechische Kaufleute bald einen regen Handel mit »neurussischem« Getreide – sehr zum Ärger des Fürsten Potemkin, der an den Abgabepflichten an den Staat und die Armee festhalten musste. Er sah sich jedoch außer Stande, die marktwirtschaftlichen Aktivitäten ernsthaft zu unterbinden. Die Geister, die er gerufen hatte, drohten sich zu entziehen. Aber das autokratische Russland fand letztlich die erforderlichen Mittel zur Disziplinierung freier Unternehmer: Man siedelte sie einfach um!

In den Regionen des nördlichen Kaukasusvorlandes stand nicht nur die ländliche Besiedlung vor gravierenden Anfangsproblemen. Der Ausbau alter und neuer Städte erwies sich als nicht minder schwierig. In den meisten Fällen vereinigten die Militärs und Kolonisten Festungen mit umliegenden Dörfern zu Städten und unterwarfen diese bewehrten Siedlungskonglomerate dem allgemeinen russischen Stadtrecht. Die urbanen Neuschöpfungen beherbergten ein buntes Gemisch von Soldaten, Kosaken, Handwerkern und Bauern verschiedener Nationalitäten und bildeten immer wieder Ausgangspunkte für die Erschließung neuer landwirtschaftlicher Nutzflächen. Potemkin versuchte bereits in den siebziger Jahren in der Gegend von Mosdok – ähnlich wie in der südlichen Ukraine und bei Asow – Bauern anzusiedeln. Aber es blieb ein zäher und verlustreicher Kampf.

Die Städte erblühten nur schwer. Obwohl das Tempo der Umgestaltungen im Kaukasus verhaltener blieb als im nördlichen Schwarzmeergebiet, war das Schema der Städtegründungen grundsätzlich überall gleich.

Im Jahre 1785 erhob der Fürst Jekaterinograd zur kaukasischen Gouvernementsstadt. Ebenso wie in Stawropol und Georgiewsk – aber auch wie in Cherson – entwickelte sich hier der gleiche städtebauliche Grundtyp: Um die Festung gruppierten sich nach Nationen getrennte Vorstädte, z.B. der Russen, Tscherkessen oder Armenier. Zwischen den Städten entbrannte ein Kampf um die stärksten wirtschaftlichen und administrativen Positionen, der dazu führte, dass die Gouvernementsstadt ihre dominierende Rolle alsbald an Stawropol und Wladikawkas abtreten musste.

Grigori Potemkin wachte mit eiserner Hand über alle Pläne und Aktivitäten. Nichts entging seiner unnachsichtigen Kontrolle, selbst als er in den achtziger Jahren den General Pawel Potemkin zum stellvertretenden Generalgouverneur für den Kaukasus auswählte. Natürlich setzte er Prioritäten. Wenn die Kolonisierung des Kaukasus auch nach dem gleichen Muster wie jene nördlich des Schwarzen Meeres erfolgte – für Potemkin war der direkte Weg zum Schwarzen Meer immer der Schwerpunkt seiner persönlichen Anstrengungen.

In den Gebieten zwischen Wolga, Don, Dnjepr und Bug wandte Potemkin zwar die gleichen Prinzipien seiner Kolonisierungspolitik an, aber er fand dort andere wirtschaftliche und politische Voraussetzungen als im Kaukasus vor. Es existierten dort andere geografische Bedingungen und Siedlungsstrukturen. Die nationale Zusammensetzung unterschied sich von der des Kaukasus. Während man im Kaukasus um die Festungen herum eine wehrhafte Bevölkerung ansiedelte, schuf Potemkin in der südlichen Ukraine einen äußeren Gürtel relativ weit voneinander entfernt liegender Festungen und Bastionen. In deren Hinterland ließ er eine militärisch organisierte Siedlungsstruktur einrichten. Dabei verwischten sich die Konturen zwischen militärischen und zivilen Zielen.

Für Potemkin bildete die Stadt Cherson am Unterlauf des Dnjepr den zentralen Punkt seines westlichen Grenzschutzsystems. Die Pläne für die Stadt und Festung entstanden 1775. Der Bau begann 1778. Katharina, die sich für die Ostflanke im Kaukasus weniger interessierte, zeigte gespannte Aufmerksamkeit für die Ukraine. Sie sah in Cherson ein Symbol friedlicher Kolonisierung und ging erst später davon aus, dass die Stadt ein Sinnbild russischer militärischer Macht gegen die am Dnjepr drohende türkische Festung Otschakow sein musste. Potemkin betrachtete die Dinge weniger idealisiert und wusste, dass er das eine nicht vom anderen trennen konnte. Cherson benötigte eine Admiralität als Kommandostab, Werften für Kriegsschiffe und Feldschanzen zum Schutz vor den Türken und Tataren. Er gehorchte seiner Kaiserin und konnte erst im Laufe der folgenden Jahre das eigene Konzept für eine wehrhafte Festungsstadt Cherson durchsetzen.

Die entscheidende Wende erfolgte im Jahre 1783. Potemkin besuchte Cherson. Er verwarf die ursprünglichen Baupläne und Cherson entwickelte sich von diesem Zeitpunkt an zu einer massiven Festung, mit der die Krim geschützt werden konnte und die Schwarzmeerflotte eine unentbehrliche wirtschaftliche Basis erhielt.

Die Festung, die Soldatenvorstadt und ein griechisches Viertel prägten das Bild einer Festungs- und Garnisonsstadt. Jeder Stadtteil, auch die Admiralität und die Werften, trug Festungscharakter. Die Garnisonskirche entsprach dem allgemeinen Bild. Dort setzte man später zahlreiche russische Kriegshelden bei, die 1788 im zweiten Türkenkrieg vor Otschakow fielen, unter anderem den Prinzen Alexander von Württemberg. Cherson bildete die Stein gewordene Umsetzung der potemkinschen Militär- und Kolonisierungspolitik. Und seine eigene Bestattung in der Garnisonskirche sollte mehr als ein Symbol werden. Cherson blieb seine Idee und seine Schöpfung.

Potemkin selbst bezeichnete das Gouvernement rings um die Neugründung Jekaterinoslaw 1786 als »militärisches Gouvernement« und meinte damit, dass dieses Gebiet nicht nur gegen die Türken, sondern auch gegen Österreich, Preußen und Polen wehrhaft sein müsste. Unter den Begriff der Wehrhaftigkeit fielen nicht nur die Festungswerke, sondern auch die bäuerlichen Siedlungen. Die Pioniere des Südens sahen sich unglaublichen Problemen gegenüber. Allein das Gouvernement

Jekaterinoslaw – das Herzstück des gesamten potemkinschen Siedlungsareals – musste in den siebziger Jahren drei große Heuschreckenplagen, periodisch wiederkehrende Hungerjahre und nicht enden wollende Seuchen überstehen. Mit der Annexion der Krim erhielt das Gouvernement 1783 zusätzliche Lasten auferlegt.

Die Weite der Steppen erlaubte keine flächendeckende Besiedlung. Diese konzentrierte sich vor allem auf die Flussläufe und Niederungen mit fruchtbaren Böden. Städte wie Krementschuk, Jelisawetgrad oder Konstantinograd bildeten die Kristallisationspunkte für ein weitmaschiges Netz dörflicher Ansiedlungen. In deren Umkreis existierten bereits minimale infrastrukturelle Voraussetzungen, an die zielstrebig angeknüpft werden konnte. Plötzlich bekamen kleine Dörfer, Güter oder Einzelgehöfte in der menschenleeren Steppe militärstrategische Bedeutung. So eine neue Stadt war z.B. Pawlograd an der Woltscha. Südlich dieser kleinen Stadt erstreckte sich das fruchtbare Land der Saporoger Kosaken, das gute Voraussetzungen für den stetigen Zustrom siedlungswilliger Bauern bot.

Bei den allgemeinen Anstrengungen zur wirtschaftlichen Nutzung des flachen Landes blieb auch das wichtige Zentrum Cherson nicht ausgespart. Cherson bildete einen Schmelztiegel und Umschlagplatz, der die Menschenströme bis nach Perekop und auf die Krim, aber auch in die Nogaische Steppe und bis an den Bug lenkte. Der Dnjepr besaß die Chance, sich zu einer wichtigen Lebensader für die gesamte russische Wirtschaft zu entwickeln. Potemkin suchte nach Lösungen, damit die gefährlichen Stromschnellen des Dnjepr umgangen werden konnten. Er ließ Sprengungen vornehmen und einen Kanal bauen. Die Projekte brachten jedoch keine befriedigende Lösung und die Stromschnellen blieben ein schwer wiegendes Hindernis für die Siedlungspolitik und infrastrukturelle Entwicklung des südlichen Russland – zum Schaden der Wirtschaft und der Kriegsvorbereitungen im gesamten Reich.

Die Dörfer zwischen Cherson und Perekop bewahrten vorerst den Charakter reiner Steppensiedlungen. In Aleski, am Rande der Dnjepr-Niederung, residierte der Siedlungsleiter, der über ein weites Land mit kleinen Kolonistendörfern gebot. Im Osten begrenzte der Fluss Moloschna das Siedlungsgebiet. An seinem linken Ufer siedelte man die Kuban-Tataren an, während ihnen gegenüber am rechten Flussufer erste Dörfer mit deutschen Mennoniten entstanden. Dadurch fühlten sich die Nogai-Tataren in ihren historisch gewachsenen Lebensräumen bedrängt.

Um Konflikten aus dem Wege zu gehen, mussten sie die Steppenregion verlassen. Ihre Unterbringung in den Gebieten zwischen Ural und Wolga folgte ebenfalls den Intentionen Potemkins. Er konzentrierte seine ganze Aufmerksamkeit auf diese mittlere Region, während er sich für das westliche Gebiet zwischen den Flüssen Bug und Ingul erst später zu interessieren begann.

Er litt ohnehin an einem Übermaß an Arbeit. Auch bei größter Einsatzbereitschaft wäre der Fürst kaum in der Lage gewesen, an jedem Ort, in der Armee und in der Flotte, beim Städtebau und bei der Besiedlung der Steppen die gleichen Ergebnisse zu erzielen. Die Aufgaben korrespondierten zwar mit der Fähigkeit Potemkins zu kühnen Plänen und Entwürfen, wer aber nur geringe Kenntnisse über die Geschichte der Technik, des Militärwesens, der Nachrichtenübermittlung, der Baukunst, der Landwirtschaft und anderer Wissensgebiete besitzt, wird ermessen können, welchen gewaltigen Schwierigkeiten sich der Gigant entgegenstemmen musste, um einen Bruchteil seiner Pläne umsetzen zu können.

Die Entwürfe Potemkins sahen die Städte Jekaterinoslaw, Nikolajew und Cherson als regionale Zentren für die militärische und zivile Organisation von »Neurussland« vor. Jekaterinoslaw sollte, wie der Name es besagte, den Ruhm der Kaiserin Katharina preisen. Potemkin wollte als Symbol für die Umwandlung »unfruchtbarer Steppen in blühende Gärten« eine Kathedrale nach dem Vorbild der Peterskirche in Rom errichten lassen. Ein Gerichtshof sollte die gerechte Gesetzgebung der Kaiserin dokumentieren.

Eine Instanz der judikativen Gewalt als sinnfälliges Symbol autokratischer Gesetzlichkeit! Die Universität, Kunst- und Musikakademien sollten das Bild der aufgeklärten Monarchin in »Neurussland« preisen.

Leider blieben viele Vorhaben eine Illusion. Jekaterinoslaw wuchs als Textil- und Industriestadt, aber nicht als südliches Pendant zu Petersburg. Der Kriegshafen Sewastopol auf der Krim erlangte indes eine weit stärkere Symbolkraft für die imperiale Politik Katharinas.

Potemkins Neider gerieten in hämische Euphorie, als sie sahen, dass sich die Hoffnungen bezüglich Jekaterinoslaws nicht so schnell erfüllten, wie der Fürst und die Kaiserin dachten. Der Bau einer Universität und der Musikakademie, die neuen Paläste und Wohnungen konnten durch die angesiedelte Seidenindustrie nicht hinreichend finanziert werden.

Potemkin ließ es jedoch nicht an kräftigen Sprüchen fehlen. Mit dem ersten Ballen Seide schrieb er seiner Kaiserin: »Ihr habt den Würmern den Befehl gegeben, dass sie für die Menschen arbeiten. Das Ergebnis Eurer Bemühungen reicht für ein Kleid. Wenn Gebete erhört werden, wird Euch Gott ein langes Leben schenken, so daß, gnädige Mutter, wenn Ihr die Gebiete besuchen werdet, die ich beaufsichtige, Euer Pfad mit Seide ausgeschlagen sein wird.«

Im Jahre 1786 hat Potemkin den Grundstein zu Jekaterinoslaw gelegt. Die Stadt besaß günstige geografische und landwirtschaftliche Voraussetzungen. Dennoch scheiterten Potemkins ehrgeizige Pläne für diese Stadt an den realen materiellen Möglichkeiten.

Potemkins Name geriet im Falle Jekaterinoslaws in Gefahr, zum Synonym für die Vorspiegelung falscher Tatsachen zu werden. Das war jedoch ungerechtfertigt.

Ein Jahr nach der Grundsteinlegung begann der zweite Krieg gegen die Türkei und verhinderte den Ausbau der Stadt. Jekaterinoslaw geriet zum ersten Baustein für die wundersame und später so hartnäckige Legende von den »potemkinschen Dörfern«.

Ein anderes Schicksal hatte die Stadt Cherson. Zu Potemkins Zeiten standen 5000 Einwohnern etwa 25 000 Soldaten in der Festung gegenüber. Die Stadt lebte vom Seehandel. Und das Leben in der Stadt pulsierte durch Potemkin. Zu seinen Lebzeiten blieb sie eine Drehscheibe für den Krieg, für die Kolonisierung und den Warenaustausch. Dann trat die Stadt ihre Rolle an die Neugründungen Odessa und Nikolajew ab.

In den Gründerjahren tauchten hier viele Persönlichkeiten auf, die das Wunder der potemkinschen Kolonialpolitik in Augenschein nehmen wollten. Dazu gehörte auch Kirill Rasumowski, der Bruder des Favoriten Kaiserin Elisabeths. Er schrieb begeistert:

»Was Cherson anbelangt, so stellt Euch – abgesehen von dem berühmten, lieblichen Dnjepr, dessen nördliches Ufer im Begriff steht, rasch besiedelt zu werden – eine Menge Steingebäude vor, die sich stündlich vermehren, eine Festungsmauer, die die Zitadelle umgibt, und die schönsten Häuser. Eine Admiralität mit fertiggestellten und im Bau befindlichen Schiffen, eine große Vorstadt, die von Kaufleuten und Bürgern verschiedener Rassen auf der einen Seite bewohnt wird und auf der anderen Seite eine Kaserne hat, wo 10 000 Soldaten untergebracht sind. Denkt Euch daran angrenzend eine liebliche Insel mit den Quarantänebauten, den griechischen Kaufmannsschiffen und den dafür angelegten Kanälen. Stellt Euch das alles vor, und dann werdet Ihr nicht überrascht sein, wenn ich Euch sage, daß ich selbst mich noch jetzt nicht vollkommen von der Überraschung erholt habe über die erstaunlich schnelle Entwicklung eines Ortes, wo sich bis vor kurzem nichts als eine Winterhütte befand.«

Rasumowski schrieb ein allgemein akzeptiertes Urteil nieder, das den späteren Legenden von den »potemkinschen Dörfern« widersprach. Natürlich erfuhr ein so positives Urteil unterschiedliche Wertungen.

Nikolajew verdankte seine Gründung dem Schiffsbau. Die Stadt zählte zu den Schöpfungen Potemkins aus den achtziger Jahren. Im Unterschied zu Cherson entwickelte sie sich kontinuierlicher. Als äußeres Zeichen für den Aufstieg diente das Überwechseln der Admiralität von Cherson nach Nikolajew, und die Konzentration auf den Bau großer und kampfstarker Schiffe für die Schwarzmeerflotte. Potemkin ließ in Nikolajew einen Kriegshafen bauen und auch das Seekadettenkorps übersiedelte von Cherson dorthin. Nikolajew demonstrierte im Vergleich zu Cherson eine neue Qualität potemkinscher Reichspolitik. Festung und Stadt Cherson bildeten den Ausgangspunkt für Krieg und Kolonisierung, geschüttelt vom Fieber des Pioniergeistes. Nikolajew verkörperte eine neue Stufe systematischer und strategischer Planungen, die auch eine größere Chance hatten, über einen langen Zeitraum praktisch ausgeführt zu werden.

Dem Fürsten Potemkin haben Kritiker und Gegner wiederholt vorgeworfen, kühne Pläne erdacht zu haben, die nur zum Teil oder gar nicht realisiert werden konnten. Ganz unrichtig waren die Behauptungen nicht immer, aber die Kritiker machten ihre Angriffe unabhängig von den Problemen bei der Erschließung der südlichen Ukraine

Nikolajew bewies die Fähigkeit Potemkins zur Einheit von Konzept und Tat. In der Stadt siedelte man alle für den Bau von Kriegsschiffen notwendigen Gewerke an. Die Entwicklung Nikolajews symbolisierte die Komplexität der Aufgaben Potemkins. Nikolajew bestätigte ihn als den Gründer und Initiator einer modernen russischen Schwarzmeerflotte. Potemkin folgte mit Nikolajew den Spuren Peters des Großen: Er konstruierte diese Stadt. Regelmäßige Wohnquadrate mit Steinhäusern, Kirchen, das Rathaus – alles bekam einen wohl überlegten, geordneten Platz. Potemkin gilt als Schöpfer des Kunstwerks, den Ruhm errangen seine Nachfolger.

Der Ausbau Chersons, Jekaterinoslaws und Nikolajews zu Zentren für die militärische Befestigung der Südgrenzen, für die Verwaltung und Kriegführung sowie für den Schiffsbau bedeutete nicht, dass andere Orte oder Regionen vernachlässigt worden wären. Die Namen so wichtiger Städte wie Asow, Kertsch, Jenikale, Mariupol oder Nachitschewan zeugen davon, dass Potemkin hier die unterschiedlichsten Interessen und Fähigkeiten von Griechen, Armeniern und Angehörigen anderer Nationalitäten sinnvoll für den Aufbau von Handwerk und Handel genutzt hatte.

Aber an der Spitze aller territorial-nationalen Probleme rangierte die Krim. Hier trafen historische, nationale, wirtschaftliche und machtpolitische Streitfragen in besonders komprimierter Form aufeinander. Die russische Regierung konzentrierte all ihre Kräfte im Ringen um die Herrschaft über den Süden Russlands auf die Krim. Potemkin benutzte den bildhaften Vergleich, die Krim sei die »Warze auf der Nase« Russlands.

Die Krim ist in der Geschichte der menschlichen Gesellschaft stets eine begehrte und umstrittene Halbinsel gewesen. Kimmerier, Skythen, Griechen, Goten, Heruler, Hunnen, Chasaren, Kumanen und seit dem 13. Jahrhundert Tataren eroberten, besiedelten und beherrschten die gleichermaßen fruchtbare wie liebliche Halbinsel am Nordufer des Schwarzen Meeres.

Das um 1440 entstandene Krim-Khanat erkannte 1478 die Oberhoheit des Osmanischen Reichs an. Als Iwan IV. Grosny im 16. Jahrhundert die Khanate von Kasan und Astrachan dem Moskauer Großfürstentum unterwarf, gelang ihm dies bei den Krim-Tataren nicht. Die politische Zuordnung der Krim wurde vom expandierenden Russischen Reich stets in Frage gestellt. 1774 – im Frieden von Kütschük-Kainardshi ging die türkische Ära zu Ende. Das Krim-Khanat wurde offiziell selbstständig und unabhängig. Auf die Hohe Pforte musste es kriegsprovozierend wirken, dass Russland sofort nach dem Friedensvertrag in die inneren Auseinandersetzungen auf der Krim eingriff. Der tatarische Thronbewerber Sahin Giray hielt sich im ukrainischen Exil auf. Die Regierung Russlands wollte ihn an die Spitze des Khanats stellen.

5. Potemkin kolonisiert den Süden

Im Herbst 1776 marschierten russische Truppen in die Krim ein. Sie erhoben Giray zum Krim-Khan. Ein Jahr später rebellierten die Tataren erneut. Eine massive Intervention des russischen Militärs schlug ihren Aufstand bis 1778 nieder. Aktion und Reaktion gerieten immer näher an den Rand eines neuen russischen Krieges gegen die Türkei. Im Zusammenhang mit den Unruhen um Giray erarbeitete Potemkin eine Denkschrift. Er faßte in dem Papier seine Sicht der Probleme am Schwarzen Meer zusammen

»Die Krim spaltet auf Grund ihrer Lage unsere Grenzen auf. Ob wir es mit den Türken am Flusse Bug zu tun haben oder am Kuban, immer ist die Krim da. Das erklärt, warum sie (die Türken – Anm. des Autors) den jetzigen Khan (Giray – Anm. des Autors) nicht leiden mögen, weil sie wissen, dass er ihnen den Durchmarsch durch die Krim nicht erlauben wird. Stellt Euch nun einmal vor, dass die Krim Euch (Katharina II. – Anm. des Autors) gehört und diese Warze an der Nase beseitigt ist, dann wird die Lage an den Grenzen mit einem Mal wunderbar … Aus meiner untertänigsten Verehrung heraus bin ich gezwungen, Euch zu sagen: Straft die Mißgunst anderer, die Euch nicht hindern können, mit Verachtung. Es ist Eure Pflicht, Rußlands Ruhm noch höher steigen zu lassen. Seht Euch nur um, ob man denen, die etwas eroberten, den Besitz streitig gemacht hat: Frankreich hat Korsika besetzt, und die Caesarianer (Österreich – Anm. des Autors) haben ohne Krieg den Türken in der Moldau mehr genommen als wir. Es gibt keine Mächte in Europa, die nicht Asien, Afrika und Amerika untereinander aufgeteilt haben. Die Eroberung der Krim kann uns weder stärker noch reicher machen, aber sie wird unseren Frieden sichern.«

Der letzte Satz beruhigte Katharinas Gewissen. Vielleicht dachte sie auch selbst so. Sie beriet das Problem sowohl mündlich wie auch in mehreren Briefen mit ihrem Generalgouverneur. Im Dezember 1782 unterschrieb sie eine »streng geheime« Direktive, in der Potemkin den Befehl erhielt, die Krim bei der nächsten Gelegenheit endgültig mit russischen Truppen zu besetzen.

Dieser Entschluss stand in engem Zusammenhang mit der politischen Situation in Mitteleuropa. Als die Russen 1776 und 1778 in der Krim intervenierten, konnte die Türkei aufgrund ihrer geschwächten militärischen Kräfte keinen Gegenangriff wagen. Ende 1778 brachen zwischen Österreich und Preußen Streitigkeiten über die Erbfolge auf dem bayrischen Thron aus. Die erste Teilung Polens hatte 1772 den engen Zusammenhang zwischen dem russisch-türkischen Krieg und den militärpolitischen Absichten Preußens und Österreichs verdeutlicht. Der bayrische Erbfolgestreit destabilisierte das Kräftegleichgewicht in Europa. Wie leicht konnte das mit Preußen verbündete Russland in den Konflikt hineingezogen werden. Darin hätte der Sultan eine Chance sehen können, seinen Druck auf die Krim zu verstärken und den Frieden von Kütschük-Kainardshi zu seinen Gunsten zu revidieren. Katharina II. beobachtete die europäische und nahöstliche Entwicklung aufmerksam. Sie ließ die Anstrengungen zur endgültigen Eroberung der Krim durch russische Truppen forcieren.

Außerdem bereitete Potemkin die Annexion der Krim durch einen zweiten Maßnahmenkomplex vor. Die Bevölkerung der Halbinsel war ethnisch nicht homogen zusammengesetzt. Seit dem Mittelalter beherrschten die muslimischen Tataren die Krim. Sie stellten den größten Bevölkerungsanteil. Daneben siedelten christliche Minderheiten, vor allem Griechen, Armenier und Georgier. Die multiethnischen Kaukasier majorisierten den Obst- und Weinanbau, während die Griechen dank ihrer umfangreichen Beziehungen in die Ägäis und in das Mittelmeer ausgedehnte Handelsunternehmungen betrieben.

Potemkin erarbeitete eine Konzeption zur Aussiedlung der christlichen Minderheiten. Er wollte zwei Ziele erreichen. Der tatarische Staat sollte so geschwächt werden, dass seine Bereitschaft zu einem »freiwilligen« Anschluss an Russland ohne massierten Truppeneinsatz erreicht werden konnte. Der Fürst hoffte, die als fleißig, umsichtig und überlegt geltenden Griechen, Armenier und Georgier nutzbringend in den städtischen und ländlichen Neugründungen Südrusslands ansiedeln zu können.

Potemkin setzte den Militärbefehlshaber am Isthmus von Perekop, Fürst Prosorowski, in Marsch. Der General sollte die geistlichen Führer der christlichen Minderheiten zur Massenauswanderung überreden. In der Praxis werden wohl sehr unterschiedliche Argumente zum Erfolg des Unternehmens beigetragen haben: Militärischer Druck durch die Russen, Angst vor den muslimischen Tataren, das Versprechen wirtschaftlicher Vorteile und die Bereitschaft bei Griechen und Armeniern, etwas Nützliches für die Freiheit ihrer Heimat zu tun, wenn sie den Wünschen Russlands folgten. Tatsächlich verließen 20 000 Griechen die Krim. Ihnen folgte eine große Anzahl von Armeniern und auch Menschen aus der zahlenmäßig kleineren georgischen Volksgruppe.

Bei aller Vorplanung verlief die Aktion überstürzt, organisatorisch schlecht durchdacht und geradezu chaotisch. Es zeigte sich sehr schnell, dass die Russen ihre Versprechen nur unzulänglich einhielten. Aber die Migranten hatten ihren Besitz im Vorgefühl neuer Reichtümer weit unter dem realen Wert veräußert. Nun wussten sie nicht, wohin sie gehen sollten und litten Not. Es traten Seuchen auf und die allgemeine Unzufriedenheit wuchs bedenklich an. Für eine Umkehr war es zu spät. Während die Griechen in die neugegründeten und alten Städte, nach Taganrog oder Mariupol zogen, schwärmten die Armenier und Georgier über die ländlichen Gebiete des durch Potemkin kolonisierenden Areals aus. Während sich die Spuren von Armeniern und Georgiern aufgrund der großen Streuung bald wie der Wind in der Steppe verloren, siedelten sich die Griechen mit emsiger Geschäftigkeit fest an und mehrten ihren Besitz. Griechische Händler und Unternehmer zogen weitere Landsleute nach und gewannen bei der Organisierung des Wirtschaftslebens bald eine dominierende Stellung – sehr zum Ärger der Russen.

Der Generalgouverneur reiste im Frühjahr 1783 in den Süden und übernahm persönlich den Oberbefehl über die Invasionsarmee. Auf der Krim brach zu allem Überfluss eine Pestepidemie aus. Potemkin begab sich in der Erwartung nach Cherson, der Krim-Khan werde von selbst um die Übergabe der Halbinsel an Russland bitten. Während Potemkin mehr oder weniger geduldig auf seine Chance wartete, wurde die Kaiserin über die Verzögerungen ärgerlich. Sie machte ihrem Verdruss Luft und schrieb am 15. Juli 1783 an Potemkin ohne weitere Umschweife:

»Ihr könnt Euch nicht vorstellen, wie besorgt ich um Euch bin, nachdem ich vier oder fünf Wochen nicht eine einzige Zeile von Euch erhalten habe. Außerdem kursieren hier falsche Gerüchte, und ich habe nichts, wodurch ich sie widerlegen könnte. Ich hatte mit der Besetzung der Krim bis spätestens Mitte Mai gerechnet. Jetzt ist es schon Mitte Juli, und ich weiß nicht mehr davon als der Papst. Das führt natürlich zu allerhand Gerüchten, die für mich keineswegs angenehm sind. Ich bitte Euch inständigst, mich so oft wie möglich zu unterrichten, so dass ich die Entwicklung der Dinge verfolgen kann. Mein lebendiger Geist empfindet Qualen. Auch drangen Märchen über Dinge der Vergangenheit an unser Ohr. Ihr könnt mir meinen inneren Frieden wiedergeben, wenn Ihr mir häufig Nachrichten zukommen laßt: im übrigen habe ich nichts zu schreiben. Weder ich noch irgend jemand anderer weiß Bescheid, wo Ihr seid. Ich schicke das auf gut Glück nach Cherson. Feldmarschall Rumjanzew macht Euch, wie immer, eine Menge Vorwürfe. Lebt wohl, mein Freund, und laßt es Euch gut ergehen. Wann wird Eure Krimaffäre beendet sein?«

Katharina wollte schnell vollendete Tatsachen schaffen und sich nicht mit Halbheiten abgeben. Sie brannte auf einen Erfolg. Aber wie schon so oft in ihrem gemeinsamen Leben, ignorierte Potemkin auch dieses Mal die mahnenden Sendschreiben seiner Herrin. Was sollte er ihr auch vor der positiven Erfüllung des Auftrags mitteilen? Die Mühen des Alltags standen ihr ohnehin nicht an. Dennoch: Die Kaiserin stachelte ihn an. Sie versorgte ihn mit allen Informationen aus der Hauptstadt und bat um seine Ratschläge. Selbst darauf ging der

Fürst nur selten direkt ein. Von Beginn ihrer Liebe an nervten ihn die endlosen und mitunter geschwätzigen Episteln Katharinas. Er verfuhr mit den kaiserlichen Briefen nicht nur liederlich, indem er sie achtlos in alle möglichen Taschen stopfte. Er hat sie nach der Lektüre auch nur selten beantwortet. Er hatte einfach zu viel zu tun und lebte als großzügiger Mann – auch hinsichtlich der Gefühle anderer Menschen. Katharina wusste das, gefallen hat es ihr niemals.

Die Krim beschäftigte ihn unablässig. Er suchte hartnäckig nach einer schnellen und möglichst verlustarmen Lösung. Die Entscheidung kam wie so oft in der Geschichte unerwartet und von außen: 6000 Tscherkessen fielen in die Krim ein. Sofort versetzte Potemkin seine Truppen in Alarmbereitschaft und marschierte los. Innerhalb kurzer Zeit stellte er die Tscherkessen, nahm sie gefangen, eroberte die ganze Krim und ließ Tscherkessen wie Einwohner den Untertaneneid auf Katharina II. schwören. Aber so leicht, wie es den Anschein haben mag, war der Feldzug natürlich nicht.

Potemkin selbst erkrankte an Malaria und musste die Halbinsel schnell wieder verlassen. Er konnte noch nicht ahnen, dass diese Erkrankung für sein ganzes weiteres Leben verhängnisvolle Folgen nach sich ziehen würde. Nach wie vor wütete die Pest auf der Krim, und der militärische Befehlshaber, General Igelström, hatte alle Hände voll zu tun, die eigenen Soldaten zu schützen, zumal sich die Krimtataren nicht widerstandslos ergaben. Aber wer zählte schon die Opfer? Am 21. Juli 1783 proklamierte Katharina II. die offizielle Eingliederung der Halbinsel Taurien in das Russische Reich. Potemkin und die Invasionstruppen wurden mit Ehrungen überschüttet.

Die Herrschaft über die Krim bedeutete die Macht über einen großen Teil des Schwarzen Meeres und für die Türkei eine permanente Bedrohung. Allerdings blieb die Einbeziehung der Krim in die allgemeine Kolonisierungspolitik außerordentlich schwierig. Zunächst dachte der Generalgouverneur an eine Besiedlung durch britische Sträflinge. Der russische Botschafter in London, Graf Semjon Woronzow, lehnte den

Plan rundweg ab. Er erwirkte über die Kaiserin und Alexander Besborodko, dass Potemkin einlenkte.

Dabei war eine Kolonisation mithilfe von Sträflingen in Russland nicht neu – auch in Sibirien wandte man diese Methode an. Es gelang zumindest, eine Anzahl unbescholtener britischer Bauern für den Aufbau der Landwirtschaft zu gewinnen. Britische Sträflinge auf der Krim hätten vielleicht den Einfluss Englands im Schwarzen Meer unverhältnismäßig groß werden lassen und die anhaltenden Bemühungen um eine grundlegende Übereinkunft zwischen England und Russland beeinträchtigen können.

Außerdem leisteten die Krim-Tataren aktiven Widerstand gegen die russischen Eroberer. Selbst nach den beiden Aussiedlungswellen in den Jahren 1778 und 1783 wurde ihre Erregung nicht kleiner. Sie empörten sich, dass ihr Grund und Boden als Privileg an Würdenträger des Russischen Reichs vergeben wurde, an Menschen, die sich überhaupt nicht um die Mehrung ihres Besitzstandes kümmerten.

Die Krim blieb ein permanenter Unruheherd. Dafür sorgten auch die Türken. Es meldeten sich trotz der günstigen klimatischen Bedingungen längst nicht so viele Ansiedlungswillige, wie Potemkin erhofft hatte. Bei den hohen Sicherheitsrisiken in einer derart brisanten Zone konnte das nicht verwundern. Ausländische Kolonisten ließ man für die Krim aus sicherheitspolitischen Gründen nur in begrenztem Maße zu. Bei diesen Vorbehalten konnte die Regierung absehen, dass eine vor allem russische Besiedlung eher den Charakter des Provisorischen oder des Notbehelfs als einer systematischen Kolonisierung behalten würde. Auf der Krim mussten jedoch aus kriegsbedingten Gründen militärische und wirtschaftliche Aspekte besonders eng ineinander greifen.

Nach der Annexion verstärkte Potemkin daher die russische Besiedlung erheblich. Vier Jahre lang widmete er sich diesem Problem mit nicht nachlassender Aufmerksamkeit. In den südlichen Steppen konnte der Gouverneur sehr schnell erkennen, dass das Kolonisierungsprogramm länger als eine Menschengeneration in Anspruch nehmen würde. Auf der Krim musste die Infiltration aus russischer Sicht schnell gehen – bevor ein neuer Krieg mit der Türkei losbrach. Potemkin beschleunigte die Ansiedlung, indem er einen Teil der russischen Soldaten, die aus dem Krim-Korps entlassen worden waren, mit fruchtbarem Land ausstattete und neue Dörfer bauen ließ.

Sein Plan sah vor, aus allen russischen Gouvernements abkömmliche Geistliche auf der Krim zusammenzuziehen und diese als ideologische Korsettstangen mit regulären Kosakeneinheiten in Militärsiedlungen zu verbinden. Es ist nicht genau bekannt, ob und in welcher Weise dieses wundersame Projekt realisiert worden ist. Die Idee hatte einen praktischen Sinn. Dem Krieg gegen die Türkei sollte der Gedanke eines »heiligen Kreuzzuges« der christlichen Völker gegen die Ungläubigen zugrunde liegen. In diesem Sinne rekrutierte Potemkin Menschen verschiedener christlicher Glaubensrichtungen und nationaler Herkunft in geschlossenen militärischen Einheiten.

Im Mai 1777, lange vor der Krim-Annexion, ließ er ein »serbisches« Regiment aufstellen und erklärte: »Bitte, rekrutiert das neue Regiment ausschließlich aus Serben. Zu diesem Zweck könnt Ihr Männer dieser Abstammung auch aus anderen Regimentern herausziehen, falls dort welche sein sollten. Ich wünsche, daß die übrigen Regimenter ebenfalls nach ihrer Abstammung zusammengesetzt sind, was bei den Moldauern, Wallachen und Bulgaren keine Schwierigkeit bereiten sollte.« Serben – damit meinte er im weiteren Sinne alle Slawen, die außerhalb Russlands lebten.

Potemkin ließ sogar ein spezielles jüdisches Regiment aufstellen. Die Juden, so überlegte der Generalgouverneur mit sarkastischem Kalkül, müssten ein besonderes Interesse an der Befreiung Jerusalems von den »Ungläubigen« besitzen. Er hielt die Juden für eine Quelle ständigen Ärgernisses, vertrat aber die Ansicht, man könnte sie später durch ihre Ansiedlung im Heiligen Land auf sehr nützliche Weise loswerden – nach der Eroberung des Osmanischen Reichs. Auf dieses Gebiet hätten sie ein historisch verbrieftes Anrecht. Im Heiligen Land würden sie weiterhin gezwungen sein, ihre Rechte wehrhaft gegen die Araber zu verteidigen. Darum konnte man nicht früh genug mit ihrer militärischen Ausbildung beginnen.

Unter dem Ehrenbefehl des Herzogs Ferdinand von Braunschweig formierten orthodoxe Juden eine erste Schwadron mit dem Namen »Israelowski«. Es war ein malerischer Anblick, wenn sie ins Manöver zogen: In ihren traditionellen Gewändern, mit langen Bärten und Kräuselhaar saßen sie nach Kosakenart auf den Pferden und schwangen riesenhafte Lanzen, wenn es zur Attacke ging. Mit der Zeit entwickelte sich aus dieser Schwadron ein kampfstarkes und gefürchtetes Regiment.

Nach dem Vorbild dieser jüdischen Einheiten rekrutierten im Jahre 1794 die polnischen Aufständischen ein jüdisches Regiment, das später erfolgreich in den napoleonischen Kriegen focht – dann allerdings gegen Russland.

Potemkins Kolonialpolitik wies viele Bausteine und Facetten auf. Erst deren Zusammenspiel verdeutlicht Inhalt und Methode bei der Organisation von Herrschaft und Verwaltung. Sein Vorgehen auf der Krim hatte exemplarischen Charakter. Potemkin wollte die Krim weder als erobertes feindliches Gebiet verstehen, noch allzu gewaltsam in die gewachsene politische und soziale Ordnung eingreifen. Zwar ersetzte er den Khan durch einen russischen Gouverneur, aber die russischen Soldaten durften weder plündern noch die ortsansässige Bevölkerung beleidigen. Manchmal haben sie sich sogar an diese Weisungen gehalten.

Der tatarischen Bevölkerung stellte man formal frei, zu bleiben oder die Krim zu verlassen und in die Türkei auszuwandern. Ein großer Teil nutzte diese Möglichkeit. In Wirklichkeit entsprach die Großzügigkeit einer Vertreibung. Nach Griechen, Armeniern und Georgiern zogen nun die Tataren ab und beschleunigten durch ihren Exodus den wirtschaftlichen Niedergang der Halbinsel. Russland benötigte – abgesehen vom Ausbau des Kriegshafens Sewastopol – mehrere Menschenalter, um die Krim wieder zu besiedeln und über den

Obst- und Weinanbau eine effiziente Wirtschaft einzurichten. Dieses Ergebnis stand im Widerspruch zu den Anstrengungen Potemkins bei der Integration der Krim in das Russische Reich. Er wollte so viele Bräuche und Denkgewohnheiten wie möglich erhalten und die lokalen Gegebenheiten beachten. Das russische Recht sollte nur langsam und schrittweise Einzug halten. Das Problem konnte aber administrativ nicht so einfach gelöst werden. Die Idee war gut gemeint, stand aber mit der Wirklichkeit des Alltags im Widerspruch. Bei aller guten Absicht Potemkins – er annektierte die Krim gewaltsam im russischen Reichsinteresse.

Die Regierung stellte die tatarische Elite dem russischen Reichsadel in der sozialen Hierarchie gleich und erreichte deren Russifizierung relativ schnell. Persönliche Privilegien und Rechte hingen von der Bereitschaft zur Kollaboration ab, andernfalls galt der soziale Abstieg als unvermeidlich. Die Kluft zwischen der Elite und den unteren Bevölkerungsschichten schien sehr bald unüberwindbar. Für den einfachen Tataren gab es zum Islam und zur türkischen Heimat – anders als in der Oberschicht – keine Alternative. Er zog die Emigration einer Russifizierung als das geringere Übel vor.

Das traditionsbewusste Denken der Krimbewohner konnten die russischen Verwaltungsbeamten nicht verstehen. Sie wussten nicht, wie sie die Probleme lösen sollten. Die russische Obrigkeit verteilte das Land einfach neu – auch Potemkin ging nicht leer aus. Die junge Schicht russischer Grundbesitzer brachte die Erfahrungen ihrer eigenen Wirtschaftsformen mit und berücksichtigte die gegebenen klimatischen Bedingungen und landwirtschaftlichen Traditionen nur unzureichend. Daraus ergab sich für die tatarischen Bauern ein weiterer Grund zur Abwanderung. Diesen unwissenden neuen Herren wollten sie sich nicht unterwerfen.

Grigori Potemkins Versuche, den Weinbau und die Seidenraupenzucht mithilfe von Ausländern zu kultivieren, zeigten ebenfalls nicht die gewünschten Erfolge. Aber die auf diesen Gebieten erfahrenen Georgier und Armenier wollte er auch nicht wieder auf die Krim zurücksiedeln. Der Generalgouverneur favorisierte eine räumliche Trennung der verschiedenen nationalen Gruppen.

Die alten Krim-Städte zerfielen. Die nationale Durchmischung, die es dort von alters her gab, hätte ihnen beim Neuaufbau gut getan. Stattdessen verordnete Potemkin z.B. der Stadt Feodossija eine rein christliche Bevölkerung aus Juden und Armeniern. Im Gegensatz dazu erklärte er die alte Hauptstadt Bachtschissaraj zur tatarischen Stadt. Selbst in Simferopol, 1784 zur Hauptstadt der »Taurischen Landschaftsverwaltung« erklärt, unterschied sich das russische Regierungsviertel deutlich von der tatarischen Altstadt. Allerdings – der Umgang der verschiedenen Nationalitäten miteinander war relativ liberal und ohne nationalistische Aggressionen. In einem derartigen Völkergemisch kannte die russische Pionierzeit noch keine gravierenden Minderheitenprobleme. Es herrschte ein Geist, wie ihn die Besiedlung des amerikanischen Westens kannte – trotz der Tatsache, dass in Südrussland alle Bemühungen Potemkins einem autokratischen Programm folgten.

Die russischen Anstrengungen um eine Integration der Krim in das Reich konzentrierten sich auf einen einzigen geografischen Ort: Sewastopol. Die Seefestung galt als zentraler Punkt im gesamten südlichen Befestigungssystem. Sewastopol wurde als militärische Zweckgründung hochgezogen. Die Stadt bestand von Anfang an aus Kasernen, Magazinen, Hospitälern, der Admiralität, Arsenalen, Werften, dem Hafen – und dem Palast Katharinas II. An der Stelle, an der Potemkin Sewastopol aus dem Boden stampfen ließ, stand vor langer Zeit die antike Siedlung Chersones. 1783 begann der Neuaufbau einer kompletten Stadt unter dem Namen Achtiarom. Erst ein Jahr später führte man die Bezeichnung Sewastopol ein.

Bis zur regulären Eröffnung des Kriegshafens im Jahre 1804 verging noch viel Zeit, aber die Ansiedlung offenbarte von Beginn an ihren Charakter als Schmiede und Basis maritimer Rüstungen. Sewastopol blieb für Potemkin auf der Krim das wichtigste Ziel. Seit dem Beginn des Aufbaus von Sewastopol standen Potemkin und die Kaiserin in engem Kontakt über alle damit verbundenen Fragen. Hier ging es um einen Kernpunkt der russischen Reichspolitik. Als Potemkin um besonders ausgewählte Offiziere und Soldaten für die Seefestung bat, schrieb er an die Kaiserin: »Ihr müßt den Befehl geben, gute Leute zu schicken, denn was nützt es, eine Menge Abschaum an einen neuen Ort zu verschicken? Ich muß Euch bitten, Madame, diesen Ort als einen von jenen anzusehen, die Euren Ruhm allein erhöhen, wo Ihr ihn mit keinem Vorgänger teilt. Hier folgt Ihr nicht den Fußstapfen eines anderen.«

Potemkin eröffnete seiner Kaiserin die Perspektive auf einen noch größeren Ruhm, als ihn der von ihr so sehr verehrte Peter I. genoss. Katharina konnte das Tor zum Mittelmeer aufstoßen! Ganz in diesem Sinne taufte Potemkin das erste unter seiner Leitung von Stapel gelassene Schiff auf den Namen »Der Ruhm Katharinas« – Jekaterinoslaw – und schrieb an die Kaiserin: »Diesen Namen werde ich zu rechtfertigen wissen, falls man mich zur Rede stellen sollte.« Die stets um ihr Ansehen besorgte Kaiserin dämpfte den kühnen Schiffsbauer vorsorglich: »Es ist besser zu sein, als zu scheinen.« Das entscheidende Ziel lag noch vor ihnen und wer wusste schon, wie der kommende Krieg gegen das Osmanische Reich ausgehen würde. So ganz ernst hat sie die Zurechtweisung aber nicht gemeint, denn sie legte Potemkin keine Fesseln an, auf welchen Namen er die Schiffe zu taufen hatte.

Die große Bedeutung Sewastopols kam auch in der Anwerbung ausländischer Schiffsbauer zum Ausdruck. International begehrte Meister dieser Kunst eilten nach Russland. Eine ganz neue Flotte galt es zu bauen – welch eine Herausforderung! An erster Stelle der erlesenen Spezialisten stand Sir Samuel Bentham. Er bereiste in den Jahren 1780–1782 als Naturforscher Sibirien und kannte sich in den technischen Möglichkeiten Russlands sehr genau aus. Potemkin ernannte den britischen Ingenieur zum Oberaufseher über alle Schiffsbauwerften im südlichen Russland. Bentham erhielt durch seinen Bruder Jeremias, einen berühmten Ökonomen, Philosophen und Soziologen, tatkräftige theoretische und praktische Hilfe. Die Benthams führten eine ganze Kavalkade bedeutender britischer Schiffsbauer und Admiräle an, die in russische Dienste traten und unter der Führung Potemkins Katharinas Ruhm über das Schwarze Meer tragen sollten.

Der Generalgouverneur für »Neurussland« legte nicht nur die Siedlungsräume in den Grenzgebieten des Kaukasus, im nördlichen Schwarzmeergebiet und auf der Krim fest. Er bestimmte nicht nur die festen Plätze und Städte als Konzentrationspunkte für das militärische Regime, die Verwaltung und die dörfliche Besiedlung. Potemkin entwarf Siedlungs- und Städtepläne, Kirchen, Rathäuser und Paläste. Er musste sich außerdem um das notwendige Geld kümmern und mithilfe der Kolonisierung die finanziellen Mittel für den kommenden Krieg gegen die Türkei beschaffen. In der Finanzpolitik legte er nicht weniger Flexibilität an den Tag wie beim Aufbau der neuen Siedlungsstrukturen. Die finanzielle Seite des Problems unterlag starken regionalen, aber auch sozialen und nationalen Differenzierungen. Es bleibt bemerkenswert, in welch starkem Maße Fürst Potemkin all die damit verbundenen Probleme erkannte und teilweise sogar löste.

Aus den Siedlergruppen ragte als wichtigste soziale Kraft der russische Staatsbauer heraus. Er besiedelte »Neurussland« unter ähnlichen finanziellen Bedingungen, wie er sie aus der alten Heimat kannte. Eine Erleichterung erhielt er lediglich dadurch, dass seine Kopfsteuer im ersten Übersiedlungsjahr noch am alten Wohnort gezahlt werden durfte – wenn die Dorfgemeinde dem zustimmte. Um die Anzahl russischer Bauern zu erhöhen, verfügte Potemkin ein Verbot für die Abweisung entlaufener Leibeigener. Das Verbot führte zu einem beachtlichen Zustrom tatkräftiger verarmter Bauern. Die Regierung kaufte in einigen Gebieten bereits besiedeltes Gutsbesitzerland auf und vermittelte es an Staatsbauern. Sie konnten für die ersten eineinhalb Jahre eine gewisse Abgabenfreiheit erwirken, sofern die Herkunftsgemeinde die Abgaben übernahm. Das galt also nicht nur für die Kopfsteuer.

Der Generalgouverneur gewährte bedürftigen Siedlern in Steppendörfern gewisse Zuschüsse für die Errichtung neuer Wohnstätten und für das notwendige Saatgetreide. Außerdem regelten zahlreiche Sonderverordnungen die Belange von Bauern, die aus den unterschiedlichsten Abhängigkeitsverhältnissen an die Wolga, an den Don oder an den Kuban und in den Kaukasus zogen.

Das traf – mit einem wesentlichen Unterschied – auch auf das Gouvernement Jekaterinoslaw zu. Hier nutzte Potemkin die ansässigen »Kleinrussen«, die eine Kopfsteuer von weniger als 10 Kopeken und Abgaben (Obrok) unter 8 Rubel zu entrichten hatten. Er erhob sie ohne besonders energische Zwangsmaßnahmen in den Status von Neusiedlern – verbunden mit den dafür erlassenen kleinen Freiheiten. Potemkins Hand regte sich ebenso, wenn es um den Status der »militärischen Siedlungen« oder um die Arbeit mit den Ausländern ging. Die Neusiedlungen hatten zwar von Beginn an stark militärischen Charakter, aber erst unmittelbar vor dem zweiten Türkenkrieg erweiterte Potemkin deren militärische Aufgaben. Er bemühte sich 1787 persönlich, dass aus den unterschiedlichen Siedlungstypen reine Militärlager entstanden. Die damit verbundenen strukturellen und finanziellen Aufgaben liefen darauf hinaus, mithilfe der Siedlungen militärische Einheiten aufzufüllen oder überhaupt neu aufzustellen. So musste z.B. das Gouvernement Jekaterinoslaw neun Regimenter an leichter Reiterei rekrutieren. Der Staat erhob von jedem Bauernhof einen Rubel Grundsteuer und 15 Kopeken Kopfsteuer. Außerdem mussten die einzelnen Dörfer und Höfe Soldaten stellen.

Potemkin führte ein einheitliches territoriales Struktursystem ein: Er teilte die Siedlungsbezirke in Distrikte auf und gliederte diese in so genannte »Nummern« zu je dreißig »Seelen«. Jede »Nummer«, deren Grundlage der Familienverband bildete, hatte mindestens einen Soldaten aufzubieten – sogar die geforderte Körpergröße und das Alter schrieb die Obrigkeit vor. Blieb nach Auswahl der Soldaten in der »Nummer« nur noch eine letzte vollwertige männliche Arbeitskraft übrig, durfte die Vollversammlung der jeweiligen Dorfgemeinde zwar den Familien die Entscheidung über die konkrete Person, die zum Militär musste, abnehmen – am Tatbestand selbst änderte sich nichts. Ob dieser Modus den Interessen der zur Auswahl stehenden Menschen diente, darf in Frage gestellt werden, namenlos und unbekannt sind sie in der Geschichte verschwunden.

Fürst Potemkin kombinierte die für Russland nützlichen Vorteile dieses Systems zur Rekrutenaushebung mit bestimmten herkömmlichen Lebensgewohnheiten bei den Kosaken. Die Kosaken besaßen durch ihre traditionelle Heeres-Organisation wehrhafte Militärsiedlungen. Beide Formen, die Bauerndörfer und Kosakenstanizen, brachten in ihrer gegenseitigen Ergänzung einen neuen Typ milizartiger Siedlertruppen hervor. Sie ähnelten einerseits in Aufbau, Struktur und Personalbestand den klassischen Kosakenkorps, bezogen jedoch andererseits nichtkosakische Neusiedler ein, die aus den gewöhnlichen bäuerlichen Steuererhebungen herausfielen und dokumentierten, dass der militärische Zweck bei den Ansiedlungen im Vordergrund stand. Potemkin formulierte unmissverständlich: »Man muß es für eine allgemeine Regel nehmen, daß die Grenzsiedlungen militärisch sein sollen.«

In den Verwaltungen achtete niemand ernsthaft darauf, aus welchem Stand und welchem Ursprungsort die Neusiedler anreisten. Ein buntes Gemisch füllte die Region: Neben Staatsbauern lebten dort Geistliche, umherstreunende Vagabunden, Ausländer oder auch Leibeigene und ausgebildete Handwerker. Russland brauchte jede Hand und nutzte sie. Peter der Große hatte nicht anders gehandelt.

Der Nützlichkeitgrad bestimmte auch die Modalitäten für die differenzierten Ansiedlungsbedingungen. Während die Staatsbauern nur begrenzte Übergangserleichterungen genossen, durften sich Geistliche einer vierjährigen oder gänzlichen Abgabefreiheit erfreuen. Zu den Geistlichen zählten sowohl russisch-orthodoxe Priester und deren Kinder als auch Altgläubige und Mitglieder verschiedener Glaubensgemeinschaften. Die Motive und Modalitäten ihrer Privilegien sind nicht mehr eindeutig nachvollziehbar. Sicher ist jedoch: Potemkin verwandte auf die Ansiedlung und regionale Zusammenfassung russischer Menschen mit starker religiöser Motivation große Aufmerksamkeit. Sie durften ihren Glaubensregeln ungehindert nachgehen und galten ebenso als disziplinierte Arbeiter wie auch als geistige Bastion gegen tatarische Muslime und polnische Katholiken.

Landnahme, militärische Sicherung und Christianisierung gingen Hand in Hand. Der Generalgouverneur fühlte sich persönlich für den Bau von Kirchen und Klöstern verantwortlich und er nahm diese Verantwortung mit Begeisterung wahr. Außerdem kam im südrussischen Raum ein derartig buntes Gemisch an Menschenrassen, Nationalitäten, Religionen und Berufen zusammen, dass das eigentliche kolonisatorische und militärische Ziel ohne ein Mindestmaß an Toleranz nicht erreicht werden konnte. Stellte sich Katharina II. nicht europaweit als Musterbeispiel aufgeklärter Wohltätigkeit dar?

Nach gründlichen Vorbereitungen formierte Potemkin im Jahre 1783 aus all den verschiedenen Siedlungsgruppen eine reguläre Armee. Darüber hinaus dehnte er seinen Machtbereich auf mehrere Provinzen aus. Er avancierte zum Generalgouverneur und Vizekönig der vier größten Gouvernements Russlands. In diesem seinem gesamten Verantwortungsbereich handelte er schnell, entschlossen und konsequent.

Im Gegensatz zur Russifizierung »Neurusslands« und der Ansiedlung von Russen blieb der Zustrom ausländischer Siedler zu Lebzeiten Potemkins bescheiden. Die ersten Ausländer durften erst im Jahre 1784 ins Land kommen – zehn Jahre nach dem Beginn der Kolonisierung. Die bereits von alters her in der Region ansässigen Angehörigen verschiedener nichtrussischer Nationalitäten erfuhren eine andere Behandlung als Zuwanderer aus Westeuropa.

Mit dem Beginn des zweiten Türkenkriegs im Jahre 1787 ging der langsame Zuwachs an Ausländern vorerst wieder zu

Ende. Dabei unternahm Potemkin große persönliche Anstrengungen in dieser Richtung. Er wollte namentlich für Taurien, aber auch für den Kaukasus unbedingt westeuropäische Bauern und Handwerker gewinnen. Sie erhielten günstige Start- und Aufenthaltsbedingungen: Die freie Glaubensausübung, das Recht zur Rückkehr in die alte Heimat, Zuweisungen besonders qualitätvoller Bodenstücke sowie die kostenlose Übergabe von Pferden und Rindern gehörten zu den Offerten. Die ausländischen Kolonisten bekamen außerdem Materialien zum Bau von Häusern, ausreichendes Saatgut, Geldgeschenke und großzügige Darlehen.

Dennoch blieben die Werbeerfolge gering. Die erste deutsche Mennonitensiedlung entstand überhaupt erst im Jahre 1787. Sie musste letztlich trotz mehrfacher Wiederholungsgründungen aufgegeben werden. Der wichtigste Grund für den Misserfolg langfristiger ausländischer Siedlungen war der Krieg gegen die Türkei selbst. Der Krieg brachte nach 1787 jegliche systematische Kolonisierungspolitik vorerst zum Erliegen.

Allerdings blieben die Privilegien für Ausländer in den festen Städten auch während des Krieges weit gehend erhalten. Die »Masse« der ausländischen Neusiedler bestand aus Griechen, Bulgaren, Moldauern und Walachen – Menschen, die traditionelle historische Bindungen an die Kolonisierungsgebiete besaßen. Neue Siedler kamen auch aus Regionen, die im unmittelbaren Spannungsfeld der russisch-türkischen Konflikte lagen. Deutsche Kolonisten blieben rar, noch seltener als polnische Juden. Die Wiederaufnahme der Bemühungen Peters des Großen, Holländer in das Land zu holen, beschränkte sich auf wenige Einzelfälle.

Dennoch lohnt es sich, bei dem Problem der ausländischen Ansiedler zu verweilen. Russlands Regierung sah in den Siedlern nicht so sehr ein geniales Signal der Kaiserin für deren europaoffene Aufklärung. Die Siedler sollten die Wirtschaftskraft in den südrussischen Gebieten stärken, Grenzschutzdienste erfüllen und auf diese Weise die russische Armee von den wirtschaftlichen Aufgaben der Selbstversorgung entlasten.

5. Potemkin kolonisiert den Süden

Zuerst gewann Potemkin »Albaner« – Griechen aus dem Mittelmeerraum, die in den Jahren nach 1770 die Aufrufe Alexei Orlows zum Widerstand gegen die Türken befolgt hatten und nun deren Rache fürchteten. Sie erhielten in der Gegend um Kertsch und Jenikale eigene Militärkolonien, in denen sie zu regulären militärischen Einheiten formiert wurden. Diese nationalen Einheiten bewahrten ihre Selbstständigkeit mitunter über viele Jahrzehnte und zeichneten sich durch malerische nationale Trachten und Uniformen aus.

Den »Albanern« folgten Angehörige anderer Mittelmeervölker, aber die Zahlen blieben insgesamt hinter den russischen Erwartungen zurück. Sofern die »Albaner« nicht in ihren besonderen militärischen Einheiten verharrten, verteilten sie sich relativ schnell über das gesamte Kolonisierungsgebiet, siedelten in den Städten und bereicherten durch ihre Findigkeit den Handel, das Handwerk und sogar die Verwaltungen.

Katharina II. und Potemkin hofften darauf, Menschen aus den Balkanländern für russische politische Ziele nutzen zu können. Wenn das »Griechische Projekt« nicht nur eine strategische Idee bleiben, sondern künftigen militärpolitischen Zielen im Mittelmeerraum dienen sollte, konnten die Siedler aus den türkisch besetzten Gebieten ein wichtiges politisches Instrument für Russland sein. Vor diesem Hintergrund stand für Potemkin das Bestreben im Mittelpunkt, mit den Ausländern einen schnellen und wirksamen Erfolg bei der Durchsetzung der wirtschaftspolitischen Ziele zu erreichen.

Tatsächlich gab es in den folgenden Jahren wenig Gelegenheit, die Dienste der Ausländer aus der Inselwelt des Mittelmeeres in Anspruch zu nehmen. Aber für Russlands Wirtschaft im nördlichen Schwarzmeergebiet blieben die Gäste ebenso wichtig wie für den Feldzug gegen die Türkei.

Außerdem riefen die Ausländer einen sozialpolitischen Effekt hervor. Russland hatte schon vor Katharina II. in der Ukraine Angehörige anderer Nationen angesiedelt. Diese hatten in dem weiträumigen Land zum wirtschaftlichen Aufschwung wie zur Zerstörung kosakischer Wildheit beigetragen.

Katharina und Potemkin brachten die Angelegenheit in ein systematisches Beziehungsgefüge. Die aggressive Außenpolitik gegenüber Polen und der Türkei korrespondierte mit einer Ignoranz gegenüber autonomen Rechten der ukrainischen Bevölkerung in deren Sprache, Religion oder Volksbräuchen – obwohl Potemkin mehrfach seine Rücksichtnahme auf die regionalen Traditionen betonte. Die Ukraine musste ihren wirtschaftlichen Beitrag für das Gesamtreich und für die Kriegsführung gegen die Türkei und gegen Polen leisten. Da konnten privilegierte ausländische Siedler ohne kostspielige nationale Emotionen nützlich sein.

In diesem Sinne band Potemkin alle Territorien Klein- und »Neurusslands« (d.h. der rechts und links des Dnjepr liegenden ukrainischen Gebiete) in das russische Verwaltungssystem ein und forcierte so die soziale Integration der Ausländer. Dazu zwangen ihn auch unmittelbare wirtschaftliche Gründe. Die Ansiedlung von Ausländern verlangte zunächst einmal recht hohe Investitionen, die erst in der Zukunft Profit abwerfen konnten. Deshalb gab man auch das System der Militärkolonien nach und nach wieder auf und die nationalen militärischen Einheiten wurden, selbst bei Bewahrung äußerer Attribute, zunehmend in die regulären Streitkräfte der russischen Armee eingegliedert.

Potemkin hat Städte gegründet und aufgebaut, ganze Landstriche besiedelt, Armeen aufgestellt und Ausländer angesiedelt. Er hat eine ganze Region kolonisiert, militarisiert und zivilisiert. Es war sein Verdienst, dass der ukrainisch-südrussische Raum in das russische Wirtschaftssystem eingebunden und zur wichtigsten Basis für den russischen Getreideexport ausgebaut werden konnte. Bei einem derart gigantischen Unternehmen ist die Frage allgegenwärtig, welche materiellen und finanziellen Mittel diese große Energieleistung verschlungen hat.

Dieses Problem bedarf umso dringlicher einer Klärung, als Potemkin von Zeitgenossen und Nachfahren stets eine nahezu unvorstellbare Verschwendungssucht für sich persönlich und für Luxusbauten des Reichs vorgeworfen worden ist. Das Schlagwort von den »potemkinschen Dörfern« fordert geradezu eine wahrheitsgetreue Kosten-Nutzen-Rechnung, denn es beinhaltet nichts anderes als den Vorwurf, Potemkin habe die ihm zur Verfügung gestellten Mittel derart veruntreut, dass nur noch Geld für Scheinbauten aus Pappe und Sperrholz übrig blieb.

Natürlich hat »Neurussland« Millionen Rubel aus dem Staatshaushalt verschlungen. Die Kaiserin wünschte, sanktionierte und finanzierte das Projekt. Dennoch herrschte seitens der zentralen Administration ein strenges und kontrolliertes Sparsamkeitsregime. Dem stand ein altes russisches Problem gegenüber. In Petersburg bewilligte Gelder kamen im Süden nicht an oder wurden nur schleppend ausgezahlt. Der Kriegsbeginn brachte die Zahlungen 1787 völlig zum Stillstand. Russland war eine autokratische Monarchie, deren europäische Größe auch am Luxus gemessen wurde. Katharinas Ruhm verlangte Südprovinzen, die dem Standard ihrer Hofhaltung und Machtentfaltung entsprachen. Insofern darf Potemkin nichts vorgeworfen werden, was seiner Kaiserin recht und billig erschien. Die Finanzen des Reichs unterlagen weder einer parlamentarischen noch einer öffentlichen Kontrolle. Ein Blick auf finanzielle Verschwendungen, Korruption, Misswirtschaft und Vertrauensbrüche gegenüber den Steuerzahlern, wie sie Jahr für Jahr in modernen parlamentarischen Demokratien durch Rechnungshöfe, Parlamentsausschüsse oder Massenmedien aufgedeckt werden, lässt nur grob erahnen, welche Möglichkeiten subjektiver Finanzpolitik einem absolutistisch oder gar autokratisch regierenden Staatsapparat zur Verfügung standen.

Umso erstaunlicher ist es, mit welch geringen Mitteln aus dem Staatshaushalt der Baumeister des Südens auskommen musste. 1787 bewilligte die Regierung z.B. knapp 3 Millionen Rubel für Jekaterinoslaw und die taurischen Gebiete: Davon wurde nicht eine Kopeke wirklich ausgezahlt. Improvisation, Eigenwirtschaftung und rigorose Ausbeutung der Siedler blieben die eigentlichen Quellen, aus denen Potemkin seine

Mittel schöpfte. Dass sich dabei manche Hoffnung in Luft aufgelöst hat, darf nicht verwundern. Auch bei diesem gigantischen Unternehmen stießen sich Kolonisierungs- und Kriegsgewinnler gesund. Korruption und Bestechung feierten eine ungeahnte Blüte. Es wird wohl keine Kosten-Nutzen-Rechnung geben, die ein reales Bild vermitteln könnte. Nur schwer miteinander vergleichbare Bruchstücke von Einzelbudgets verwirren eher, als dass sie ein realistisches Bild ergäben.

Selbst aus den Fragmenten dürfte deutlich werden: Fürst Potemkin lebte auch im Süden sehr luxuriös. Er persönlich hat sich nicht am Geld der Kaiserin und des Staates bereichert. Im Sinne des damals herrschenden Rechts ist er weder korrupt noch kriminell gewesen. Er trat als absoluter Autokrat im Dienste seiner Kaiserin auf. Potemkin hatte es nicht nötig, Geld zu unterschlagen. Außerdem lag ihm der Gedanke daran fern. Private und staatliche Gelder – da gab es für ihn keinen formalen Unterschied. Insofern führt die Aufrechnung der vom Staatsrat bewilligten Mittel zu keinem Ergebnis. Popow, der Sekretär, hat nach Potemkins Tod versucht, die Haushaltsbücher des Fürsten einer Revision zu unterziehen. Er stieß auf ein heilloses Durcheinander und verzweifelte an der Aufgabe. Kaiser Alexander I. hat Jahre später gleichfalls resigniert und letztendlich die Ausgaben Potemkins als Teil der von Katharina II. hinterlassenen öffentlichen Schulden abschreiben lassen. Die Verwirrnis in den Finanzen Potemkins ist zu groß gewesen. Selbst Kaiser Paul I., der keine Gelegenheit ausgelassen hat, die Fehler seiner Mutter zu offenbaren, konnte daran nichts ändern.

So verharren die Legenden um die finanzielle Verschwendungssucht Potemkins in einer Schwebelage. Da die Finanzprobleme Potemkins unmittelbar mit denen der »großen« Katharina verzahnt gewesen sind, hat die russische Reichshistoriografie kein Interesse besessen, ein allzu grelles Licht in das Dunkel zu bringen. Da Russland sich auch zweihundert Jahre später vom autokratischen Herrschaftssystem nur in den äußeren Formen und Methoden verabschiedet hat, wird man dort weiterhin den Ruhm der Kaiserin und Potemkins preisen, aber keine Aufklärung befördern, die eine Kaiserin und deren ersten Staatsmann im Lichte von Verschwendern des Volksvermögens erscheinen lässt. Der Reichsfürst Grigori Potemkin hat mit der Kolonisierung Südrusslands, der südlichen Ukraine, der Krim und des nördlichen Kaukasus eine phänomenale persönliche Leistung erbracht, die ihresgleichen unter herausragenden Staatsmännern sucht. Eine brutale Aggression und Eroberung ist es dennoch geblieben. Die am Ende des 20. Jahrhunderts formierten unabhängigen Staaten (z.B. die Republik Ukraine) dürften im Sinne eines nationalen Geschichtsbildes nur ein relativ geringes Interesse verspüren, das Hohe Lied der russischen Annexion im 18. Jahrhundert zu singen.

6.
Katharinas Militärreformer

Katharina konnte den Geist der Aufklärung gerade in jener Hinsicht verwirklichen, in der sich Persönlichkeiten wie z.B. Feldmarschall Suworow entwickelt haben. Suworow hatte im März 1778 den Oberbefehl über alle russischen Truppen auf der Krim, am Kuban und bis nach Astrachan erhalten. Dazu kam 1779 das Kommando über die »Neurussische Division«, mit der er die gesamte südliche Grenze sicherte. In diesen beiden Kommandos arbeitete Suworow eng mit Potemkin zusammen. Suworow zeichnete konkret für die Aussiedlung der christlichen Bevölkerung aus der Krim verantwortlich.

Diese und andere Tatbestände müssen betont werden, damit nicht der Eindruck haften bleibt, Potemkin habe alle wesentlichen Kommandoposten in seinen Händen vereint und alle notwendigen Entscheidungen allein getroffen. Natürlich blieb die Gesamtverantwortung gegenüber der Herrscherin stets bei ihm. Aber er hat sich auf den Rat und die Hilfe der Militärexperten gestützt und diesen wichtige Kommandoaufgaben übertragen. Dabei ist bemerkenswert, dass Menschen wie Rumjanzew, Suworow oder Uschakow auf ihre Art ebenso exzentrische Individualisten waren wie Potemkin.

Fürst Potemkin hat in seiner Karriere keinen wichtigen militärischen Dienstgrad ausgelassen. Bei seiner Arbeit im Süden stand er zunächst im Range eines Generalleutnants. Er blieb jedoch niemals im eigentlichen Sinne ein Militär, sondern erwarb sich den Ruf eines Staatspolitikers mit sachkundigem Blick für umfassende Probleme. Eine militärische Ausbildung hat er nur in jungen Jahren als Gardekavallerist erhalten. Für einen Berufsoffizier besaß er keine professionelle Qualifikation, sondern lediglich praktische Erfahrungen aus dem ersten Türkenkrieg. Aber darauf kam es für eine Persönlichkeit seines Formats und für die Wünsche der Kaiserin nicht an. Das Leben zwang ihn zum direkten Eingriff in militärische Operationen. Er hatte auch unmittelbare Kommandoposten in der Truppe inne. Potemkin sah seine eigentliche Aufgabe in einer anderen Richtung. Er wollte die Streitkräfte durch Reformen aus erstarrten Traditionen lösen und in eine moderne Fassung bringen. Russland sollte Erfolge erringen und siegreiche Kriege führen! Der erste Türkenkrieg hatte demonstriert, wie schlecht die Armee auf einen ernsthaften Konflikt vorbereitet war. Folgt man dem sarkastischen Urteil Friedrichs II. von Preußen, dann siegten die Russen nur deshalb, weil die Türken noch schlechter gerüstet waren: ein Krieg der Einäugigen gegen die Blinden. In dem Ausspruch mag ein gerütteltes Maß an politischer Bosheit gelegen haben, bedenkt man den Argwohn, mit dem Friedrich II. den Krieg im russischen Süden betrachtet hat.

Die Zarin ließ Potemkin im Umgang mit der Armee weit gehend freie Hand und so hielt er es seinerseits auch mit den Befehlshabern. Allerdings setzte er seinen Willen ebenso streng wie brutal durch. Wohlwollen galt nur auf der Woge des Erfolgs. Es ist vielleicht übertrieben, Potemkin für einen glänzenden Strategen zu halten, der in der Lage gewesen wäre, so geniale Operationspläne zu erstellen wie etwa der begnadete Prinz Eugen.

Potemkin dachte meist an die näher liegenden und praktischen Dinge. Für die notwendigen militärischen Reformen erarbeitete er beispielsweise eine Reihe recht simpel anmutender Schemata, an die er sich selbst hielt und denen er das Soldatenleben unterordnete.

Sein Raster erschöpfte sich in einigen wenigen Leitbildern, die dem Alltagsleben entstammten. Jeder innere Zweck einer Sache bedarf ihrer adäquaten äußeren Form; der Soldat muss Teil eines lebendigen Körpers sein, für seine Aufgabe leben und darum von jedem unnützen äußeren Zwang befreit werden; die Armee benötigte eine Lehre von der Kriegskunst.

Im Grunde verfolgte Potemkin das Ziel, dem von Katharina bevorzugten preußischen militärischen Muster ein nationalrussisches Mentalitätsbild zu verleihen. Und er ließ sich natürlich von der Nützlichkeit leiten. Gleichzeitig trieb ihn die Erkenntnis, dass die friederizianische Militärtaktik reformbedürftig war und nicht den imperialen Zielen Russlands genügen konnte. Beide Problemkreise verkoppelte er miteinander und komprimierte sie im Sinne einer höheren Schlagkraft der Soldaten.

Generäle und Admiräle wie Suworow oder Uschakow konnten den militärpolitischen Intentionen Potemkins beste praktische Gestalt geben. Dass zwischen ihnen heftige Prestigekämpfe tobten, gegenseitige Rivalitäten die militärischen Operationen empfindlich störten und die Militärs ständig in der Angst lebten, man ziehe den Fürsten Potemkin bei Hofe vor, gehörte eher zum alltäglichen Erscheinungsbild einer absoluten Herrschaft als zum Bild erwähnenswerter Absonderlichkeiten oder haarsträubender Streitereien um die Person Potemkins.

Die russische Armee – namentlich in ihren Garderegimentern – wird für das 18. Jahrhundert als nationalpatriotischer Machtfaktor geschildert. Extreme Abweichungen, wie sie z.B. der »Preußenfimmel« Peters III. mit sich gebracht hatte und wie sie sich im »Geist von Gatschina« bei dem Thronfolger Paul Petrowitsch zeigten, stießen auf allgemeine Ablehnung und Widerstand, namentlich in den mittleren Offiziersdiensträngen. Potemkin musste bei jedem Reformvorhaben mit dieser Form des national-konservativen Traditionalismus rechnen. Die Tatsache, dass Potemkins Erkenntnisse zur Militärreform während der Kriege gegen die Türkei reiften und der Krieg selbst forcierend wirkte, charakterisierte das Besondere der Situation. Der Fürst war kein pseudogenialer Stratege, der vom Schreibtisch aus Schlachten lenkte. Ihn motivierte und bestimmte die praktische Kriegserfahrung.

Natürlich erarbeitete er einige Grundsatzdokumente über die Aufgaben der Armee. Sie fanden in der »Meinungsäußerung über die Ausrüstung der Soldaten« (Mnenie ob obmundirowanii wojsk) vom 4. April 1783 und in dem »Befehl« (Prikas) vom 18. Dezember 1787 ihren stärksten Ausdruck. Katharina II. bestätigte beide Dokumente. Potemkin besaß keine militärischen Vollmachten, die es ihm erlaubt hätten, seine Ansichten auf die gesamte Streitkräfte auszudehnen. Die Entstehungstermine der Dokumente verweisen darauf, dass beide Schriften im Zusammenhang mit der Annexion der Krim bzw. während des zweiten Türkenkrieges entstanden sind und sich an die ihm direkt unterstellten Truppen richteten. Außerdem erschienen der Kaiserin die konkreten Fragen einer Militärreform wenig interessant. Die Ideen Potemkins zur Militärreform fielen nach dem Tode Katharinas II. dem ausufernden Zwang Pauls I. zum Opfer und hatten keinen anhaltenden Bestand für die russische Armee. Das galt nicht so sehr für die von Potemkin geschaffene Schwarzmeerflotte. Hier konnte dank der Fähigkeiten des Admirals Uschakow das potemkinsche Erbe länger am Leben erhalten bleiben.

Inhaltlich knüpften Potemkins Ratschläge für das Soldatenleben am äußeren Erscheinungsbild an. Er schrieb:»Die Schönheit der militärischen Kleidung besteht in der Gleichheit und der Übereinstimmung der Dinge mit ihrem Zweck: die Uniform sei dem Soldaten Bekleidung und nicht Last. Jeder Prunk muß beseitigt werden; denn er ist die Frucht des Luxus, fordert viel Zeit, Ausgaben und Diener, was beim Soldaten nicht sein kann.« Der Soldat sollte keinen Hut, sondern einen Helm tragen, mit dem er sich hinlegen konnte und der auch die Ohren schützte. Weite und bequeme Stiefel förderten – so Potemkin – die Freude des Soldaten am Marschieren und ersparten ihm die überflüssige Lackiererei der Bänder. Ein Degen sei für den Soldaten beim Marsch unbequem und sollte durch das Bajonett ersetzt werden.

Den Gipfel der Unzweckmäßigkeit erblickte Potemkin in der damals gängigen soldatischen Haartracht: »Kräuseln, pudern, Zöpfe flechten – ist das Soldatenarbeit? Sie haben keine Kammerdiener. Wozu Locken? Jeder muss zustimmen, dass es nützlicher ist, den Kopf zu waschen und zu kämmen als ihn mit

6. Katharinas Militärreformer

Puder, Talg, Mehl, Nadeln und Zöpfen zu beschweren. Die Kleidung des Soldaten muß so sein, daß er, wenn er aufsteht, fertig ist.« Nach Potemkins Beobachtungen benötigte der Soldat täglich weit über sechs Stunden allein für die Pflege der Haartracht! Natürlich sollten sichtbare Unterschiede zwischen den einzelnen Waffengattungen bestehen bleiben. Nach der Reformierung des Kopfputzes durften die Husaren z.B. zwar auf Locken und Puder verzichten, aber es blieb der Zopf. Man flocht ihn jetzt ohne Bänder und bog ihn nach oben unter den Tschako. An den Stirnseiten hingen kleine Zöpfe oder Haarknoten. Das hat sicher sehr hübsch ausgesehen, aber da hatten es die Pikenierregimenter leichter. Ihren Soldaten schnitt man das Haar einfach kreisrund ab. Das war ein sauberer und ordentlicher Haarschnitt, an dem kein Korporal herumnörgeln konnte! Die Kaiserin freute sich über die Neuerungen. Sie zeigte sich derart begeistert, dass sie die friseurtechnischen Errungenschaften ihres Generalfeldmarschalls in einem speziellen Manifest sanktionierte.

Fürst Potemkins Reformeifer beschränkte sich nicht auf zweckmäßige Kleidung, modische Beigaben oder Ausrüstungsteile. Im Mittelpunkt stand die Ausbildung im praktischen Kampf. Die preußische Taktik eines massierten Angriffs in geschlossener Kavallerie-Formation behielt er bei, wobei er die Verantwortung jedes einzelnen Reiters für den Erfolg hervorhob: »In der Reiterei ist ebenfalls auszubilden, was ihr eigentümlich ist. Frontaufstellung und Wendungen sind schnell auszuführen; aber besonders die Attacke, deren Schlag mit voller Kraft fallen muß; (der Soldat muß) fest auf dem Pferd sitzen, mit der Freiheit, die die Kosaken haben, aber nicht wie in der Manege, gezwungen. Die Steigbügel sollen nicht lang sein.«

Das gleiche Grundprinzip wollte Potemkin auch auf die Infanterie angewandt wissen. Er löste sich bei dieser Waffengattung bewusst von preußischen Disziplinierungsvorbildern: »Jeder Zwang, wie: stramme Haltung im Stehen, harte Schläge bei den Gewehrgriffen muß beseitigt werden, aber eingeführt ein frisches Aussehen bei freier Haltung des Körpers...« Hier idealisierte Potemkin die Probleme wohl ein wenig. Vielleicht hat ihm auch die in literarischen Dingen feingeistige Katharina die Hand geführt, obwohl das »frische Aussehen« von Soldaten und die Philosophie der Aufklärung keine unmittelbaren Berührungspunkte besaßen.

Dennoch, so stellte sich der Fürst die Sache praktisch vor: »Marschiert soll werden im gewöhnlichen und ungezwungenen Schritt, um ohne Mühe besser vorwärts zu rücken; die Schwenkungen sollen von den Peletons und größeren Formationen mit höchstmöglicher Geschwindigkeit ausgeführt werden, ohne Rücksicht auf gleichen Schritt, und wie bei den Schwenkungen der Kavallerie sollen sie sich erst nach Abschluß (der Schwenkungen) ausrichten.«

Natürlich marschierte es sich auf diese Art ohne Feindeinwirkungen ganz fabelhaft. Aber die Überlegungen standen mit dem Krieg gegen die Türkei in Zusammenhang. Der Fürst formulierte als Grund für die Notwendigkeit einer hohen Beweglichkeit von Kolonnen und Karrees, dass »sie im Krieg mit den Türken als am vorteilhaftesten erprobt sind«. Dahinter stand nicht unbedingt eine strategische Konzeption. Die Militärreformen Potemkins brachten die elementaren Augenblicksanforderungen in ein System und konnten eine gewisse Kleinkariertheit nicht vermeiden. Es mag darin auch ein Grund für das zeitweilig relativ schlechte persönliche Verhältnis zwischen Potemkin und dem gleichermaßen klugen, erfolgreichen, wie unorthodoxen Feldherrn Suworow gelegen haben.

Es gehört zu den vielen Legenden über den Fürsten von Taurien, dass er den gemeinen Soldaten nach aufgeklärten und humanistischen Prinzipien vom barbarischen Druck und Drill durch unfähige Offiziere befreien und einen gewissermaßen »schöpferischen« Soldaten schaffen wollte, der sein Leben freiwillig und patriotisch auf dem Altar des Vaterlandes opferte. Die Legende besagt auch, dieses Streben habe Potemkin den Hass des konservativen Offizierskorps eingetragen. Das Urteil kann nicht richtig sein. Unter Katharina II. stand die Armee hinter der Kaiserin. Potemkin handelte im Namen seiner Herrin, und es ist wenig glaubhaft, dass das Offizierskorps die Militärreform Potemkins, die der Kolonisierung und dem Krieg gegen die Türkei diente, aus einer traditionell konservativen Grundstimmung heraus zu Fall gebracht hätte.

Wenn Potemkin im Zuge seiner Überlegungen 1788 schrieb: »Evangelium und Pflicht des Kriegsbefehlshabers bewegen mich, für die Schonung der Leute zu sorgen ...«, dann entsprach der Gedanke einem allgemeinen moralischen Imperativ des gläubigen Menschen und nicht einer gezielten militärreformerischen Maßnahme. Sein Bemühen, entwürdigende körperliche Strafen auf ein Mindestmaß zu reduzieren, entsprach rationalen Überlegungen bezüglich einer höheren Kampfkraft. Im April 1788 wies Potemkin den General Suworow an: »Bei Ihrer Menschenliebe, ich hoffe fest, daß Sie nichts verabsäumen, was zur Bewahrung der Gesundheit und Erhaltung der Ordnung im Dienst bei möglichster Erleichterung von überflüssigen Arbeiten dienen kann. Zur Erreichung dieser Dinge schaffen Sie das übermäßige Prügeln ab, an dessen Stelle ein besseres Mittel ist, deutlich den Leuten zu erklären, was sie wissen müssen. Bei der Nahrung befehlen Sie zu überwachen, daß sie stets heiß sei; die Kessel sind öfters zu verzinnen; Schtschi (Kohlsuppe) zu kochen aus dem Kraut, das die Soldaten gewöhnlich gebrauchen; mit Essig einsäuern, um dessen Beschaffung ich mich bemühen werde. Jeden Tag ist eine Portion Wein zu geben, die Kascha (Brei) dicker zu kochen und an Fastentagen mit Butter, aber wenn es warm ist, sind die Leute zu zwingen, zu baden und ihre Wäsche zu waschen. Dies ist nicht das letzte Mittel zur Bewahrung der Gesundheit.«

Potemkin kümmerte sich um alle Soldatenprobleme und suchte die Disziplin der Truppe mit einem verträglichen Maß an Belastungen zu stärken und sie von allen Beschwernissen zu befreien, die nicht mit der unmittelbaren Kampfaufgabe in Zusammenhang standen. Aus diesem Grunde die Ablehnung der Prügelstrafe, die Milderung bestehender Strafen und die wiederholte Forderung an die Offiziere, »daß sie so milde wie möglich mit den Leuten umgehen, daß sie sich auch um ihr Ergehen kümmern und bei der Bestrafung die Vorschriften nicht überschreiten sollen; sie sollen sich ihnen gegenüber so verhalten wie ich, denn ich liebe sie wie Kinder.« Der Fürst folgte dem alten und traditionellen russischen patriarchalischen Grundsatz, es gäbe keine schlechten Soldaten, sondern höchstens ungeeignete Offiziere.

Natürlich stießen die Reformvorstellungen auf den hinhaltenden Widerstand konservativer oder aber einfach nur bequemer Offiziere. Das Offizierskorps besaß nur eine geringe Bildung. Das offizielle Exerzierreglement bildete die Richtschnur jeglichen Umgangs mit den Soldaten. Jede Veränderung brachte störende Unruhe mit sich und verlangte geistige Anstrengungen ebenso wie individuelles Durchsetzungsvermögen. Der Offizier hatte dafür jedoch keine Ausbildung erhalten. Dabei waren Potemkins Forderungen nicht übertrieben. Zunächst beschied er sich mit der Forderung, »... seinem Herrscher zu dienen und das Leben gering zu achten ...« Selbst zehn Jahre später reichte sein taktisches Verständnis nicht weiter als bis zu dem moralischen Appell: »Tapferkeit und Eifer sind nötiger zum Dienst als Kompass und Astronomie.«

Das moralische Diktum stand zu den ungezählten praktischen Anweisungen nicht im Widerspruch. Potemkin und der Haudegen Suworow ergänzten sich im Grunde ausgezeichnet. Beide hielten nichts von allgemeinen und leeren taktischen Leitsätzen. Sie bevorzugten in der Kriegskunst das Praktische, die greifbare Realität. Der Unterschied bestand darin, dass Suworow dieses Prinzip nur für sich selbst und seine eigenen Handlungen gelten ließ. Potemkin versuchte ein allgemeines System zu finden und verhedderte sich im Widerspruch zwischen Theorie und Praxis. Die »Wissenschaft« als Methode hielt er nur für brauchbar, wenn sie einen praktischen Nutzen brachte. An Katharina schrieb Potemkin klagend: »Die Unsrigen verdirbt die Wissenschaft, die sie mehr zum Verstand benutzen als zur Tat.«

Die enge Verflechtung aller dieser Probleme in der militärischen Führung im Verhältnis von Theorie und Praxis zeigte während des zweiten Türkenkrieges die Affäre Mordwinow. Potemkin ernannte Oberst Nikolai Semjonowitsch Mordwinow im Mai 1787 zum Konteradmiral und Befehlshaber der Schwarzmeerflotte. Mordwinow besaß als Flottenführer einen guten Ruf. Der Schein trog jedoch. Mordwinow versagte im Herbst 1787 vor dem Feind und erwies sich 1788 bei der Reorganisation der Flotte als unfähig. Potemkin entzog ihm alle Kommandogewalt. Mordwinow nahm seinen Abschied, und erst Katharina II. berief ihn 1792 nach dem Tode Potemkins wieder in die Admiralität. Personalpolitische Irrtümer kommen überall auf der Welt und zu jeder Zeit vor. Im vorliegenden Fall ging es um das Verhältnis von »Methode« und »Praxis« in der militärischen Wissenschaft, um die Auseinandersetzung von Tradition und Reform in Russland.

Unter den schwierigen Bedingungen in »Neurussland« konnte der Bau der Schwarzmeerflotte nur durch ein Meisterstück an Organisation und Improvisation gelingen. Potemkin erklärte Mordwinow im Oktober 1788, wie er die Dinge sah: »Es gibt zwei Arten, die Geschäfte zu führen: die eine, wo alles Mögliche sich in Nutzen verwandelt und verschiedene Mittel zur Besserung der Mängel ausgedacht werden – hier rasiert, nach dem Sprichwort, auch die Ahle. Die andere, wo die Methode mehr beobachtet wird als der Nutzen – sie belastet überall und setzt dem Eifer Hindernisse.« Der Fürst votierte nicht grundsätzlich gegen ein längerfristiges Reformprogramm. Es schien ihm jedoch nur so lange brauchbar, wie es praktischen Nutzen brachte. Mordwinow schätzte mehr die »Methode« um der Methode willen: »Bei allen Bemühungen setze ich meine Hoffnung auf die ernste Würde, die in Gesetz und Tat der Verwaltung eigen ist.« Potemkin kommentierte diesen Standpunkt: »Ich sage Ihnen offen, daß das Tun der Verwaltung mehr Form als Tat ist.«

Mordwinow tat, als könne er die Flotte aus einem voll entwickelten Land mit sicherer Infrastruktur und einem Überangebot an militärischer Ausrüstung schöpfen. Potemkin blieb die Notwendigkeit zur Improvisation in einer noch nicht einmal halb fertigen Region bewusst. Beide, der Flottenadmiral und der Generalgouverneur besaßen die für ihr Amt notwendige Weisungsbefugnis. Als Folge ihres Dualismus barsten die Flotten- und Heeresmagazine vor nutzlosem Plunder, während dringend notwendige Waffen und Ausrüstungen fehlten. Bürokratie und Korruption blühten. Die großen Ziele Fürst Potemkins scheiterten an der Wirklichkeit in Gestalt des überall lauernden Mordwinows.

Potemkin kämpfte wahrhaftig wie ein Löwe. Am 12. Oktober 1788 schrieb er grollend und drohend an Mordwinow: »Sie berichten mir über die Vorbereitungen für den Bau der befohlenen Schiffe, daß gegen den Frühling hin alles dreimal teurer sei. Ich wünsche, daß Sie mir nötige Artikel nennen, erleichternde Mittel werde ich schon finden. In welcher Vorschrift das Ausmaß einer dreifachen Teuerung gefunden ist, weiß ich nicht. Ich bemerkte, daß alle Jahreszeiten gleich teuer sind; ich bemerkte auch, daß schließlich nach vielen Anstrengungen des Auffindens der Mittel sich die Admiralitätsverwaltung fast immer an mich wandte – ich habe Fuhrmann und Lieferant zu sein … Geld kann ich geben, wenn ich nur welches habe … Stürzen Sie sich (auf die Geschäfte) mit gleichem Feuer im Herbst und im Frühling; der Eifer gibt Mittel und eröffnet Möglichkeiten. Ich bin nicht so prahlerisch, um mich als Beispiel hinzustellen, aber wenn ich ein Befehlshaber wäre, der die Möglichkeiten aus gedruckten Regeln herleitete, dann mangelte vieles, denn im Reglement und in Verordnungen wird nicht gesagt, daß man 36pfündige Kanonen auf die Boote stellt und daraus mit 24pfündigen Kugeln schießt …«

Potemkin zeichnete allein in diesem einen Text ein vorzügliches Selbstporträt und charakterisierte die Gesamtsituation seiner Improvisationspflicht sehr treffend. Es gab gar keine andere Möglichkeit, als Mordwinow die Befehlsgewalt über einzelne Ressorts der Admiralitätsverwaltung zu entziehen und ihn schließlich zum Rücktritt zu zwingen. Für Potemkin blieb die Lösung zweischneidig, denn er selbst übernahm die unmittelbare Verantwortung für das Gewirr bürokratischer Irrgärten. Wenn er auch die Ablösung Mordwinows mit dem sarkastischen Wort begleitete: »Geben Sie gehörig acht, dann werden Sie sehen, daß ich nach dem Sprichwort aus Steinen Brot mache«, dann sah er trotzdem die Fallstricke für sich selbst. Mordwinow verkörperte das Prinzip einer vielköpfigen Hydra, welcher Potemkin nun selbst die Köpfe abschlagen musste.

Auch der Nachfolger Mordwinows, der Kommandeur der Sewastopoler Flotte, Mark Iwanowitsch Woinowitsch, erwies sich als aus gleichem Holz geschnitzt wie sein Vorgänger. Die Zeit lag noch nicht lange zurück, da Potemkin ihn für unzuverlässig gehalten hatte. Jetzt musste er Woinowitsch die situationsbedingte Weisung erteilen:

»Ich übergebe Ihnen die in allen Teilen verwirrten Geschäfte; es ist festzustellen, wohin die seltsamen Summen gingen und die Mängel sich vergrößerten. Äußerste Unkenntnisse mit allen Barschaften. Mit einem Wort – ein unbeschreibliches Chaos. Kein Artikel, mit dem man genügend versehen war. Alles angefaßt ohne Überlegung, für vieles Geld verschwendet zum Vorrat für künftige Zeiten, aber gerade das Notwendige vergessen. Voranschläge für viele Erzeugnisse vollkommen gemacht, nicht ersetzt, aber das von den notwendigen Dingen, die bar da sind. Durch diese und andere Verwicklungen sind die Dinge so verworren, daß ich mir von nichts einen Begriff machen kann ... Hier wird zur Bewahrung einer unvorteilhaften Form oft der Schnelligkeit Abbruch getan, die in Kriegszeiten so notwendig ist und bei der Unabsehbarkeit plötzlicher Zustände werden oft Kuriositäten wiederholt mit nutzlosem Vergeuden der Gelder. Alles dieses ist zu verbessern durch Einführung einer solchen Ordnung, daß die Geschäfte sich beschleunigen. Den einzelnen Befehlshabern ist ... Eifer zum Nützlichen einzuflößen. Die sogenannte befohlene Ordnung ist nur scheinbar auszutilgen ... in nichts herrschte Ökonomie und da man die Vorräte nicht übersah, wurde Überflüssiges gefordert; schließlich wurde der Bau eines Schiffes teurer als eine ansehnliche Festung.«

6. Katharinas Militärreformer

Schimmerte da nicht ein Bild vollkommen allgegenwärtiger und zeitloser russischer Wirklichkeit durch? Musste sich der Oberbefehlshaber diese Versäumnisse nicht auch selbst vorwerfen? Er versuchte wenigstens, die kriegswichtige Ordnung wieder herzustellen.

Potemkin hätte die Mängelliste fortsetzen können und hätte auch bei Admiral Woinowitsch kaum mehr als Unverständnis hervorgerufen. Woinowitsch schien intelligenter als Mordwinow und erfreute sich einer größeren Flexibilität. Ein Organisator von potemkinschem Format wurde er nicht. Er suchte nach Waffenruhm – schnell und ohne bürokratische Hindernisse. Er wollte keine systematische Organisationsarbeit leisten.

Es handelte sich hier um ein großes Missverständnis, das auch aus der Unkenntnis Potemkins herrührte. Der Generalfeldmarschall setzte einer verknöcherten Bürokratie und offenen Korruption sein eigenes dynamisches und an den augenblicklichen Kriegsinteressen orientiertes, bisweilen waghalsiges und in jedem Falle unorthodoxes Verwaltungs- und Reformsystem entgegen. Er verlangte von den Generälen und Admirälen, mit despotischem Rückhalt bei der Kaiserin, die gleiche Denkweise. Die Militärs wollten Schlachten schlagen – nicht minder zum Ruhme der Kaiserin. Natürlich hatten sich die Flotten- und Heeresintendanturen mit der Materialbeschaffung und Verwaltung zu beschäftigen – aber doch nicht die exklusive Generalität und Admiralität!

Je intensiver Potemkin die Offiziere im Geiste seiner Reform erziehen wollte, umso größer wurde deren Abneigung und die gegenseitige Entfremdung. Sie führte schließlich zu einer überheblichen Negierung des Offizierskorps durch Potemkin. An den Feldmarschall Suworow schrieb er 1787, das beste Mittel, die ewigen Nörgeleien der Offiziere zu beenden sei, »sie aufgeben, und links liegen lassen, indem ich ihnen freistelle, stets so niederen Sinnes zu bleiben, wie vorher, was ich auch ausführen werde; auch ohne sie werde ich die Verteidigung des Reiches betreiben können«. In der Praxis jedoch wollte und musste Potemkin den Krieg gemeinsam mit den Offizieren führen.

Der Generalgouverneur mag in der Sache nicht Unrecht gehabt haben. Er übertrieb die pauschale Verurteilung und setzte sich damit ins Unrecht, denn die russischen Soldaten und Offiziere schlugen sich gerade unter Suworow und Kutusow hervorragend für ihr Vaterland. Potemkin wollte alle Institutionen seines Reichs dem eigenen dynamischen und despotischen Reformwillen unterordnen. Im Rahmen der Kolonisierungspolitik schuf er getreu dem Vorbild der militärischen Kosakenorganisation neue Grenzsicherungseinheiten, bei denen er den Einsatz »regulärer« Offiziere strikt ablehnte:

»Nach meiner Meinung bringen die Offiziere aus den regulären Regimentern nichts Gutes ... denn keiner weiß das Notwendigste, sondern erachtet Prügel für am nötigsten ...« Die von ihm selbst geschaffenen »irregulären« militärischen Einheiten entsprachen seinen Reformvorstellungen und blieben der eigentliche Gegenstand der Reform – analog der Kolonisierung ganz »Neurusslands«.

Potemkin drang in die reguläre Armee und Flotte nur bedingt ein. Sie mag zum Teil »verknöchert« gewesen sein, aber der entscheidende Grund für die gegenseitigen Animositäten lag in der nicht vorhandenen Bereitschaft, sich Potemkin zu unterwerfen – ebenso wie im Unverständnis Potemkins gegenüber den Traditionen der Armee und der Flotte.

Außerdem entstand ein weiterer Konflikt. Die von Potemkin geschaffenen »irregulären« Streitkräfte, z.B. die Don-Armee, Terek-Kosaken, Wolga-Armee oder die Regimenter von Asow und Taganrog, stellten die potemkinsche Neuschöpfung eines politisch gewollten Zentralismus dar, der zugleich das Problem drohender separater und spontaner Eigenwilligkeit in sich barg. Mit ihrem Ausbau verlangten die Kosaken-Atamane und Obristen erneut massiv nach Anerkennung ihrer Dienstränge als Armeeränge. Sie gingen den ersten Schritt zu einer Emanzipation in »reguläre« Einheiten bzw. stellten sich selbst zumindest als ernsthaften »regulären« Faktor neben die Armee. Beide bewaffneten Teile gerieten objektiv in ein sich gegenseitig ergänzendes Beziehungsgefüge.

Im Krieg gegen die Türkei trugen die regulären Verbände die entscheidende Kriegslast. Die neuen Kosakeneinheiten sollten den Gegner ständig beunruhigen und weiterverfolgen, wenn die regulären Streitkräfte diesem Niederlagen zufügten. Diese Aufgabe führte zwangsläufig zu einer Übernahme von Armeehierarchien in die Kosakeneinheiten. Der Aufbau einer Zivilverwaltung und die Trennung von militärischen und zivilen Verwaltungsinstitutionen erleichterte die militärische Annäherung.

Dieser Entwicklungsprozess zog sich über die gesamte Dauer der Tätigkeit Potemkins in »Neurussland« hin und enthielt einen ganz entscheidenden Grundzug: Die politisch-administrativ begründete Aufstellung von Milizeinheiten, die dem Schutz der kolonisierten Gebiete dienten. Deren prinzipielle Gleichstellung mit den regulären Streitkräften der Armee mündete in den stärkeren Ausbau aller verfügbaren Waffenkräfte. Die Kosakeneinheiten ordnete man in der Praxis der eigentlichen Armee zu. Kosakenregimenter gingen in regulären Divisionen auf. Die Leibgarde Katharinas II. erhielt eine Kosakenhundertschaft und die Kaiserin verlieh dem Don-Regiment den Ehrennamen »Regiment Fürst Potemkin«.

Die überwiegende Tendenz hin zu den regulären Streitkräften schloss gleichzeitig den Weiterbestand der »irregulären« Milizstreitkräfte zum Grenzschutz und zur Sicherung des besiedelten Hinterlandes nicht aus. Die Grenzsiedlungen unterlagen einer strengen militärischen Ordnung und Disziplin. Das bedeutete, dass Potemkin neben den Territorialkräften auch »regulär« organisierte Kosakentruppen in den neuen Gouvernements stationierte. Durch seine Art des differenzierten Umgangs mit den wilden Gesellen konnte Potemkin die Masse der Kosaken für die russische Politik im Süden gewinnen. Die Jekaterinoslawer und Schwarzmeerkosaken ernannten ihn zu ihrem Großhetman. Sie dankten ihm auf ihre Weise dafür, dass er mit der Militarisierung und Russifizierung des Gebietes zwischen Kuban und Bug die traditionellen Lebensweisen der Kosaken partiell erhalten hatte.

Diese Traditionswahrung traf allerdings nicht nur auf die Kosaken zu. Potemkin fasste Angehörige anderer Nationen oder Nationalitäten gleichfalls in nationalen Einheiten zusammen und integrierte sie als solche in die Streitkräfte. Auf die »Serben« und Juden ist oben verwiesen worden.

Bereits nach 1775 entstanden das Neuserbische, das Moldauische, das Walachische und das Bulgarische Regiment. Keinen der ausländischen Neusiedler zwang man zum Waffendienst. Trat er in die Armee ein, musste er nur fünf Jahre dienen. Schied er aus, musste er einen Ersatzmann stellen, der aus seiner Nation kam. Potemkin wollte den »nationalen« Regimentern einen festen Platz innerhalb der Territorialstreitkräfte und der regulären Armee einräumen. Aber er konnte diesen Platz nicht eindeutig bestimmen und seine Kraft reichte nicht aus, das verzwickte Geflecht zwischen Armee, Kosaken, Eingesessenen, Siedlern und Türken einer organisatorischen Ordnung zu unterwerfen, die dauerhaften Bestand hatte.

Potemkin kam es auf den militärischen Erfolg an. Nicht nur kühne Phantasie, sondern praktischer Realitätssinn trieben ihn an. Er kümmerte sich in Katharinas Namen um alle Probleme. 1786 gab er ein Statut heraus, in dem er das Finanzgebaren jedes militärischen Regiments regelte. Er kümmerte sich um die Besoldung, Ernährung und Ausrüstung der Soldaten und um die exakte Einhaltung aller militärischen Vorschriften. Er setzte im Namen der Kaiserin erstmals seit Peter dem Großen wieder Armeeinspektoren ein. Aber selbst die von der Kaiserin verliehene Befehlsgewalt reichte nicht, die Umgestaltung einer ganzen Region, der Streitkräfte und Nationen erfolgreich zu Ende zu führen. Der Krieg wirkte zwar als Inspirator und die Voraussetzungen genügten, den Krieg erfolgreich zu Ende zu führen. Aber die Region und ihre Menschen gelangten damit ebenso wenig an ihr eigentliches Ziel wie Fürst Potemkin selbst – zu einer friedlichen und blühenden Landschaft im großen Russischen Reich.

6. Katharinas Militärreformer

Grigori Potemkin blieb stets ein Mensch mit Fehlern und Schwächen. Er steckte voller Ideen, Pläne und Vorstellungen, die er auch verwirklichen konnte. Er besaß genügend Vollmachten und kapitulierte vor keiner Schwierigkeit. Aber die tatsächlichen Probleme überstiegen selbst das ihm eigene gewaltige Maß. Er konnte keine der Aufgaben, die das Leben und Wirken ganzer Generationen verlangten, in den wenigen Jahren erfolgreich lösen. Anhaltender Widerstand lässt mit der Zeit auch den stärksten Geist wanken, wenn er keine frische Nahrung erhält.

Wo aber sollte die in Russland herkommen, seit die Kaiserin vor den Folgen der Pugatschowschtschina zitterte? Vielleicht hat Fürst Potemkin bei der Durchsetzung seiner Pläne sogar zu wenig Gewalt angewandt. Vielleicht ist er maßlos in seinen Wünschen gewesen. Ein Schaumschläger und Phantast war er auf keinen Fall.

Ihn behinderte der klassische Konflikt, welcher Zweck heiligt welche Mittel, der sich schon so oft in der Geschichte tragisch ausgewirkt hat. Das Gigantische des Problems war nicht von vornherein erkennbar, entsprach indes den imperialen Ansprüchen, von denen sich Katharina und Potemkin leiten ließen. Der Exekutor sollte Potemkin sein. Die ferne Kaiserin stand außerhalb der Kritik. Für sie zählte der reale Erfolg: der Sieg über die Türkei, die Teilung Polens, die Besiedlung »Neurusslands« und der Krim. Für Potemkin blieb der undankbare Rest, alle offenen Mängel und Fragen. So ungerecht ist das Leben, so ungerecht ist die Geschichte. Aber er durfte sich nicht beklagen, denn er hatte es so gewollt. Der Fürst legte sich in die Sielen und erntete von der Nachwelt nur Spott. Die Kaiserin sonnte sich in seinen Erfolgen und ging als die Große in die Geschichte ein.

7.
Potemkin in der russischen Außenpolitik

Grigori Potemkin hatte in den Jahren seines Aufstiegs bis 1774 kein ausdrückliches Interesse an internationalen Fragen zum Ausdruck gebracht. In dem Maße, wie er sich der Kaiserin näherte, ist er auch in deren außenpolitische Ansichten und Aktionen hineingewachsen. Die Tätigkeit im Heiligen Synod und in der Großen Kommission hatte vergleichsweise wenig Gelegenheit für eigene außenpolitische Aktivitäten geboten.

Potemkin verstand die Stellung des Grafen Panin am Hofe sehr genau. Panin genoss Katharinas Vertrauen und hielt die Zügel der internationalen Politik in der Hand – auch, als das »Nordische System« nicht mehr die Generallinie kaiserlicher Außenpolitik bildete. Dennoch ist Potemkin bereits im ersten russisch-türkischen Krieg vereinzelt mit außenpolitischen Fragen konfrontiert worden. Das stellte zunächst noch keinen Widerspruch zur Position Panins dar. Bei den Verhandlungen zum Frieden von Kütschük-Kainardshi hatte er offenbar schon eine gewisse aktive Rolle gespielt. Außerdem war es unwahrscheinlich, dass Katharina in all den besinnlichen Stunden ihrer Zweisamkeit mit Grischa nicht über außenpolitische Fragen gesprochen hatte. Sie hatte ihn sicherlich um Rat gefragt bezüglich ihrer Beziehungen zu Polen, Preußen, Österreich, England, Frankreich, Schweden oder gar der Türkei.

Potemkins Denken und Handeln ist ganz organisch an die europäischen Probleme herangeführt worden, bis er selbst in den Jahren nach 1774 schrittweise zum entscheidenden Ratgeber der Kaiserin für internationale Fragen aufstieg – selbstverständlich unter aufmerksamer Beachtung des Grafen Panin, der eine besondere Rolle am kaiserlichen Hof spielte. Dieses Jahr

1774 markierte ohnehin einen Wendepunkt in der Geschichte der russischen Außenpolitik.

Bis zu Potemkins Eintritt in die russische Politik waren mehr als zehn Jahre unter der Herrschaft Katharinas II. vergangen. Jahre, in denen sich die russische Außenpolitik langsam und schwerfällig, dann aber mit gewaltigen Paukenschlägen von den alten Traditionen gelöst hatte. Kaiserin Katharina II. kann vor allem deshalb den Titel »die Große« für sich in Anspruch nehmen, weil sie eine expansive Außenpolitik betrieben hat. Davon spürte man in den ersten Regierungsjahren allerdings noch wenig.

Russlands Ausscheiden aus dem Siebenjährigen Krieg oder auch der Staatsstreich selbst hatten sich noch nicht unmittelbar in der internationalen Orientierung niedergeschlagen. Die traditionellen Ziele russischer Europapolitik galten auch für die junge Kaiserin. Das bedeutete vor allem die Kontrolle über Russlands Nachbarstaaten und die Bündnisverträge, um den Einfluss Frankreichs abzuwehren. Das durch Nikita Panin geprägte »Nordische System« konzentrierte sich auf die Sicherheit Russlands in seinem westlichen Vorfeld und blieb im Grunde bis zum Ende der sechziger Jahre das bestimmende außenpolitische Konzept.

Erst der 1768 begonnene Krieg gegen die Türkei und die damit verbundene erste Teilung Polens ließen Überlegungen in Richtung auf eine Neukonzipierung der imperialen Außenpolitik sichtbarer hervortreten. Der für Russland erfolgreiche Abschluss des Krieges gegen das Osmanische Reich führte zu weiteren Präzisierungen. Genau zu diesem Zeitpunkt begann die politische Karriere Grigori Potemkins und der Einfluss Nikita Panins ging langsam zurück.

Den programmatischen und politischen Hintergrund für die personalpolitischen Wandlungen am Petersburger Hof bildeten im Jahre 1774 nicht nur die Kontroversen der Kaiserin mit dem Thronfolger oder der Pugatschow-Aufstand, sondern ebenso die strategische Orientierung in der russischen Reichspolitik gegenüber Europa und dem Orient. Der Süden lockte!

Potemkin plädierte für den Ausbau der 1774 im Frieden mit der Türkei erreichten Ergebnisse. Er konzipierte die Kolonisierung und die Eroberung der Krim im Kontext der gesamteuropäischen Entwicklungen.

Die Liebe zur Kaiserin und die gemeinsamen leidenschaftlichen Jahre bis 1776 fungierten dabei weder als Selbstzweck noch als angenehme Ergänzung zu politischen Notwendigkeiten. Es waren goldene Zeiten, als ein Staatsoberhaupt in seiner absoluten Machtvollkommenheit persönliche und sachbezogene Interessen in höchster luxuriöser Vollendung öffentlich und ungeniert miteinander verbinden durfte – goldene Zeiten für das jeweilige Staatsoberhaupt und die in seiner Sonne glänzenden Würdenträger, Höflinge, Politiker und Favoriten. Niemand kontrollierte sie, weder ein gewähltes Parlament noch eine der öffentlichen Meinung verpflichtete Presse. Wenn spitzfindige Literaten wie der Satiriker Nowikow wider den kaiserlichen Stachel löckten, konnte man sie sehr nachhaltig an die Existenz der Kasematten in petrinischen Festungen erinnern oder die Weiten des sibirischen Landes als angemessenen Lebensraum empfehlen.

Die herausragende Rolle Grigori Potemkins in der russischen Außenpolitik prägte sich nicht an einem Tage und nicht gleichzeitig auf allen Gebieten aus. Graf Panin verzichtete nicht freiwillig auf seine Machtstellung. Er fiel bei der Kaiserin auch nicht in Ungnade. Panin war ein alter Mann und seine Tage ohnehin gezählt. Aber es entwickelte sich ein kompliziertes höfisch-diplomatisch-intrigantes Spiel, ganz dem Geist der Zeit verpflichtet, in dem Potemkin Schritt für Schritt die eigenen Ansichten und Positionen mit seiner generellen Machtstellung im Reich in Übereinstimmung brachte.

In all den Jahren, in denen er sich mit der Kolonisierung des Südens beschäftigte, erfüllte Potemkin parallel Aufgaben allgemeinpolitischer Natur. Zwar rangierte Graf Panin bis zum Jahre 1781 offiziell an der Spitze der Außenpolitik, aber de facto hielt Potemkin mehr und mehr die wichtigsten internationalen Fäden in seinen Händen.

Selbstverständlich ist ein Mann der Tat, wie Potemkin, von den offiziellen Persönlichkeiten aus dem In- und Ausland sorgfältig beobachtet worden – von Neidern, Intriganten und von den wenigen Freunden. Sie alle wollten seine unmittelbare Nähe zur Kaiserin in irgendeiner Weise für sich selbst nutzen.
Zu diesen neugierigen Zeitzeugen gehörte u.a. der Chevalier de Corberon, der von 1775 bis 1780 als französischer Geschäftsträger in St. Petersburg wirkte. Corberon unterhielt als Diplomat enge Kontakte zu Potemkin und zollte diesem in zahlreichen Aufzeichnungen hohe Anerkennung, obwohl die russisch-französischen Beziehungen ihre eigenen Probleme besaßen. Ein Blick auf das protürkische Engagement Frankreichs lieferte dafür hinreichend Belege.
Der mit dem französischen Botschafter konkurrierende britische Vertreter James Harris beobachtete Potemkin in den Jahren von 1778 bis 1783 gleichfalls aus nächster Nähe und mit konzentrierter Aufmerksamkeit. Harris drängte im Auftrage seiner Regierung nach einem englisch-russischen Bündnisvertrag. Die Zeugnisse und Dokumente über die engen Kontakte Potemkins zu Corberon und Harris ermöglichen nicht nur einen intensiven Einblick in die außenpolitische Tätigkeit Potemkins, sondern in die Beziehungen Russlands zu Frankreich und England: Russland tauchte in den politischen Strudel Europas ein.
Unter der Herrschaft Katharinas II. galt Russland als eine unangefochtene und respektierte europäische Großmacht. Das bedeutete nicht, dass die Beziehungen zu allen Nachbarn gleichermaßen ungetrübt waren. Katharina, in jungen Jahren eine distanziert-ergebene Freundin Friedrichs des Großen, hatte die Unschuld ihrer frühen Jahre abgestreift und eine kritische Gegnerschaft zu Preußen an den Tag gelegt. Die erste polnische Teilung von 1772 entsprang nicht etwa freundschaftlichen Gefühlen für den Preußenkönig, sondern resultierte aus den unterschiedlichen machtpolitischen Interessen Russlands, Österreichs und Preußens unter den Bedingungen des russisch-türkischen Krieges.

Als Russland im Jahre 1777 den preußisch-russischen Bündnisvertrag aus Vernunftgründen erneuerte und erhebliche diplomatische Kraft in den preußisch-österreichischen Konflikt um die bayrische Erbfolge investierte, änderte das nichts an dem angespannten Verhältnis zu Preußen. Russlands Festigkeit war der Anlass für die Konfliktregelung im Frieden von Teschen im Jahre 1779. Anschließend konzentrierte sich das Russische Reich mit gesteigerter Intensität auf eine enge Kooperation mit dem österreichischen Haus Habsburg.

Während sich die russisch-österreichisch-preußische Kombination noch in einem komplizierten Schwebezustand bewegte, bemühten sich die Diplomaten Englands, Frankreichs, Schwedens und anderer europäischer Staaten eifrig um die Gunst Russlands. Die meisten Länder Europas schürten untereinander irgendwelche Konflikte, die im diplomatischen Leben Petersburgs zu aufregenden Intrigen führten. Diplomaten und Höflinge buhlten um das Wohlwollen der Orlows und Tschernischews oder der Potemkins und Panins – von der Kaiserin und dem Thronfolger gar nicht zu sprechen.

Besondere Anstrengungen unternahmen in dieser Hinsicht die englischen Diplomaten. Der britische Außenminister hielt sein Land in den siebziger Jahren für relativ isoliert in Europa. Dazu hatte vor allem der Kolonialkrieg in Amerika beigetragen. Er beauftragte seinen jungen Gesandten Harris, »die Stimmung bei Hofe hinsichtlich der gegenwärtigen Lage in Europa zu erforschen« und festzustellen, inwieweit die Kaiserin von Russland und ihre Berater geneigt waren, ein Offensiv- und Defensiv-Bündnis mit Großbritannien einzugehen. Sollte Russland für ein Bündnis, »zu dem man bei uns bereit ist und das der besonderen Situation beider Partner entspricht, taube Ohren haben, so sehe ich persönlich (der britische Außenminister – Anm. des Autors) keine andere Gelegenheit, ein Bündnis abzuschließen«. Das klang einigermaßen verzweifelt oder beinhaltete eine gehörige Portion Zweckpessimismus. Harris dachte darüber nicht lange nach. Er ging zu Graf Panin, aber dieser hielt sich in seiner Meinungsäußerung zurück.

Erst musste die Kaiserin gefragt werden bzw. eine Ansicht äußern. Panin schickte den ungestümen Harris zu Katharina. Der junge Diplomat war außer sich vor Freude, so schnell von der Kaiserin empfangen zu werden. Katharina begegnete ihm freundlich, legte sich in politischer Hinsicht jedoch nicht fest.

Wie alle ausländischen Diplomaten übte auch Harris Potemkin gegenüber reservierte Zurückhaltung. Er hielt Potemkin nach der Sprachregelung, die dessen Gegner gebrauchten, für eine »ewige Plage«, weil sich niemand so recht einen Reim auf das seit Beginn des Jahres 1774 anhaltende ständige Auf und Ab in seinen Beziehungen zur Kaiserin machen konnte. Harris neigte dazu, den Feinden Potemkins mehr zu glauben als dessen offensichtlichen Leistungen. So kolportierte er noch im Oktober 1778 die Geschichte, Katharina habe Alexei Orlow dringend ersucht, die Freundschaft Potemkins zu gewinnen. Orlow habe darauf sehr brüsk, ablehnend und feindselig reagiert: »Wenn Potemkin Euren Seelenfrieden stört, so gebt mir entsprechenden Befehl, und er wird augenblicklich verschwinden. Ihr werdet nichts mehr von ihm hören.« Der Zarenmörder Alexei Orlow mochte sich nicht erneut mit einem Menschen anfreunden, den er abgrundtief verachtete und den er für den größten Staatsfeind hielt. Es kann durchaus sein, dass sich eine Szene so oder ähnlich abgespielt hat. Aber die Tendenz dieser Geschichte wurde deutlich, wenn Alexei Orlow folgende weiteren Worte in den Mund gelegt bekam: »Ich weiß, Madame, und es steht außer jedem Zweifel, daß Potemkin keine wirkliche Zuneigung zu Euch empfindet. Er fragt in allen Dingen nur nach seinem persönlichen Interesse; sein einziges überragendes Talent ist die Schlauheit, und er bemüht sich immer mehr, Euer Majestät von den Staatsgeschäften abzubringen und Euch in einen Zustand wohliger Sicherheit zu wiegen, damit er selbst die souveräne Macht an sich reißen kann. Er hat Eurer Flotte einen erheblichen Schlag versetzt, er hat Eure Armee ruiniert und, was noch schlimmer ist, er hat Euren Ruf in den Augen der Welt herabgesetzt und Euch Eure ge-

treuen Untertanen entfremdet. Wenn Ihr diesen gefährlichen Mann loswerden wollt, so steht mein Leben Euch zu Diensten. Wenn Ihr aber nur Zeit gewinnen wollt, so kann ich bei der Ausführung dieser Instruktionen, für die Schmeichelei, Heuchelei und Doppelzüngigkeit die wichtigsten Voraussetzungen sind, für Euch von keinerlei Nutzen sein.«
Die Vorwürfe widersprachen den Tatsachen. Außerdem formulierte sie der Mann, der Peter III. umgebracht hatte! Aber selbst diese Worte, wenn sie denn tatsächlich gefallen sind, gewinnen erst Bedeutung durch die Reaktion der Kaiserin. Katharina II. soll angeblich von der Last der Vorwürfe gegen Potemkin beeindruckt gewesen sein und Alexei Orlow gebeten haben, sich unbedingt zu ihrer Verfügung zu halten. Ein pfiffiger Diplomat konnte daraus Schlussfolgerungen über einen baldigen Sturz Potemkins ziehen. Hinsichtlich der künftigen außenpolitischen Ziele Russlands war damit allerdings überhaupt nichts ausgesagt. Die orientalischen Aspirationen und das Bündnis mit Österreich entsprangen keineswegs allein dem Kopfe Potemkins. Der ganze Vorgang war nichts weiter als eine der endlosen Intrigen gegen den Emporkömmling Potemkin, ein Streit um den größten Einfluss auf die Kaiserin und ein gehöriges Stück diplomatischer Ränke im Interesse eines erhofften proenglischen Bündnisses.
Die Informationen, die Harris über den Vorfall zwischen der Kaiserin und Orlow erhielt, blieben trotz intensiver Nachforschungen so ungenau, dass Harris gut daran tat, ihnen zu misstrauen. Schon Ende Dezember 1778 musste er nach London melden, die Kaiserin habe Potemkin den ganzen Vorgang erzählt, Alexei Orlow sei faktisch unter Hausarrest gestellt und die Haltung der Orlows zu der ganzen Affäre »läßt auf enttäuschte und wütende Männer schließen, die keine Hoffnung sehen, ihre frühere Stellung wieder einzunehmen«. Der englische Diplomat erkannte, wer die Macht am Hofe in seinen Händen vereinte. Er ging mit doppeltem Eifer daran, die politischen Sachfragen mit Grigori Potemkin und Nikita Panin zu beraten. Bei Panin fand er nicht das ihn interessieren-

de Echo. So zielte sein ganzes Streben darauf, sich bei Potemkin Gehör zu verschaffen und seine Freundschaft zu gewinnen.

Für dieses Bemühen gab es günstige Voraussetzungen. Harris und Potemkin wollten aus unterschiedlichen Motiven den Einfluss Panins zurückdrängen oder ganz ausschalten. Potemkin hatte ein distanziertes Verhältnis zur französischen Politik und tendierte zu guten Beziehungen mit England. In diesen beiden Punkten konnte für Harris ein positiver Ansatz liegen.

Fürst Potemkin hat Jahre später in einem Brief vom 30. Juli 1783 seine diesbezüglichen Ansichten dargelegt. Seine Gedanken besaßen im Prinzip auch schon 1778 Gültigkeit, weil die ihnen zugrunde liegende außenpolitische Konzeption in den dazwischen liegenden Jahren nicht grundsätzlich verändert worden war. Natürlich hatte auch Harris den Fürsten seither in dessen Haltungen bestärkt. Potemkin schrieb an Alexander Besborodko: »Meine Auffassung, wie der Einfluß der Bourbonen ausgeglichen werden kann: durch ein Bündnis mit England, das, je enger es ist, um so vorteilhafter sein wird, zumal Frankreich seinen wahren Charakter und seinen Wunsch offenbart hat, Rußland möge lahmgelegt werden. Stellt euch einmal vor, was für Regeln dieses Land aufstellen würde, sollte es an Macht zunehmen. Wir bedürfen der Unterstützung durch eine Seemacht, die sich ihrerseits der Notwendigkeit eines Bündnisses mit uns bewusst ist ... Wenn die Kaiserin geruhen wird, sich zu entschließen, dann werdet Ihr sehen, was wir alles vermögen. Laßt mich daher bitte wissen, wie die Situation auf außenpolitischem Gebiet ist. Wir müssen erst eine Flotte bauen, und dann wird uns Gott helfen.«

Der Brief offenbarte nicht nur die Überzeugungen Potemkins bzw. welche Früchte die Arbeit des englischen Gesandten trug. Das Schreiben belegte, dass Potemkin keine absolute Macht über die russische Außenpolitik besaß. Alexander Besborodko gewann in Petersburg zunehmend an Einfluss auf diesem wichtigen politischen Terrain, nachdem Panin 1781 endgültig seinen Abschied genommen hatte.

Aber auch Harris leistete ein hartes Stück Arbeit. Er informierte London ausführlich über alle einzelnen Schritte, die ihm endlich das Vertrauen Potemkins brachten. Zunächst erkannte er in Potemkin »den einzigen Menschen, der dank seiner Autorität Katharinas wohlwollende Gefühle für England neu beleben konnte«. Danach sprach er den Fürsten bei der nächsten sich bietenden Gelegenheit direkt auf dessen Ansichten über die englische Politik an. Potemkin antwortete derart zuvorkommend und positiv, dass Harris die absolut ungewöhnliche Bitte an ihn richtete, Potemkin möge ein persönliches Gespräch mit der Kaiserin vermitteln. Der Fürst zeigte sich von diesem kühnen Anliegen zunächst überrascht, wollte sich aber darum bemühen, die Bitte zu erfüllen.

Die Kaiserin wollte sich vorerst über Dritte von den Qualitäten des energischen englischen Gesandten und von den Zielen der englischen Politik überzeugen. Also lud Potemkin den jungen Mann zu einem ausführlichen Essen ein und forschte ihn über England, Frankreich und die Lage in Europa aus. Harris musste sich aus der Verlegenheit befreien, denn Englands internationale Position war um das Jahr 1778 ein äußerst heikles Thema.

Im Februar 1778 hatten die nach Unabhängigkeit von Großbritannien strebenden nordamerikanischen Staaten einen Freundschafts- und Handelsvertrag mit Frankreich geschlossen. Großbritannien beantwortete den Vertrag mit einem Krieg gegen Frankreich, der zu erbitterten Seegefechten im Atlantik führte. Gleichzeitig verlangte Spanien die Anerkennung seiner Neutralität und die Räumung Gibraltars durch England. Das Inselreich lehnte ab und befand sich daraufhin auch mit Spanien im Kriegszustand. Harris hatte allen Grund, in Petersburg eilig auf einen Bündnisvertrag zu drängen. Er erklärte Potemkin, welche Gefahren der Krieg für die europäische Kräftebalance nach sich ziehen könnte und dass England dringend nach einem geeigneten Bundesgenossen suchte. Es wäre gut, wenn Russland energisch an den Höfen von Versailles und Madrid gegen den Krieg protestierte, verbunden mit der Mobilisierung seiner eigenen Kriegsflotte. Potemkin hielt die Anregungen in der Sache für zweckdienlich, befürchtete jedoch, dass seine Gegner, namentlich die Grafen Panin und Tschernischew, dagegen votieren würden. Er wich aus.

Harris, bereits ein gewitzter Diplomat, schlug vor, Potemkin sollte dieses Thema doch einmal direkt mit der Kaiserin und mit dem Thronfolger besprechen. Wenn er deren Stimmen habe, wäre seitens Panin sicherlich kein Widerstand mehr zu befürchten. Harris erneuerte seine Bitte, persönlich mit der Kaiserin sprechen zu dürfen. Potemkin gab sich generös und hatte nichts gegen diesen Wunsch einzuwenden.

Zwei Wochen später traf Harris die Kaiserin. Sie stimmte der englischen Lagebeurteilung hinsichtlich Europas eifrig zu, lobte die politische Größe des Inselreichs und vertrat die Ansicht, England sollte den Krieg in den amerikanischen Kolonien unverzüglich beenden. Katharina fragte den Botschafter, was denn Russland für ein Recht hätte, sich unmittelbar in diesen ganzen Konflikt einzumischen, in einen Streit, der die Kaiserin eigentlich überhaupt nichts anginge. Die Antwort Harris' auf diesen Einwurf schien verblüffend einfach: Russland sei eine europäische Großmacht und »sei zu mächtig, großen Ereignissen mit Gleichgültigkeit gegenüberzustehen«. Trotz dieser für die Kaiserin sehr schmeichelhaften Erklärung kam Harris in diesem und einem weiteren Gespräch mit Katharina in der Sache keinen Schritt voran. Es fanden in der russischen Führungsspitze ganz offensichtlich Auseinandersetzungen über Russlands Haltung in dem Konflikt Englands mit Frankreich, Spanien und Amerika statt, die noch nicht zu einer allgemein anerkannten Sprachregelung führten.

Harris wandte sich erneut an Potemkin. Der griff wieder zu Ausflüchten, berief sich plötzlich auf mangelnde Sachkenntnis in der Materie und teilte mit, dass einflussreiche russische Politiker eine Intervention Russlands zugunsten Englands ablehnten: »Er gab uns (den Engländern – Anm. des Autors) den nachdrücklichen Rat, bei allen zukünftigen Plänen, die wir im Hinblick auf ein Übereinkommen zwischen den beiden Höfen vorschlagen würden, dem persönlichen Charakter der Kaiserin besondere Aufmerksamkeit zu schenken, damit Übelwollende keinen Anlaß hätten, zu behaupten, wir behandelten sie mit Nachlässigkeit ... Beschuldigungen, die sie uns stets zur Last legten und denen die Kaiserin manchmal Glauben zu schenken geneigt war.« Der von Harris empfohlene Alleingang Potemkins endete mit einem Fehlschlag. Potemkin konnte keine Entscheidung herbeiführen: »Ihre Kaiserliche Majestät wolle erst die Ansicht ihres Staatsrates hören, und bis dahin werde sie sich sicherlich nicht durch die Ratschläge irgendeines anderen beeinflussen lassen.«

Die Mission des englischen Gesandten stand nicht vor einem Scheitern, aber eines dürfte Harris klar geworden sein: Potemkin besaß 1778 nicht den absoluten und uneingeschränkten Einfluss, der den englischen Wünschen nützlich gewesen wäre. Katharina II. zeigte sich nicht bereit, Potemkin zuliebe die von ihr angestrebte neutrale Position in Europa aufzugeben. Zwar empfand sie Sympathien für Großbritannien, hatte jedoch nichts dagegen, dessen Kräfte in einem westeuropäischen Konflikt zu schwächen.

Russland konnte inzwischen neue Kräfte sammeln und einen weiteren Krieg gegen die Türkei vorbereiten. Außerdem konnte England offensichtlich den Kolonialkrieg in Nordamerika allein nicht siegreich beenden. Das machte die Kaiserin misstrauisch. Setzten die Freunde einer russisch-englischen Annäherung vielleicht zu große Hoffnungen in ein Bündnis mit dieser maritimen Großmacht, die ihre wichtigsten Ziele außerhalb Europas verfolgte?

Es vergingen weitere Monate, in denen Harris weder mit Katharina noch mit Potemkin ein Wort wechseln durfte. Das englisch-russische Bündnis drohte im Sande zu verlaufen. In der gleichen Zeit gewann ein anderes außenpolitisches Problem an Gewicht und weckte das Interesse Potemkins. Nicht nur Russland wünschte eine Vernichtung des Osmanischen Reichs. Kaiser Joseph II. wurde in Wien seit Jahren von seinem Kanzler Kaunitz mit dem Gedanken an eine Aufteilung der Türkei bedrängt. Kaunitz hatte für dieses Ziel einen ausführlichen Plan ausgearbeitet. Dessen Kernpunkt bestand in einem offensiven Bündnis mit Russland. Joseph II. schien nicht abgeneigt, diesem Plan zuzustimmen. Sein Reich sollte nicht länger den Schmähungen durch die machtbewussten Preußen ausgesetzt bleiben. Joseph II. und Kaunitz überwanden den Widerstand der Kaiserinmutter Maria Theresia, die von Anfang an erhebliche Vorbehalte gegen die Thronräuberin Katharina geltend gemacht hatte.

In einem zweijährigen Tauziehen separierten die österreichischen Diplomaten Russland von der Allianz mit Preußen und zogen es durch politische Zugeständnisse auf die eigene Seite, obwohl man sich in Wien keiner Illusion hingab, dass die russische Orientpolitik aus einem russisch-österreichischen Bündnis größere Vorteile ziehen würde als Österreich. Nachdem sich Russland auf den Süden konzentrierte, blieb für Österreich der gefährliche preußische Nachbar ebenso beängstigend wie die Vorstellung eines russischen Vormarsches auf Konstantinopel. In der Wiener Hofburg einigte man sich nach Überwindung vieler Widerstände auf eine Reise Josephs II. nach Petersburg. Der Kaiser sollte eine russisch-österreichische Allianz in die Wege leiten.

Katharina II. freute sich auf den Besuch Josephs II. Sie inspizierte im Jahre 1780 ihre westlichen Gouvernements. So konnte die Kaiserin das Nützliche mit dem Praktischen verbinden und vereinbarte das Treffen auf den 7. Juni 1780 in Mogiljew, nicht weit von der Grenze nach Österreich entfernt. Potemkin fuhr als Quartier- und Zeremonienmeister voraus und er begrüßte auch den als »Graf Falkenstein« reisenden Kaiser. Katharina traf etwas später mit großem Gefolge ein. Beide Kaiser beherrschten die höfische Sprache und Etikette in Vollendung, und so wunderte es nicht, dass die Begegnung nicht nur ausgesprochen höflich, sondern geradezu harmonisch und voll gegenseitiger Sympathie begann. Man stellte vom ersten Augenblick an absolute Übereinstimmung in allen erörterten Fragen fest. Für Katharina, die immer wieder den Makel der Usurpation und des Gattenmordes bekämpfen musste, erschien es sehr ehrenvoll, dass sich der Kaiser aus Wien persönlich nach Russland begeben hatte, um ihr die Ehre zu erweisen.

In den Freudenbecher fielen bald gehörige Wermutstropfen. Joseph II. erwies Katharina jede nur mögliche Reverenz, machte aber keinen Hehl aus seiner Verachtung für die Russen. Potemkin gab sich voller Abscheu gegenüber dem Kaiser und die beiden Herren machten aus ihrer gegenseitigen Antipathie kein Geheimnis. Fürst Potemkin organisierte Theateraufführungen, Paraden und Bälle, Joseph II. wollte ausschließlich mit der Kaiserin über sein politisches Anliegen sprechen. In den freien Stunden besuchte er wissenschaftliche Einrichtungen, Baustellen, Handwerksbetriebe oder Krankenhäuser und Bildungsanstalten. Wo er stand oder ging, er wollte etwas lernen – sachlich, kritisch und ohne Emotionen. Einfache Kost und ein hartes Lager genügten ihm vollkommen. Der Kaiser unternahm auch den Versuch, Potemkin in die Gespräche einzubeziehen, der aber zeigte sich an politischen Fragen uninteressiert.

In Mogiljow kam es noch zu keiner Einigung über eine antitürkische Liga. Gemeinsam fuhren die Kaiser nach St. Petersburg. Katharina schwebte im Hochgefühl ihrer historischen Größe. Sie empfing Joseph II. in ihrer Hauptstadt! Hier kamen die Gespräche gut voran. Joseph II. gelang es sogar, Potemkin in ernsthafte Unterhaltungen einzubeziehen. Er hielt den Fürsten zwar für träge, abweisend und unbekümmert, aber Potemkin missfiel Josephs Verhalten ebenso, vor allem dessen Gewohnheit, prunkvolle Paläste zu meiden und in gewöhnlichen Gasthäusern oder Herbergen zu residieren. Potemkin fuhr mit dem Kaiser für eine Woche nach Zarskoje Selo. Dort richtete man ein Nebengebäude des Schlosses als gewöhnliches Wirtshaus ein – der Gast zeigte sich überaus zufrieden.

In dieser vom hauptstädtischen Trubel abgelegenen friedvollen Atmosphäre gegenseitiger Artigkeiten konnte selbst der Gesprächserfolg nicht ausbleiben. Als Joseph II. drei Wochen später in seine österreichische Heimat abreiste, hatten beide Seiten die Prinzipien für das künftige Bündnis akzeptiert.

Noch zwei weitere Jahre schrieben sich Katharina II. und Joseph II. regelmäßig Briefe zur Bündnisfrage. 1782 schlossen sie de facto ein gemeinsames Abkommen über die Aufteilung der Türkei. Erneut nahmen Katharinas Visionen über das »Griechische Kaiserreich« Gestalt an. Konstantinopel sollte die Hauptstadt werden und ihr Enkel Konstantin dürfte das kommende Reich regieren. Joseph II. gab sich keinen derartigen Visionen hin. Ihm hätte es genügt, wenn der österreichische Einsatz auf dem Balkan das reiche Venedig einbringen würde.

Katharina II. und Joseph II. teilten das Osmanische Reich nur theoretisch auf. Aber im Jahre 1782 wurde deutlich, dass das »Griechische Projekt«, das in der Phantasie Katharinas verankert blieb, durch ein Bündnis mit Österreich eines Tages praktische Gestalt annehmen konnte. Es gab auch wieder den Gedanken, zwischen dem Russischen und dem künftigen Griechischen Reich ein Königreich Dakia als Pufferstaat einzurichten. Die Spekulation ausländischer Diplomaten, Potemkin sollte dort sein eigenes Königreich erhalten, erscheinen jedoch angesichts des konkreten Gesprächsverlaufs und Briefwechsels mit Joseph II. übertrieben. Die farbigen Deutungen über das wachsende russisch-österreichische Verhältnis resultierten auch aus der absoluten Geheimhaltung der Verhandlungen und des Vertrages. Sie entsprangen auch den harten innerrussischen Auseinandersetzungen und Richtungskämpfen, die mit der Annäherung an Österreich einhergingen, in die auch Potemkin involviert war, und die mehrfach fast zum Abbruch der Gespräche führten. Letztlich setzten sich die Verfechter einer expansiven Orientpolitik durch und unter denen stand Fürst Potemkin wahrlich nicht an letzter Stelle.

An dieser Stelle schloss sich auch wieder der Kreis zu den russisch-englischen Gesprächen. Russland traf in dem Bündnis mit Österreich eine strategische Entscheidung. Englands Probleme auf dem Kontinent und in Amerika wurden dadurch weder befördert noch gelöst. Botschafter Harris hatte die Visite Josephs II. aufmerksam verfolgt. Aber er überblickte nicht in jedem Fall die Situation. Er konnte nicht ausreichend hinter die

Verhandlungskulissen blicken. Wenn er annahm, dass Potemkins ganze Aufmerksamkeit dem »Griechischen Projekt« galt und weniger durch die Politik hinsichtlich Mittel- und Westeuropa erregt wurde, dann übersah er die inneren Zusammenhänge des europäischen Machtgefüges.

Fürst Potemkin mochte den österreichischen Kaiser persönlich nicht, aber er war von der Notwendigkeit eines Bündnisses mit Österreich überzeugt – auch im Interesse des »Griechischen Projekts«. Darüber hinaus unterstützte er eine englisch-russische Annäherung. Avancen an London konnten ein Mittel sein, die am Petersburger Hof um Nikita Panin versammelte pro-französische Gruppe, die gegen Potemkins wachsenden Einfluss kämpfte, auszuschalten. Seine Antipathien gegenüber Joseph II. dürfen indes nicht überschätzt werden. Auch den Botschafter Harris hielt der Fürst für »verschlagen, lügnerisch und unausstehlich«. Welcher Diplomat des 18. Jahrhunderts konnte diese Attribute nicht für sich in Anspruch nehmen? Die Bemühungen um ein englisch-russisches Bündnis gingen dennoch weiter.

König Georg III. schaltete sich ein. Er sandte Katharina II. ein herzliches persönliches Schreiben. England wollte nach des Königs Worten künftig auf ein selbst angemaßtes Recht verzichten und russische Schiffe auf hoher See weder aufbringen noch als Prise entern. Botschafter Harris bearbeitete den Fürsten Potemkin mit der gleichen Intensität, mit der er gegen den französischen Botschafter Corberon intrigierte. In der Sache selbst traten die Verhandlungen auf der Stelle. Harris forderte in zahllosen Treffen mit Potemkin das Bündnis und den Beistand Russlands. Potemkin wiederholte mit gleich bleibender Monotonie seine persönliche Bereitschaft zu einem Abkommen und betonte mehrfach, auch die Kaiserin sei nicht abgeneigt, obwohl sie ihrem eigenen Waffenruhm ein friedliches Europa vorziehe. Allerdings, so Potemkin, es gäbe vonseiten Nikita Panins nach wie vor erhebliche Widerstände, die von der Kaiserin nicht unberücksichtigt gelassen werden dürften. Fürst Potemkin schlug dem britischen Botschafter vor, selbst zu

Panin zu gehen und mit diesem die Bündnisfrage gründlich zu besprechen. Ein derartiges Gespräch könnte auch der Öffentlichkeit den Eindruck vermitteln, Panin sei in vollem Maße in die Verhandlungen integriert.

Harris folgte dem Ratschlag und holte sich bei Panin augenblicklich eine abschlägige Antwort. An diesem Punkte sind die Fragen erlaubt, ob Potemkin die Gegnerschaft Panins bei Harris nicht künstlich hochgespielt hat, ob die Kaiserin nicht gemeinsam mit Potemkin und Panin eine Komödie inszeniert hat, um Großbritannien einerseits nicht vor den Kopf zu stoßen, andererseits aber auch einen Bündnisvertrag zumindest hinauszuzögern. Als Harris nach seiner Begegnung mit Panin unverzüglich zu Potemkin eilte und diesen über das negative Resultat informierte, hatte der bereits ein Schriftstück mit dem Standpunkt Panins in seinen Händen. Harris berichtete über das folgende Gespräch nach London: »Ich verlor keine Zeit und kehrte zum Fürsten Potemkin zurück, zu dem ich, da er mich immer ohne Förmlichkeiten empfängt, leicht Zugang erhielt. Er nahm den Anlaß meines Besuches vorweg, indem er sagte, er habe eben den seltsamen Beweis – so drückte er sich aus – des politischen Glaubensbekenntnisses und der Geistesschwäche des Monseigneur de Panin gelesen. Und obwohl er dessen Vorschlag durch und durch verurteile, so liege das Schriftstück immerhin auf dem Tisch der Kaiserin und er bezweifle, ob sie nicht schließlich geneigt sei, die von Panin zum Ausdruck gebrachten Gedanken als ihre eigenen anzuerkennen. Ich fragte ihn mit großem Nachdruck und nicht geringer Sorge, was eine so merkwürdige Revolution herbeigeführt haben könnte.« Wer spielte hier falsch?

Potemkins Antwort fiel verblüffend einfach aus, so wenig stichhaltig sie in der Sache auch gewesen sein mag. Der aktuelle Liebhaber der Kaiserin, Generaladjutant Lanskoi, sei lebensgefährlich erkrankt. Die Kaiserin sei darüber verzweifelt und handlungsunfähig. Panin mache sich diese Situation zunutze, um Katharina auf seinen politischen Kurs zu bringen. Potemkin merkte mit bedenklichem Gesicht an: »Mein Einfluß ist erloschen, besonders weil ich ihr geraten habe, ihren Liebhaber zu entfernen, der, wenn er im Palast sterben sollte, ihrem Ruf wesentlichen Schaden zufügt.«

Als ob Potemkin ein derartiger Umstand je interessiert hätte! Aber im diplomatisch-politischen Spiel war halt jedes Mittel recht. Harris wird sich gehütet haben, auch nur eine einzige Miene zu verziehen. Vielleicht hat er sogar anteilnehmend genickt.

Die Verhandlungen stagnierten. Keine Seite spielte ihre Karten aus. Wochen vergingen ohne den kleinsten Fortschritt. Als sich Potemkin und Harris endlich wieder einmal trafen, erneuerten sie lediglich die alten Argumente und bekannten Positionen, ohne ein Wort darüber zu verlieren, wie die Dinge zwischen ihnen weitergehen sollten. Potemkin spielte auf Zeit und forderte Harris zu einer schriftlichen Formulierung des britischen Standpunktes auf. Der englische Gesandte stand unter dem Druck seiner Regierung und lieferte das gewünschte Papier unverzüglich ab. Abermals verfloss ungenutzte Zeit. Langwierige Erkrankungen des Gesandten, Nikita Panins und Grigori Potemkins erschwerten die Verhandlungen zusätzlich.

Als alle beteiligten Personen wieder einigermaßen gesund und gesprächsbereit schienen, suchte Harris noch einmal den Grafen Panin auf. Der russische Außenminister diktierte ihm bei dieser Gelegenheit die definitive Antwort Katharinas II. Die Kaiserin lehnte zum Augenblicke ein Bündnis mit England ab. Sie ließe sich sowohl von ihrer Einschätzung der aktuellen politischen Situation in Europa als auch von ihrer Friedensliebe leiten. Kurz und bündig, ohne weitere Erklärungen. Harris war zutiefst enttäuscht und musste nach diesem Ergebnis mit heftiger Schelte seiner Regierung rechnen. Erschreckt und bedrückt lief er sofort zu Potemkin. Der empfing ihn im Bett – auch Panin hatte Harris eine Audienz an seinem Krankenlager gewährt. Potemkin las das Diktat Panins sorgfältig durch und machte zwei Bemerkungen zu dem Papier: Der Sachverhalt sei vollkommen richtig wiedergegeben, die Kaiserin akzeptiere die britischen Vorschläge nicht; aber die Sprache Panins sei nicht die ihre, sie selbst würde in ihrer Sprache niemals derartig »kalte Freundschaftsbeteuerungen, falsche Logik und Engstirnigkeit« gebrauchen. Potemkin bedauerte formal die Diktion, aber nicht den sachlichen Inhalt der Erklärung Panins. Die Kaiserin, Panin und Potemkin hatten sich einvernehmlich abgestimmt.

Der britische Gesandte wandte alle Überredungskünste an, um wenigstens Potemkin umzustimmen. Unter seinem starken Erfolgszwang drohte er, Russland könnte schließlich auch einmal in die Situation geraten, von England Hilfe erbitten zu müssen. Aber derartige leere Worte prallten an dem Fürsten ab. Potemkin riet ihm lediglich wohl wollend zu maßvollem Handeln und offenbarte ganz beiläufig einen Grundzug seines eigenen außenpolitischen Handelns: »Ihr müßt Geduld haben, verlaßt euch darauf, daß der Zufall Euch mehr zu Hilfe kommen wird als Eure ganze Rhetorik. Nutzt die Gelegenheiten aus, so wie sie sich entwickeln, und seid voll und ganz davon überzeugt, daß Ihre Kaiserliche Majestät sich Eurer Sache mit dem größten Eifer annehmen wird, sobald Ihr ihr einen besonderen und plausiblen Vorwand dazu verschafft.«

Die russische Regierung verlangte, folgt man den Worten Potemkins, für ein Bündnis mit England größere Zugeständnisse und Angebote, als sie bisher offeriert worden waren.

Den in Petersburg gewünschten »Vorwand« lieferte Spanien – zum Nutzen Russlands. Spanien brachte neutrale russische Schiffe auf und versteigerte deren Ladung meistbietend. Russlands Regierung protestierte in Madrid scharf gegen die Ausdehnung staatlich sanktionierter spanischer Piraterie auf russische Schiffe. Harris machte sich den Vorgang sofort zu Eigen. In einem Memorandum an die russische Kaiserin betonte er, die skandalösen Vorfälle erzwängen geradezu ein festes russisch-englisches Bündnis. Die Bourbonen seien zu weiteren Scheußlichkeiten fähig.

Eines Tages, es war im Februar 1782, ließ Potemkin ihn rufen und gab die überraschende Erklärung ab, Russland werde im

Frühjahr fünfzehn Linienschiffe und fünf Fregatten, eine für damalige Verhältnisse gewaltige Streitmacht, zum Schutz der eigenen Kauffahrer in den Atlantik auslaufen lassen. Der Fürst pries diese Idee mit leuchtenden Augen und hastender Eile als Ausdruck kaiserlicher Weisheit und als imponierendes Beispiel künftiger russisch-englischer Bündnistreue. Wozu bedurfte es bei diesem Tatendrang eines formellen Vertrages? Harris begriff sofort, in welche Falle ihn die Russen locken wollten. Er gab zu verstehen, dass er in dem russischen maritimen Unternehmen überhaupt keinen Bündnisakt zum Nutzen Englands erkennen könnte und wies diesen Gedanken von sich. Er wollte doch keinen Beitrag zur Schwächung der britischen Seemacht auf den Weltmeeren leisten!

Aber Potemkin überschüttete ihn mit vielen großen Worten: »Ich komme gerade von der Kaiserin: auf ihren ausdrücklichen Befehl erzähle ich es Euch; sie gab mir den Auftrag, Euch sofort ausfindig zu machen; sie sagte, sie wisse, es werde Euch freuen, und außer mir seid Ihr im Augenblick der einzige, der davon weiß.« Harris wusste diesen Vertrauensbeweis artig zu schätzen. Er versicherte noch einmal seine Überzeugung, dass die Person Potemkins den Weg zu einem russisch-englischen Bündnis garantierte. Insgeheim mag er mit den Zähnen geknirscht haben, denn bei Lichte besehen richtete sich die russische Absicht zu einem Hochseegeschwader im Atlantik gegen den Kaperkrieg seines Heimatlandes auf hoher See.

Die von Potemkin vorgetragene Idee stand mit der in jenen Jahren durch Russland verfolgten Politik der »Bewaffneten Neutralität« oder besser »Bewaffneten Seeneutralität« im Einklang. Nicht nur die Spanier kaperten neutrale Schiffe. England hatte in dieser Hinsicht eine internationale Führungsrolle übernommen. Die englische Erklärung, russische Schiffe nicht weiter aufbringen zu wollen, ist in der Praxis nicht in jedem Falle erfüllt worden. Zwischen 1780 und 1783 schlossen sich Russland, Dänemark, Schweden, die Niederlande, Preußen, Österreich, Portugal und Neapel zu einer Liga zusammen. Gemeinsam wollten sie sich der englischen Übergriffe auf hoher See und in Küstennähe erwehren. Die Grundlage ihres Bündnisses bildete eine Deklaration Katharinas II. vom 28. Februar 1780, die zum ersten Mal in der Geschichte ein verbindliches internationales Seerecht formulierte und fixierte.

Die Deklaration beinhaltete allgemeine Prinzipien zur Einschränkung von Kriegshandlungen gegen die internationale Handelsschifffahrt und forderte zum Respekt vor der neutralen Seefahrt auf. Bezeichnenderweise erkannten außer den Vertragspartnern nur die Kriegsgegner Englands – Frankreich, Spanien und die Vereinigten Staaten – die russische Deklaration an. Für Russland bedeutete die Erklärung der bewaffneten Neutralität einen politischen Erfolg. Obwohl der Kaperkrieg zumindest eingeschränkt fortgesetzt wurde, entzog die Liga England potenzielle Verbündete und ließ Russland als Führungsmacht ein stärkeres Gewicht in Europa erlangen. Die mit der Deklaration zum Ausdruck gebrachte Politik einer Veränderung des Gleichgewichts zwischen den europäischen Mächten begünstigte Russland in seiner Orientpolitik und bildete einen Hintergrund für die Annexion der Krim im Jahre 1783.

Die Kaiserin und Potemkin überschütteten Harris in der Folgezeit trotz ihrer politischen Meinungsverschiedenheiten mit Freundlichkeiten. Sie ließen in vager Form einen baldigen Abschied für Panin durchblicken und wiederholten ein um das andere Mal ihre Sympathie für die tatkräftige englische Nation. Deren maritime Siege feierte man in Petersburg mit Bällen und Feuerwerken. Katharina erklärte mehrfach ihre Unterstützung für England, vergaß jedoch nicht die Einschränkung hinzuzufügen: »… solange es mich nicht in einen Krieg verwickelt. Ich kann die Verantwortung dafür meinen Untertanen, meinem Nachfolger und vielleicht ganz Europa gegenüber nicht tragen.« Katharina – der aufgeklärte deutsche Friedensengel auf dem russischen Kaiserthron!

Vielleicht hat der britische Gesandte die politischen Hintergründe und Motive für Katharinas Handlungen nicht in jedem Falle durchschaut. Bisweilen gewinnt man den Eindruck, er dachte wirklich, das russische Zögern sei lediglich auf Intrigen übel wollender Rivalen am Petersburger Hof und auf das Phlegma Potemkins zurückzuführen. Selbst als ein Bestechungsversuch und Bemühungen zur heimlichen Unterwanderung von Mitarbeitern Potemkins ohne greifbare Ergebnisse blieben, kam Harris nicht darauf, dass Russland und England unterschiedliche politische Interessen verfolgten. Wenn Potemkin die Preußen oder Franzosen auch persönlich nicht besonders mochte, was bedeutete das schon für die Reichspolitik! Gegenüber England verhielt er sich keinesfalls aus Bequemlichkeit zurückhaltend, sondern weil Russlands Orient-Interessen im Vordergrund standen. Er blieb freundlich und zuvorkommend, bisweilen geradezu freundschaftlich im Umgang mit Harris. Die Verhandlungen selbst kamen nicht voran, sodass der Gesandte schließlich die Regierung in London um seine Abberufung bat. Er sah keine Möglichkeiten mehr, etwas für einen positiven Abschluss tun zu können.

Der britische Außenminister betrachtete die Dinge anders. Er forderte seinen Botschafter zur Beharrlichkeit auf. Harris forcierte die Gespräche nun derart intensiv, dass die Abgesandten aus Frankreich und Spanien protestierten, man ziehe ihnen den englischen Vertreter eindeutig vor. Die Herren Diplomaten scheuten nicht davor zurück, alle Begegnungen Potemkins mit Harris zu dokumentieren. Diese informelle Schnüffelei versetzte Potemkin in regelrechte Wut. Er lud Harris demonstrativ für eine Woche in sein finnisches Landhaus ein. Potemkin gestaltete die Atmosphäre sehr vertraulich. Harris, der selbstverständlich mit minuziöser Akribie über diese Woche nach London berichtete, glaubte, Potemkin offenbare ihm sein innerstes Wesen.

In rein persönlicher Hinsicht mag das vielleicht sogar der Fall gewesen sein. Die Fakten besagen, dass es keine Fortschritte hinsichtlich des eigentlichen politischen Zieles gab. Potemkin legte seine Beziehungen zur Kaiserin offen dar – ohne wirklich Neues zu sagen. Er wiederholte die bekannten Sprüche über seine Gegnerschaft zu Preußen und Frankreich. Für Harris war das ein mageres Resultat.

Die scheinbar so enge Vertrautheit Potemkins mit Harris rief den Neid der ausgegrenzten Diplomaten und der Feinde Potemkins hervor. Sie alle solidarisierten sich zu einem politischen Zweckbündnis. Die Vertreter Frankreichs, Spaniens und Preußens arbeiteten gemeinsam mit Graf Panin an der Abberufung des britischen Gesandten. Vielleicht konnte man Potemkins Position bei diesem operativen Vorgang erschüttern. Harris beging in dieser Intrige Fehler. Er begegnete dem falschen Spiel mit ungeduldiger Hast und blickte nicht genügend hinter die Kulissen. Wenn Potemkin ihm riet, die feindseligen Ränke gelassen auszusitzen und sich nicht aus dem Gleichgewicht bringen zu lassen, so verstand er das nicht. Natürlich unterwarf ihn seine Regierung einem starken Erfolgsdruck und zwang ihn ständig neu zu aktivem Handeln.

Der nächste englische Schritt zu einem Bündnis folgte im Oktober 1780. Die russische Kaiserin sollte durch territoriale Zugeständnisse gewonnen werden. Die britische Regierung wollte etwas anbieten, »was ihrem Ehrgeiz entgegenkam. Eine Gebietsabtretung, die geeignet sei, ihren Handel und ihre Flottenmacht zu verstärken und die Kaiserin zu verpflichten, mit Seiner Majestät ein Bündnis abzuschließen, den gegenwärtigen Krieg als casus foederis zu betrachten und uns totis viribus gegen Frankreich und Spanien und unsere aufständischen Kolonien zu unterstützen.« Harris ging zu Potemkin und legte diesem das Mammutprogramm vor. Potemkin hatte erstaunlicherweise sofort ein konkretes Verhandlungsobjekt zur Hand. Harris berichtete nach London: »Fürst Potemkin sagte mir zwar nicht direkt, gab mir aber klar zu verstehen, daß die einzige Abtretung, welche die Kaiserin bewegen könnte, ein Bündnis mit uns abzuschließen, die Übergabe Menorcas sei.«

Menorca, eine balearische Insel im westlichen Mittelmeer, befand sich seit 1763 in britischem Besitz. Sie galt mit dem Hafen Port Mahón als hervorragender Flottenstützpunkt von außerordentlichem strategischen Wert. Potemkin schien von der Insel derart fasziniert, dass er das Thema wieder und wieder anschnitt. Er malte Harris in blühenden Farben aus, welch großen politischen Erfolg es gegenüber Frankreich bedeuten würde, wenn russische Soldaten erst einmal durch Port Mahón spazierten. Harris bekam vor der eigenen Courage Angst. Er wiegelte ab: Er habe diese Idee selbst erdacht und noch keine Rückendeckung bei seiner Regierung. Potemkin ließ sich nicht mehr bremsen: »Ein solcher Erwerb wäre eine Säule des kaiserlichen Ruhmes mitten im Meer«, und er würde dafür einstehen, unter Inaussichtstellung einer solchen Abtretung, die Kaiserin zu allem zu überreden. Er forderte Harris auf: »Überredet Eure Minister, daß sie uns die Insel geben, und wir werden für Euch den Frieden erwirken und uns dann mit Euch durch das engste und dauerhafteste Bündnis verbinden.«

Harris musste jetzt handeln. Das so sehnlich erhoffte Bündnis schien greifbar nahe. Er forderte seine Regierung zu einer Entscheidung auf und erhielt bald einen am 20. Januar 1781 ausgefertigten Brief aus London. Das Schreiben des Außenministers verzichtete auf alle Förmlichkeiten und kam sofort zur Sache: »Fürst Potemkin hat die Blicke seiner Monarchin in der Tat auf ein großes Objekt gelenkt, auf eine höchst wertvolle Besitzung, die zu erwerben wir uns eifrig bemühten und die uns zu erhalten wir stets bestrebt waren.« Wer einen so wertvollen Schatz aus der Hand gibt, müsste dafür schon gute Gründe besitzen, die auch vor der Öffentlichkeit standhielten. Die Übergabe wäre ein »ausschlaggebender Freundschaftsbeweis« und der Unterpfand eines »ewigen Bündnisses«.

Wenn England die Insel an Russland abträte, brächte es ein Opfer. Jedes Opfer hätte bekanntlich seinen Preis: »Fürst Potemkin sah sofort die vielen Vorteile, die Rußland aus einem solchen Erwerb ziehen könnte, aber er begnügte sich mit sehr vagen und allgemeinen Wendungen hinsichtlich der Verpflichtungen, die die Kaiserin unserem Lande gegenüber eingehen könnte.« König Georg III. hätte natürlich volles Vertrauen in die Lauterkeit seiner kaiserlichen Schwester. Deshalb sei der Außenminister ermächtigt worden, jene Bedingungen mitzuteilen, unter denen Britannien zu dem großen Opfer bereit wäre.

Kaiserin Katharina II. sollte auf der Grundlage des Friedens von Paris zwischen Großbritannien und Portugal, bzw. Frankreich und Spanien aus dem Januar 1763 einen Frieden zwischen England, Frankreich und Spanien herbeiführen. Eine Änderung des Vertrags von 1763 sollte die zwischenzeitlich von England in Besitz genommenen Gebiete bestätigen. Frankreich sollte unverzüglich Rhode Island und alle anderen nordamerikanischen Kolonien Englands räumen. Es dürfte keine Verhandlungen mit den nordamerikanischen Aufständischen geben und auch Russland habe sich jeglicher Vermittlung zu enthalten: »Wenn die Kaiserin von Rußland einen solchen Frieden herbeiführen will ... so wird der König Ihrer Kaiserlichen Majestät und der Kaiserlichen Krone von Rußland die Insel Menorca abtreten. Die Abtretung wird so bald wie möglich stattfinden, nachdem die Vorverträge zu dem oben beschriebenen Friedensvertrag unterzeichnet worden sind. Ein dauerndes Defensivbündnis zwischen Großbritannien und Rußland, das im Vertragstext die Abtretung und Garantie Menorcas mitumfaßt, wird am gleichen Tage unterzeichnet werden wie die oben erwähnten Vorverträge.«

Das war jedoch nur der erste Teil der Verpflichtungen, die Russland eingehen sollte. England erklärte, die Übergabe der Insel sei an ein völkerrechtliches Procedere gebunden, aber die reale Verpflichtung zur Übergabe könne man sofort übernehmen. Sie müsste aus vielen Gründen geheim bleiben und außerdem hätte Russland weitere Bedingungen zu erfüllen: Die gesamte auf der Insel installierte militärische Ausrüstung müsste von Russland gekauft werden und der Hafen allen britischen Kriegs-, Kaper- und Handelsschiffen uneingeschränkt geöffnet bleiben. Die gesamte russische Mittelmeerflotte hätte sofort den Schutz der noch England gehörenden Insel zu übernehmen. Nicht ohne einen gewissen Sarkasmus schloss die Instruktion: »In Kürze wird sich zeigen, ob Fürst Potemkins Auffassung über die Absichten Ihrer Kaiserlichen Majestät richtig oder falsch ist.« Dem Gesandten wurde aufmunternd bestätigt, dass er zweifelsohne eine harte Nuss zu knacken habe. Aber: »Eine reiche Ernte wirklichen Ruhmes wird Sie bei der Durchführung eines solchen Planes erwarten.«

Harris ging mit Feuereifer an die Aufgabe. Er sprach wieder und wieder mit dem Fürsten Potemkin. Gar zu gern hätte er das persönliche Gespräch mit der Kaiserin geführt. Aber Katharina behandelte den Antrag zögerlich. Harris, wortreich von Potemkin sekundiert, suchte den Grund in den Einflüsterungen der Panin-Partei, aber auch im Einfluss Josephs II., der ein russisch-britisches Bündnis mit Misstrauen betrachtete. So zumindest stellte es Harris Ende 1780 dar. Potemkin verwies unermüdlich darauf, wie gering sein Einfluss auf die Außenpolitik der Kaiserin sei: »Manchmal, wenn ich über auswärtige Angelegenheiten spreche, würdigt sie mich überhaupt keiner Antwort, und auf andere Fragen antwortet sie erregt und mißvergnügt.«

Potemkin pokerte. Natürlich erreichte er sein Ziel und teilte es Harris freudestrahlend mit. Potemkin wusste, dass die Kaiserin das Bündnis mit England ablehnte. Der Engländer bekam ausführliche Verhaltensmaßregeln mit auf den Weg zur Kaiserin, die ihn in die Irre führen konnten: Aufrichtig und ehrlich sollte er sein, ja nicht die Bewaffnete Neutralität in Frage stellen und im Übrigen schmeicheln: »Ihr könnt nicht salbungsvoll genug sein, doch schmeichelt ihr für das, was sie sein sollte, nicht das, was sie ist.« Potemkins Worte: »Sie erwartet nur, daß man ihr Lob spendet und Komplimente macht. Gewährt ihr das, und sie wird Euch dafür die gesamte Macht ihres Reiches zur Verfügung stellen«, waren reiner diplomatischer Schaum. Katharina hielt strikt daran fest, sich in keinem Fall in Englands innere oder äußere Angelegenheiten einzumischen. Außerdem, so sympathisch die Engländer auch wären, es gäbe genügend Anlass, sich über deren Verhalten gegenüber Russland zu beklagen. Den Vorschlag einer Übertragung Menorcas in russische Hände lehnte die Kaiserin rundweg ab. Aus Bemerkungen Potemkins wissen wir, dass die harten englischen Bedingungen sie zu der Ablehnung zwangen.

Es gab für sie nur einen Weg zu dem von England gewünschten Bündnis: Der Respekt vor der russischen Politik bewaffneter Neutralität. Harris verstand das und forderte von seiner Regierung, russische Schiffe unbehelligt über die Meere fahren zu lassen. London lehnte das ab. Das russisch-englische Bündnis, in das Potemkin viel Zeit und Kraft investiert hatte, kam nicht zustande. Die Gründe lagen nicht in mangelndem Verhandlungsgeschick oder in subjektiven Stimmungen Potemkins. Die Politik der Bewaffneten Neutralität, die orientalische Frage und der englisch-französisch-spanische Krieg sowie der Kolonialkrieg in Amerika bestimmten die gegensätzlichen Interessen.

Nicht nur Potemkin suchte die Gespräche im Sinne der russischen orientalischen Ziele zu beeinflussen. Auch der englische Unterhändler erhielt aus London die Weisung, »im geheimen sich zu widersetzen, aber nach außen hin auf Katharinas Ansichten einzugehen«. Für die Kaiserin besaß das Bündnis mit Österreich gegen die Türkei Priorität und dementsprechend handelte sie. Potemkin, der den Kontakt zu England nicht abreißen lassen wollte, empfahl Harris, den Weg über Österreich zu suchen. Auch dieses Bemühen brachte kein greifbares Resultat.

Obwohl die persönlichen Beziehungen zwischen Potemkin und Harris auch in den folgenden Monaten wenig an Herzlichkeit und Vertrauen einbüßten, lockerten sie sich zwangsläufig. Im Auf und Ab der Gunstbezeugungen durch die Kaiserin, im Wechsel der Gefühle zwischen Katharina und Potemkin und durch die Vorbereitungen auf die Annexion der Krim traten die russisch-englischen Verbindungen etwas in den Hintergrund.

Es wäre verfehlt, Potemkins Rolle in der russischen Außenpolitik lediglich aus dem russisch-englischen oder aus dem russisch-österreichischen Verhältnis abzuleiten. Er betonte sehr oft, dass sein Einfluss auf die Außenpolitik gering sei. Potemkin vermischte hier Dichtung und Wahrheit. Potemkin übte nicht die Herrschaft über die russischen auswärtigen Beziehungen aus. Es gab ein ständiges Auf und Ab in den Beziehungen zu Nikita Panin. Stets musste Potemkin mit der Existenz einander entgegengesetzter Parteien rechnen – und mit den subjektiven Wünschen der Kaiserin.

So wie er sich für Russlands Interessen in den Beziehungen zu England engagierte, beschäftigte er sich mit allen außenpolitischen Fragen, die Russland in jenen Jahren bewegt haben. Für Potemkin waren die russisch-polnischen Beziehungen von besonderem Interesse, weil sie mit dem Verhältnis zu Österreich, der Türkei und Preußen im engen Zusammenhang standen.

Potemkin hat auf die polnischen Teilungen nicht persönlich Einfluss genommen, sondern die Dinge so gehandhabt, wie sie waren. Seiner Lebensphilosophie und politischen Aktivität entsprach das offene Eingeständnis: »… wir schauen hier weder vorwärts noch zurück und lassen uns nur durch den Impuls der Stunde regieren.« In diesem Sinne beobachtete Potemkin aufmerksam das Verhalten Schwedens und sorgte sich um die Gefahren, die von einem möglichen schwedischen Angriff ausgehen konnten. Er setzte sich für eine vertragliche Regelung der Handelsbeziehungen zum Königreich Frankreich ein. Allein die politische Gegnerschaft zu Preußen blieb unverrückbar und mit vielen Bosheiten gespickt – in diesem Punkte spiegelte er ganz das Verhalten seiner Kaiserin.

Da Potemkins wichtigster Aktionsbereich im Süden lag, erlangten seine politischen Beziehungen zur Türkei besondere Bedeutung. Er äußerte mehrfach die Absicht, persönlich nach Konstantinopel reisen zu wollen. Der russische Botschafter in der türkischen Hauptstadt, Bulgakow, konnte dieses abenteuerliche Vorhaben nur unter Aufbietung aller Kräfte verhindern. Der Reichsfürst wäre mit Sicherheit in die berüchtigte Festung mit den sieben Türmen gesperrt worden. Statt einer persönlichen Visite in Konstantinopel unterhielt Potemkin mit dem Gesandten Bulgakow einen ausgedehnten Briefwechsel. Ihre Korrespondenzen besitzen einen hohen Erkenntniswert über das Wesen der russischen Reichspolitik jener Zeit.

7. Potemkin in der russischen Außenpolitik

Im Oktober 1783 sandte die Kaiserin eine Reihe von Weisungen an Bulgakow. Er sollte seine diplomatische Kunst zur Bewahrung des mohammedanischen Glaubens auf der Krim einsetzen. Sie informierte ihn über den Stand der Beziehungen zu Frankreich und über die russische Absicht, den französischen Gesandten bei der Hohen Pforte zu diskreditieren. An und für sich hatte das kaiserliche Schreiben keine außergewöhnliche inhaltliche Bedeutung. Die Kaiserin ließ den Brief jedoch über die Administration Potemkins expedieren und der Fürst erteilte in einem eigenen Begleitschreiben jene Ratschläge, die das Handeln des Gesandten erst zum Politikum machten.

Potemkin drückte den Weisungen der Kaiserin im konkreten Falle seinen persönlichen politischen Stempel auf. Es darf angenommen werden, dass es sich nicht um einen isolierten Einzelfall gehandelt hat. Der Fürst schrieb an Bulgakow: »Geld kann ohne Zweifel starke Wirkung auf die Gewinnsüchtigen haben, aber nicht weniger vermag auch der Eindruck der Furcht, wenn Sie den Leuten, die die Macht haben, drohen und durch schickliche Einflüsterungen zu wissen geben, in welcher Bereitschaft jetzt unsere Truppen sind, um ihnen auf das erste Signal hin empfindliche Niederlagen beizubringen; damit vollenden Sie die Hälfte des Weges.« Bulgakow sollte die türkische Regierung durch Drohungen beeinflussen, weder ein Bündnis mit Frankreich zu wagen, noch gegen Russland aktiv zu werden. Potemkin fügte hinzu: »Aus dem ruhigen Verhalten unserer Truppen können die Türken auf die friedliebenden Absichten Ihrer Majestät schließen und darum alle Sorge über den Krieg aufgeben.« Zu jenem Zeitpunkt wechselte die Krim in den russischen Besitz über. Die Kolonisierung Südrusslands und die Militärreform befanden sich im Anfangsstadium.

Im Dezember 1786 hatte sich die Situation erheblich verändert. Die Kaiserin hatte ihrem Generalgouverneur am 16. Oktober 1786 die volle Entscheidungsgewalt über Krieg und Frieden an den südlichen Grenzen übertragen. Der Oberkommandierende der russischen Armeen hielt damit alle Fäden der russischen Politik gegenüber der Türkei in seiner Hand. Am 13. Dezember 1786 richtete Potemkin an Bulgakow die Mahnung: »Ihre Kaiserliche Majestät verlangt von der Pforte volle Genugtuung. Ich bin bevollmächtigt, ihr Recht mit Gewalt zu sichern, die Truppen sind in voller Bewegung, nur schnelle Erfüllung kann das Handeln der Waffen aufhalten. Ew. Exzellenz haben nach Empfang dieses Schreibens von der Pforte eine Konferenz zu fordern, in der vorzutragen ist, daß wir weiteren Aufschub nicht dulden werden, und erklären, daß Sie mir sogleich über ihre Beschlüsse Nachricht geben müssen und daß ich schon an der Grenze sei.« Diese demonstrative Gewaltandrohung bildete den Auftakt zu jenem Spiel, das den neuen Krieg einleitete. Potemkin inszenierte die erste Runde in dem militärpolitischen Poker.

In den folgenden Monaten bereiteten die Regierung, der Petersburger Hof und die landesweiten Administrationen die große Reise der Kaiserin in den Süden vor. Es gehörte zur Begleitmusik dieser Reise, dass der Ton gegenüber der Türkei mehrfach zwischen Drohung und Beschwichtigung wechselte. Am 30. Mai 1787, während ihrer großen Fahrt nach Südrussland, instruierte Katharina den Gesandten in der Türkei: »Zur Drohung ist nicht eher zu schreiten als nach Erschöpfung friedlicher Mittel und wenn solche Drohungen nicht mehr weit von ihrer Ausführung sind.« Diese Verschleierungspolitik hielt Potemkin bis zur letzten Stunde aufrecht. Warum sollte er sich in der Außenpolitik anders verhalten als in seinen übrigen Lebensbereichen?

8.
Eine bedeutende und schillernde Persönlichkeit Russlands und Europas

Von Katharina II. wird gesagt, dass sie ein ungewöhnlich arbeitsamer Mensch war. Obwohl sie in den Jahren vor 1762 umfangreiche individuelle Studien zur Kunst der Staatsführung betrieben hatte, besaß sie im Grunde nur eine mangelhafte Vorbildung für die konkreten Aufgaben im komplizierten Herrscheramt. Die unzulängliche Vorbereitung machte sie durch unermüdlichen Arbeitseifer wett. In dieser Hinsicht unterschied sie sich ohne Zweifel von manchem ihrer Vorgänger auf dem Zarenthron. Die Kaiserin las viel. Sie führte eine märchenhafte Korrespondenz und schrieb Entwürfe für Gesetze und Verordnungen. Sie pflegte einen ausführlichen Meinungsaustausch mit ihren Beratern. Menschen, zu denen sie festes Vertrauen gefasst hatte, konnten ihr offen die Meinung sagen. Kritische Beobachter mussten nicht sofort die kaiserliche Ungnade fürchten. Selbst das typische Schicksal vieler unbequemer russischer Politiker – die Verbannung auf ungewisse Zeit in entlegene Gegenden – hielt sich in vertretbaren Grenzen. Aus dieser Sicht erscheint auch der intensive und offene Umgang mit Grigori Potemkin logisch. Natürlich hat Katharinas Art zu regieren auch Potemkins Lebens-, Herrschafts- und Arbeitsstil geprägt.

Fürst Potemkin war nicht der einzige Berater, der das Privileg der unmittelbaren Nähe zur Kaiserin genoss. Er war auch nicht der einzige Mitarbeiter, der diesen Vorzug über viele Jahre exklusiv für sich in Anspruch nehmen durfte. Selbst wenn es im Auf und Ab von Intrigen, politischen Wendungen oder kriegerischen Handlungen immer wieder personelle Veränderungen am Hofe gegeben hat, so gelang es doch einer Reihe charakterstarker Persönlichkeiten, die Kontinuität in den engen Beziehungen zur Kaiserin zu wahren. Grigori Orlow lebte länger als zehn Jahre an der Seite Katharinas. Wenn er den Bogen seiner Selbstsucht nicht überspannt hätte, ein wenig origineller gewesen wäre und die Flexibilität seiner Herrin in der Reichspolitik beachtet hätte, wäre er nicht vom Hofe verbannt worden. Die positiven Möglichkeiten zur dienstbaren Persönlichkeitsentfaltung nutzte sein Bruder Alexei Orlow. Dessen Einfluss auf die Kaiserin blieb bis an deren Lebensende erhalten. Selbst Graf Panin, dessen politische Rolle mit fortschreitenden Lebensjahren und durch den Aufstieg Potemkins zurückging, diente der Kaiserin fast zwanzig Jahre in beständiger Treue. Selbst danach blieb er ihr als Prinzenerzieher verbunden. 1764 ernannte die Kaiserin den Fürsten Wjasemski zum Generalprokurator, zum Obersten Reichsanwalt. 1792, nach fast dreißig Jahren, schied er allein aus gesundheitlichen Gründen aus dem Dienst. Ähnlich stabile Lebensläufe konnten Alexander Besborodko oder Graf Alexander Woronzow, der Präsident des Kommerzkollegiums, aufweisen. Sie alle erhielten von der Kaiserin hohe Anerkennungen, Geschenke, Geld, Orden und Leibeigene; sie verfügten in der Regel über beachtliche eigene Einkünfte. Niemand aus dieser treu ergebenen Phalanx starb in der Verbannung. Alle nahmen gleichermaßen an dem luxuriösen Leben des autokratischen Hofstaats teil. Im Unterschied zu den meisten »Günstlingen« besaßen sie einen realen politischen Einfluss. Sie entschieden sogar über die Auswahl und die Verweildauer der Günstlinge in den kaiserlichen Privaträumen.

Grigori Potemkin errang die größte historische Bedeutung unter all diesen bemerkenswerten Menschen. Er hatte sich in den Jahren nach 1774 bei der Kaiserin, am Hof und im Reich etabliert. Die persönlichen Beziehungen zur Herrscherin, höfische Intrigen und Rivalitätskämpfe sowie die Reichspolitik mit ihrem antitürkischen Schwerpunkt bestimmten den Alltag des Fürsten. Er stellte sich auf die Probleme ein und beherrschte sie in zunehmendem Maße. Potemkins Stellung an der Reichsspitze war und blieb widersprüchlich und wechselhaft – je nach dem Grad der kaiserlichen Gunst und abhängig davon, wie er selbst seine vielen Aufgaben erfüllte, bzw. wie seine Umwelt auf ihn reagierte. Das Verhältnis zwischen den Reichsinteressen und den persönlichen Ambitionen Potemkins war von ausschlaggebender Bedeutung für die Beurteilung seiner Handlungen.

Die daraus resultierenden Konflikte schufen nicht selten Verwirrung, denn in der politischen, diplomatischen und höfischen Sprache des 18. Jahrhunderts, mit ihrer Kunst, Dinge zu verschleiern, wegzulassen oder entgegen dem eigentlichen Sinn auszudrücken, blieben Wunsch und Realität verschlungen und nur schwer durchschaubar. Zudem pflegte Fürst Potemkin einen Lebens- und Arbeitsstil, der das Ungewöhnliche seiner schillernden Persönlichkeit betonte. Permanent gab er Anlass zu Ärger, Aufregung und Unmut. Er benötigte nur kurze Zeit, bis ihm der Ruf eines ungebärdigen Exzentrikers anhaftete. Seine Lebens- und Umgangsformen standen keineswegs im Widerspruch zur höfischen Ordnung. Sie waren lediglich ein Ausdruck für das aristokratische Leben in Russland im Geist des ausgehenden 18. Jahrhunderts. So wie Potemkin lebte, arbeitete und regierte, so entwickelten sich Inhalt, Methode und Stil der russischen Reichspolitik. Potemkin, das waren Katharina und Russland unter den konkreten Vorzeichen des 18. Jahrhunderts. Sein überragender Einfluss darf durchaus in diesem generalisierenden Sinne gesehen werden.

Der Fürst von Taurien war in seiner ruhelosen Aktivität allgegenwärtig. Er regierte das Südland von St. Petersburg aus, residierte in Krementschuk oder Jekaterinoslaw, lebte in den Feldquartieren der Armee oder befand sich auf Reisen durch das Reich. Überall und nirgends konnte man ihn treffen. »Such den Wind im Felde«, sagt ein russisches Sprichwort.

Er korrespondierte, schrieb unentwegt Briefe, Notizen oder Anweisungen. Er hatte nahezu alle Dinge, für die er verantwortlich zeichnete, fest im Griff. Nur ein Bruchteil seines umfangreichen Schriftwechsels hat bislang das Licht einer interessierten Öffentlichkeit erblickt. Potemkin konzipierte, verwirklichte und kontrollierte alle wichtigen Angelegenheiten Russlands und seines eigenen Reichs in den südlichen Steppen. Er verfügte über einen persönlichen Stab mit etwa fünfzig exzellenten Fachleuten aller Verwaltungsressorts. Potemkin stabilisierte die Unabhängigkeit dieses qualifizierten Stabes, indem er ihn aus seinen eigenen Mitteln finanzierte (die letztlich jedoch zum größten Teil von der Kaiserin kamen). Potemkins persönliche Administration genoss eine Autorität, die in Russlands Verwaltungen und Institutionen ihresgleichen suchte.

In Potemkins Namen erließ die Kanzlei Befehle und Vorschriften an alle Reichsinstitutionen, die mit den Vorgängen in Südrussland befasst waren. Der Sekretär Popow regierte wie ein unabhängiger Minister. Er sicherte seine Stellung durch die Loyalität gegenüber dem Fürsten und durch ein eigenes hocheffizientes Informationssystem. Die Popow übersandten Berichte erwecken den Eindruck, dass die russische Provinz die Kaiserin als den über allen Niederungen des Lebens schwebenden Gott respektierte, den Fürsten Potemkin aber als den wirklichen Herren Russlands betrachtete. Bei dem in Russland allgegenwärtigen autokratischen Herrschaftsstil und der damit verbundenen Untertänigkeit verwundert dieser Eindruck nicht, erregt aber Aufmerksamkeit, weil die Kaiserin keinen anderen Regierungsstil pflegte.

Potemkins ausgeprägte Fähigkeit, über alle wichtigen und interessanten Vorgänge im In- und Ausland informiert zu sein, sicherte ihm eine lang anhaltende und einzigartige Monopolstellung im Reich. Er wusste Dinge, die kein anderer Würdenträger erfuhr. Wenn er im Süden weilte, ließen ihm seine Informanten die Neuigkeiten aus der Hauptstadt zukommen. Ebenso verhielt es sich im umgekehrten Falle. Popow hatte alle dienstlichen und viele private Angelegenheiten Potemkins im Kopf und auch fest im Griff.

Außerdem gab es den General Michail Garnowski. Der agierte ständig in der Hauptstadt, regelte Potemkins private Probleme und hielt den permanenten Kontakt zu allen notwendigen Diplomaten, Politikern und Würdenträgern. In einer schier unendlichen Flut von Briefen berichtete er über alle Wichtigkeiten, aber auch über jeden Klatsch und Tratsch des Hofes an Popow. Der filterte die Nachrichten und bereitete sie für den Fürsten auf. Potemkin konnte die Reichspolitik und die höfischen Intrigen jederzeit zu seinen Gunsten beeinflussen und lenken. Auf diesem Wege überprüfte er sogar die Liebhaber der Kaiserin und wechselte sie aus.

Nur durch dieses vollkommene Informationssystem konnte Potemkin die uneingeschränkten Vollmachten als Militärbefehlshaber und als Beauftragter für die zivile Verwaltung wahrnehmen. Die Befugnisse erlaubten es ihm, bürokratische Hierarchien zu umgehen und autoritative Entscheidungen zu treffen. Aber die Beschlüsse mussten sachkundig sein und vor den Kritikern Bestand haben. Den gleichen Arbeitsstil erlaubte Potemkin auch den ihm unterstellten Gouverneuren, die sich in allen Fragen direkt an ihn wenden durften. Die von Potemkin eingeführte Ordnung fußte zudem auf der Besonderheit, dass sich die Kolonisierung unter militärisch geprägten Ausnahmebedingungen vollzog. Die zuvor unbesiedelten Grenzgebiete befanden sich über viele Jahre faktisch im Kriegszustand. Die Kriegsvorbereitungen gegen die Türkei und der Krieg selbst bestimmten die Arbeitsweise der zivilen Institutionen.

Unter diesen Voraussetzungen glich Potemkin auch in den zivilen Angelegenheiten eher einem Kriegskommissar und Militärbefehlshaber als einem Verwaltungsfachmann. Jede beliebige Maßnahme wurde unter militärischen Gesichtspunkten angeordnet, verwirklicht und kontrolliert. Die regionalen und finanziell-materiellen Gegebenheiten und Bedürfnisse spielten nur insofern eine Rolle, als sie für das militärische Ziel förderlich oder hinderlich erschienen. Im Unterschied zum gesamten Reich praktizierte Potemkin in seinen Kolonien eine harte Militärautokratie. Sie versprach unter den gegebenen Bedingungen den höchstmöglichen Effekt für die Ausweitung des Reichsbesitzstandes.

Dabei umgab er sich mit allen Privilegien, Titeln und Rechten eines selbst ernannten Herrschers. Briefe an Potemkin zählten in der Anrede nicht weniger Titel als bei einem hochvermögenden und aristokratischen Herrscher auf. Manche Briefschreiber vergaßen in ihrem Eifer, Potemkin zu gefallen, dass er ein Untertan der Kaiserin blieb, und vergriffen sich in der Titulatur. Potemkin wird das wohl nicht ernsthaft böse aufgenommen haben. Es ist aber auch nicht anzunehmen, dass er lediglich einer selbstgefälligen Marotte nachging. Titel und Ehrenzeichen gehörten zum Absolutismus wie die Seidenstrümpfe an den mehr oder minder schönen Männerbeinen. Viel wichtiger erscheint dagegen, dass der Fürst dank seiner Nähe zur Kaiserin und aufgrund seiner vielen Ämter über ein großes Spektrum personalpolitischer Entscheidungsfreiheiten verfügte. Er – nicht die Kaiserin – ernannte den Ataman des Donkosakenheeres, gewährte hohe und höchste militärische Titel und Ämter. Der Fürst gebot in seinem Verantwortungsbereich über alle Dienstränge, die nach der von Peter I. erlassenen Rangtabelle über die gesellschaftliche Stellung des jeweiligen Inhabers entschied. Natürlich durfte er auch Auszeichnungen in Gestalt von Privilegien, Landgütern und Leibeigenen vergeben. Wie sollte ein solch einflussreicher Mensch nicht umschmeichelt werden? Die endlosen Titel bildeten einen Teil seiner selbst und gingen in die Lebenslegende ein, die so eifrig genährt wurde.

Potemkin gab sich königlich und nicht als hoher Verwaltungsbeamter. Er hatte keine Mitarbeiter, die ihm aus dienstlichen Gründen unterstellt waren, sondern herrschte patriarchalisch über seine »Untertanen«. Gegenüber hohen Offizieren und Beamten ließ er jenes Maß an Despotie walten, zu dem ein Herrscher des 18. Jahrhunderts fähig und berechtigt gewesen ist. Das Geheimnis seines Erfolges bestand in einer Kombination zwischen der Nutzung der ihm zur Verfügung stehenden politischen und finanziellen Mittel, seinen individuellen Fähigkeiten und dem eigenen Verständnis von den Aufgaben eines russischen Herrschers. Die daraus erwachsende Gewalt der Lasten ließ ihn allmählich zum Neurotiker werden, mit allen damit verbundenen Erscheinungen zwischen hochaufstürmendem Aktivismus und tiefen Depressionen. Eine Laune der Geschichte hatte ihn in schwindelnde Höhen getrieben und bisweilen blickte er schaudernd in die Abgründe, die sich unter ihm auftaten, um dann, getrieben vom Glück und der Verantwortung bis zum bitteren Ende weiterzuhasten.

Potemkin trat als ernsthafter Politiker in Katharinas Leben, als diese bereits begann, auf ihre hoch gesteckten Reformpläne zu verzichten. Gouvernementsreform und Adelserlasse reflektierten die Aufklärung nicht mehr, von den Kriegen gegen die Türkei ganz zu schweigen. Potemkin blieb in allen Lebensäußerungen ein »Russe« und in den Traditionen seines Standes verfangen. Dem französischen kulturellen Einfluss verschloss er sich weit gehend, obwohl er natürlich die französische Sprache beherrschte. Biografen Potemkins betonen seinen Hang zur orthodoxen Religion, die Bereitschaft zu endlosen theologischen Disputen und mehrfache Versuche, einen Weg in das Kloster zu finden. Für einen Menschen seines Lebenswandels war diese Tendenz zweifellos überraschend. Sie stand jedoch mit den Traditionen des russischen Herrschaftsverständnisses im Einklang. Iwan IV. lebte ebenso wie Peter I. als tief religiöser Mensch und ließ am Ende sogar Seelenmessen für die von ihm hingeschlachteten Opfer lesen.

Daran gemessen, erscheint die Spanne zwischen Orthodoxie und Lebensgenuss bei Potemkin eher klein. Wie Iwan IV. glaubte Potemkin fest daran, dass ihn seine grenzenlose Macht zur Sünde verleitete und dass daraus ein besonders hohes Maß an Verantwortung gegenüber dem Volke resultierte. Dieser Glaube und die Tatsache, dass die Nachwelt die Lebensleistung Potemkins an den Verhaltensweisen russischer Zaren gemessen hat, ist für sich bereits ein Beleg, dass Potemkin tatsächlich eine überragende Persönlichkeit der russischen Geschichte war. Niemals hat man ihn mit Persönlichkeiten seines Ranges verglichen. Er verfügte über ganz wesentliche Merkmale eines Autokraten: Wo er auch in Erscheinung trat, beherrschte er die

Szene und ihre Handlungen. Sein äußeres Erscheinungsbild stand damit in vollem Einklang. Potemkin verfügte über einen brillanten Intellekt und scharfen Verstand, verbunden mit einem ausgezeichneten Gedächtnis und der Fähigkeit zu weit vorausschauenden und kühnen Träumen. Ebenso wie er sich glänzend beliebt machen konnte, war er auch abgrundtief verhasst. Gerade darin kam zum Ausdruck, dass all seine bemerkenswerten Fähigkeiten und Eigenschaften wenig genützt hätten, wenn er nicht dank seiner Persönlichkeit Jahr um Jahr die Gunst der Monarchin besessen hätte. Altes Moskau und neues Europa, Iwan IV. und Peter I. – alles verband sich mit der Person Potemkins und seinem Verhältnis zur Kaiserin, zu Russland.

Objektiv betrachtet, hat man Potemkin vor allem den überschwänglichen Lebensstil zum Vorwurf gemacht. Seine beispiellose Arroganz und Anmaßung nutzten die Gegner der kaiserlichen und potemkinschen Orientpolitik, um ihn persönlich zu demütigen und die Politik zu Fall zu bringen. Indes, Potemkin blieb in Verbindung mit der Kaiserin eine so starke Persönlichkeit und ein derart aktiver Ausnahmepolitiker, dass ihm zu Lebzeiten kaum eine Intrige etwas anhaben konnte.

Die politischen und persönlichen Gegner richteten ihre Angriffe vornehmlich auf das Verhältnis zur Kaiserin, das sich nach den zwei Jahren stürmischer Leidenschaften für die Außenwelt merkwürdig genug entwickelte. Der permanente Wechsel zwischen emotionalem Streit, zärtlicher Hingabe und gemeinsamen politischen Ideen und Aktionen führte zu verständnislosem Staunen am Hofe. Die Höflinge konnten niemals verstehen, warum Katharina stets die Initiative zur Versöhnung ergriff, Potemkin zu keinem Zeitpunkt an Macht einbüßte und sie beide gemeinsam die intriganten Anschläge auf ihre streitbare Harmonie abwehrten. Die Lebenserinnerungen des Schwagers Potemkins, Engelhardt, beschreiben einen Vorfall aus dem Jahre 1783, der diese ganze Atmosphäre eindrucksvoll dokumentierte: »Aus einer Reihe von Gründen zeigte sich die Kaiserin ihm gegenüber ungnädig, und er war tatsächlich drauf und dran, ins Ausland zu reisen. Die Kutschen standen schon bereit. Der Fürst stellte seine Besuche bei der Kaiserin ein und erschien nicht mehr im Palast. Aus diesem Grunde suchte auch niemand vom Hofe oder von den anderen Adligen ihn auf. Schließlich sah er sich von allen verlassen. In der Nähe seines Hauses war nicht ein einziger Wagen zu sehen, obwohl sonst gewöhnlich die ganze Millionnaja-Straße mit Fahrzeugen versperrt war, so daß es kaum ein Durchkommen gab.

Die Fürstin Daschkowa informierte die Kaiserin durch ihren Sohn, der Oberst und Flügeladjutant des Fürsten war, über verschiedene Mißstände in der Armee: Auf Grund seiner schlechten Verwaltung habe die Pest in der Provinz Cherson um sich gegriffen; die Italiener und andere Ausländer, die man dort auf unfruchtbarem Boden angesiedelt habe, seien praktisch alle dem Tod zum Opfer gefallen, da weder Unterkünfte noch sonst das Notwendigste für ihren Bedarf vorbereitet worden sei; die Landverteilung erfolge ohne geordnetes System und von den Leuten aus seiner Umgebung werde arger Mißbrauch getrieben ...«

Die Kaiserin hörte sich die wohlmeinend-schadenfrohen Denunziationen an, glaubte jedoch kein Wort: »Mit Hilfe besonders vertrauenswürdiger Leute stellte sie im geheimen fest, daß die Feinde Seine Durchlaucht grundlos beschimpft und verleumdet hatten, den Mann, den sie als Helfer bei der Regierung schätzte Die Kaiserin entzog von nun an der Fürstin Daschkowa ihre Gunst und schenkte dem Fürsten von neuem ihr Vertrauen.« Voller Stolz erinnerte sich Engelhardt, der zu den Freunden Potemkins zählte und diese Episode selbstverständlich so ausgemalt hatte, dass sie zugunsten des Fürsten ausging: »Noch nicht einmal zwei Stunden waren vergangen, als die Räume des Fürsten voller Leute und die Millionnaja-Straße wiederum von Fahrzeugen versperrt war. Gerade die Leute, die ihn am offensichtlichsten gemieden hatten, krochen jetzt wieder zu seinen Füßen.« Intrigen, Gunst und Missgunst folgten einander auf dem Fuße – in atemberaubendem Tempo.

Aber eine Situation wie diese war typisch für den Hof Katharinas II. und erinnert vielmehr an allgemeine menschliche Schwächen und Verhaltensweisen, zeitlos in jeder Staatsform ansiedelbar – sogar in der parlamentarischen Demokratie.

Interessant ist bei dieser Erinnerung Engelhardts auch der Verweis auf Potemkins Wohnung in der Millionnaja-Straße von St. Petersburg. Aus den bisherigen Schilderungen geht hervor, dass Potemkin im Frühjahr 1774 in die Günstlingswohnung des Winterpalastes gezogen ist. Zwei Jahre später hatte ihm die Kaiserin den repräsentativen Anitschkow-Palast am Ufer der Fontanka unweit des Newski-Prospektes gekauft. Der Fürst war dort jedoch nicht eingezogen.

Im Sommer 1776 hatte sich Katharina einen neuen Liebhaber auserwählt bzw. Potemkin hatte ihn der Kaiserin ins Bett gelegt. Unbeschadet dessen wohnte der Fürst weiter in der Wohnung des Günstlings. Erst im darauf folgenden Jahr 1777 zog Potemkin aus dieser Wohnung aus, blieb jedoch in einem Anbau des Winterpalais, in der Ermitage, die durch einen Gang mit dem Palast verbunden war, sodass er weiterhin einen ständigen Zugang zur Kaiserin besaß. Die Ermitage grenzte jedoch an die Millionnaja-Straße. Der Verweis Engelhardts auf die Millionnaja-Straße bezog sich demnach auf Potemkins Wohnung in der Ermitage.

Im Jahre 1783 ließ Katharina II. nach der Krim-Annexion in Petersburg ein neues Palais errichten. Potemkin zierte jetzt der Titel eines Fürsten von Taurien. Ihm zu Ehren erhielt der Bau, der erst im Jahre 1789 fertig gestellt wurde, den Namen Taurisches Palais. Mit diesem Palais und diesem Namen verbindet die Legende die üppigsten und verschwenderischsten Feste Potemkins. Wenn man allerdings bedenkt, dass das Palais erst 1789 fertig geworden ist, Potemkin aber bereits 1791 gestorben ist und sich überdies die meiste Zeit an den Fronten des Krieges gegen die Türkei aufgehalten hat, dann kann man sich leicht vorstellen, dass die Legende auch an diesem Punkt übertreibt, natürlich ohne den tatsächlich märchenhaften Reichtum Potemkins an Grund und Boden dadurch in Frage zu stellen.

8. Eine bedeutende und schillernde Persönlichkeit ...

Der Fürst von Taurien besaß außerdem in allen Palästen der Kaiserin Wohn- und Arbeitsräume, sei es in Peterhof, in Zarskoje Selo oder im Moskauer Kreml. Für einen Mann, der derartig viel im Lande reiste, bestand dafür eine unabdingbare Notwendigkeit. Ständig besuchte er jene Gebiete, für die er als »Vizekönig« oder Generalgouverneur verantwortlich zeichnete, seine ausgedehnten Landgüter und die südlichen Provinzen. Die Jahre 1782–1783 verbrachte er fast ausschließlich im Süden. Er erkrankte, Ärzte wie Höflinge rechneten mit seinem Tode und trafen die notwendig erscheinenden Vorkehrungen. Ein Priester verabreichte die Sakramente, und ein Sonderkurier eilte aus Petersburg herbei, um sein gesamtes geheimes Schriftgut vor unerlaubtem Zugriff zu sichern. Aber Potemkin besaß eine Bärennatur, trotz seiner häufigen Erkältungen. Ende 1783 kehrte er gesund in die Hauptstadt zurück, um sich drei Monate später wieder auf die Reise in den Süden zu begeben.

Wo sich Potemkin auch aufhielt: Seine Persönlichkeit blieb stets gegenwärtig: »War er abwesend, so sprach man nur von ihm; war er anwesend, so zog er die Blicke aller auf sich. Die Adligen, die ihn verachteten und die nur eine gewisse Rolle spielen konnten, wenn er bei der Armee weilte, schienen bei seinem Anblick zur Bedeutungslosigkeit herabzusinken und der Vernichtung preisgegeben zu sein.« Er verstand es, seine Person und Persönlichkeit jederzeit ins rechte Licht zu rücken. Die Feste und Gelage Potemkins quollen vom Luxus über. Jedermann, der seinem illustren Freundeskreis angehörte, bestaunte die Prachtentfaltung und niemand schien wirklich überrascht, wenn man ihm frischen Kaviar aus Astrachan, erlesene Speisen aus Frankreich oder auch eine seltene Fischsuppe aus einer rein silbernen Badewanne vorsetzte.

Der Mann, der in seinem Alltag gewöhnlich wie ein Bauer lebte und aß, verstand es, seine Gäste immer wieder neu zu beeindrucken. Die Neider hatten oft Gelegenheit, sich die Mäuler zu zerreißen. Die Kaiserin förderte Potemkins Talent zur Inszenierung des eigenen Glanzes. Sie betrachtete seine Pracht als ihren Ruhm und ihre Größe. Sie übertrug ihm die Organisation ihrer eigenen Feste. Wichtige Staatsgäste unterwarfen sich mit immer neuem Vergnügen und Nutzen dem Protokoll potemkinscher Prägung – am Ende sogar auch der spartanisch lebende Sonderling Joseph II.

Seine Feste veranstaltete der Fürst lebenslustig und ausgelassen. Sicherlich atmeten sie nicht mehr die grobe Wildheit jener Zeiten, als Peter I. seinen Russen die westliche Kultur beibringen wollte. Die von Peter organisierten öffentlichen Scharlatanerien des Sauf-Konsiliums gehörten längst der Vergangenheit an. Getrunken wurde dennoch auch bei Potemkin bis zur Bewusstlosigkeit und die Tischsitten besaßen mitunter einen animalischen Charakter. Die aufgeklärte Katharina legte großen Wert darauf, dass sich der russische Adel westeuropäisch gab. Zu ihrer Regierungszeit unterschieden sich die Lebensformen bei Hofe wohl nicht mehr von denen in Westeuropa. Vielleicht gelang der Kaiserin sogar eine noch größere Prachtentfaltung als ihren westlichen Kollegen. Wenn man sich bei den Festen daneben benahm, dann taten das Russen und Ausländer nahezu ohne Unterschied.

1780 besuchte der Diplomat, Lebemann, Politiker und Feldmarschall Fürst von Ligne gemeinsam mit seinem Sohn Russland. Der Sohn sollte eine Polin heiraten. Es war für Katharina und für Potemkin eine große Stunde, als sie diesen brillanten Mann, den Ritter des Goldenen Vlieses, begrüßen und bewirten durften. Man sah dem großen Mann in Russland vonseiten der Gegner Potemkins vieles nach und lächelte über manche Ungehobeltheit. Charles jr. tat es dem Vater gleich. Man schlug den Sack und meinte den Esel, wenn man den jungen Fürsten von Ligne für »dumm, schlecht erzogen, ein Spieler und allzusehr mit dem Ton in den deutschen Garnisonen vertraut« hielt. Als der Sohn am Tische des Grafen Panin gar seinem Vater auf den Teller spuckte und der Vater das für einen feinen Scherz hielt, schüttelten die edlen Petersburger Herren sehr bedenklich ihre Köpfe. Potemkin nahm es zur Kenntnis und vergaß den üblen Zwischenfall.

Außerdem hatte er familiäre Sorgen: Seine Mutter war gestorben. Ihrer beider Verhältnis hatte sich seit Jahren zunehmend getrübt, weil Darja Wassiljewna kein Verständnis dafür aufbringen konnte, dass ihr extravaganter Sohn mit allen seinen Nichten ein Verhältnis hatte. Aber der Tod der Mutter ging Grigori dennoch sehr nahe. Wochenlang befielen ihn Depressionen, die mit zunehmendem Alter immer häufiger wurden.

Aber die ungezählten Liebschaften hat er deswegen nicht aufgegeben! Es erscheint geradezu wundersam, mit welcher Verzückung die Damen an dem Fürsten hingen, wie sie ihn anbeteten und sich selbst erniedrigten, nur um seinen Körper zu genießen, obwohl er mit der Zeit immer unansehnlicher wurde.

Die schriftlichen Liebesergüsse der so fürstlich ausgezeichneten Damen schienen tief empfunden, entbehren jedoch nicht einer gewissen Komik: »... der Gedanke an Dich ist das einzige, was mich bewegt. Auf Wiedersehen, mein Engel, ich habe keine Zeit, Dir mehr zu berichten. Auf Wiedersehen! Ich muß Dich verlassen, denn mein Mann wird gleich zurück sein.« Warum sollte Potemkin bei der großen Auswahl freigiebiger Damen an eine reguläre Ehe mit einer einzigen Frau denken? Außerdem hatte er Katharina, die ihn jedes Mal, wenn er in Petersburg weilte, voll mit Beschlag belegte. Niemals schwand ihr Bedürfnis, alle sie bewegenden Probleme mit ihm auszustreiten, mit diesem starken Mann, den sie immer liebte und dessen Herrschaftsmanieren den ihren entsprachen. Potemkin hielt Hof wie Katharina, er verschwendete seine Güter wie sie und seine Anordnungen und Befehle befolgte man nicht weniger eilfertig wie die Katharinas.

Bei seiner Machtfülle wunderte es nicht, dass den Fürsten ständig viele Menschen mit den unterschiedlichsten Absichten umgaben: sachliche Ratgeber, Schmeichler, Intriganten und Hilfsbedürftige. Potemkin durchschaute die Leute schnell. Flexibel konnte er sich auf jeden einstellen, wie er es gerade selbst brauchte: hilfsbereit, sachlich, ordinär, grob und zynisch – je nach Bedarf. Dabei neigte Potemkin bisweilen zur Feingeistigkeit, Frömmigkeit und Religiosität. Er liebte die schönen

Künste nicht weniger als die schönen Frauen – keine Faser des prallen Lebens wollte er sich entgehen lassen.

Ein Mensch in seiner Position, mit seinen Gaben, Aufgaben und Interessen musste in der Welt absoluter Selbstherrschaft zur Exaltiertheit neigen. In gewisser Weise verlangte das bereits sein Image. Wie bei allen Menschen, die sich in ein selbstgerechtes Sendungsbewusstsein hineinsteigern, wandelte sich auch bei ihm die ursprünglich als Mittel zum Zweck angewandte Methode glänzender öffentlicher Auftritte langsam zu einem Akt der Selbstbestätigung. Für einen Mann, dessen höhere Art von Snobismus in dem Wahlspruch »Geld ist Staub, der Mensch ist alles« zum Ausdruck kam, konnten exzentrische Überspanntheiten nicht ausbleiben, Überspanntheiten, die sich bald zur Manie steigerten. Wenn er auf Reisen ging und die Städte, die er durchfuhr, ihm nach landes- und standesüblicher Sitte huldigten, konnte es schon geschehen, dass er die lokalen Honoratioren brüskierte, indem er auf offiziellen Empfängen ungewaschen, ungekämmt, im schmutzigen Morgenmantel und ohne Unterwäsche erschien, die anwesenden Provinzdamen jedoch ungeniert in stundenlange Plaudereien verwickelte.

Wenn es Streit mit der Kaiserin gab, zog er sich schmollend vom Hofe zurück. Jedermann orakelte dann über seinen Sturz. Plötzlich stand er wieder da: stolz, strahlend, auffahrend und fordernd. Potemkin gelang im Prinzip alles – nicht in jedem Punkt und nicht zu jeder Stunde –, aber letztlich setzte er seinen Kopf durch. Das fiel ihm nicht leicht, denn die Feinde lauerten überall. Aber Potemkin blieb stets zu groß und zu selbstbewusst, als dass er seine Gegner jemals mit kleinlicher Rachsucht verfolgt hätte. Intrigierte ein durch ihn eingesetzter Liebhaber der Kaiserin gegen ihn, musste der seinen Platz räumen. Potemkin wechselte ihn höchstpersönlich gegen einen neuen jungen Mann aus. Aber Alexander Radischtschew, der 1789 die aufreizende »Reise von Petersburg nach Moskau« veröffentlichte und darin nicht nur die Kaiserin, sondern mit ihr auch Potemkin an den Pranger stellte, genoss die Gnade des

Fürsten trotz des Verdikts durch die Kaiserin, weil Potemkin die überzeugende Meinung vertrat, seine eigenen Taten für Russland seien gegenüber jeglicher Verleumdung erhaben und darin läge die beste Argumentation gegen jeden Verleumder.

Potemkin erreichte alles im Leben und blieb dennoch unersättlich. Nach dem Bericht seines Schwagers Engelhardt soll Potemkin eines Abends beim Essen in trauter und fröhlicher Runde plötzlich in seinen Scherzen innegehalten und nachdenklich gesagt haben: »Könnte irgend jemand glücklicher sein, als ich es bin? Alles, was ich mir gewünscht hatte, jede meiner Grillen hat sich wie durch magische Kraft in die Tat umgesetzt. Ich erstrebte einen hohen Rang – ich habe ihn; Orden und Auszeichnungen – ich habe sie. Ich fand Gefallen am Spiel – und ich habe unermeßliche Summen verspielt. Ich liebte es, Feste zu geben – und ich habe ein paar glänzende Feste veranstaltet. Ich wollte Ländereien kaufen – ich besitze sie. Mir machte es Spaß, Häuser zu bauen – ich habe Paläste gebaut. Ich liebte Juwelen und Kostbarkeiten – und ich besitze mehr Kostbarkeiten, als irgendein anderer Privatmann aufzuweisen hat. Kurz gesagt, all meine Leidenschaften haben in vollstem Maße ihre Erfüllung gefunden.« Danach soll er einen wertvollen Porzellanteller ergriffen und am Boden zerschlagen haben. Anschließend ging er schweigend aus dem Zimmer. Das Essen war zu Ende. Selbst wenn der Vorgang in seiner Glätte und Ausgewogenheit eher in den Bereich der vielen Anekdoten über Potemkin gehören sollte: Die Episode spiegelt sein Bild in der Geschichte wider. Aber dieses Bild entspricht nicht der ganzen Wahrheit.

Es existiert eine umfassende Charakteristik über die Persönlichkeit Grigori Potemkins, die der französische Gesandte Ségur aufgezeichnet hat: »In seiner Person waren die gegensätzlichsten Wesenszüge, Mängel und Vorzüge jeder Art vereinigt. Er war geizig und verschwenderisch, despotisch und volkstümlich, unerbittlich und wohltätig, hochmütig und verbindlich, gerissen und gutgläubig, ausschweifend und abergläubisch, kühn und furchtsam, ehrgeizig und unbesonnen. Seinen Verwandten, seinen Mätressen und seinen Günstlingen gegenüber zeigte er sich überschwenglich in seinem Wohltätigkeitsdrang, dagegen weigerte er sich aber oft hartnäckig, sein Gesinde und seine Gläubiger zu bezahlen. Stets unterhielt er eine Beziehung zu einem weiblichen Wesen, und immer war er untreu. Nichts reichte an die Kraft seines Geistes heran, nichts an seine physische Trägheit. Keine Gefahren waren seinem Mut zu schrecklich, keine Schwierigkeiten brachten ihn von seinen Plänen ab. Der Erfolg eines Unternehmens ließ bei ihm jedoch unweigerlich Enttäuschung aufkommen.

Er belastete das Reich mit der großen Anzahl der ihm verliehenen Würden und der Ausdehnung seiner Macht. Er war der Bürde seiner eigenen Existenz überdrüssig, neidisch auf alles, was er nicht selbst zu Stande gebracht hatte und mit allem unzufrieden, was er tat. Ausspannen empfand er nicht als angenehm, und Aktivität bereitete ihm kein Vergnügen. Alles an ihm war sprunghaft, Arbeit, Vergnügen, Laune und Haltung. In Gesellschaft war er verlegen, und seine Gegenwart wirkte überall, wohin er ging, störend. Jenen gegenüber, die ihn fürchteten, zeigte er sich mürrisch; zu den anderen aber, die vertraulich mit ihm umgingen, war er freundlich.

Er machte immer Versprechungen, die er selten einhielt, und er vergaß nie, was er gesehen und gehört hatte. Niemand hatte weniger gelesen als er, aber wenige waren besser unterrichtet. Er hatte sich mit berühmten Männern aller Berufe, jedes Wissenschaftszweiges und aller Kunstgattungen unterhalten. Niemand verstand es besser als er, das Wissen aus anderen herauszuziehen und für sich nutzbar zu machen. Im Gespräch setzte er in gleicher Weise den Gelehrten, den Künstler, den Mechaniker und den Theologen in Erstaunen. Er besaß kein tiefes, aber ein vielseitiges Wissen. Er verbohrte sich nie in ein bestimmtes Problem, verstand aber klug über alles zu reden.

Die Unausgeglichenheit seines Temperaments brachte seine merkwürdigen Wünsche, sein Verhalten und seine sonderbare Lebensart hervor. Eine Zeitlang verfolgte er den Plan, Herzog von Kurland zu werden, ein anderes Mal dachte er daran, sich die Krone von Polen zu verleihen. Öfters deutete er seine Absicht an, Bischof oder gar Mönch zu werden. Er begann einen glänzenden Palast zu bauen und wollte ihn verkaufen, ehe er fertig war. Den einen Tag beschäftigte ihn nur der Krieg, und nur Offiziere, Kosaken und Tataren wurden zugelassen. Am folgenden Tage war er intensiv mit Politik beschäftigt; er wollte das ottomanische Reich aufteilen und setzte alle Kabinette Europas in Bewegung. Dann wiederum spielte er den Höfling, war glänzend gekleidet und schmückte sich mit Ordensbändern, den Geschenken aller möglichen Machthaber. Er prunkte mit Diamanten von außerordentlicher Mannigfaltigkeit und Kostbarkeit und veranstaltete ohne jeden Anlaß üppige Empfänge.

Monate hindurch vernachlässigte er seine Tätigkeit, war allen äußeren Formen abhold und verbrachte ungeniert, so daß jeder davon wußte, seine Abende in den Gemächern eines jungen Frauenzimmers. Manchmal schloß er sich mehrere Wochen hintereinander mit seinen Nichten und einigen jungen Freunden in seinem Zimmer ein. Dort pflegte er dann auf einem Sofa zu faulenzen, ohne ein Wort zu sprechen. Er spielte Schach oder Karten und saß mit nackten Füßen und aufgeknöpftem Hemdkragen da. Er hüllte sich in einen Morgenrock und bot den Anblick eines ungebildeten, schmutzigen Kosaken.

Diese Sonderbarkeiten ließen ihn in den Augen der Kaiserin, die zwar häufig darüber erzürnt war, nur interessanter erscheinen. In seiner Jugend hatte sie seine glühende Leidenschaft, seine Tapferkeit und seine männliche Schönheit an ihm geliebt. In einem vorgerückten Abschnitt seines Lebens gefiel er ihr dadurch, dass er ihrem Stolz schmeichelte, ihre Befürchtungen zerstreute, ihre Macht festigte, sie in ihren Träumen nach einem orientalischen Reich unterstützte und ihr versprach, die Barbaren zu vertreiben und die griechischen Republiken wieder aufzurichten.«

Diese Charakteristik war zwar ausführlich, aber zugleich blieb sie wenig erschöpfend und sogar oberflächlich. Sie zeichnete einige, zumeist noch negativ gefärbte Persönlichkeitsmerkmale nach und ergab kein rechtes Gesamtbild von der großen Persönlichkeit Potemkins: weder als Mensch noch als Liebhaber oder Lebemann, noch als Politiker, Militär oder Staatsmann. Es überwogen bei der Beurteilung des Menschen Grigori Potemkin in der Regel die Psychogramme, die Versuche, ihn nur aus sich selbst heraus zu definieren. Aber Fürst Grigori war in erster Linie ein Kind, Produkt und Produzent des aufgeklärten Despotismus in Russland. Alle sozialen, politischen und geistigen Gegebenheiten seiner Zeit haben ihn geformt, so wie er versucht hat, diesem Leben seinen Stempel aufzudrücken. Persönliche Charaktereigenschaften spielten dabei eine wichtige Rolle, waren jedoch nicht das ganze pralle Leben.

Weil Ségur diese Art der Dialektik nicht kannte und aus der Sicht einer europäischen Macht sprach, mit der Russland zu jener Zeit nicht eben freundschaftliche Beziehungen pflegte, erhielt das Bild nur wenige Nuancen. Es wies sachliche Fehler bezüglich des Arbeitseifers Potemkins auf, glättete notwendige Aufgaben in unzulässiger Weise und betrachtete das zentrale Problem unscharf: Das Verhältnis zwischen der Kaiserin und Potemkin. Der Autor legte eine ausführliche Charakteristik vor, die bewies, dass sie die in den Personen Katharinas und Potemkins verwirklichten Grundsätze der russischen Reichspolitik nicht verstand oder nicht verstehen konnte. Keine Beurteilung des Menschen Potemkin darf auf einen Blick über das historische Umfeld verzichten:

Russland durchlebte im 18. Jahrhundert eine Übergangszeit vom frühneuzeitlichen Moskau zu einem in Ansätzen modernen europäischen Staatswesen, deren historische Ambivalenz erst im 19. Jahrhundert sichtbar in Erscheinung trat: Wissenschaft, Literatur, Musik und Kunst erlebten eine seltene Blüte, während das politische und soziale Leben in der Tradition verharrte und nur langsam in die Moderne hineinwuchs. Historiker haben immer wieder darauf hingewiesen, wie eng in Russland die spontane Siedlungsbewegung der Bauern in die Grenzregionen mit dem zielgerichteten Sicherheits- und Machtstreben des Staates verbunden gewesen ist. Potemkin hat diese Symbiose in »klassischer« Weise verkörpert und genutzt.

Seine gesamte Kolonialpolitik liefert den Beweis. Alles ging Hand in Hand: Die staatliche Initiative zur Sicherung der Reichsgrenzen und zur Ausschaltung der störenden Nachbarn mit ihren militärischen Basen, die landwirtschaftliche Besiedlung fruchtbarer Steppengebiete und die Neugründung wehrhafter Städte.

Gleichzeitig befahl die Reichsregierung den elementaren Wegzug der Kosaken sowie die erzwungene Auswanderung ganzer Volksgruppen. Russische Gutsbesitzer und Dienstadlige wollten an dem aufblühenden Reichtum partizipieren und strömten ins Land – dabei die russische Leibeigenschaft auch auf die Kolonialgebiete übertragend. Das alles entsprach dem Prinzip der traditionellen Landnahme, wie sie von den Moskauer Großfürsten seit dem 15. Jahrhundert verfolgt wurde. Dennoch gab es da Unterschiede und neue Erscheinungen.

Die Ausbeutung Südrusslands sollte nicht einfach nur dadurch erfolgen, dass immer neuer jungfräulicher Boden unter den Pflug kam. Sie sollte rationell, effektiv und organisiert sein. Dazu bedurfte es nicht nur eines aktiven Organisators und Vollstreckers – Potemkin –, sondern die neu eroberten Gebiete mussten so schnell wie möglich in die zentralistische Reichsstruktur integriert und der Herrschaft durch die Kaiserin in St. Petersburg unterstellt werden. Regionale Eigenständigkeit besaß nur in diesem Rahmen einen Platz. Das bedeutete eine besonders ausgeprägte Art und Weise der Russifizierung – ein zweischneidiges Schwert, denn dem freien Unternehmertum und der dazu notwendigen geistigen Unabhängigkeit diente der staatliche Zwang nicht. Der Staat wollte »blühende Landschaften« und stolperte dabei über seine eigenen habgierigen und bürokratischen Stützen.

Außerdem konnte die freie Wirtschaft auch aus einem weiteren Grunde nicht realisiert werden: Sowohl die Kaiserin als auch Potemkin betrachteten den Süden in erster Linie als militärisches Aufmarschgebiet zum Sprung gegen den Kaukasus und die Türkei. Die Kriegsziele und militärischen Erfordernisse dominierten alle anderen wirtschaftlichen und sozialen

8. Eine bedeutende und schillernde Persönlichkeit...

Wünsche. Die Annexion der Krim lieferte dafür einen besonders markanten Beleg. Militärbefehlshaber spielten die entscheidende Rolle und bestimmten den Verlauf der Kolonisierung. Feldmarschall Fürst Potemkin lebte ihnen den Inhalt und den Stil der Reichspolitik zur Eroberung des Südens vor. Er hatte im Jahre 1775 mit seiner Kaiserin die Gouvernementsordnung erdacht. Was lag näher, als diese jetzt auch den südlichen Provinzen überzustülpen, obwohl diese sich in keiner Hinsicht auf die Ordnung vorbereiten konnten. Die Folge bestand vor allem in einem weiteren Auswuchern von Bürokratie, Machtmissbrauch und staatlich gelenkter Willkür.

Alle diese höchst widersprüchlichen Vorgänge fanden in der Persönlichkeit Potemkins ihren Niederschlag. Er fühlte und handelte, wie man es allgemein von einem russischen Herrscher moskowitischer Tradition erwartete. Es ist ein russisches Phänomen, dass ihm gerade diese Seite seines Wesens die Achtung durch das einfache Volk einbrachte. Abscheu erregte dagegen bei den einfachen Menschen seine Arroganz, seine Art, den blasierten Gutsbesitzer zu spielen. Sympathie und Antipathie bei den Höflingen, Politikern und Diplomaten folgten dagegen anderen Motiven. Potemkin besaß eine Vision und hatte ein Ziel. Der Preis, den das Volk dafür zu zahlen hatte, war ihm relativ gleichgültig. Darin glich er Peter I. Außerdem zeichnete sich Potemkin im täglichen Umgang tatsächlich durch Launenhaftigkeit aus. Im Grunde genommen verband er in seinem Wesen die patriarchalischen moskowiter Herrschaftsmethoden mit dem nach Modernität strebenden zentralisierten europäischen Staatswesen. Das blieb ein Widerspruch, an dem Russland stets gekrankt hat, mit dem es letztendlich aber auch den Weg in das moderne Europa gefunden hat.

9.
Katharina inspiziert ihr Reich im Süden

Über den Fürsten Potemkin hat die Nachwelt ein Bild geformt, das dem des Barons Münchhausen bisweilen nicht fern steht. Selbst in diesem Vergleich werden die charakteristischen Merkmale der aufgeklärten Epoche deutlich sichtbar. Die Geschichten des Barons Münchhausen sind nur für diese Zeit denkbar gewesen. Sie galten als Synonym für den Glauben an den schöpferischen und phantasiebegabten Menschen, dessen Tatkraft keinerlei Grenzen kennt. Die Tatsache, dass Münchhausens russische Episode direkt mit dem Petersburger Hof, mit Potemkin und dem russisch-türkischen Krieg verbunden wurde, spricht für sich.

Potemkins Leistungen in »Neurussland« haben mit einer kunstvoll erdachten und unglaublichen Münchhauseniade nichts gemeinsam. Potemkin erfüllte seine Aufgaben mit Akribie, Geist und ungewöhnlichem Organisationstalent. Er war alles andere als ein von der Lust am Abenteuer getriebener Tausendsassa. In allen Fragen, mit denen er sich beschäftigte, legte er ungewöhnliche Ernsthaftigkeit an den Tag. Es sind Aufzeichnungen zur Geschichte und Kultur der Krim und ganz »Neurusslands« überliefert, die einen wissenschaftlichen Duktus des Autors bezeugen. Trotz aller notwendigen militärischen Konsequenz: Langsam, vorsichtig und bisweilen sogar ängstlich betrieb der Fürst die Siedlungspolitik, die Umsetzung ganzer Volksgruppen, peinlich bemüht, jeden Anflug einer Zwangsmaßnahme – die es natürlich gewesen ist – zu vermeiden. Über allen Handlungen stand als Leitmotiv das Bemühen, dem Vaterland zu dienen. Das Vaterland war für Potemkin die Kaiserin Katharina und es galt für ihn, sich sowohl ihrem Ruhm als auch ihrer Gunst zu unterwerfen bzw. würdig zu erweisen.

9. Katharina inspiziert ihr Reich im Süden

Das Jahr 1787 markierte den Höhepunkt ihrer Beziehungen: Die große politische Reise Katharinas in den Süden, nach »Neurussland« und auf die Krim. Die politische Demonstration und der Wunsch, gegenüber der Türkei und Europa jenes politische Ziel zu erreichen, das Peter der Große einst den Schweden im Norden abgerungen hatte: das Tor zum Mittelmeer ebenso aufzustoßen wie zu dem noch in vager Ferne liegenden Schlag gegen Konstantinopel zu rüsten. Für die Erfüllung dieser Aufgabe blieb Potemkin, dem sich die Kaiserin menschlich und freundschaftlich nach wie vor verbunden fühlte, den sie weiterhin liebte, ein unentbehrlicher und meisterlicher Erfüllungsgehilfe.

Katharina schrieb auf dem Rückweg von der Krim im Spätsommer 1787 an Potemkin: »Deine eigenen Gedanken und Gefühle sind mir um so lieber, weil ich Dich und Deinen Dienst, der aus reinem Eifer entspringt, sehr, sehr liebe und Du selbst unschätzbar bist. Dies sage und denke ich täglich.« Sie fasste ihre Gedanken noch präziser, wenn sie ihm mitteilte: »Zwischen Dir und mir, mein Freund, ist die Sache in kurzen Worten: Du dienst mir und ich bin dankbar, das ist alles.« Nichts mehr von schwülen Liebesschwüren zwischen nachtfeuchten Laken!

Die Eroberung der Krim, die Unterwerfung der rebellischen Kosaken und der Krieg gegen die Türken verlangten ein staatspolitisch weises und durchgreifendes Handeln aller beteiligten Personen. Darum ging Potemkin auf den Ton und Inhalt der kaiserlichen Briefe ein. Er schrieb an Katharina: »Du bist mir mehr als eine wirkliche Mutter, denn Deine Sorge für mein Wohlergehen ist eine durch Wahl geübte Regung. Hier ist kein blindes Schicksal. Wieviel bin ich Dir schuldig; wie viele Auszeichnungen erwiesest Du mir; … aber mehr als alles, daß niemals Bosheit und Neid mir bei Dir schaden können und alle Hinterlist nicht Erfolg haben kann. Das ist selten in der Welt: eine Unerschütterlichkeit solchen Grades ist Dir allein gewährt.« Kündigte sich hier bereits die Götterdämmerung an? Er blieb auf jeden Fall ehrlich.

Die große politische Demonstrationsreise Katharinas II. im Sommer 1787 bildete faktisch die Ouvertüre zum zweiten Krieg gegen die Türkei. Der Krieg begann noch im selben Jahr. Diese Reise wurde nicht nur von böswilligen Verleumdungen aus den Reihen der internationalen Politik und Diplomatie gegen Potemkin und dessen angebliche Trugbilder in Gestalt der »potemkinschen Dörfer« diffamiert, sondern auch Kaiser Joseph II., der seine kaiserliche Schwester auf dieser Reise zeitweilig begleitete, hatte daran großen Anteil. Hier sollte die Orientpolitik Katharinas getroffen werden, als deren Initiator man Potemkin betrachtete. Der Fürst überzeugte seine Herrin von den Siedlungserfolgen in »Neurussland«. Den Höhepunkt der Visite bildete jedoch die – gleichfalls von Potemkin organisierte – Parade der Schwarzmeerflotte vor Sewastopol.

Keine biografische Arbeit über Katharina II., über deren Politik und Verhältnis zum Fürsten Potemkin darf auf die Beschreibung der Reise in den Süden verzichten. Das trifft auch auf eine Biografie über Potemkin zu, denn er inszenierte, organisierte und kontrollierte diese große Südlandfahrt.

Katharina reiste in ihrem Leben gern und viel. Sie war stets neugierig auf das von ihr regierte fremde Land. Reisen und eine weite Weltsicht – das entsprach dem Selbstverständnis eines aufgeklärten Monarchen. Der Besuch der Landeskinder sollte bestätigen, wie weise und gut die Kaiserin regierte, wie wohl Menschen und Land unter ihrer mütterlichen Hand gerieten. Das von Katharina gepflegte Image einer selbstlosen und uneigennützigen Mehrerin Russlands gehörte bei den Reisen zum augenfälligsten Demonstrationszweck.

1764, nachdem die Macht konsolidiert schien, wandelte Katharina auf den Spuren Peters des Großen und besuchte das »Fenster nach Westen« – die baltischen Provinzen – das Bindeglied zwischen der alten und der neuen Heimat. Ordnung, Sauberkeit und Disziplin der baltischen Städte und Dörfer fanden besondere Aufmerksamkeit und Anerkennung. Die baltischen Provinzen boten ein geradezu phantastisches Anschauungsmaterial für die beabsichtigten und schon in Gang gesetzten aufgeklärt-humanistischen Erneuerungen.

Drei Jahre später reiste Katharina 1767 in die russische Geschichte – nach Kasan, in jene Stadt, die Iwan der Schreckliche im Jahre 1552 zur »Sammlung der russischen Erde« den Tataren abgerungen hatte und mit der er das Moskauer Großfürstentum über den Siedlungsrand russischer Völker hinausschob. Katharina nahm bei einer Kaufmannsfamilie Quartier, die dank staatlicher Unterstützung durch die Erschließung Sibiriens zu Reichtum gelangt war. Die Visite in Kasan erfolgte am Vorabend des ersten Krieges gegen die Türken und – gegen die Tataren. Die Kaiserin bewies Stil und Sinn für dramaturgisch effektvolle Inszenierungen.

1785 besichtigte Katharina die Wasserkanäle von Wischni-Wolotschok. Das Kanalsystem verband die Newa mit der Wolga und bildete einen Teil der Wasserstraßen zwischen den beiden russischen Hauptstädten. Katharina ließ sich absichtlich von den Botschaftern Englands, Frankreichs und Österreichs begleiten. Im Vorfeld des unzweifelhaft nahenden neuen Türkenkrieges erschien es der Monarchin wichtig, die Regierenden dieser drei europäischen Großmächte mit sehr unterschiedlichen Auffassungen gegenüber der russischen Orientpolitik von Russlands Größe, Reichtum, Aufgeklärtheit und Friedensliebe zu überzeugen. Ganz in Katharinas Sinn beschrieb der französische Gesandte, Graf von Ségur, die ihm dargebotene Idylle. Die Bauern liefen vertrauensvoll wie Kinder auf die Kaiserin zu, nannten sie »Mütterchen«, spielten Balalaika und sangen in der Abenddämmerung ihre wehmütigen Lieder über die unendlichen Wälder und Steppen. Eine Kaiserin, die so von ihren Untertanen geliebt wurde, so sehr eins war mit ihrem Volke, musste einfach gut und friedliebend sein!

Potemkin hatte Katharina wiederholt eindringlich gebeten, »Neurussland« einen Besuch abzustatten. Die Reise sollte in das »Griechische Projekt« passen. Es erschien ihr jedoch erst sinnvoll, zu dem Fürsten zu fahren, wenn dessen Anstrengungen zur Kolonisierung des Südens so weit gediehen waren, dass sie mit einer kräftigen antitürkischen Machtdemonstration verbunden werden konnten. Nun war der rechte Zeitpunkt gekommen: Die Fahrt sollte einen im wahrsten Sinne des Wortes zündenden Charakter besitzen. Jetzt konnte man die Diplomaten Englands, Frankreichs und Österreichs ganz unverfänglich in das Reisegepäck einordnen: Sie gehörten ja bereits dazu. Allerdings, so naiv ist sicherlich keiner der drei Gesandten gewesen, dass er angenommen hätte, er sei lediglich wegen seiner schönen Augen mitgenommen worden. 1785 hatten sie eine friedensliebende Katharina begleitet. Jetzt stand die Wehrhaftigkeit Russlands auf dem Programm! Potemkin hatte die Konzeption in überzeugender Weise und mit politischem Sachverstand vorbereitet. Seine Idee hatte eine klare Form: Europa sollte einbezogen werden. Europa sollte aufhorchen, wenn die Kaiserin durch ihre blühende Region im Süden zog. Europa sollte sehen können, wie reich und mächtig Russland geworden war.

Potemkin erhoffte sich weit reichende Folgen für die Festigung der europäischen Machtposition Russlands, wenn er diese Reise so glanzvoll wie nur möglich gestaltete. Er dachte sich das Treffen mit dem polnischen König Stanislaus Poniatowski aus. Potemkin konzipierte die Begegnung mit dem Kaiser Joseph II. und zeichnete verantwortlich für den begleitenden Schwarm europäischer Politiker, Diplomaten und Staatsmänner.

Der Sultan würde in Konstantinopel vor dem prächtigmächtigen Bild Russlands erzittern! Geld, Kosten? Zehn Millionen Rubel veranschlagte der Fürst als Reisekosten. Dieses Geld war sicher nicht unnütz hinausgeworfen, wie etwa bei anderen Gelegenheiten. Zur Freude des Finanzministers sollte die Summe letztendlich sogar erheblich geringer ausfallen!

Seit dem Besuch Josephs II. im Jahre 1780 bewegte Potemkin den Plan dieser Reise in seinem Kopfe. Er übersah nicht, dass vor einer Realisierung bedeutende Hindernisse aus dem Weg geräumt werden mussten. Als 1783 die Krim annektiert worden war und der Kranz von Siedlungen, Häfen und Städten deutlicher sichtbar hervortrat, konnte der Fürst mit der konkreten Vorbereitung beginnen.

Die Reisepläne initiierten an der vorgesehenen Route ein gigantisches Neubau- und Sanierungsprogramm, das akribisch geplant und ausgestaltet werden musste. Paläste und Häuser entstanden, schattige Baumalleen säumten die Straßen, Stationen für die Pferdewechsel schossen wie Pilze aus dem Boden, Depots sicherten den Verpflegungsnachschub. Luxuriöse Feste, Empfänge und Feuerwerke sollten für die notwendige Kurzweil nach langen Reisetagen auf staubigen Straßen, in harten Kutschen sorgen usw. Potemkin kümmerte sich selbst um das kleinste Detail persönlich: Die Reise sollte eine politische Demonstration werden. Vor allem aber ein politischer Erfolg für die Kaiserin, das Reich und den Urheber des Werkes! Da zählten nur Fakten und Tatsachen.

Am Dnjepr hatte Potemkin neue Werften zum Bau von Kriegsschiffen errichten lassen. Die Schiffszimmerer, Segelmacher und vielen anderen Handwerker schufen eine ganze Flotte prächtiger Galeeren, mit denen die Kaiserin und ihr Gefolge in den Süden reisen sollte. Im Herbst 1784 stand die Konzeption für das Unternehmen fest! Potemkin beherrschte moderne Methoden des Managements und Marketings. Er ließ für die Kaiserin einen Reiseführer drucken, aus dem sie einen exakten Überblick über alle zu besuchenden Regionen, Städte und Dörfer mit genauen und notwendigen Informationen über jedes noch so kleine Detail erhielt. Ein zusätzliches Informationsblatt konnte die auflaufenden Veränderungen und Neuigkeiten ergänzen. 1786 erschien das Buch im Druck. Die Kaiserin konnte mit dem Werk jeden Tag ihrer Reise exakt vorbereiten. Sie wusste, welche Entfernungen und Wege zurückgelegt werden sollten, welche Verkehrsmittel benutzt werden würden und welche Veranstaltungen ihrer harrten.

Im Sommer des gleichen Jahres lud sie Joseph II. offiziell ein, auf der Reise zu ihr zu stoßen, damit sie gemeinsam die Größe Russlands genießen und politische Einmütigkeit in der Orientfrage demonstrieren konnten. Der Gedanke schien dem österreichischen Hof nicht ganz geheuer. Katharinas Einladung missfiel dem Kaiser Joseph II.: angeblich wegen seiner laxen Form – bei der Potemkin offenbar seine Hand im Spiele gehabt hatte. Aber der kluge österreichische Kanzler Kaunitz glättete die Wogen und Joseph II. sagte seine Teilnahme an dem politischen Schauspiel zu. Die Neugier darauf, was Mütterchen Russland aus dem Boden gestampft haben könnte, erfasste auch die anderen europäischen Mächte. Niemand wollte die bevorstehende grandiose Show verpassen. Potemkin hatte sogar von einem italienischen Musiker eigens eine Reisehymne komponieren lassen.

Natürlich erhielten die lokalen Würdenträger von Staat, Verwaltung und Kirche genaue Vorschriften, welchen Text sie jeweils zur Begrüßung Ihrer Kaiserlichen Majestät aufsagen durften. Ende 1786 reiste Potemkin noch einmal in den Süden und kontrollierte akribisch jede wichtige Station und den Stand der Vorbereitungen für alle wesentlichen politischen Demonstrationen auf dem Reiseweg.

Kaiserin Katharina II. sah der Reise mit gespannter Erwartung entgegen. Sie konnte vollkommen sicher sein, dass Potemkin das große Fest ganz im Sinne ihrer politischen und geistigen Ideale vorbereitet hatte. Der kaiserliche Neujahrsempfang 1787 stand bereits im Zeichen der Reise. Anschließend begab sie sich nach Zarskoje Selo. Am 18. Januar 1787, mitten im kalten nördlichen Winter, erfolgte der Aufbruch in den sonnigen Süden – in das Wunderland Potemkins, in die Nähe des künftigen Kriegsgegners.

Vierzehn große, einhundertvierundzwanzig kleine und vierzig Reserveschlitten bildeten die glanzvolle Kavalkade. An jeder Haltestation warteten fünfhundertsechzig Ersatzpferde und ganze Kolonnen von Handwerkern, die jede, auch die kleinste und komplizierteste Reparatur ausführen konnten. Der Schlitten der Kaiserin demonstrierte imperiale Größe. Groß wie ein Wohnhaus, zogen ihn dreißig Pferde durch den tiefen Schnee. Die vier Räume (Arbeitszimmer, Bibliothek, Schlafgemach und Ankleideraum) teilte sich die Kaiserin mit ihrer Hofdame, dem Fräulein Protassow, und dem damaligen Geliebten Mamonow. Alle wichtigen Hofleute, Politiker und Diplomaten begleiteten die Kaiserin. Sie reisten ebenfalls in prächtigen Schlitten.

Unter den ausländischen Gästen fanden die Vertreter Englands, Frankreichs und Österreichs besondere Aufmerksamkeit und Beachtung. Sie galten nicht nur als unterhaltsame und gebildete Leute. Die Gesandten verstanden es, die Kaiserin zu erheitern. Ihre vorrangige Aufgabe bestand jedoch in der sofortigen und umfangreichen Information der jeweiligen Regierungen über alle Erlebnisse auf dem Trail durch das Russische Reich. Außerdem gehörte es zum Lebensstil eines jeden angesehenen Menschen, mit aller Welt zu korrespondieren – und das sollten sie ausgiebig tun: Ganz Europa musste so schnell wie möglich erfahren, dass Katharinas Reich zum Besten gehörte, was der Kontinent zu bieten hatte.

Die Kaiserin tat ein Übriges. Sie versorgte die Diplomaten persönlich mit jenen Themen und Informationen, die ihr besonders angenehm und wichtig erschienen: alles über die gute Kaiserin! Schließlich sollte die Welt nicht nur Russlands starke Seiten kennen lernen. Die Kaiserin war felsenfest überzeugt von ihrer überragenden Rolle im mächtigen Russland. Nichts anderes als dieses von ihr geprägte Russland galt es an allen Orten darzustellen.

Dieser erhabene Grundsatz hatte auch den Ausschlag dafür gegeben, dass der Thronfolger nicht mit auf die Reise gehen durfte. Das war der einzige schwarze Punkt in dem erlesenen Programm. Katharina hatte ihn mit seiner ganzen Familie bewusst zu Hause gelassen. Er durfte sich weder im Glanze seiner Mutter und Potemkins zeigen, noch sein späteres Reich inspizieren, noch in der Zeit ihrer Abwesenheit daheim eine, zumindest eingeschränkte, Macht ausüben.

Es ist mehr als verständlich, dass Pauls Hass gegen die Mutter dadurch nur noch mehr angestachelt wurde. Der offizielle und proklamierte Thronerbe durfte an dem spektakulärsten Unternehmen, das die Kaiserin während ihrer Regierungszeit

9. Katharina inspiziert ihr Reich im Süden

überhaupt inszenieren ließ und das den Höhepunkt ihrer Prachtentfaltung demonstrierte, nicht teilnehmen.

Eine tiefere Demütigung war für den Thronfolger kaum vorstellbar. Die Mehrzahl der russischen Zaren und Kaiser pflegten sorgfältig den Brauch, die Thronfolger an die Pflichten des Staatsoberhauptes heranzuführen. Sie handelten im Bewusstsein ihrer Verantwortung für die Zukunft des Reichs. Im Einzelfall hat es zwischen Monarch und Zarewitsch Missverständnisse, Konflikte und gegenseitige Aversionen gegeben. Iwan IV. hatte seinen Sohn Iwan 1581 im Jähzorn erschlagen. Peter I. hat seinen Sohn Alexei 1718 im Folterkeller sterben lassen. Alexander III. hatte das Reformwerk Alexanders II. aus Prinzip abgelehnt. Aber Katharinas eifersüchtige und langjährige Starrheit bei dem Fernhalten des Erben vom Thron ist in der russischen Geschichte ohne Beispiel. Paul blieb zu Hause und zitterte vor Wut und Empörung.

Die Reiseroute verlief über Smolensk nach Kiew. Dort wartete die prunkvolle Flotte von Galeeren, die den Konvoi den Dnjepr abwärts bringen sollte – hinein in das Reich Potemkins. In Kiew sollte eine längere Pause eingelegt werden. Aber es war noch ein weiter Weg durch das winterliche Russland bis nach Kiew. Die Petersburger Schlittenpartie hielt ein strenges Zeitregime ein und folgte exakt den von Potemkin fixierten Regeln.

Die Kaiserin stand um sechs Uhr morgens auf und arbeitete wie an jedem Tag, den sie zu Hause verbrachte. Sie empfing ihre Minister und Diplomaten. Mittags um zwei Uhr aß man ausgiebig. Gegen sieben Uhr abends erreichte der Schlittenzug in der Regel den nächsten Haltepunkt – Tag für Tag, mit der Präzision eines Uhrwerks. Da die russischen Winternächte von langer, tiefer Dunkelheit erfüllt sind, erleuchtete man den Weg mit Fackeln oder Feuern. Potemkin hatte die Stationen so ausgewählt, dass die Nächte in Gouverneurspalästen oder zumindest in festen Gebäuden verbracht werden konnten. Bisweilen kam es vor, dass bei der täglichen Wegstrecke von etwa 100 Meilen keine festen Ansiedlungen zur Verfügung standen. Auch dafür hatte Potemkin eine Lösung parat: Er hatte massive und schöne Häuser an den vorgegebenen Punkten erbauen lassen, die mit allen für eine Übernachtung notwendigen Mitteln ausgestattet wurden. Es versteht sich zudem von selbst, dass in allen Ansiedlungen, welche die Kaiserin auf ihrem Wege besuchte, festliche Empfänge stattfanden.

Am 9. Februar 1787 erreichte der Schlittenzug Kiew. Katharina wollte in dieser ehrwürdigen russisch-ukrainischen Stadt mehrere Monate verbringen und abwarten, bis der Dnjepr vom Eise befreit und wieder schiffbar war. Die lange und geplante Wartezeit wirft die Frage auf, warum man im Januar in St. Petersburg aufgebrochen, im Geschwindmarsch bis Kiew geeilt und dort dann monatelang geblieben ist. Diese Frage bleibt unbeantwortet. Wollte die Kaiserin demonstrieren, dass sie Kiew als das dritte Zentrum ihres Reichs betrachtete? Trieb sie die Erinnerung an ihre erste Reise durch Russland, die sie im Jahre 1744 an der Seite Kaiserin Elisabeths nach Kiew geführt hatte?

Wir wissen lediglich, dass Kiew für den langen Aufenthalt im Jahre 1787 wie eine Reichshauptstadt herausgeputzt wurde. Potemkin hatte alle Vorkehrungen getroffen, damit jedermann seinem Stande entsprechend untergebracht und unterhalten werden konnte. Damit jeder Diplomat und Politiker seine Mission optimal erfüllen konnte. Kiew bedeutete für den Generalgouverneur die Eingangspforte zu »seinem« Reich »Neurussland«. Es schadete nichts, sich hier in Kiew, der Mutter der russischen Städte, genussvoll auf die kommenden Ereignisse vorzubereiten.

Jeder offizielle ausländische Gast erhielt ein eigenes Palais mit standesgemäßem Gefolge, Dienern, Kutschen und Pferden – eine diplomatische Residenz, wie sie nur hohen und höchsten Staatsgästen zukam. Es lag kein Zufall in der Entscheidung, dass der österreichische Gesandte, Graf Cobenzl, den größten aller »diplomatischen« Paläste erhielt. Österreich sollte in dem kommenden Krieg gegen die Türkei eine herausragende Rolle spielen und profilierte sich ohnehin als Russlands engster Verbündeter. Kaiser Joseph II. wollte demnächst zu der Reisegesellschaft stoßen! Das privilegierte Quartier für die Österreicher entsprach einer gut durchdachten Regie.

In diesem »Café de l'Europe«, wie Katharina den Palast nannte, trafen sich alle ausländischen Mitreisenden zu ihren täglichen Besprechungen, Festen und Vergnügungen. Auch die Kaiserin besuchte den Palast. Sie konnte dort alle wichtigen Leute zu politischen und sonstigen Gesprächen treffen. Potemkin besaß damit die glänzende Gelegenheit, die Anwesenden überwachen zu lassen. Kiew war als Sammelpunkt für alle Ausländer bestimmt worden, die den beschwerlichen Anmarsch von Petersburg scheuten, nicht früher anreisen konnten oder wollten. Zu den Berühmtheiten, welche die kaiserliche Kavalkade verschönten, gehörten auch der Fürst von Ligne und der Fürst von Nassau-Siegen. Sie passten als berühmte Feldherrn gut zu dem sich im Gefolge aufhaltenden General Suworow. An militärischen Demonstrationen sollte es im weiteren Reiseverlauf nicht mangeln. Die betressten Herren hatten ausgiebig Gelegenheit zu sachkundiger Fachsimpelei.

Über allem thronte Fürst Potemkin. Er hatte für sich selbst einen besonders feinen Ort für die Repräsentation gewählt. Im Zentrum Kiews standen die Paläste, in denen die Kaiserin und deren Gefolge residierten. Die Ausländer hatten ihren prächtigen »Club«. Potemkin regierte außerhalb der Stadt, im Kiewer Höhlenkloster. Wer Potemkin besuchen oder besichtigen wollte, musste demutsvoll zu dem Kloster pilgern. In dieser heiligen Stätte zog der Fürst alle Fäden seines glanzvollen Spektakels.

Abermals beschrieb der französische Gesandte Ségur die Szenerie mit eindrucksvollen, aber ein wenig eitlen und unbedachten Worten: »Nachdem er ein oder zwei Mal in voller Marschallsuniform mit Auszeichnungen und Diamanten, Litzen und Stickereien, gelockt und gepudert wie einer unserer ältesten Höflinge, erschienen war, trug dieser mächtige, launenhafte Günstling Katharinas, aus angeborener Trägheit oder auf Grund klug eingesetzter Arroganz, gewöhnlich einen Morgenrock; sein Hals blieb frei, seine Beine waren halbnackt und seine Füße staken in großen Pantoffeln, während sein Haar flach lag und schlecht gekämmt war. Er faulenzte auf einem breiten Diwan, umgeben von einer Menge von Offizieren und den höchsten Persönlichkeiten des Reiches. Selten forderte er einen von ihnen auf, Platz zu nehmen, und stets gab er vor, zu sehr mit dem Schachspiel beschäftigt zu sein, als daß er von den Russen und Ausländern, die in seinem Salon erschienen, hätte Notiz nehmen können.

Mir waren seine Besonderheiten alle bekannt, da aber kaum jemand über die intimen Beziehungen unterrichtet war, die sich zwischen diesem seltsamen Minister und mir ergeben hatten, muß ich zugeben, daß es mir etwas gegen mein Ehrgefühl ging, als ich daran dachte, daß so viele Ausländer Zeuge davon sein würden, wie der Gesandte des Königs von Frankreich, wie jeder andere seinem Hochmut und seinen Launen ausgesetzt war.

Um nicht mißverstanden zu werden, verhielt ich mich folgendermaßen: Als ich im Kloster ankam und mein Besuch angekündigt worden war, ging ich, als ich sah, daß der Fürst keinerlei Notiz davon nahm und seine Augen nicht vom Schachbrett abwandte, direkt auf ihn zu, umfaßte seinen Kopf mit beiden Händen, umarmte ihn herzlich und nahm ohne weitere Umstände neben ihm auf dem Diwan Platz. Diese Vertraulichkeit setzte die Zuschauer etwas in Erstaunen, da es aber nicht gekünstelt schien, war damit alles erklärt. An den Tagen, an denen Fürst Potemkin in seinem Kloster keine öffentlichen Audienzen gewährte oder, wie man sagen könnte, nicht asiatischen Hof hielt, besuchte ich ihn privat mit mehr Vergnügen, da er von seinen hübschen Nichten und wenigen Freunden umgeben war. In jenen Augenblicken war er ein vollkommen anderer Mensch; stets originell, witzig und in der Lage, jeder Art von Unterhaltung, so verschieden sie auch sein mochte, eine interessante Note zu verleihen.«

So amüsant Ségur die Szenen gegenüber dem Dienstherrn in Paris auch beschrieben haben mag, sie täuschen nicht darüber hinweg, dass Potemkin eine gigantische Arbeit für diese Reise geleistet hat. Er lag keineswegs jeden Tag träge auf dem Diwan, busselte nicht pausenlos mit den Nichten und führte auch seine edelsteinbewehrten Uniformen nicht ununterbrochen spazieren. Auf ihm lastete die ganze Verantwortung für die kaiserliche Prachtentfaltung, und er musste auch für den weiteren Teil der Reise sorgen. Es durfte in »seinen« Ländereien keinen Stilbruch geben.

Das Höhlenkloster glich einer Befehlszentrale, in der ein ständiges Kommen und Gehen herrschte, von der aus alle notwendigen Maßnahmen für die weitere Reise getroffen wurden. Ein derart großes Unternehmen blieb auch bei der besten Planung und Vorsorge voller Risiken, Unwägbarkeiten und Tücken. Die Gegner Potemkins warteten nur darauf, dass er sich irgendeine kleine Blöße gab.

Potemkin litt unter der großen Arbeitslast. Jene Szenen, die Ségur beschrieben hat, gehörten zu den seltenen Ausnahmeerscheinungen, die zwar seinem allgemeinen Lebensstil entsprachen, aber auch gleichsam einen Schutzwall bildeten. Die Kaiserin sagte einmal: »Der Fürst schleicht herum wie ein Wolf.« Tatsächlich umgab er sich mit einem bedrohlichen und Furcht gebietenden Habitus, vor dem jedermann erzitterte. Nur so konnte er lästige Müßiggänger oder Schwätzer abwehren, die um seine Gunst buhlten. Er hatte eine Aufgabe zu erfüllen und die erschöpfte sich nicht in der aufwendigen Organisation von Essen, Bällen und Empfängen. Er dachte und handelte im politischen Interesse seiner Kaiserin. Nicht einen Augenblick vergaß der Fürst den Sinn der Reise: Russlands Größe würde sich erst dann richtig entfalten, wenn diese Machtdemonstration im Süden des Reichs mit dem Marsch auf Konstantinopel vollendet werden konnte!

Potemkin stand im ständigen Kontakt zum Gesandten Bulgakow, der seinerseits laufend berichten musste, welche Wirkung die Reise beim Sultan hervorrief. Vom Echo der Türkei hingen die weiteren Vorbereitungen für den Hauptteil der Reise ab. Machtstrotzend und eindrucksvoll sollten sich Russland und die Kaiserin zeigen – Furcht gebietend! So minuziös

alles vorbereitet schien – es galt viele Improvisationen und Details im Blick zu haben.
Am 1. Mai 1787 nahm man Abschied von Kiew. Das war ein herrliches Bild:
Sieben Galeeren, ganz in Gold und Rot gehalten, paradierten an der Spitze einer Armada von achtzig Schiffen. Dreitausend Matrosen ruderten zum Ruhme ihrer Kaiserin. An der Spitze regierte Katharina selbst ein Schiff. Auf dem folgenden Boot machten es sich der österreichische und der englische Gesandte bequem. Erst in deren Kiellinie folgte die Galeere mit dem Gesandten Ségur und dem Fürsten von Ligne. Besonders pikant war der Umstand, dass die vierte Galeere den Fürsten Potemkin mit seinen hübschen Nichten beherbergte.
Die Flotte war so prächtig herausstaffiert und ihr eilte ein derart wundersamer Ruf voraus, dass es keinerlei Zwang bedurfte, staunende Menschenmassen mit offenen Mäulern an den Ufern zu versammeln. Um nicht den Eindruck zu erwecken, es gäbe noch nichts zu besichtigen, legten die Schiffe so oft sie konnten am Ufer an. Der französische Gesandte vermerkte mit höflicher und diplomatischer Überschwänglichkeit: »Städte und Dörfer, Landsitze und Bauernhütten waren so mit Blumengebinden und eleganten architektonischen Verzierungen verschönt und herausgeputzt, daß sie den herrlichen Eindruck gleichsam über Nacht errichteter Paläste und von Feenhand hervorgebrachter Parks erweckten.«
Der damalige Staatsbesuch unterschied sich nicht von den protokollarischen Gepflogenheiten bei ähnlichen Gelegenheiten nachfolgender Generationen. Auch die Tatsache, dass in der Nähe größerer Städte Truppen paradierten, entsprach dem realen Zweck der Reise. Es gab weder Scheindörfer noch Gipspaläste. Es bestand auch keine zwingende Notwendigkeit, Massen leibeigener Bauern verkleidet an die Protokollstrecke zu treiben. Wann aber hat es in der Geschichte je ein Beispiel gegeben, dass bei offiziellen Staatsbesuchen nicht die besseren Seiten des Lebens präsentiert worden wären! Es gab keine »potemkinschen Dörfer«, zumindest nicht in dem Sinne, den die

9. Katharina inspiziert ihr Reich im Süden

Nachwelt unterstellt. Den Gegnern des Fürsten ist es nicht gelungen, ihn auf diese Weise zu diskreditieren. Sie haben es nicht einmal gewagt, diese böswillige Legende zu seinen Lebzeiten in Europa in Umlauf zu bringen. Im Leben ist es jedoch leider so, dass der Verleumdung eher geglaubt wird als der Wahrheit.

Katharina war in ihren ersten Regierungsjahren nahezu blind in Potemkin verliebt. Als sie 1787 den Süden inspizierte, war die blinde Verliebtheit einem kritisch-sachlichen Blick gewichen. Sie kannte Potemkin zu gut, um sich etwas vormachen zu lassen. Sie hatten Ziel, Anliegen und Ablauf der Reise gemeinsam vorbereitet. Es stand für Russland zu viel auf dem Spiel, als dass auch nur die geringste Möglichkeit bestanden hätte, den Erfolg der Reise durch Pappbauten und windige Attrappen zu gefährden. Potemkin wäre der Letzte gewesen, der die kaiserliche Orientpolitik der Lächerlichkeit preisgegeben hätte.

Nach ihrer Rückkehr aus dem Süden griff Katharina darum zur Feder und schrieb den Verleumdern ironisch ins Stammbuch: »Die Städte Moskau und Petersburg und noch mehr die ausländischen Journalisten haben während unserer Reise viel erfunden. Jetzt sind wir an der Reihe: Wenn man von weit hergereist kommt, ist es leicht zu lügen. Hier ist eine Aufzählung dessen, was ich den Leuten sagen werde. Ich halte es für notwendig, jene davon zu informieren, die mit mir reisen, nicht nur um ihre Zustimmung zu erhalten, sondern auch, um sie aufzufordern, mir ihre eigenen Ansichten mitzuteilen.

Zunächst habe ich, die ich zu Euch spreche, gesehen, wie das Taurusgebirge mit schwerem Gang auf uns zukam und mit schmachtender Miene vor uns eine Verbeugung machte. Mögen jene, die es nicht glauben, hingehen und sich die neuen Straßen ansehen, die dort gebaut wurden; sie werden feststellen, daß steile Hänge in leicht zu begehende Hügel verwandelt worden sind.« Die Ironie geriet der Kaiserin ein wenig gekünstelt und der verbale Schutzwall für Potemkin etwas brüchig. Katharina ist trotz der Berge von ihr beschriebenen Papiers keine exzellente Meisterin der Feder gewesen. Aber sie sagte an dieser Stelle im Kern die Wahrheit.

9. Katharina inspiziert ihr Reich im Süden

Mit gleicher Energie traten Potemkin und die Kaiserin auch den Gerüchten über die angeblich maßlosen Verschwendungen während der Reise entgegen. Die Zahlenangaben über die Reisekosten schwankten zwischen zehn und drei Millionen Rubel. Nach dem Konzept von 1784 sah die Regierung drei Millionen vor. Bis Anfang 1787 hatte der Fiskus davon gerade eine Million an Potemkin überwiesen. Die Verleumdung, er habe Unsummen von Staatsgeldern bei dieser Reise in die eigene Tasche gewirtschaftet, entbehrt der sachlichen Grundlage. Die Reise Katharinas II. demonstrierte keine Scheinmacht, sondern die reale Kraft Russlands.

Potemkin hatte an alle Wünsche seiner Herrin gedacht. In der Nähe von Perejaslawl, dem für die Geschichte der russisch-ukrainisch-polnischen Beziehungen so bedeutsamen Ort, traf die Kaiserin auf ihren früheren Geliebten, den durch ihre Gnade zum polnischen König erhobenen Stanilaus Poniatowski. Die Begegnung fand in Kaniew, unmittelbar an der russisch-polnischen Grenze statt. Dieser Ort erlaubte es König Stanislaus, die polnische Verfassung nicht zu verletzen, die es ihm verbot, das eigene Hoheitsgebiet zu verlassen.

Potemkin hatte den Polen auf die Verhandlungen eingestimmt, und sie hatten zu einem guten persönlichen Verhältnis gefunden. Das war bei der polnischen Lage gegenüber Russland nicht selbstverständlich. Die Begegnung Poniatowskis mit der Kaiserin scheint indes nicht erfolgreich und gar nicht erfreulich gewesen zu sein.

Als Poniatowski zur kaiserlichen Galeere gerudert wurde, weichte ihn ein Regenschauer durch und er ist offensichtlich arg ramponiert zum Rendezvous erschienen. Ein demütigender Auftakt, der dem Resultat entsprechen sollte. Katharina verschwand mit dem König in ihrer Kabine. Niemand nahm als Zeuge an dem Gespräch teil. Als die beiden Monarchen wieder zum Vorschein kamen, wirkten Katharina und Stanislaus kühl, zerstreut und enttäuscht. Die Liebe von einst gehörte der Vergangenheit an. Poniatowski hatte seine Rolle gespielt. Als König blieb er schwach und demütig. Die russisch-polnischen Spannungen verschärften sich, und Poniatowski konnte das nicht verhindern. Das kaiserliche Interesse schwand.

Potemkin versuchte zu vermitteln und erwies Poniatowski zahlreiche Freundlichkeiten. Es half nichts. Die Kaiserin erschien nicht auf dem von ihm gegebenen Ball und am nächsten Tag ließ sie die Anker ihrer Galeere lichten. Sie fuhr weiter – ohne ein Wort des Abschieds. Grigori Potemkin bekam einen Wutanfall, ließ sich zu Schlägen gegenüber seinem polnischen Schwager Branitzky – über den sich der König beschwert hatte – hinreißen und erfreute damit lediglich seine Kritiker. Mehr geschah nicht. Poniatowski zog ohne Glanz und Abschied seiner Wege.

Weiter ging die Fahrt, den Dnjepr abwärts. Man erreichte in Krementschuk eines der Stabsquartiere Potemkins. In waghalsiger Fahrt bezwang die Flottille bei Kaidak die erste der Dnjepr-Stromschnellen. Wieder schwärmte der französische Gesandte von singenden Bauern und vergaß dennoch nicht die Wirklichkeit: »... bei der Übernahme dieser ungeheuer großen Provinz durch Rußland (1774) lebten dort lediglich 204 000 Einwohner; unter seiner Verwaltung ist die Bevölkerung in wenigen Jahren auf 800 000 angewachsen ... Ein Franzose, der seit drei Jahren hier lebt, hat mir berichtet, daß er bei seinen alljährlichen Reisen durch die Provinz blühende Dörfer an Orten vorfand, die er als wüst und leer kennengelernt hatte. So erstreckt sich zwischen Kaidak und Cherson eine ungeheure grüne Fläche, auf der Rinder-, Pferde- und Schafherden weiden.« Kein Wort von Pappdörfern!

Nach der enttäuschenden Begegnung mit Poniatowski erwartete die Kaiserin ein wahrer Höhepunkt. In Kaidak erfuhr sie, dass Kaiser Joseph II. in Cherson eingetroffen sei und ihr bereits auf dem Landwege entgegenkam. Sie trafen sich, und der römisch-deutsche Kaiser erlebte aktiv mit, wie die russische Kaiserin den offiziellen Grundstein für die von Potemkin bereits geplante und konstruierte Kathedrale von Jekaterinoslaw legte. Der Kaiser aus Wien durfte sich von Russlands Größe überzeugen, ohne seinen Skeptizismus gegenüber den potemkinschen Schöpfungen besonders intensiv zu verheimlichen.

Doch immer weiter ging die Reise. In Cherson besichtigte man wenige Tage später die potemkinschen Neugründungen und staunte über das reichhaltige Warenangebot in den Geschäften. Katharina informierte ihren westeuropäischen »Pressesprecher« Grimm: »Die Bemühungen des Fürsten Potemkin haben aus dieser Stadt und diesem Gebiet, wo vor dem Frieden nicht einmal eine einzige Hütte stand, ein wirklich blühendes Land und eine blühende Stadt gemacht, und es wird hier jedes Jahr besser werden.« Das erhoffte natürlich auch Österreichs Kaiser Joseph II. Aber in dessen Hoffnungen mischten sich Neid, Boshaftigkeit, Unterstellung und Realitätssinn, wenn er mit dem französischen Gesandten plauderte:

»Alles erscheint leicht, wenn man mit Geld und Menschen verschwenderisch umgeht. Wir in Deutschland und Frankreich können uns das nicht erlauben, was man hier ohne Schaden zu tun wagt. Der Herrscher befiehlt und die Sklavenhorden gehorchen. Man bezahlt sie kärglich oder überhaupt nicht, man ernährt sie schlecht und sie wagen nicht zu protestieren. Ich weiß, daß innerhalb dreier Jahre in diesen neuen Provinzen fünfzigtausend Personen durch Schwerarbeit und Sumpfgase dem Untergang geweiht wurden, ohne daß Klagen laut wurden oder die Tatsache auch nur Erwähnung fand.« Einen Beweis oder eine Quelle ist der Kaiser für diese Darstellung zwar schuldig geblieben, aber ein Blick auf die russische Geschichte lässt die erwähnten konkreten Missstände als keineswegs aus der Luft gegriffen erscheinen. Wie dem auch sei: Joseph II. war halt ein mürrischer und räsonierender Monarch, der den äußeren Glanz nicht mochte. Wenn Potemkin in voller Montur, behängt mit edlen Steinen, Gold und echtem Flitter zum Stapellauf eines Schiffes erschien, der extra zu Ehren Josephs II. veranstaltet wurde, dann trat der Kaiser im bescheidenen Leibrock an und demonstrierte, dass ihn wohl politische Entscheidungen, nicht aber spektakuläre Demonstrationen interessierten. Die persönliche Teilnahme an der Reise schien ihm Demonstration genug.

Der Fürst Potemkin machte im Unterschied zur Euphorie seiner Kaiserin keinen Hehl daraus, dass die Stadt Cherson inmitten eines Sumpfgebietes ungünstig lag und dass die nur geringe Wassertiefe des Flusses den Schiffsbau behinderte. Aber die hohen Gäste durften sich sofort an den eigentlichen Zweck ihrer Anwesenheit erinnern. Als die Kaiserin die russische Festung Kinburn an der Dnjepr-Mündung besichtigen sollte, musste sie auf dieses Vergnügen verzichten. Ein türkisches Geschwader tauchte auf und steuerte die am gegenüberliegenden Ufer aufragende Festung Otschakow an. Für Joseph II. bestätigte der Zwischenfall die eigene Skepsis und er sah in diesem Augenblick den kommenden Krieg deutlich vor Augen. Aber selbst der Kaiser aus Wien konnte sich letztlich den glänzenden Schauspielen nicht versagen, die Potemkin organisierte. Er wollte es auch nicht, denn selbst die solideste Politik benötigte eine Verpackung, in der sie sich gut verkaufen ließ …

Anschließend ging es auf die malerische Krim. Katharina ließ sich mit Joseph II. in Bachtschissarai nieder. Die Kaiserin wunderte sich, wie selbstverständlich sie im Palast des letzten Tataren-Khans Hof halten konnte. Sie tauchte ein in eine andere Welt und sammelte neue Lebenserfahrungen. Potemkin hatte seit Jahren seinen Hang zu orientalischer Prachtentfaltung ausgelebt. Im Süden begegnete er dieser fremden Welt unmittelbar und nun führte er sie seiner Kaiserin vor. Katharina lernte zum ersten Mal das Fluidum jenes Reiches, das sie erobern wollte, persönlich kennen. Nach dem ersten Türkenkrieg hatte man gefangene Tataren und Türken durch Moskau geführt. Aber das war jetzt etwas ganz anderes. Jetzt lebte sie in der Welt des Islam. Die Paläste von Bachtschissarai waren für den Empfang vorbereitet worden und manche Reverenz an Katharinas Lebensstil hatte die Originalität verändert. Das geschah jedoch nicht so stark, dass der Reiz des Ursprünglichen in einer duftenden Welt, umrahmt von Meer und Bergen, verschwunden wäre. Minarette, versteckte Brunnen, schattige Innenhöfe, Wasserbecken und Teppiche ließen den Eindruck einer Märchenwelt aus den Geschichten von Tausendundeiner Nacht vor den Augen von Menschen erscheinen, die aus dem Abendland, aus dem kalten Russland an das Schwarze Meer gekommen waren.

Diese Menschen hatten die weite Reise nicht unternommen, um lediglich die berühmten Fontänen in Bachtschissarai zu bestaunen. Die Monarchin wollte herrschen und schickte sich zum Sprung über das Schwarze Meer an. Die untertänigen Abordnungen islamischer Herrscher, die sie auf der Krim empfing, schufen kein Glücksgefühl, Herrin über diese wundersame Welt zu sein, sondern sie mehrten das Verlangen nach dem eigentlichen Ziel: Der ungläubige Feind, der Russland den südlichen Weg nach Westen verwehrte, sollte fallen. Alle Träume von einem neuen Griechischen Kaiserreich gerieten in Sichtweite. Das alles hatte Fürst Potemkin geschaffen. Wie sollte sie ihm nicht ihre höchste Gunst bezeugen? Dennoch, der eigentliche Höhepunkt der Visite stand noch bevor.

Das Glanzstück lieferte Sewastopol. Die Gesellschaft fuhr nach Inkerman, an den schroffen Abhängen des westlichen Ufers der Krim gelegen. Potemkin hatte einen neuen Palast in Inkerman errichten lassen. Dort fand ein großes Festessen statt. Auf einen Wink des Fürsten zog man die Fenstervorhänge zur Seite. Sie gaben den Blick auf die Bucht von Sewastopol frei. Vierzig gewaltige Kriegsschiffe paradierten unter vollen Segeln und in Kiellinie. Sie feuerten ihre Kanonen zu Ehren der Kaiserin ab. Russlands Stolz und Ruhm auf dem Schwarzen Meer! Katharina II. hatte das Ziel ihrer Reise erreicht. Noch verharrte man in andächtigem Staunen, da marschierten bunt gekleidete Tatarenregimenter vor dem Palast auf und huldigten der Kaiserin. Potemkin hatte das Land nicht nur kolonisiert. Er hatte es seiner Herrscherin untertan gemacht. Im ersten Türkenkrieg hatten die Tataren gegen Russland gekämpft. Jetzt konnte man ihre Soldaten sogar unter Waffen gefahrlos vor der Kaiserin aufmarschieren lassen. Das erschien der Kaiserin als wahrhaft historischer Erfolg.

Potemkin führte die Reisegesellschaft an Bord eines Kriegsschiffs und die Kaiserin nahm gemeinsam mit Joseph II. die Parade der russischen Schwarzmeerflotte ab. Joseph II. und Ségur wurden nachdenklich, als russische Matrosen auf den Linienschiffen und auf den Fregatten präzise Segel setzten und Kanonen bedienten. Die Besichtigung des Hafens, der Magazine und Versorgungseinrichtungen festigte ihre Erkenntnis: Die russische Schwarzmeerflotte steckte noch in den Kinderschuhen, aber sie existierte und zeigte sich – zunächst bei einer Parade – einsatzbereit. Auf den Meereswellen wiegten sich keine Schaumgebilde. Das böse Gerücht, das nicht verstummte, Potemkin habe der Zarin in der Steppe bemalte Pappwände als respektable Dörfer vorgegaukelt, und die Bauern, die der Kaiserin zujubelten, seien stets schnell von einem Dorf zum anderen geschickt worden, erwies sich angesichts der segelgeschwellten Armada erst recht als wenig glaubhaft.

Zehn Tage währte der Aufenthalt auf der Krim. Im Vergleich zur Gesamtdauer der Reise schien das nur eine kurze Zeit. Aber die wenigen Tage strotzten von eindrucksvollen Erlebnissen. Jeder Teilnehmer konnte die Existenz Sewastopols mit seiner starken Flottenbasis und mit der Flotte selbst bestätigen. Innerhalb von drei Jahren hatte Potemkin eine Bastion geschaffen, die niemand zerreden konnte. Der Höhepunkt der Südlandfahrt und das nächste militärpolitische Ziel waren erreicht: Katharinas Banner wehte am Nordufer des Schwarzen Meeres. Sie konnte mit ruhigem Gewissen die Heimreise antreten. Die Türkei hatte das Signal empfangen und verstanden! Die Kaiserin fuhr mit Joseph II. bis nach Borislaw. Herzlich verabschiedeten sie sich. Joseph II. hatte nicht nur glänzende Schauspiele gesehen, er hatte mit Katharina und mit Potemkin ernsthafte politische Gespräche geführt. Das Bündnis wartete auf seine ersten Bewährungsproben.

Russlands Kaiserin fuhr nach Petersburg zurück. Potemkin hatte eine andere Fahrtroute organisiert als jene für die Hinreise. Und diese hielt einen weiteren politischen und militärischen Höhepunkt bereit: Poltawa! Der russische Sieg Peters des Großen über die Schweden im Jahre 1709 zählte zu den Sternstunden russischer Nationalgeschichte. Potemkin hatte auf dem Schlachtfeld von Poltawa eine Armee von fünfzigtausend Mann versammelt, die jene historische Schlacht nachstellte. Die Kaiserin sah sich erneut als die wahre Nachfolgerin Peters I. Sie erkannte, dass ihre Armee zum Siegen bereitstand. Poltawa blieb kein stilvoller Epilog zur Flottenparade auf der Reede vor Sewastopol. Beide Ereignisse bildeten eine schlagkräftige Einheit.

In Charkow trennten sich Katharina und Potemkin. Sie überschüttete den Fürsten und die Organisatoren der Reise mit Ehrungen. Die gemeinsame Zeit hatte ihre persönlichen Beziehungen weiter vertieft. Der Rest der Reise verlief relativ glanzlos. In Moskau empfing der Adel Katharina kühl und distanziert. Die Kaiserin atmete auf, als sie in Petersburg eintraf. Aber von jeder Station schrieb sie Potemkin einen Brief. Er erwiderte ihre Schreiben sogar. Die ganze Spannung ihrer Erlebnisse und Beziehungen kam in jenem Brief zum Ausdruck, den Potemkin am 17. Juli 1787 an Katharina schrieb: »Mutter Kaiserin! Ich habe Euren gütigen Brief aus Twer erhalten. Wie sehr ich die Gefühle, die darin zum Ausdruck kommen, schätze, ist Gott bekannt. Ihr seid mehr als eine wirkliche Mutter für mich, denn Eure Sorge um meine Gesundheit ist aufrichtig, nicht blinder Zufall. Was verdanke ich Euch! Was habt Ihr mir für zahlreiche Auszeichnungen verliehen! Und wie weit habt Ihr Eure Gunst auch auf jene ausgedehnt, die mir nahestehen! Doch das wichtigste von allem ist die Tatsache, daß Übelwollen und Neid mich in Euren Augen nicht herabsetzen konnten und alle Hinterhältigkeit zu keinem Erfolg geführt hat. Das ist es, was auf dieser Welt wirklich selten ist. Dieses Land wird sein Glück nicht vergessen. Ihr seid ihm immer gegenwärtig, denn es betrachtet sich selbst als Euer Reich und erhofft von ganzem Herzen Eure Gunst ... Lebt wohl, meine Wohltäterin und Mutter. Gott möge mir Gelegenheit geben, der ganzen Welt zu zeigen, in welchem Maße ich Euch verpflichtet bin, und daß ich bis zum Tode Euer getreuer Untertan bleiben werde.« Der Fürst schrieb weder einen Abschiedsbrief noch ein Vermächtnis, sondern das Bekenntnis zu einer neuen Aufgabe.

10.
Potemkin im zweiten Türkenkrieg Katharinas

Die türkische Regierung hatte das von Potemkin geschaffene »Neurussland« zu keiner Zeit als farbenprächtiges Phantom angesehen. Sie wusste, dass die kleine, aber gut bestückte und durch vorzüglich ausgebildete Matrosen geordnete russische Schwarzmeerflotte unter vollen Segeln innerhalb von zwei Tagen vor Konstantinopel aufkreuzen konnte. Die Hohe Pforte sah mit Missfallen, wie der Fürst von Taurien für den Besuch der Kaiserin immer neue Truppen im Süden zusammenzog und bei dem Aufmarsch nicht mit antitürkischen Ausfällen knauserte.

Österreich und Frankreich lehnten einen unmittelbaren Zugriff Russlands auf dem Balkan ab. Aber das bedeutete für die Türkei keine Beruhigung. Der Sultan neigte zeitweilig den aus Schweden einfließenden Wünschen zu. Der schwedische König hoffte, die Türkei werde Russland den Krieg erklären, solange die Kaiserin im Süden weilte. In St. Petersburg könnte ein geheim organisierter Staatsstreich ihre Herrschaft stürzen und die schwedischen Interessen auf den Besitz russischer Gebiete durchsetzen.

Die Türkei hatte ihre Streitkräfte seit der Krim-Annexion von 1783 auf einen neuen Krieg gegen Russland vorbereitet. In Petersburg hatten die britischen Gesandten in den letzten Jahren engagiert nach einem Bündnisvertrag gestrebt. Mit Russlands Hilfe sollten die englischen Konflikte in Nordamerika sowie mit Frankreich und Spanien gelöst werden. Auch der liebenswürdigste diplomatische Vertreter Englands konnte nicht verbergen, dass Großbritannien die Türkei in deren antirussischen Kriegsvorbereitungen unterstützte. In dem Maße, wie Katharina und Potemkin danach strebten, den russischen Einfluss auf das Mittelmeer auszudehnen, steigerte die Londoner Regierung ihre Hilfsaktionen für die Türkei in Form von Geld, diplomatischen Initiativen und direkter Militärhilfe.

Englische Seeoffiziere bildeten (neben französischen) türkische Matrosen aus. Die schwedischen Hoffnungen basierten auf den englischen und preußischen Hoffnungen, die Türkei und Schweden mögen doch ein Bündnis miteinander eingehen, um Russland gemeinsam von zwei Seiten anzugreifen. Die russische Regierung hat von allen diesen Intrigen Kenntnis erhalten. Potemkin hatte im Jahre 1784 ein Konzept erarbeitet, wie im Falle eines schwedischen Angriffs verfahren werden sollte. Der Fürst hatte auch den Zusammenhang mit den Rüstungen im Süden hergestellt.

Die Türkei verstand den Sinn der Inspektionsreise Katharinas und die Demonstration auf der Reede vor Sewastopol. Sie entschloss sich aber, den Krieg erst zu eröffnen, wenn die Kaiserin wieder nach Norden abgereist sein würde. Es ist nicht eindeutig klar, ob Katharina und Potemkin die große Reise nur zur Einschüchterung der Türkei nutzen wollten oder ob dem Unternehmen der Gedanke zugrunde lag, die Türkei direkt zum Krieg zu provozieren. Bei allen Mutmaßungen darf nicht vergessen werden, dass im Jahre 1787 weder die Kolonisierung Südrusslands noch die Vorbereitung der russischen Armee auf einen Angriffskrieg abgeschlossen war.

Aber Russlands Kaiserin hatte die Signale gesetzt, und der Sultan hatte sie entschlüsselt. Die Türkei erklärte Russland im August 1787 den Krieg und belagerte im Oktober 1787 erfolglos die Festung Kinburn. Für Russland standen die politischen Zeichen nicht so günstig wie im Jahre 1768. Die militärischen Erfolge blieben zunächst bescheiden, obwohl Kinburn den türkischen Angriffen widerstand. England und Preußen mischten sich vermittelnd ein. Katharina lehnte einen Kompromiss ab. Gemeinsam mit Potemkin begeisterte sie sich an der Idee des »Griechischen Projektes«. Selbst Österreichs Separatfrieden mit der Türkei beeindruckte sie nicht. Die Kaiserin vertraute ihrem tatkräftigen Fürsten Potemkin.

10. Potemkin im zweiten Türkenkrieg Katharinas

Der Kriegsverlauf bildete den Rahmen für die Beziehungen zwischen Katharina II. und Potemkin in den Jahren 1787 bis 1791. Der Krieg setzte einer weiteren Kolonisierungspolitik in »Neurussland« Grenzen und lenkte die Aufmerksamkeit des Fürsten primär auf militärische Aspekte. Dennoch blieben die drei Faktoren – die Kaiserin, der Krieg und die Kolonialpolitik – für den Fürsten eng miteinander verbunden. Die mit dem zweiten Türkenkrieg einsetzende Krise bei der Erschließung des Südens belastete jedoch das ausgezeichnete Verhältnis zu Katharina, denn die Kaiserin konzentrierte sich ausschließlich auf die Armee und den Krieg. Da Potemkin in jeder Hinsicht und aus eigener Überzeugung vom Wohl der Kaiserin abhing, erlitt er mit dem Wanken seines Lebenswerks auch persönlich eine innere Erschütterung. Eine im Erfolg so starke Persönlichkeit wie Potemkin geriet unter für ihn negativen Vorzeichen in nicht minder starke Erregung. Gekränkte Eitelkeit kam hinzu und alles zusammen gefährdete die Kolonisierung, den Krieg und letztlich auch die Gunst der Kaiserin. Es war ein brisantes und in den Konsequenzen weit reichendes Wechselspiel um Macht, Gunst und Erfolg.

Eine einfache Erklärungsformel wäre: Durch den Krieg verlor Potemkin die nahezu unangreifbare Unabhängigkeit seiner Regentschaft über Südrussland, und der Krieg zwang ihn zu militärischer Kleinarbeit. Er flüchtete sich – vielleicht auch eine Folge zunehmender körperlicher Gebrechen – in eine bisweilen zum Mystizismus tendierende Religiosität. Ihm blieb jedoch der Glaube an Katharina, an den Ruhm Russlands und an das Kriegsziel.

Katharina ging sehr feinfühlig und wohl wollend auf die psychischen Probleme Grigori Potemkins ein und lenkte diese in die ihr nützlichen und notwendigen Richtungen. So schrieb sie ihm im Juli 1789: »... daß die Feinde Rußlands und die meinigen in gleichem Maß auch Dir Schaden zu tun suchen, darüber wundert sich niemand ...« Einen Monat zuvor hatte sie geschrieben: »... einerseits vertraue ich auf die Gnade Gottes, aber im übrigen hoffe ich, daß Du nichts versäumst von dem, was zu tun möglich ist ...« Sie spornte ihn zu noch größeren Leistungen an.

Ein einprägsames Bild vom wirklichen Seelenzustand Potemkins in dessen späten Lebensjahren vermittelt jener Brief, den er im Januar 1788 an Katharina gerichtet hatte: »Die Krankheit, die Teuerung und eine Menge Hindernisse machen mir Sorgen. Dazu kommt noch der vollständige Brotmangel. Aber auch in Petersburg gibt es der Leidenden viele. Was haben Sie in diesem Fall zu tun? Sich zu gedulden und unerschütterlich auf Gott zu vertrauen. Christus wird Ihnen helfen, er wird das Ende der Trübsal senden. Gehen Sie Ihr Leben durch. Sie werden sehen, wieviel ungehofftes Heil Ihnen nach dem Mißgeschick zu Teil ward. Es gab Umstände, in denen den Mitteln die Wege abgeschnitten schienen, plötzlich – kam ein Erfolg heraus. Setzen Sie alle Hoffnung auf ihn und glauben Sie, daß er unwandelbar ist. Mag ein jeder das Seinige davon denken, ich aber halte darauf, daß zu Ihrer Thronbesteigung der Apostel nicht auf gut Glück darauf verfiel: ›Ich empfehle Euch aber Phöbe, unsere Schwester, die ist im Dienst der Gemeinde, daß ihr sie aufnehmt in dem Herrn, wie sich geziemt den Heiligen.‹ Menschen vermögen nicht zu ergründen, warum Gott den Kummer zuläßt; aber wissen soll man es, daß man sich in solchen Fällen an ihn zu wenden hat.«

Ein so nachdenkliches und dann auch wieder mystisches Bekenntnis des fordernden Tatmenschen Potemkin ruft Erstaunen hervor, selbst bei Akzeptanz der Tatsache, dass auch der Favorit Katharinas II. sein Leben lang religiös und gläubig geblieben ist. Zudem musste sich Grigori Potemkin nach 1787 in derart starkem Maße mit militärischen Problemen herumschlagen, dass eigentlich für mystische Abstrakta wenig Gelegenheit blieb. Wenn da nicht eine gewisse Sinnkrise gewesen wäre! Gerade diese Sinnkrise bietet die Gelegenheit, über die Darstellungen zur Kolonialpolitik hinauszugehen und einen Blick auf das militärische Denken und Handeln Potemkins während des zweiten Türkenkrieges zu werfen.

Es gehört zu den unausrottbaren Legenden über das Leben

Potemkins, dass er das »Griechische Projekt« initiiert und Russland in den Krieg gegen die Türkei getrieben habe. Er habe der Kaiserin diesen Krieg quasi »aufgeschwatzt«. Es bedarf keiner neuerlichen Erklärung, dass Potemkins Kolonial- und Staatspolitik mit den grundsätzlichen Wünschen der Kaiserin harmonierte, auch bezüglich der Türkei. Kaiserin und Fürst stimmten in ihrem Blick auf die Risiken eines neuen Krieges gegen die Türkei überein. Das »Griechische Projekt« hatte Alexander Besborodko unter dem eindeutigen Titel: »Restauration des Alten Griechischen Reiches für den Großfürsten Konstantin« formuliert.

Auf Potemkin warteten weder die Kaiserkrone noch die eines Königs in einem zwischengelagerten balkanischen Pufferstaat. Alle damit verbundenen Phantastereien scheinen weit übertrieben. Potemkin bleibt der beste Anwalt Katharinas für eine imperial expandierende Reichspolitik zum Ruhme Russlands und der Kaiserin in der Geschichte. Dafür erntete er bereits zu Lebzeiten allen für ihn erreichbaren Ruhm. Die geringste Handlung gegen den Willen der Kaiserin – im strategischen und nicht im alltäglichen Sinne verstanden, hätten ihn Nimbus, Einfluss und seine exponierte Stellung gekostet.

Die Besiedlung »Neurusslands« und die Heeresreform prägten über Jahre hinweg zwei Seiten einer Medaille. Wenn diese Medaille eine dritte Seite gehabt haben könnte, wäre diese dem Türkenkrieg gewidmet worden, auf den seit 1774 viele Anstrengungen der Reichspolitik hinausliefen. Potemkins dirigierenden Hände blieben in der politischen Linienführung vom ersten Türkenkrieg an erkennbar, über das Bündnis mit Österreich im Jahre 1782, die Annexion der Krim 1783, bis hin zur Reise Katharinas im Sommer 1787 und dem folgenden zweiten Türkenkrieg. Selbst die türkische Kriegserklärung von 1787 und die daraus resultierende österreichische Proklamation als russischem Bündnispartner wirkten wie eine Bestätigung der Politik Katharinas, Potemkins und deren politischer Freunde.

Sofort nach der türkischen Kriegserklärung und vor ihrem eigenen Kriegsmanifest schrieb die Kaiserin an Potemkin:

»... hiergegen können alle schwachen Maßnahmen nicht gültig sein; hier sind nicht Worte, sondern Taten notwendig, notwendig, notwendig, um Ehre, Ruhm und Nutzen des Herrschers und des Standes zu bewahren.« Am 2. September 1787, Joseph II. hatte bereits den casus foederis proklamiert, kam das von der Kaiserin erwartete Echo des ganzen offiziellen Russlands aus dem Staatsrat: »Ruhm und Größe Rußlands, das emporgestiegen ist durch den Geist der jetzt herrschenden Kaiserin, brachten den stolzen Ton der ottomanischen Pforte zum Schweigen, den sie uns gegenüber seit den Zeiten des Pruthfriedens (eine Anspielung auf die Niederlage Peters des Großen am Pruth am 7. Juli 1711 – Anm. des Autors) angeschlagen hatte. Darum ist es notwendig, in jedem Fall unsere gegenwärtige Überlegenheit zu bewahren, gerade jetzt, da Entgegenkommen ihren früheren Träumereien dienlich sein könnte.«

Trotz aller inneren Probleme einer nicht abgeschlossenen Besiedlung »Neurusslands« und der unvollendeten Militärreform fühlte sich Russland stark und unverletzbar. Sowohl gegenüber der Türkei als auch dem Bundesgenossen Österreich, der vorerst eine Garantie für das Wohlverhalten Preußens und Polens zu sein schien, obgleich Österreich ständig unter der Furcht litt, in dem stürmischen russischen Drängen nach Konstantinopel und dem Balkan der zweite Sieger bleiben zu müssen.

Außerdem liefen die machtpolitischen Kombinationen der europäischen Staatenwelt weiter. Man beobachtete die Ausweitung russischen Einflusses allseits mit Argwohn. Niemand wunderte sich darüber, dass die Beziehungen zwischen Russland, Österreich und ihren Streitkräften bei dem siegreichen Vormarsch der Russen voll abwartender Spannung blieben. Nationale Emotionen, auf dem Balkan vornehmlich von Russland geschürt, belebten das gegenseitige Misstrauen. Katharinas Politik bestand aus einer Mischung von kühnem Eroberungsdrang und zurückhaltender Vorsicht. Ihr drängender Arm war nicht nur, aber vor allem Potemkin.

Auch der Fürst beherrschte die Kunst der Verschleierung

vollendet. Die unausrottbare Fabel, dass er der alleinige Inspirator der Expansionspolitik im Süden gewesen sei, erstaunt immer wieder. Dabei existieren keine hinreichenden Belege für seinen tatsächlichen politischen Einfluss auf die kaiserlichen Entscheidungen in dieser Frage. Die Dokumente sprechen eher von einer lavierenden Haltung. Im historischen Nachhinein ist allerdings auch schwer ermittelbar, an welchem Punkte die Überzeugung und wo die taktischen Halbwahrheiten in den Vordergrund traten.

Im Grunde mutet das alles wie ein großer Widerspruch an. Der Reichsfürst, der Generalgouverneur und Oberkommandierende hatte den Krieg in allen Phasen vorbereitet. Erst als dieser Krieg wirkliche Gestalt annahm, zwang er den kühnen Strategen auf den Boden der Tatsachen zurück. Von Beginn an bestand bei den beteiligten Politikern und Militärs überhaupt kein Zweifel, dass Potemkin die entscheidende Verantwortung für die Handlungen der russischen Streitkräfte auf sich nehmen musste, obwohl er keineswegs der älteste und erfahrenste russische Feldherr war.

Zwei Armeen zogen gegen die Türken. Die ukrainische Armee befehligte Peter Rumjanzew. Potemkin führte die Jekaterinoslawer Armee. In der russischen Kriegsgeschichte des 18. und 19. Jahrhunderts hat es kaum einen Feldzug gegeben, in dem der Erfolg russischer Waffen nicht durch Eifersüchteleien und Rivalitäten unter den Feldherrn beeinträchtigt worden wäre. Das ist eine Tatsache, die verzweifelte Zaren (Alexander I.) bewogen hat, törichterweise selbst das Oberkommando zu übernehmen. Rumjanzew und Potemkin attackierten sich gegenseitig mit eiskalter Höflichkeit. Potemkin schrieb an Rumjanzew: »Es gebührt mir nicht, Sie zu belehren – meine Sache ist zu hören ...« Aber er trug die Hauptlast. Rumjanzew hatte bereits im ersten Türkenkrieg die russischen Truppen geführt. In dem neuen Krieg zeigte er sich klug genug, die höhere Autorität des Fürsten anzuerkennen. Potemkin avancierte zum Oberkommandierenden aller russischen Streitkräfte im Süden. Er leitete seine Aufgaben über ein in sich geschlossenes

Oberkommando, quasi einen Generalstab, einer Novität in der russischen Kriegsgeschichte.

Unter Potemkins Befehl standen mehrere Armeegruppen, deren Front von der polnischen Grenze bis zum Kaukasus reichte. Diese überlange Front unterteilte der Oberkommandierende in mehrere Abschnitte: Am unteren Dnjepr, auf der Krim, am Dnjestr und im Kaukasus. Außerdem besaß Potemkin die oberste Kommandogewalt über die Schwarzmeerflotte. Alles zusammen zwang ihn zu der gewaltigen Aufgabe, die Handlungen zahlreicher Frontabschnitte sowie das Zusammenwirken von See- und Landstreitkräften zu koordinieren.

Ein solches militärisches System, das gleichermaßen politische wie bewaffnete Aufgaben beinhaltete, suchte in der russischen Geschichte hinsichtlich seiner Dimensionen seinesgleichen. Hier handelte es sich tatsächlich um eine Schöpfung des Fürsten Potemkin, die er nur aufgrund seiner langen Erfahrungen im Süden hervorbringen konnte. Er selbst befehligte das Zentrum der Front, die Jekaterinoslawer Armee, deren Einheiten zwischen dem Bug und der Krim disloziert wurden. In Jekaterinoslaw erhielt er auch die Nachricht von der Belagerung Kinburns durch die türkische Flotte. Er sandte sofort einen Bericht nach Petersburg. Auch Rumjanzew, der sich in Kiew aufhielt, informierte die Kaiserin. Der Staatsrat behandelte am 6. September 1787 beide Berichte

In dieser ersten Kriegsphase erstreckte sich der Kern der von Potemkin kommandierten Truppen von der Mündung des Bug über Cherson bis nach Kinburn und schloss die Festung Otschakow ein. In südlicher Richtung geriet während der Kampfhandlungen auch die Krim in das militärische Aktionsfeld. Die Festung Otschakow und die Krim wurden die im Krieg besonders hart umkämpften neuralgischen Punkte, mit denen der imperiale Anspruch Katharinas und Potemkins auf die Realisierung ihres »Griechischen Projekts« neuen Auftrieb erhalten konnte. Oder militärisch einfach formuliert: Die Einnahme der Festung Otschakow und ein Sieg über die türkische Schwarzmeerflotte erschienen dem Oberkommandierenden als die entscheidenden Voraussetzungen für weitere Erfolge zur russischen Herrschaft über das Schwarze Meer und den Balkan.

Der Staatsrat bestätigte das offensive Vorgehen in seiner Sitzung vom 6. September. Potemkin sollte »Otschakow belagern und, nachdem es erobert sei, sich in dem Gebiet zwischen Bug und Dnjestr festsetzen.« Der Staatsrat stützte sich auf langfristige Planungen, die von Potemkin selbst ausgegangen waren. Das politische Gremium forderte: »Wenn Gott uns einen schnellen Sieg über diese Festung gewährt, dann sollten die Operationen nach den Eroberungen bis nach Akkerman ausgedehnt werden, damit die russische Grenze sich bis zum Dnjestr erstrecke und Akkerman mit einschließe.« Potemkin stimmte mit diesen Zielen überein. Aber ihre Ausführung sollte sich als schwierig erweisen und konnte nur mit großen Verzögerungen anlaufen.

Es gehört zu den Kuriosa der Geschichte, dass lang ersehnte und geplante Aktionen für deren Schöpfer letztlich überraschend beginnen. Potemkin bildete da keine Ausnahme. Der konkrete Angriff der Türken im Herbst 1787 überrumpelte den Generalfeldmarschall. Seine Frontlinie zwischen Bug und Kinburn konnte er erst im Frühjahr 1788 wirklich schließen. Massive türkische Angriffe erschwerten gerade in diesem Gebiet den russischen Aufmarsch unendlich. Das zweite türkische Angriffsziel, das Ufer der Krim, war von russischer Seite noch schwächer gedeckt. Nur der Kriegshafen Sewastopol verfügte bereits über erste Wehranlagen zum Schutz der dort stationierten, bereits intakten Seekriegsflotte.

Am 31. August 1787 ließ Potemkin die Geschwader der Schwarzmeerflotte von Sewastopol aus in See gehen. Während er sich an der Linie zwischen Bug und Kinburn vorerst auf eine hinhaltende Verteidigung konzentrieren musste, konnte die Flotte bereits den offensiven Angriff suchen. Dementsprechend lauteten die Weisungen an die Admiräle Mordwinow und Woinowitsch: »Ich bestätige Ihnen, daß alle Linienschiffe und Fregatten zu sammeln sind und daß Sie sich zu bemühen haben, die Tat auszuführen, die von Ihrer Tapferkeit und

Mannhaftigkeit und der Ihrer Untergebenen erwartet wird. Wenn auch alle umkommen, aber es muß offenbar werden Ihre Unerschrockenheit beim Angriff und bei der Vernichtung des Feindes. Das erklären Sie allen Ihren Offizieren. Wo Sie die türkische Flotte erblicken, greifen Sie sie an, wie es auch sei, wenn auch alle verlorengehen.« An Generalfeldmarschall Peter Rumjanzew schrieb Potemkin am 24. August 1787 bestätigend: »Beim Eintreffen der ersten Nachrichten über den Friedensbruch befahl ich sofort der Schwarzmeerflotte, aus Sewastopol in See zu gehen, den Feind überall zu suchen, ungeachtet der Vortrefflichkeit seiner Kräfte an nichts zu denken als an Sieg oder Tod.«

Die Flotte blieb während der gesamten ersten Kriegsphase die entscheidende russische Kraft in der Auseinandersetzung mit den Türken. Aus dieser Sicht erscheint es logisch, dass Potemkin von den Admirälen besonders sorgfältige und exakte Operationspläne verlangte. Mordwinow erarbeitete entsprechende Vorlagen für Angriffe auf den Bosporus, auf Warna, Suntschuk-Kale und auf Otschakow, d.h. auf Kriegsziele, die den gesamten Umfang des Schwarzen Meeres einschlossen. Potemkin befand sich zu jener Zeit in seinem Hauptquartier in Kremmentschuk. Mordwinows Handlungen beobachtete er mit kritischer Zurückhaltung. Im vorliegenden Falle begeisterte ihn jedoch die politische Weitsicht des Admirals und er bestärkte diesen am 26. August 1787: »Keinerlei große politische Gründe hindern, die Türken zu schlagen. Nötigen Sie die Sewastopoler Flotte, bald ins Meer zu gehen. Welchen Ruhm bringt die glückliche Erfüllung der beabsichtigten Unternehmung! Ihnen ist die Ehre gegeben, den Sultan in seinem Serail zu beunruhigen. Der Fürst ist mit Ihrem Plan einverstanden. Es scheint, daß die türkische Seemacht nicht fürchterlich ist ...«
Obwohl die Admiräle bei der Reorganisation und Erneuerung der russischen Streitkräfte im Süden wiederholt den Zorn ihres Generalgouverneurs hervorgerufen hatten, vertraute er ihnen die Flotte an – das vorerst wichtigste Unterpfand für den erhofften Sieg. Wem sollte er die Flotte auch sonst anvertrauen?

Außerdem lehren die Erfahrungen der Kriegsgeschichte, dass personalpolitische Entscheidungen von vielen Faktoren im Getriebe der inneren Machtpolitik abhängig sind. Auch Potemkin musste Rücksicht auf die divergierenden Hofparteien nehmen. Einen zweiten risikobereiten und unorthodoxen Haudegen wie Suworow konnte selbst er sich nicht leisten. Und schließlich sagte die ohnmächtige Kapitulation vor den Fallstricken der Bürokratie noch gar nichts über das Verhalten der gescholtenen Chargen im Gefecht aus. Potemkin besaß gar keine andere Wahl als Mordwinow und Woinowitsch.

Das Schwarze Meer wandelte sich vorübergehend zum Hauptkriegsschauplatz, ohne dass Potemkin die Überzeugung aufgab, eine Kontinentalmacht wie Russland musste die Kriegsentscheidung auf dem Lande suchen. Aus diesem Grunde setzte er während des Krieges die Reformierung der Armee unermüdlich im Rahmen seiner eigenen Ansichten und Grenzen fort. Er reorganisierte die bestehenden Einheiten, stellte neue Verbände auf und kümmerte sich um alle Fragen des Nachschubs an Waffen, Munition, Ausrüstung und Verpflegung. Die Hauptsorge galt dem Personalbestand der Truppen. Potemkin ließ mit sehr gewagten Mitteln Rekruten ausheben: z.B. Geistliche, die keine ordentliche Planstelle besaßen, wurden in die Armee gepresst, »damit sie in der schweren Lage der Allgemeinheit nicht müßig bleiben«. Auch Angehörige des öffentlichen Dienstes aus den Provinzen, die sich ohne Genehmigung in der Hauptstadt einen schönen Tag machten, durften nun der Kaiserin bunten Rock tragen. Hinderte gar ein Bürgermeister bereitwillige Stadtkinder daran, den werbenden Kosakenfahnen zu folgen, ging er gleich selbst unter diese. Die Werbeerfolge rechtfertigten die Mittel: Kosakeneinheiten, die ausschließlich aus Raskolniki (Altgläubige) bestanden, mutierten zu kampfstarken und vom Feind über die Maßen gefürchteten Einheiten.

Aber dennoch regierten in der Armee weiterhin Schlendrian, Servilität und Korruption. Potemkin bekämpfte dies mit mehr oder weniger Erfolg. Es blieb ein mühsames Unterfangen, begleitet vom Misstrauen des Offizierskorps. Selbst Rumjanzew erklärte gegenüber Potemkin freimütig: »Ich bekenne Ihnen, mein Wohltäter, dass ich nichts so fürchte wie Veränderungen oder Neueinführungen bei den Truppen, vielleicht im Gefühle meiner geringen Geschicklichkeit hierfür und der schlechten Erfolge, die ich dabei hatte.« Das alte Offizierskorps misstraute dem stürmischen Unruhestifter und der machte aus seiner Verachtung gegenüber dem mangelnden Veränderungswillen seiner Offiziere keinen Hehl. Der Krieg zwang sie zusammen, gewollt oder nicht, und verlangte auch von dem Strategen Potemkin ebenso mühsame wie ärgerliche handwerkliche Kleinarbeit.

In dieser Hinsicht dient das Schicksal des Jekaterinoslawer Jägerkorps als anschauliches Beispiel für mannigfaltige Verwirrungen. Das Korps war im Frühjahr 1787 aufgestellt worden. In schöner und praktischer Einheit sollte es auf den kommenden Krieg gegen die Türkei und auf die große Südlandfahrt Katharinas vorbereitet werden. Für die Aufstellung des Korps wählte man einen Armeeoffizier aus, dem bei erfolgreicher Amtsführung eine Beförderung zum Generalmajor winkte. Potemkin fragte den Kandidaten, ob er denn auch gewillt sei, sich mit der Aufgabe auszuzeichnen. Der antwortete offenbar zustimmend und ging scheinbar forsch und munter an die Arbeit. Bis zum Kriegsbeginn im August 1787 hatte er den Auftrag allerdings nur sehr unvollkommen erfüllt, sodass sich Potemkin noch im November persönlich um das Korps kümmern musste und die Einheit schließlich dem Kommando Suworows unterstellte. Potemkin inspizierte die Soldaten in Cherson und gelangte zu dem deprimierenden Schluss: »In Cherson sehr durcheinander und die Regimenter bei ägyptischer Arbeit, bei denen auch die seelische Verfassung nicht durchweg in Ordnung ist. Ich kam, um inspektorische und kommissarische Besichtigung zu halten. Führte das Korps Jekaterinoslawer Jäger ein, aber nicht, um es bei der Arbeit zu gebrauchen, auch nicht zur Wache. Es ist voll von jungen Leuten, denen noch Zeit zum Kräftigwerden gegeben werden muß.«

10. Potemkin im zweiten Türkenkrieg Katharinas

Bis zum März 1788 gewann das Korps unter dem Oberbefehl Suworows an Stärke. Aber es litt unter dem Makel eines zu hohen Krankenstandes. Offenbar konnten die Probleme nicht bewältigt werden und so teilte auch dieses Korps das Schicksal vieler unvollendeter Truppenneubildungen: Es wurde wieder aufgelöst und seine Soldaten füllten die Lücken im Kampf dezimierter Einheiten auf. Dabei spielte es keine besondere Rolle, ob es die noch ungeübten Rekruten zu den Seestreitkräften oder in andere Landeinheiten verschlug. Im Mai 1789 erlebte das Korps vollkommen überraschend seine Wiederauferstehung. Neue Rekruten erhielten am Bug ihre Grundausbildung, um anschließend fest in die regulären Streitkräfte integriert zu werden.

Es gab viele militärische Einheiten in der regulären Armee und auch in den kosakischen Territorialstreitkräften, die ein ähnliches Schicksal aufwiesen, die unter komplizierten objektiven und subjektiven Bedingungen formiert, ausgebildet, in den Kampf geschickt, aufgelöst und neu formiert worden sind. Die permanenten Strukturwandlungen gehörten offensichtlich zum alltäglichen Handwerk der Kriegsführung. Dabei schien keine Kleinigkeit gering genug, dass Potemkin sich ihr versagt hätte. Er kümmerte sich um alles und verlor dabei die Hauptaufgaben zur Sicherung des kolonisierten Landes und bei der Kriegsführung gegen die Türkei nicht aus den Augen. Welches Maß an Problemen bereitete ihm allein die kontinuierliche Versorgung der Truppen mit Nahrungsmitteln! Es ist keine leere Floskel, darauf hinzuweisen, dass sich der Generalgouverneur und Oberkommandierende im Interesse der Hauptaufgaben sehr sorgfältig um das Wohl und die Ausbildung der Soldaten kümmerte. Diese Sorge war kraftraubend und die zähen Widerstände zerrten an den Nerven.

In einem Brief vom 14. August 1787 an den Kanzler Besborodko verwies Potemkin im Zusammenhang mit dem Kriegsbeginn auf die vielen Kranken in der Stadt Cherson: »... das raubt mir die Ruhe, aber Gott sei Dank sterben nicht viele.« Derweil erging der Befehl an Suworow: »Sie haben den Herren

Regimentskommandeuren streng einzuschärfen, daß diese neueingestellten Leute versorgt und nicht mit Prügeln, sondern mit guter Ordnung in die Kenntnis ihres Dienstes und ihrer Pflicht eingeführt werden.« Potemkin erließ strenge Weisungen für die gesundheitliche Fürsorge. Er förderte die Einrichtung von Hospitälern und Lazaretten nach Kräften und überzog alle wichtigen Städte mit einem Netz dieser Einrichtungen. Vieles blieb jedoch noch in den Anfängen stecken und unvollkommen.

Das Land und die Armee waren nicht auf ein intaktes Sanitätswesen vorbereitet. So kontrastierten die beharrlichen Anstrengungen Potemkins mit jenem Bild aus dem Lazarett in Jelisawetgrad, in dem im Mai 1788 etwa 2000 Soldaten lagen und in dem es an der minimalsten Ausstattung mit Medikamenten und Wäsche fehlte. Potemkin hatte in Cherson persönlich eine Apotheke gegründet. Sie versorgte nicht nur die Krim, sondern auch die Seekriegsflotte. Diese eine Apotheke konnte die Bedürfnisse zur Versorgung der Truppen in keiner Weise befriedigen. Der Mangel an Ärzten zeitigte erschreckende Ausmaße. Die ständigen Appelle Potemkins waren zwar gut gemeint, angesichts der realen Situation jedoch hilflos. Es nutzte wenig, wenn er Suworow mahnte: »Wenn Sie sich die Mühe machten, die Lazarette zu besichtigen, würden die Ärzte sich mehr bemühen. Die vorgeschriebenen Heilmittel und die Überwachung der Sauberkeit ist das geeignetste Mittel zur Besserung ... Ich schlafe schlecht durch diese Sorgen, aber ich hoffe auf die Gnade Gottes und ich verlasse mich auf Ihre unermüdliche Arbeit.«

Selbst die detailliertesten Anweisungen Potemkins bewirkten im Grunde nur relativ wenig, weil den Ratschlägen keine materielle Grundlage half, und die Hinweise obendrein nur unlustig befolgt wurden: »Bezüglich der Kranken habe ich Erkundigungen angeordnet. Daß Skorbutkranke einschlafen, ist nicht zuzulassen; für sie ist Kisel (Haferschleim) nicht übel, auch Kwas mit Meerrettich ist zu verabreichen. Ruhrkranke sind abgesondert zu halten und häufiger zu waschen ... Hütet

euch, sie mit denen zusammenzulegen, die von diesen Krankheiten frei sind. Den Ruhrkranken soll man gestoßenen Zwieback mit Kohlsuppe und in Wassersuppe verabreichen, und Kwas, damit es säuerlich ist. Beobachtet, welcher Art die Wirkungen von Woda Witowskaja (Wasser einer Heilquelle) sind.«
Diese Form eines patriarchalisch-akribischen Wohlwollens sprach für den Menschen Potemkin, nicht aber für den Feldherrn und Organisator. Er konnte unmöglich gleichzeitig gegen die Türken marschieren und in Cherson den Kranken Kwas verabreichen! Selbst die Offiziere seines Stabes blieben untätig, verließen sich auf die Allgegenwart ihres Vorgesetzten und gaben diesem immer wieder Anlass zur Klage: »Ihr schweigt und schweigt, aber dann wollt ihr auf einmal irgendwas aus Sibirien oder aus Astrachan geschickt haben ... Ihr werdet euch nicht wundern, wenn ich nicht bei Laune bin: Gott weiß, die Kräfte reichen nicht hin; überall kann man nicht selbst sein. Und alles, bis auf die kleinsten Anweisungen, verlangt man von mir.« Das klang wie der verzweifelte Ruf eines Menschen, der sich in dem drohenden und gleichzeitig gewollten Krieg seiner Kräfte nicht mehr sicher war.

Tatsächlich litt Potemkin an einem Fieber, im Sommer 1787 ebenso wie in den Jahren davor. Das rätselhafte Krim-Fieber hatte bereits viele Opfer gefordert. Potemkin schien gerade in dem Augenblick, da höchste Konzentration vonnöten war, wie gelähmt. Sein umfangreicher Briefwechsel und die Flut der Anweisungen stockten. Selbst die Kaiserin erhielt in den entscheidenden Tagen nur spärliche Informationen von seiner Hand. Aber der Krieg nahm weder auf das Fieber noch auf die Depressionen Potemkins Rücksicht.

Die Türken konzentrierten ihre Angriffsvorbereitungen auf Kinburn-Otschakow und Cherson. Sie lieferten den Beweis für die Richtigkeit der potemkinschen siedlungspolitischen und militärischen Vorkehrungen. Die türkische Flotte segelte nach Kinburn, während die Landtruppen nach Cherson in Marsch gesetzt wurden. Ein dritter türkisch-tatarischer Angriff hatte die Krim zum Ziel. Potemkin schickte eilig Truppen nach Kinburn und unterstellte sie Suworow. Die russische Abwehrfront auf der Krim blieb über Monate hinweg mangelhaft. Potemkin selbst organisierte am Bug eine Front. An der Stelle der Flussmündung, die er für besonders gefährdet hielt, setzte er den Generalmajor und später so berühmten Generalissimus Michail Kutusow ein.

Mitte August 1787 kreuzte die türkische Flotte bereits vor der Festung Otschakow auf und eröffnete sofort die Kampfhandlungen. Die russische Flotte war noch nicht völlig einsatzbereit. Admiral Mordwinow erwies sich als zu schwerfällig, notwendige Improvisationen vorzunehmen. Potemkin ließ zumindest den Hafen von Kinburn befestigen. Er empfahl Mordwinow, wenigstens den Eindruck hervorzurufen, als plane er einen Angriff seines Geschwaders gegen die türkische Flotte. Aber während sich Suworow vor Kinburn bravourös schlug, fiel an einem ganz anderen Ort eine Entscheidung, die sich auf Potemkins Selbstwertgefühl, auf seine Kraft und innere Festigkeit negativ auswirkte. Es folgte ein Ereignis, das den Giganten wie einen morschen Baum fällte. Zumindest entstand ein solcher Eindruck in der Öffentlichkeit.

Admiral Woinowitsch war mit einem Geschwader, bestehend aus drei Linienschiffen und sieben Fregatten, in das Schwarze Meer ausgelaufen. Vor der bulgarischen Hafenstadt Warna geriet das Geschwader in einen schweren Sturm. Eine Fregatte sank. Die übrigen Schiffe retteten sich mit schwersten Schäden in den Hafen von Sewastopol. Das Linienschiff »Maria Magdalena« trieb ohne Masten und mit zerbrochenem Ruder hilflos in den Bosporus hinein ... Admiral Woinowitsch verlor völlig den Kopf. Er erwies sich als unfähig, die Flotte durch die schwere See zu steuern. Nur ein Offizier hatte Glück: Der die Vorhut befehligende Kapitän Fjodor Fjodorowitsch Uschakow führte seine Flottille relativ unbeschädigt nach Sewastopol zurück. Für Uschakow begann nach diesem Erfolg eine steile Karriere, die ihm zur See einen ähnlichen Ruf einbrachte, wie ihn Suworow auf dem Lande bereits besaß – ein »genialer« Kriegsheld, unbequem, egozentrisch, aber erfolgreich.

Bei Grigori Potemkin löste das Debakel einen schweren psychischen Schock aus. Die Rat- und Kraftlosigkeit, die sich inzwischen durch die Unwägbarkeiten des Krieges und durch die Unzulänglichkeiten des eigenen Handelns aufgestaut hatte, nahm bedenklich zu. Potemkin steigerte sich in den mehr oder weniger spontanen Wunsch hinein, sofort auf alle Kommandoposten zu verzichten und ebenso schlicht wie unauffällig von der Bildfläche zu »verschwinden«. Er, der bislang vor keiner Schwierigkeit zurückgeschreckt war, verlor nun selbst den Kopf. Er bat die Kaiserin, das Oberkommando an Rumjanzew zu übertragen und ihn, den tragischen Helden, nach St. Petersburg zurückzurufen.

Die Nachrichten über die Katastrophe vor Warna erreichten die Kaiserin nur langsam und in Bruchstücken. Sie sorgte sich im doppelten Sinne um Potemkin. Bislang war er das Hirn und der Motor aller Aktionen im Süden gewesen. Seine Arbeit besaß höchste staatspolitische Priorität und – er stand ihr menschlich unverändert nahe. Also schrieb die Kaiserin: »Du selbst weißt, wie schwer mir jeder Gedanke erscheint, auf den ich in keiner Weise vorbereitet bin; indessen entscheide ich mich zu solchem schwerem Schritt, falls Du sagst, daß Deine Gesundheit ihn fordert ... Ich wünsche ... die Fortsetzung der für Dich und das Reich ruhmvollen Taten.«

In der historischen Literatur hat es bei der Bewertung der Handlungen Potemkins nach dem Verlust der Flotte vor Warna im Herbst 1787 manche Irritation gegeben. Es bleiben in der Tat bis zum heutigen Tage eine Reihe von Fragen offen. Die Termine über die Informationen nach dem Unglück, die Daten der Rücktrittsgesuche Potemkins und der Reaktionen Katharinas begründen Zweifel, ob das Flottendebakel vor Warna tatsächlich das auslösende Moment für die geradezu panikartige Krise Potemkins war, so wie sie in den Briefen an die Kaiserin ihren Ausdruck fand.

Ein zweiter und besonders schwierig zu bewertender Umstand bestand darin, dass Potemkin in der Krise offenbar sehr bewusst zwischen seinen persönlichen Wünschen und der Verantwortung vor dem Russischen Reich unterscheiden konnte. Während er die Kaiserin dringend um seinen Rücktritt bat, schrieb er ihr gleichzeitig: »... lassen Sie hierdurch die Sache nicht leiden.« Zum selben Zeitpunkt wies er Mordwinow sehr klar und eindeutig an, alle erforderlichen praktischen Schritte zum Neuaufbau der Flotte in die Wege zu leiten. Ein ausführlicher Brief, den Potemkin am 26. September 1787 – wenige Tage, nachdem das ganze Ausmaß der Schäden bekannt geworden war – an Suworow schrieb, enthielt nicht nur eine sachliche Analyse über die Ereignisse, sondern auch den verhalten optimistischen Schluss: »... und so bleibt jetzt nur, das Möglichste zu tun zur schnellsten Ausbesserung der Flotte, damit sie in der künftigen Kampagne im Stande ist, in See zu gehen.«

Das persönliche Dilemma blieb: Potemkin wartete die Entscheidung der Kaiserin nicht einmal ab. Er übergab am 24. September 1787 den Oberbefehl an Feldmarschall Rumjanzew und gestand ganz offen seine Niederlage ein: »D'ailleurs ma carrière est fini. Ich habe fast den Verstand verloren.« Die Kaiserin dachte in diesem Falle ganz anders. Sie bestätigte weder den panikartigen Rücktritt noch den Befehlswechsel!

Alle wichtigen militärpolitischen Handlungen Potemkins nach seinem Rücktritt widersprachen tatsächlich dem Entschluss zur Demission. In dem Brief an Rumjanzew vom 24. September 1787 legte der Fürst seine Sorgen über die instabile militärpolitische Lage auf der Krim dar. Jetzt, da die Sewastopoler Flotte über Monate hinweg ausfiel, verstärkte sich die Bedrohung für die Krim. Die Frage, ob die Halbinsel von Russland gehalten werden könnte, gewann brennende Aktualität. Die bislang nur mangelhaft ausgerüsteten und dislozierten Streitkräfte würden vorerst einer massiven türkischen Landungsoperation keinen ausreichenden Widerstand entgegensetzen können. Potemkin rief jedoch trotz der momentanen inneren Verzweiflung nicht nach einer Preisgabe der Krim. In einem ausführlichen Schriftwechsel, der bis in den Oktober 1787 reichte, erörterte er mit seinen Generälen Varianten für die Verteidigung der Halbinsel.

Er selbst hatte die Vorstellung, die russischen Truppen im Falle einer türkisch-tatarischen Landung um die Festungen Jenikale und Perekop zu konzentrieren, die eigenen Soldaten langsam vom Küstenstreifen ins Landesinnere zurückzuziehen und dort massive Gegenschläge vorzubereiten. Nicht nur Feldmarschall Rumjanzew, sondern auch der Kommandant von Feodossija, Baron Fersen, sowie andere Generäle vertraten dagegen die Ansicht, die Invasionstruppen bereits am Strand anzugreifen. Zum Glück für Russland forderte der Krieg keinen Wahrheitsbeweis für diese Überlegungen: Die Türken eröffneten zunächst an der Krimküste keinen Angriff. Taurien blieb vorerst in russischer Hand.

Erst im November 1787 drohte eine türkische Invasion. Zu diesem Zeitpunkt konnte Potemkin bereits wieder voller Zuversicht an Suworow schreiben, der alle Angriffe auf Kinburn erfolgreich abgewehrt hatte: »Nach Meldungen von den türkischen Grenzen hat der Tataren-Khan von der Pforte den Befehl, bei Gefrieren des Liman einen Einfall in die Taurische Halbinsel zu machen. Ew. Exzellenz können sich hinlänglich die Schwierigkeit einer solchen Unternehmung vorstellen, die selbstverständlich überall alles zum Losschlagen bereit findet.«

Wenn Potemkin tatsächlich jemals mit dem Gedanken gespielt hatte, angesichts des Dramas vor Warna, Taurien ganz oder teilweise preiszugeben, dann hat es sich lediglich um einen durch den Schock verursachten Augenblicksgedanken gehandelt, der bei ihm selbst keinen festen Bestand besaß, der von den ihn umgebenden Feldherrn nicht akzeptiert werden konnte und der auch bei der Kaiserin auf strikte Ablehnung stieß. Man konnte den Krieg unmöglich damit beginnen, eine Provinz, die nicht einmal direkt bedroht wurde, sofort zu räumen. Der Hafen und die Flottenbasis Sewastopol bildeten den unverzichtbaren Hort für die russische Kriegsführung auf dem Schwarzen Meer! Katharina schlug ihrerseits obendrein russische Entlastungsangriffe auf Otschakow oder Bender vor.

Potemkin, der laut kaiserlichem Befehl im Amte blieb, wog die russischen Siegeschancen sorgfältig ab. Er gelangte zu dem allgemeinen Schluss, ein Angriff auf die Türken sei zwar notwendig, eine große Offensive vorerst jedoch unmöglich. Also entschloss er sich zu einem Kompromiss und schrieb in diesem Sinne an Admiral Mordwinow: »Das Wesen unseres Feindes ist so, daß er kühn wird, wenn man ihn in Ruhe läßt. Gleichmäßig notwendig ist, ihn zu beunruhigen und in Verteidigungszustand zu bringen. Indem Sie sich auf diese Regel stützen, wollen Sie bei jeder Gelegenheit befehlen, entweder wirkliche oder scheinbare Angriffe zu unternehmen.« Potemkin setzte auf eine Defensivtaktik, die zunächst massive Flottenoperationen auf hoher See ausschloß und sich auf die Einnahme der Festung Otschakow konzentrierte – wohl wissend, dass allein die Existenz der russischen Flotte einen verstärkten Druck der Türken auf Otschakow nach sich ziehen würde.

Am 30. September und 1. Oktober 1787 griffen die Türken die Festung Kinburn an. Kinburn lag auf einer Landzunge gegenüber der türkischen Festung Otschakow und besaß für Russland deshalb eine wesentliche Bedeutung, weil sie die gemeinsame Mündung von Dnjepr und Bug kontrollierte. Als die Türken ihre Drohgebärden verstärkten, legte Potemkin die Liman-Flottille vor die Festung und die schlug einen türkischen Flottenangriff energisch zurück. Dennoch konnte die türkische Landung nicht verhindert werden. Suworow, der sich gerade in der Kirche beim Gottesdienst befand, ließ diesen ruhig enden und organisierte dann ohne Hast die Abwehr. Er wartete zunächst ab, bis alle Landungstruppen an Land gesetzt worden waren. Dass die Türken quer über die Halbinsel eine Verschanzung errichteten, dürfte jedoch bereits nicht mehr im Interesse Suworows gelegen haben: Zwei russische Angriffswellen blieben im türkischen Feuer liegen. Erst der dritte Angriff gelang mit Unterstützung heraneilender Reserven. Neun Stunden währte der erbitterte Kampf, ehe sich die Russen als Sieger zurückziehen konnten. Mit dem Sieg vor Kinburn errangen sie einen wichtigen militärischen Erfolg, der die Festung zwar nicht endgültig sicherte, aber Petersburg und die Kaiserin zufrieden stellte und sogar begeisterte. Auf den ausdrücklichen Vorschlag Potemkins hin erhielt Alexander Suworow den St.-Andreas-Orden.

Trotz dieses Teilerfolgs ging von der gegenüberliegenden türkischen Festung Otschakow eine anhaltende Gefährdung Kinburns aus. Sowohl Katharina als auch Potemkin konzentrierten ihre Aufmerksamkeit auf die Einnahme dieser starken Bastion. Am 6. September 1787 hatte der Staatsrat die Empfehlung zur Einnahme der Festung gegeben. Am 1. November 1787 schrieb Potemkin an die Kaiserin: »Wem liegt Otschakow mehr am Herzen als mir. Nicht wiederzugebende Mühseligkeiten erheben sich gegen mich. An meinem guten Willen läge es nicht, wenn ich nur eine Möglichkeit vor mir sähe.« Er hielt angesichts des nicht ausreichenden Vorbereitungsstandes der Truppen zum Augenblick weder einen Sturm noch eine Belagerung für aussichtsreich: »Handelte es sich nur darum, mich selbst zu opfern, so seien Sie versichert, daß ich keine Minute zögern würde. Aber die Erhaltung der so kostbaren Mannschaften verpflichtet mich, sichern Schritts zu gehen und nicht zweifelhafte Versuche zu machen, wobei es sich ereignen kann, daß es zum Verlust von Tausenden kommt, ohne daß die Einnahme gelingt, und wir so zugerichtet sind, daß wir durch Verringerung der alten Soldaten für die künftige Kampagne schwächer sind.«

Bei allem notwendigen Respekt vor den Leistungen einzelner Feldherren, besonders der Suworows: Die Vorbereitung des Angriffs auf Otschakow gehört zu den Habenseiten im Lebenswerk Potemkins. Seiner Initiative hatte Russland auch die Existenz der Dnjepr-Flotte zu danken. Sie setzte sich aus zahlreichen kleineren Schiffen zusammen, die über eine hohe und variable Feuerkraft verfügten. Im Falle Otschakows zahlte sich auch wieder die Fähigkeit Potemkins zur Schaffung von Territorialstreitkräften aus, die, ausgerüstet nach kosakischer Tradition, über eine hohe Beweglichkeit verfügten.

Der Angriff auf Otschakow galt nach dem Sieg bei Kinburn in den Beratungen und Planungen der militärischen Führungsstäbe Russlands als das alles beherrschende Thema. Der Staatsrat ging davon aus, dass Otschakow im Sommerfeldzug 1788 erobert werden müsste. Auch die Kriegserklärung Österreichs an die Türkei vom Beginn des Jahres 1788 änderte daran nichts, denn die österreichischen Erfolge blieben eher bescheiden. Vor Belgrad hatte man sogar einen Misserfolg erlitten und Österreichs Aktivitäten alarmierten zudem Preußen, Polen und England. Katharina hatte Joseph II. zwar Anteil an ihrer glorreichen Reise nehmen lassen, aber die russisch-österreichischen Beziehungen blieben weiterhin verhalten. Katharinas schlichte Formel: »... diese deutschen Angelegenheiten, wo ich weder Ehre noch Vorteil sehe, sondern für fremde Interessen kämpfen soll; jetzt aber kämpfen wir wenigstens für unsere eigenen und wer mir hier hilft, der ist mein Kamerad«, schienen kaum geeignet, bei Joseph II. überschäumende Kriegsbereitschaft zu erzeugen. Potemkin maß dem Bündnispartner denn auch keine übertriebene Bedeutung zu. Er beobachtete vielmehr die Haltung Preußens und mahnte wiederholt, das Reich Friedrichs des Großen nicht zu reizen. Indes, bis zur zweiten Teilung Polens sollte noch viel Zeit vergehen. Wesentlich drängender gestaltete sich zum Augenblick u.a. auch die Zuspitzung der Konflikte im Verhältnis zu Schweden.

Nicht nur der permanente türkische Druck, sondern die politischen Instabilitäten an den West- und Nordgrenzen insgesamt bestimmten Potemkin bei den forcierten Angriffsvorbereitungen gegen Otschakow. Am 19. Mai 1788 hatte sein militärischer Planungsstab die wichtigsten Vorbereitungen abgeschlossen. Potemkin aber berichtete entsagungsvoll nach Petersburg: »Die mir anvertrauten Truppen müssen zum größten Teil die Grenzen schützen; die Offensive geht bei mir auf einen Punkt, Otschakow, ... für den ich auf dem Wege sammeln und alle Maßnahmen ergreifen muß, um mich nicht so hinzuschleppen. Bei dem unverhofften Krieg mußte ich in vier Monaten tun, wozu zwei Jahre erforderlich waren. Möge ein anderer den Mut aufbringen, eine vom Sturm ganz zerstörte Flotte zu flicken, Ruderschiffe zu bauen, die in solcher Menge in See gehen können und völlig neu 16 Bataillone Fußvolk und 10000 Mann ganz neue Reiterei zu formieren.«

Die trotz depressiver Grundstimmung vollbrachte Leistung blieb unbestritten, wiewohl es bei der Planung des Kampfes um Otschakow durchaus Meinungsverschiedenheiten gegeben hatte. Der heißblütige Suworow plädierte für einen radikalen Sturm auf die Festung, Potemkin favorisierte eine systematische Belagerung, die dann auch tatsächlich im Juli 1788 begann. Ende Juli wagten die Türken einen Ausfall. Suworow ging zum Gegenangriff über. Potemkins Weisung stoppte ihn und überdies erlitt Suworow bei dem Ausfall eine schwere Verwundung. Der Oberkommandierende machte Suworow trotzdem bittere Vorwürfe: »Um nichts und wieder nichts sind mehr wertvolle Leute geopfert worden, als ganz Otschakow wert ist.« Vorerst erhielt der General kein neues Truppenkommando, was ihn nicht besonders schwer traf, denn er musste ohnehin zunächst die Verwundung auskurieren.

Vielleicht hoffte Potemkin bei seiner Entscheidung auf eine freiwillige Übergabe von Stadt und Festung. Aber die Verzögerungen riefen auch Spekulationen und Debatten über Potemkins Motive für die von ihm persönlich getroffenen Entschlüsse hervor. Der Fürst von Ligne, der die Kampfhandlungen beobachtete und dringend für eine Unterstützung Österreichs eintrat, bestürmte Potemkin mehrfach, dass endlich Zeit zum Handeln sei: »Eine verrückte Anwandlung von Menschlichkeit, die zwar aufrichtig gemeint, aber fehl am Platze ist, läßt ihn Menschenleben schonen, deren Opfer nun einmal für den Erfolg dieses Unternehmens notwendig ist«, klagte Ligne. Er wusste nicht, dass die Kaiserin, so brennend sie an einem schnellen Fall von Otschakow interessiert war, Potemkin, der persönlich keine Todesgefahr fürchtete, immer wieder riet, Menschenleben nicht unnütz aufs Spiel zu setzen.

Der Feldherr Potemkin galt als kühn bis zur Verwegenheit. Er scheute keinerlei Gefahr und er hatte dabei auch noch das Glück des Tapferen auf seiner Seite: Niemals trug er eine

Kriegsverletzung davon, obwohl er nicht selten in glitzernder Paradeuniform vor den feindlichen Linien auftauchte. Seinen Soldaten aber sagte er: »Kinder, ich verbiete Euch ein für alle Mal, daß Ihr für mich einspringt und Euch mutwillig den türkischen Kugeln aussetzt.« Hoch klang das Lied vom braven Mann! Potemkin besaß bei aller Extravaganz den Nimbus eines verständnisvollen Kommandeurs gegenüber den einfachen Soldaten. Aber er wusste sehr wohl, welches wirkliche Opfer er von den Soldaten verlangen musste. Darum achteten sie ihn ebenso, wie ihn seine Feinde hassten. Taktik und Überzeugungskraft zahlten sich aus: Die russischen Soldaten sollten später wie die wilden Tiere in Otschakow einfallen!

Im Nachhinein ist es vielleicht nur noch für den kriegsgeschichtlichen Unterricht an militärischen Lehranstalten interessant, darüber zu streiten, ob ein Sturm der Belagerung vorzuziehen gewesen wäre. Im Endergebnis zog sich die Belagerung ein halbes Jahr hin, zeitigte keine durchschlagenden Erfolge, sondern dezimierte die russischen Truppen eher durch Krankheit, Hunger und Kälte, als durch feindliche Einwirkungen. Der hereinbrechende Winter erzwang die Entscheidung: Rückzug oder Sturm. Schließlich gab Potemkin dem allgemeinen, wachsenden Druck aus Petersburg und der Offiziere seines Kommandos nach. Ein Rückzug hätte als schmachvolle Niederlage gegolten. Das hatten auch die Soldaten in der übermäßig langen Wartezeit verstanden. Am 6. Dezember 1788 fand der »blutige und grauenvolle« Sturm auf die Festung statt. Die Belagerung hatte nicht nur die Russen geschwächt. Der Kampf währte nur wenige Stunden. In dieser Zeit fielen 10 000 Türken und 4000 Russen.

Otschakow war gefallen. Potemkin hatte ein für Russland wichtiges Ziel erreicht. Insgesamt sollen während der gesamten Operation etwa 60 000 Mann gefallen sein. Ein Drittel davon waren Russen. Man kann sich vorstellen, von welchen Metzeleien der Kampf und die Plünderung der Stadt begleitet wurden.

Aber die Kaiserin war glücklich. Auf die Nachricht vom Fall Otschakows schrieb sie an Potemkin: »Mit beiden Händen ergreife ich Euch bei den Ohren und küsse Euch in Gedanken viele Male, mein Freund Fürst Grigori Alexandrowitsch.« Die alte Liebe erfuhr ein neues Glück – so makaber das angesichts der Toten auch klingen mag.

Trotz der Erfolge bei Kinburn und Otschakow verlief das Jahr 1788 für die verbündeten Streitkräfte und Staaten mit wechselndem Kriegsglück. Österreich hatte zwar die Festung Chotin erobert, aber auch zwei bittere Niederlagen hinnehmen müssen. Schweden erklärte Russland den Krieg, russische Truppen drangen in das südliche Finnland ein. Das militärische Genie Suworows und die allgewaltige Tüchtigkeit Potemkins eröffneten nach der Einnahme von Otschakow den Weg für weitere Vorstöße auf türkisches Gebiet. Potemkin übernahm jetzt das Oberkommando über alle russischen Streitkräfte, die in südwestlicher Richtung operierten.

Im Sommer 1789 gelangten die vereinten russisch-österreichischen Streitkräfte in der Moldau zum durchschlagenden Erfolg. Österreichische Soldaten nahmen Belgrad ein. Russische Truppen besetzten den Hafen Hadschibej (bekannt unter der späteren russischen Bezeichnung Odessa) und die bedeutenden Festungen Bender (Benderi) und Akkerman. Damit befand sich das gesamte Flussgebiet des Dnjestr in russischer Hand. Die Türkei, zunehmend bedrängt und schwächer werdend, schloss im Juli 1789 einen Hilfsvertrag mit Schweden, von dem sie sich eine Entlastung versprach.

Nicht alle russischen Ziele gingen in Erfüllung. Bereits während der Belagerung von Otschakow hatte die Kaiserin den Auftrag erteilt, Friedensverhandlungen einzuleiten. Ein Vertrag sollte nur unter der Bedingung geschlossen werden, dass die russischen Grenzen bis zum Dnjestr vorgeschoben werden konnten. Diese kaiserlichen Forderungen setzten jedoch russisch-österreichische Siege am Pruth und an der Donau voraus. Es existierte auch ein russischer Plan, die Moldau, Bessarabien und die Walachei nach ihrer Säuberung von den Türken zu einem Pufferstaat zusammenzufassen. Aber vorerst gelang weder ein Friedensvertrag noch eine derartige Staatengründung.

Dafür erholte sich die russische Flotte nach dem Debakel vor Warna wieder und übte mehr und mehr die Kontrolle über die Schifffahrt auf dem Schwarzen Meer und hinein bis in das Mittelmeer aus. Potemkin liebte die Flotte und tatsächlich rufen seine Leistungen für deren erfolgreichen Aufbau anerkennendes Erstaunen hervor. In einer historisch kurzen Zeit hatte er sie buchstäblich aus dem Boden gestampft. Die erste Schiffswerft in Cherson hatte erst im Jahre 1778 ihren Betrieb aufgenommen. Die Werften in Sewastopol, seit 1783 errichtet, hatten bis zum zweiten Türkenkrieg noch nicht einmal ihre volle Kapazität erreicht. Die großen Werftanlagen in Nikolajew wuchsen erst unter Kriegsbedingungen.

Die Schiffe zeichneten sich durch eine gute Qualität aus, waren seetüchtig und kampfstark, ihre Soldaten hervorragend ausgebildet. Auch in diesem Punkte widerlegte Potemkin seine Kritiker, die niemals ermüdeten, ihn der Inszenierung dubioser und haltloser Schaumgebilde zu bezichtigen. Dabei war der Aufbau der Schwarzmeerflotte nur einer von vielen Bereichen, in denen sich seine rastlose Tätigkeit entfaltete.

Auch während des Krieges, in dem er sich vordringlich um Operationspläne und aktive Kommandos in der Armee und Flotte zu kümmern hatte, vernachlässigte Potemkin seine vielfältigen Pflichten in der Leitung des gesamten Russischen Reichs nicht. Nach wie vor blieb er der Generalgouverneur weit reichender Territorien Russlands. Das Kolonisierungsprogramm im Süden musste, wenn auch mit den kriegsbedingten Einschränkungen und Mängeln, weitergeführt werden. Potemkin zeichnete für den Nachschub und die Bewaffnung aller im Kampf gegen die Türken stehenden drei Armeen verantwortlich. Er ließ weiterhin Straßen und Transportadern anlegen und musste sich nach dem Ausscheiden und Tod Nikita Panins um übergreifende Probleme der russischen Innen- und Außenpolitik kümmern. Die Kritiker, die über die Launen Potemkins, über seine exzentrische Lebensweise, über depressive Perioden oder über luxuriöse Festlichkeiten herzogen und orakelten, konnten oder wollten seine Leistungen nicht anerkennen. Nur ein Mensch mit den positiven Kriterien eines Sonderlings konnte das gigantische Arbeitspensum bewältigen, das Potemkin tagtäglich leistete.

Die Kaiserin im fernen Petersburg sah er in diesen späten Lebensjahren nur noch selten. Aber die Frau fragte ihn unentwegt schriftlich um Rat, und die alte Blüte überquellender Korrespondenz, die scheinbar bereits einer fast vergessenen Vergangenheit angehörte, lebte noch einmal auf. Da Katharina selbst kaum ein Bild von den harten Realitäten auf dem Kriegsschauplatz besaß, überschüttete sie ihn in dem neuerlichen Papierschwall auch mit zahlreichen Nichtigkeiten.

Bereits in früheren Jahren hatte sich Potemkin mit der Reaktion auf allerlei gefühlsschwere Nebensächlichkeiten seiner Kaiserin schwer getan. Wie viel schwerer fiel es ihm unter der Kriegslast, darauf einzugehen. Nur manchmal, wenn die Monarchin seinen Geduldsfaden allzu heftig strapaziert hatte, schrieb er das auch nieder. Als die Kaiserin den alten General Prosorowski, einen der früheren Kommandeure Potemkins aus dem ersten Türkenkrieg, zum Moskauer Generalgouverneur ernannte, antwortete er auf diese Nachricht: »Euer Majestät haben aus Eurem Arsenal gerade die allerseltenste Kanone hervorgeholt, die zweifellos in Euer Ziel schießen wird, da sie kein eigenes Ziel hat. Gebt nur acht, daß der Name Eurer Majestät in den Augen der Nachwelt nicht mit Blut bespritzt werde.« Es gab wohl keinen anderen Menschen im Russischen Reich, der in diesem Ton an die empfindlichste Stelle der Kaiserin rühren durfte!

Aber Katharina hing nach wie vor voll rührender Sehnsucht an ihrem Grischa und sie vertraute ihm weiterhin uneingeschränkt. Sie wusste, welch großes Maß an Leistungen er vollbrachte und sie muss auch bemerkt haben, dass er langsam, aber sicher unter der Riesenlast an Aufgaben und Verantwortung ermüdete. Sie munterte ihn auf, ertrug dankbar seine Launen und stärkte ihm auf jede nur mögliche Art den Rücken gegen Feinde, Unzulänglichkeiten, Intriganten und Widerwärtigkeiten. Der zugleich sachliche wie intime und umfangreiche Briefwechsel zwischen Katharina und Potemkin diente Letzterem während des Krieges zweifellos als Kraftquell. Denn wem konnte er schon vertrauen, wenn nicht seiner Mutter und Kaiserin? Er legte ihr seine Zweifel offen und verbarg auch die düsteren Stimmungen nicht.

Am 19. Mai 1788, während der Vorbereitungen auf die Belagerung Otschakows, schrieb er ihr voller Resignation: »Möge jemand anderer den Mut haben, eine Flotte wieder instand zu setzen, die vom Sturm schwer mitgenommen worden ist; Fahrzeuge in großen Mengen zu bauen, die der See standhalten; sechzehn Infanteriebataillone und zehntausend Mann neuer Kavallerie frisch aufzustellen; ein großes bewegliches Arsenal zu schaffen; die Artillerie mit einer riesigen Anzahl von Ochsen zu versehen; die ganze Versorgung mit Lebensmitteln in Gang zu halten; und dies alles während eines Zeitraumes von vier Monaten, mitten in der Steppe, ohne eine eigentliche Unterkunft, um von Kinburn gar nicht zu reden, wo für mehr als zehntausend Menschen innerhalb einer Woche Unterkunft besorgt werden mußte.« Er übertrieb seine Leistungen keineswegs und nannte doch nur einen Teil seiner tagtäglichen Bürden.

Es existieren zahlreiche veröffentlichte Quellen über Potemkins Leben und Wirken, so auch über die Zeit des zweiten türkischen Krieges. Alle Dokumente, soweit man sie mit sicherer Objektivität ausgewählt hat, widersprechen den Thesen von Trägheit und Untätigkeit. Er arbeitete pausenlos, überspannte sich selbst und suchte Zerstreuung in rauschenden Festen. Ebenso intensiv, wie Potemkin seine Kraft für Russland und die Kaiserin hingab, suchte er auch die Zerstreuung. Und je extremer die Anspannung, umso exaltierter die Ablenkung.

Am Ende des 19. Jahrhunderts trat eine Sachverständigenkommission des russischen Generalstabs zusammen und begutachtete den Feldherrn Potemkin aus der Sicht eines hundertjährigen Abstands. Die Kommission attestierte ihm strategische Fähigkeiten, eine ausgezeichnete operative Tätigkeit und lobte vor allem, dass er die Führungsarbeit gemeinsam mit den russischen Feldmarschällen Rumjanzew und Suworow geleistet hatte, während ausländische Militärexperten eine vergleichsweise untergeordnete Rolle gespielt haben sollen. In diesem Zusammenhang ist das Verhältnis Potemkins zu Generalissimus Suworow besonders hervorzuheben.

Russlands Bemühungen erfuhren einen empfindlichen Rückschlag, als Kaiser Joseph II. im Februar 1790 starb. Sein Bruder und Erbe Leopold, Großherzog von Toscana, fand sich weder zu Hilfsleistungen für den russisch-türkischen Krieg bereit, noch besaß er ein Interesse am »Griechischen Projekt«. Im Juni 1790 schloss Österreich bei Reichenbach einen Waffenstillstand mit der Türkei, dem im August der Friedensvertrag folgte. Österreich schied aus dem Kriege aus – zumindest für eine Weile. Gleichzeitig veränderte sich Frankreichs europäische Position infolge der im Juli 1789 ausgebrochenen Revolution. Die Machtkonstellationen auf dem Kontinent wankten, und plötzlich stand auch Schweden wieder drohend vor den Toren Russlands.

Katharina musste unter einem verstärkten türkischen Druck, unter dem Einfluss der Ereignisse in Frankreich und nach einer zusätzlichen Niederlage zur See gegen Schweden handeln. Sie schloss im August 1790 mit dem nördlichen Nachbarn den Frieden von Verela. Potemkin rüstete zu weiteren Vorstößen im Süden, konnte aber aus Furcht vor einem Eingreifen Preußens nicht losschlagen. Es entstand für Russland eine vertrackte Situation.

Erst im Dezember 1790 gelang den Russen die Einnahme der an der Donau gelegenen Festung Ismail. Aus militärisch-taktischer Sicht konnte der Sturm auf die starke Festung als eine außergewöhnliche Leistung betrachtet werden. Suworows Soldaten und Offiziere vollbrachten diesen Streich. In Petersburg hielt man jedoch Potemkin für den eigentlichen Sieger von Ismail. Die Kaiserin zeichnete ihn durch die bereits erwähnte edelsteinbesetzte Feldmarschalluniform aus. Der materielle Wert betrug nach offiziellen Angaben 200 000 Rubel!

Potemkin hatte sich zur Zeit der Einnahme von Ismail in Jassy aufgehalten. Dort erstattete ihm Suworow Bericht. Der Fürst fragte den Feldherrn: »Wie kann ich Ihre Verdienste belohnen, Alexander Wassiljewitsch?« Suworow, unbequem und halsstarrig wie gewöhnlich, entgegnete mit entwaffnender Frechheit: »Mit gar nichts, Fürst. Ich bin kein Kaufmann und bin nicht zum Handeln hierher gekommen. Außer Gott und der Kaiserin kann mich niemand belohnen.« Potemkin fühlte sich nach diesem Affront natürlich gekränkt. Aber er ließ es auch weiterhin nicht an Gunstbeweisen gegenüber Suworow fehlen. Wenn der sich beklagte, war das eher seinem üblichen und notorischen Querulantentum geschuldet. Im Übrigen konnten sich Potemkin und Suworow hinsichtlich ihres Ehrgeizes durchaus die Hände reichen.

Die Episode charakterisierte ihr beiderseitiges Verhältnis durchaus treffend. Suworow und Potemkin pflegten ihre Images als ausgesprochen unorthodoxe Individualisten, die sich kaum einer Konvention unterordneten. Wenn dieses Thema in der historischen Literatur berührt worden ist, fiel es mit dem Blick auf die militärischen Leistungen meist zugunsten Suworows aus. Als militärisches Genie überragte Suworow den Fürsten ohne Zweifel. Während sich Suworow auf sein Soldatentum beschränkte, agierte Potemkin als Politiker, Staatsmann, Diplomat und Kriegsherr in einem. Potemkin führte das Reich zu Katharinas Ruhm, Suworow führte Kriege zu Katharinas Ruhm! In ihren persönlichen Anlagen sehr ähnlich, wetteiferten sie mit- und auch gegeneinander. Beide fühlten sie sich durch die Leistungen des anderen angestachelt.

Nach dem Unglück vor Warna und während der langen Belagerung von Otschakow verfiel Potemkin häufig in lähmende Depressionen. Suworows Entschlussfreudigkeit und sein beherztes Handeln gaben Potemkin immer wieder neue Kraft und er sorgte dafür, dass Suworow hoch dekoriert wurde. Nach der Auszeichnung mit dem Orden des Heiligen Andreas schrieb Suworow an Potemkin: »Durchlauchtigster Fürst, mein verehrter Herr, nur Ihr konntet das zustande bringen. Die große Seele Eurer Durchlauchtigen Hoheit erleuchtet mir den Weg, den ich im Dienste des Staates beschreite.« Vielleicht schwang in dem Satz auch eine gewisse Ironie mit, denn vor Otschakow hatte sich ihr Verhältnis keineswegs so harmonisch dargestellt. Suworow drängte auf den Sturm und Potemkin zögerte: »Ich lasse Euch überall freie Hand, aber im Falle Otschakow könnte ein ergebnisloser Versuch schädlich sein … Ich werde keine Mühe scheuen, mich auf Gottes Hilfe verlassen und hoffen, daß ich es ohne große Opfer bekommen kann. Danach wird mein Alexander Wassiljewitsch (Suworow) mit einer auserwählten Abteilung mir nach Ismail voranreiten. Wartet ab, bis ich diese Stadt habe …« Darauf antwortete Suworow mit dem ihm eigenen Sarkasmus: »Ihr könnt eine Festung nicht erobern, indem Ihr sie nur anblickt.«

Als die Türken dann im Juli 1788 ihren Ausfall wagten, stürzten sich Suworows Soldaten mit dem Heldenmut und der Aberwitzigkeit ihres Kommandeurs in den Kampf. Suworow erlitt eine schwere Verwundung und musste sein Kommando vorerst aufgeben. Obendrein erfuhr er durch Potemkin eine scharfe Zurechtweisung. Der Fürst fragte ihn, wie er dazu gekommen sei, ohne Befehl anzugreifen. Suworow antwortete mit Potemkins Worten. Der Vorwurf sei unberechtigt, er sitze auf einem Stein und schaue lediglich nach Otschakow hinüber … Eine weitere Verwundung veranlasste Suworow, von Otschakow Abschied zu nehmen, und ihr Konflikt wurde gegenstandslos.

Der Zusammenprall darf indes auch nicht überbewertet werden. Reibereien zwischen den Kommandeuren gehörten bei dem harten Handwerk zu den alltäglichen Erscheinungen. Sowohl Potemkin als auch Suworow besaßen viel zu großen Respekt vor den Leistungen des anderen, als dass sie sich grundlegend zerstritten hätten. Außerdem standen sie in einem gegenseitigen Abhängigkeitsverhältnis. Darum schrieb Potemkin auch nach der zweiten Verwundung an Suworow versöhnlich: »Mein lieber Freund, Du allein bedeutest mir mehr als zehntausend andere.« Im Übrigen herrschte auch zwischen Potemkin und Feldmarschall Rumjanzew ein ähnliches, auf der Leistung beruhendes Vertrauensverhältnis. Aus allen diesen hier angeführten Gründen ist die Frage, ob Potemkin oder Suworow größere geschichtliche Verdienste zugemessen werden sollten, ohnehin gegenstandslos.

Im Jahre 1789 genas Suworow von seinen Verletzungen und erhielt ein neues Kommando unter Feldmarschall Rumjanzew. Mit alter Kraft warf sich der Haudegen in die Schlacht und führte die russischen Soldaten bei Focsani und Rymnik gegen die Türken zum Sieg. Durch den Gewinn dieser beiden Schlachten eröffnete Suworow den Weg zur Eroberung Benders, Akkermans und sogar Belgrads durch die Russen. Potemkin setzte bei der Kaiserin durch, dass sie Suworow zum »Grafen von Rymnik« ernannte und ihm das St.-Georgs-Kreuz erster Klasse verlieh, die höchste militärische Auszeichnung Russlands.

Entsprechend ihrer stets wiederkehrenden spöttisch-ironischen Art im Umgang miteinander, schrieb Potemkin an Suworow: »Ihr hättet zu jeder Zeit Ruhm und Sieg erlangt, aber nicht jeder Vorgesetzte hätte Euch über die verliehenen Auszeichnungen mit dem gleichen Vergnügen berichtet wie ich. Graf Alexander Wassiljewitsch, sag, daß ich ein guter Mensch bin, und das will ich auch immer bleiben.« Suworow reagierte in gleicher Diktion: »Möge der Fürst Grigori Alexandrowitsch lange leben. Möge Gott der Allmächtige ihn mit Lorbeer und Ruhm krönen, und mögen die getreuen Untertanen der großen Katharina durch sein Wohlwollen glücklich werden. Er ist ein ehrlicher Mann, er ist ein guter Mensch, er ist eine Persönlichkeit, und ich wäre glücklich, für ihn zu sterben.« Sie verstanden einander in ihren etwas absonderlichen oder auch eigenwilligen Mutwilligkeiten und das trieb sie gemeinsam voran.

Im Jahre 1790 stürmten die russischen Truppen unter dem Kommando General Repnins – er gehörte ebenfalls in die erste Reihe russischer Heerführer – die türkischen Befestigungen bei Tsakhi und begannen die Stadt und Festung Ismail zu belagern. Ismail – das sollte das Ruhmesblatt Suworows werden. Potemkin schickte ihn mit dem Befehl dorthin, die Entscheidung zu russischen Gunsten herbeizuführen. Die Order lautete: »Ich setze meine Hoffnungen auf Gott und auf Euren Mut, beeilt euch, mein lieber Freund. Es gibt viele Generäle von gleichem Rang dort, und das führt in irgendeiner Weise immer zu verzögernden Besprechungen ... Kümmert Euch um alles genauestens, erteilt die nötigen Anordnungen, und dann, nachdem Ihr zu Gott gebetet habt, beginnt den Kampf.« Suworow und der liebe Gott erhörten den Stoßseufzer – und handelten nach Potemkins Willen. Am 22. Dezember 1790 legten die russischen Truppen Ismail mit unvorstellbarer Grausamkeit in Schutt und Asche.

Der Sieg festigte Russlands Position am Schwarzen Meer, aber er rief auch England und Preußen auf den Plan. Der britische Premier William Pitt, unterstützt durch die preußische Regierung, drohte mit der Entsendung eines Geschwaders in die Ostsee, falls Russland nicht sofort Frieden mit der Türkei schließe und alle eroberten Gebiete herausgäbe – selbst Otschakow! Potemkin eilte angesichts der britisch-preußischen Drohungen im März 1791 nach Petersburg. Er überredete Katharina, mit Preußen über ein geheimes Abkommen zu verhandeln. Preußen sollte nach seiner Ansicht die russischen Eroberungen im Süden anerkennen, während Russland einer Annexion Danzigs und Thorns durch preußische Truppen nicht die Zustimmung verweigern würde.

Die Kaiserin und ihr erster Ratgeber besaßen in dieser Frage offensichtlich unterschiedliche Auffassungen. Es kam zu erregten Szenen zwischen ihnen. Letztlich löste sich die ganze Aufregung im Nichts auf. William Pitt konnte seine Drohung gegen Russland nicht einmal im eigenen Land durchsetzen. England unterzeichnete im Juli 1791 gar einen Vertrag, in dem es alle russischen Annexionen östlich des Dnjestr billigte. Die russische Offerte an Preußen besaß damit nur noch einen Makulaturwert.

Der preußische König ließ sich seine Verärgerung anmerken. Friedrich Wilhelm III. zögerte nicht, die Polen dafür büßen zu lassen, dass Preußen keine Vorteile aus dem russisch-türkischen Krieg ziehen konnte. Polen suchte seinerseits ebenfalls nach einem eigenen Nutzen aus der Verstrickung Russlands in einen Zweifrontenkrieg. Das russische Verwaltungssystem in Polen wurde zerschlagen und die Polen verlangten nach preußischem Schutz. Die Verfassung vom 3. Mai 1791 verfügte die Erbmonarchie und hob das alte, seit langem hinderlich gewordene liberum veto auf. Katharina betrachtete diese polnische Dreistigkeit mit Empörung. Sie wartete zunächst jedoch noch ab. Nach dem Ende der britisch-preußisch-schwedischen Bedrohung aktivierte sie ihre Anstrengungen im Sommer 1791 zunächst wieder gegen die Türkei. Die russischen Truppen erzielten so durchschlagende Erfolge, dass der Sultan Friedensgespräche anbieten musste. Am 31. Juli 1791 kam es zu einem vorläufigen Friedensschluss. Der endgültige Vertrag folgte erst am 29. Dezember 1791 in Jassy. Dieser Frieden sicherte Russland die Krim, Otschakow und das Gebiet zwischen Bug und Dnjestr. Katharina und Potemkin erreichten die unmittelbaren Kriegsziele. Der nächste notwendige Schritt in Richtung auf das strategische Ziel, das Griechische Kaiserreich, war gegangen. Wann und ob dieses aber je verwirklicht werden konnte, blieb eine unbestimmte Frage der Zukunft.

Nach dem Sieg von Ismail im Dezember 1790 kam es zu der bereits zitierten Episode zwischen Potemkin und Suworow, die von Neidern weidlich für das Gerücht über die Zwietracht der beiden Feldherrn ausgenutzt wurde. Es ist nicht einmal bekannt, ob sich die Szene tatsächlich so oder anders zugetragen hat, ob sie nicht überhaupt eine Erfindung gewesen ist. Der Nachwelt ist lediglich überliefert worden, dass Suworow sich geärgert hat, weil er nach seiner Leistung bei Ismail nicht zum Generalfeldmarschall befördert worden ist und dass man ihn anschließend nach Finnland schickte. Diesen Regierungsentscheid empfand er als eine Strafversetzung.

Suworow glaubte sich ungerecht behandelt und überspannte den Bogen seiner kritischen Attacken gegen die Vorgesetzten. Potemkin fühlte sich auch für die russischen Operationen gegen Schweden verantwortlich. Dass er Suworow in das unwirtliche Land beorderte, erleichterte ihm selbst die Aufgabe, denn auf Suworow konnte er sich verlassen. Andererseits unternahm Potemkin immer wieder große Anstrengungen, damit Suworow alle erreichbaren Auszeichnungen erhielt – manchmal mussten sie der Kaiserin sogar hart abgerungen werden. Aber Potemkin und Suworow nahmen einander auf Dauer nichts übel. Nach dem Tode des Fürsten schrieb Suworow noch anerkennend: »Ein großer Mann und ein Mann von Größe. Nicht nur groß in seinem Geiste, sondern auch seiner Statur nach. Er glich nicht jenem französischen Botschafter in London, von dem Lord Bacon sagte, daß ein Dachgeschoß gewöhnlich schlecht möbliert sei.«

Zweifelsohne vollbrachte Suworow während des zweiten Kriegs gegen die Türken im russischen Interesse herausragende militärische Leistungen. Er galt als das kreativste militärische Genie Russlands. Potemkin erhielt tatsächlich die reicheren Auszeichnungen für alle Waffensiege Russlands. Aus diesem deutlichen Unterschied wird das Missverhältnis zwischen Potemkin und Suworow geschlossen.

Der Vergleich hat eine unpräzise Voraussetzung. Suworow blieb ein Soldat, der die ihm für seine Leistungen in einzelnen Schlachten zustehenden Auszeichnungen erhielt. Potemkin sorgte dafür, dass er über dieses Maß hinaus belohnt wurde. Suworow verstand das bisweilen nicht richtig, woraus die Konflikte resultierten. Bei Potemkin nahm die Kaiserin die militärischen Siege, zu denen er in jedem Falle beigetragen hatte, zum Anlass, um ihn wie in früheren Jahren mit Geschenken, Geld und Immobilien zu überschütten. Hätte es den Krieg nicht gegeben, wären andere Anlässe willkommen gewesen.

So aber ließ die Kaiserin jeden Orden, den Potemkin erhielt, in Gold und Diamanten ausfertigen. Wertvollste Sachgeschenke an Schmuck oder Kleidung kamen ebenso hinzu, verbunden mit riesigen Geldgeschenken in Höhe von hunderttausenden von Rubeln, die aber dennoch nicht ausreichten, Potemkins gewaltige Schulden zu begleichen.

10. Potemkin im zweiten Türkenkrieg Katharinas

Eine der sonderbarsten Episoden rankte sich um den Besitz des Taurischen Palais. Katharina hatte das Palais auf ihre Kosten bauen lassen und Potemkin geschenkt. Der Fürst verspielte den kostbaren Besitz. Mütterchen Zarin kaufte den Palast für 460 000 Rubel zurück, um ihn dann Potemkin ein zweites Mal zu schenken. Wenn das kein Ausdruck wahrer Liebe und menschlicher Größe war! Seine Schulden konnten durch die noble Geste allerdings noch lange nicht beglichen werden. Dazu hätte es vielleicht noch eines Krieges bedurft, in dem sich Potemkin durch wohlgefällige Leistungen hätte auszeichnen können.

Im Übrigen diente auch dieser Krieg als bevorzugte Quelle für allerlei Missdeutungen über die Persönlichkeit Potemkins. Der Fürst hat so zahlreiche faktische und schriftliche Spuren in der Geschichte hinterlassen, dass eine sachbezogene und objektive Bewertung seiner Leistungen überhaupt kein wissenschaftliches Problem darstellt. Aber die Mehrzahl aller Geschichten aus seinem Leben sind reine Phantasiegebilde voller unrichtiger Interpretationen. Das trifft auch auf den zweiten Türkenkrieg zu. Es sind nur wenige Berichte von Zeitgenossen aus dem Kriege bekannt geworden, die wirklich ein wahrheitsgetreues Bild über Potemkin vermittelt haben.

Dazu gehörte der Bericht des Fürsten von Ligne. Der Fürst hatte die Erlaubnis Josephs II. und Katharinas II. erhalten, sich bei den Vorbereitungen zum Sturm auf Otschakow in Potemkins Hauptquartier aufzuhalten. Natürlich vertrat Ligne – wenn er denn überhaupt einen Einfluss auf die Russen ausübte – österreichische Interessen. Er empfahl Potemkin, die Festung so bald als möglich einzunehmen. Ligne operierte ziemlich erfolglos und schrieb dennoch an Ségur: »Hier ist ein Oberbefehlshaber, der den Eindruck macht, träge zu sein, und der doch stets beschäftigt ist, der als Schreibpult nur seine Knie, als Kamm nur seine Finger benutzt, der sich stets auf seiner Couch räkelt, aber weder bei Nacht noch am Tage schläft. Sein Eifer für die Kaiserin, die er verehrt, hält ihn ständig wach und unruhig. Ein Kanonenschuß, dem er selbst nicht ausgesetzt ist, beunruhigt ihn durch den Gedanken, daß er das Leben eines seiner Soldaten kosten könnte. Er zittert für andere und ist selbst tapfer. Er stellt sich unter das Batteriefeuer, um Befehle zu erteilen; doch ist er mehr ein Odysseus als ein Achilles. Er ist beunruhigt, wenn die Gefahr droht, aber gut aufgelegt, wenn er sich mittendrin befindet. Er ist verdrossen in der Freude und unglücklich, wenn er sich zu sehr begünstigt fühlt.

Er ist in jeder Beziehung übersättigt, leicht verärgert, mürrisch, unbeständig, ein tiefgründiger Philosoph, ein fähiger Minister, ein ausgezeichneter Politiker, aber dann auch wieder ein zehnjähriges Kind. Er ist nicht rachsüchtig, entschuldigt sich, wenn er jemandem Kummer bereitet hat, gleicht schnell ein Unrecht wieder aus, glaubt, daß er Gott liebe, wenn er den Teufel fürchtet, von dem er sich einbildet, er sei größer und mächtiger als er. Mit der einen Hand winkt er den Weiblichkeiten zu, die ihm gefallen, und mit der anderen schlägt er das Zeichen des Kreuzes. Er küßt die Füße einer Statue der Jungfrau oder den Alabasternacken einer Statue seiner Mätresse.

Er bekommt zahllose Geschenke von seiner Monarchin und verschenkt sie sofort an andere weiter. Er erhält Ländereien von der Kaiserin und gibt sie wieder zurück oder zahlt ohne ihr Wissen ihre Schulden. Er veräußert und kauft von neuem ungeheure Landstriche, um eine große Kolonnade zu errichten oder einen englischen Garten anzulegen. Danach verkauft er dies alles wieder. Er spielt bis in die Nacht hinein oder überhaupt nicht, er liebt Großzügigkeit beim Geben und Pünktlichkeit beim Zahlen, er ist ungeheuer reich und besitzt keinen Heller. Er ist entweder mißtrauisch oder zutraulich, eifersüchtig oder dankbar, schlecht gelaunt oder gut aufgelegt, leicht voreingenommen für oder gegen etwas, aber auch schnell von einem Vorurteil geheilt. Er spricht mit seinen Generälen über theologische Fragen und über Taktik und Strategie mit seinen Bischöfen.

Er liest niemals, fragt aber jeden Menschen aus, mit dem er sich unterhält; er ist ungewöhnlich leutselig oder außerordentlich grob und gibt sich sehr liebenswürdig oder abscheulich. Er macht abwechselnd den Eindruck des hochmütigsten Satrapen des Ostens oder des gefälligsten Höflings am Hofe Ludwig XIV. Unter einer äußerlich rauhen Oberfläche verbirgt sich das gütigste Herz. Er ist launenhaft hinsichtlich Zeit, Essen, Ruhe und persönlichen Neigungen. Wie ein Kind will er alles haben oder kann wie ein großer Mann alles entbehren. Er ist unterhaltsam, obwohl anscheinend ein Schlemmer, er knabbert an den Fingernägeln, an Äpfeln und Rüben.

Er schimpft oder lacht, äfft jemanden nach oder verflucht ihn, er huldigt der Wollust oder ist ins Gebet vertieft, er singt oder meditiert, ruft jemanden herbei und entläßt ihn wieder, läßt zwanzig Flügeladjutanten antreten und hat keinem etwas zu sagen, er erträgt die Hitze besser als irgendeiner, während er an nichts anderes zu denken scheint als an das wollüstige Bad. Ihn stört die Kälte nicht, obwohl man den Eindruck hat, er könne nicht ohne Pelze existieren. Er läuft stets nur in Hemdsärmeln herum und ohne Hosen oder dann in einer reich verzierten Uniform. Entweder läuft er barfuß oder in juwelenbestickten Pantoffeln, trägt weder Hut noch Mütze: so sah ich ihn einst mitten im Musketenfeuer. Manchmal hat er ein Nachtgewand an, andere Male eine glänzende Tunika mit seinen drei Sternen, seinen Orden und Diamanten in Daumengröße um das Bild der Kaiserin; sie scheinen die Kugeln anziehen zu müssen. Gekrümmt und tief gebeugt läuft er herum, wenn er zu Hause ist, und er ist groß, aufrecht, stolz, schön, edel, majestätisch oder faszinierend, wenn er sich der Truppe zeigt, wie Agamemnon unter den Fürsten Griechenlands.

Worin besteht denn sein Zauber? In seinem Genius, seinen natürlichen Fähigkeiten, einem glänzenden Gedächtnis, Herzensgröße, in seiner Boshaftigkeit, die nicht verletzen will, in seiner Geschicklichkeit, die nicht Verschlagenheit ist, in einer glücklichen Mischung von Launen, in seiner Kunst, das Herz jedes Menschen in guten Augenblicken zu gewinnen, in Großzügigkeit, Gefälligkeit und Gerechtigkeit im Belohnen, in einem feinen und unbeirrbaren Geschmack, in seinem Talent, zu erraten, was er nicht weiß, und in einer vollendeten Menschenkenntnis.«

Der Fürst von Ligne hatte hier ein nicht zu übertreffendes vorzügliches Psychogramm erarbeitet, das noch einmal alle jene persönlichen Charakteristika Potemkins zusammenfasste, die sein Leben stets begleiteten, seit er die Aufmerksamkeit der Kaiserin errungen hatte. Insofern lieferte das verdienstvolle Bild aber auch keine wesentlichen neuen Erkenntnisse über die Lebensleistung Potemkins. Freund oder Feind hatten seit jeher diese oder jene Eigenschaft herausgehoben und zu eigenen Gunsten interpretiert. Damit war Potemkin geholfen oder geschadet worden. Der Mangel dieses Psychogramms bestand erneut darin, dass es nur einige individuelle Voraussetzungen hervorgehoben hat, die Potemkin zu seiner großen Lebensleistung befähigten. Aber die Leistung selbst interessierte den Fürsten Ligne offenbar nicht so sehr

Es ist für den Geist jener Zeit und für die damalige westliche politische Haltung gegenüber Russland charakteristisch, dass Lignes Beurteilung weit gehend mit den Beobachtungen anderer Ausländer korrespondierte. Die Diplomaten beurteilten die Leistungen und Absichten der russischen Politiker in sehr starkem Maße aus deren individuellen Eigenschaften und Fähigkeiten heraus, politische Konzeptionen zu initiieren, darzustellen und durchzusetzen. Sie ließen sich von den außenpolitischen Interessen ihrer Heimatländer leiten und berücksichtigten bei ihren Urteilen die politischen, sozialen und geistigen Bedingungen des Gastlandes in nur geringem Maße.

Darum konnte Ligne ebenso wie Harris oder Ségur übereinstimmend die überragende Arbeitskraft, die Interessenbreite und das Geniale in der Person Potemkins preisen. Aber Ligne bemühte sich zumindest, die »Dialektik« in den vielen Verhaltensweisen Potemkins zu ergründen, eine Mühe, der sich nur wenige Beobachter unterzogen. Seinen Urteilen kam die Meinung des Admirals de Ribas sehr nahe. Ribas hatte es 1772 nach Russland verschlagen. Es ist interessant, dass er zum Erzieher für den Grafen Bobrinski, dem Sohn Katharinas und Grigori

Orlows, bestellt wurde. Ribas trat später in Potemkins Dienste und blieb während des Türkenkriegs an dessen Seite. In einem seiner Briefe hat er ein höchst vergnügliches und anschauliches Portrait über den Potemkin jener Zeit angefertigt:
»In Petersburg versicherten mir die Leute, daß Fürst Potemkin die Zeit in Trägheit und Ausschweifung zubringe … manchmal bleibt er mehrere Tage hintereinander halb angezogen auf seiner Couch liegen, knabbert an den Fingernägeln und denkt. Wenn jemand dich fragt: ›Was macht der Fürst?‹ so kann man einfach antworten: ›Er denkt!‹ Denn alles wird hier durch sein Denken geleitet, und hinzu kommt, daß er alles weiß, was im Kaukasus, in Konstantinopel und in Paris vor sich geht.

Neulich kam ihm irgendwie zu Ohren (seine Beauftragten kaufen nicht nur seltene Leckerbissen oder Parfüms und Geschenke für die Damen ein), daß in Frankreich trotz der friedlichen Zeiten ein neues Kavallerieregiment aufgestellt werde. Er schrieb sofort einen Brief an die dortige russische Botschaft mit dem Auftrag, ihm jede erhältliche Information darüber und über die Gründe zuzusenden.

Ich hörte in Petersburg, daß hier scheinbar alles in den Händen von Popow und Falejew (Potemkins bevorzugten Geschäftsträgern) liege. Das entspricht nicht der Wahrheit. Es gibt hier keine Verzögerungen, die Dinge und Menschen zu töten. Der Fürst denkt für Popow, der nichts zu tun hat und seine Zeit beim Kartenspiel zubringen kann. Einst bemerkte Fürst Potemkin, daß Popow einen müden Ausdruck hatte, und sagte: ›Ihr habt wahrscheinlich wieder einmal eine Nacht beim Spiel verbracht. Ihr solltet Euer Augenlicht schonen. Wenn ich sterbe, werdet Ihr Euch in ein Dorf zurückziehen und aus Langeweile die Sterne studieren.‹ Das war prophetisch, denn nach Potemkins Tode quittierte Popow den Dienst und lebte auf dem Lande, um Astronomie zu studieren …

Auch Falejew gegenüber sind die Leute ungerecht … der mit außerordentlicher Geschicklichkeit die Truppen mit Lebensmitteln versorgt. Jeder ist hier von dem Vertrauen in die Klugheit und die Worte des Fürsten erfüllt. Von ihm kann man sagen, daß er zwar alles selber tun könnte, aber seinen Ruhm mit anderen teilen will und die Heldentaten anderer als einen gerechten Ausgleich für einen Teil des eigenen Ruhms hinnimmt.«

Natürlich besaß Potemkin einen sicheren Instinkt für die Selbstdarstellung. Gerade in diesem Punkt griff man ihn, der eine so herausragende Stellung und Verantwortung besaß, immer wieder an. Seine Überspanntheit und Extravaganz lieferten Anregungen zu unendlichem Klatsch, hinter dem die wahre Leistung buchstäblich verschwand. Hier lag der Nährboden für jene Anekdoten, die so unendlich zahlreich die Zeiten überdauert haben, die immer weiter ausgeschmückt, letztlich zum Denkmal wurden, die aber mit der eigentlichen Wirklichkeit kaum noch etwas zu tun hatten.

So berichtet die Legende, dass Potemkin vor Otschakow ein unterirdisches Hauptquartier besessen habe. Ein dunkler Erdgang führte hinein, an dessen Ende eine massive Tür den weiteren Weg verschloss. Öffnete der Besucher die Tür, befand er sich in einer riesigen Marmorhalle, die ihre Schönheit durch goldene Verzierungen, gewaltige Spiegel und Säulenreihen aus edlen Steinen erhalten hatte. Dort sollen rauschende Feste gefeiert worden sein ...

Die Darstellungen über den Luxus in Potemkins Feldlagern während des Türkenkrieges klingen allzu fabulös. Sie passten lediglich in das Bild, das seine Gegner von ihm als dem größten Verschwender aller Zeiten malten. Mitunter kann sich der Leser der einzelnen Episoden aus dem Leben Potemkins des Eindrucks nicht erwehren, Zeitzeugen haben die Begegnungen mit dem Reichsfürsten besonders blumig ausgemalt, um sich in seinem Glanze zu sonnen und ihre eigene intime Nähe zu dem allmächtigen Potemkin zu unterstreichen. Wie sollte man sonst eine Szene bewerten, die auf einen Bericht des Fürsten von Ligne zurückgeht und in der Darstellung durch den Potemkin-Biografen Georg Soloweitschik so wiedergegeben wird:

»Eines Tages saß Potemkin an einem niedrigen Tisch, auf dem sich nur einige Bogen Papier, ein Bleistift, ein kleiner Silberbarren, ein Aktenbündel und ein Schmuckkästchen mit Juwelen verschiedener Farbe und Größe befanden. Er schien tief in seltsame Gedanken versunken, und sein Gesichtsausdruck wechselte mehrmals, ehe er ein Wort äußerte. Er runzelte die Stirn, und dann schien er sich wieder zu entspannen. Schweißtropfen kullerten die Wangen hinunter, und plötzlich ergriff er den Silberbarren und das Aktenbündel und rieb wie wild eines gegen das andere. Nachdem er sich einige Augenblicke mit großer Konzentration dieser Tätigkeit hingegeben hatte, warf er Barren und Aktenbündel auf den Tisch zurück und nahm wiederum eine versteinerte Haltung ein, wobei seine Gesichtszüge äußersten Ekel ausdrückten.

Er verharrte nicht lange in dieser Stellung, sondern streckte seine Hand nach dem Kästchen mit den Juwelen aus, die er alle vor sich auf dem Tisch ausbreitete und langsam sortierte. Mit seinen langen, aristokratischen Fingern, die oben an den Nägeln stets völlig abgekaut waren, nahm er einen Stein nach dem anderen auf und betrachtete ihn gedankenverloren. Dann legte er Stein um Stein wieder hin. Offensichtlich nach einem endgültigen, klaren Plan. Er bildete Figuren von besonderer Gestalt mit Diamanten, Smaragden und Rubinen. Dabei mischte er die Farben, ordnete sie dann wieder von neuem und legte alle grünen Steine und dann alle roten und schließlich alle weißen zusammen. Er war tief in Gedanken versunken und schien wie ein Zauberer oder Alchimist irgendeinen geheimnisvollen Ritus zu vollziehen, wobei er den Juwelenfiguren auf dem Tisch immer wieder neue Gestalt verlieh. Plötzlich brachte er alles wieder durcheinander und warf die Steine zornig in das Kästchen zurück. Sein Gesicht war schwarz vor Zorn, und sein einziges Auge starrte seltsam ins Leere, sein Riesenschädel ruhte jetzt auf seiner Faust – es war ungemütlich.

Danach streckte er wiederum seine Hand nach dem Kästchen aus, als sei er zu einem endgültigen Entschluß gekommen. Er nahm zwei Steine heraus, einen roten und einen grünen, warf sie in die Luft und fing sie mit der hohlen Hand wieder auf. Im Bruchteil einer Sekunde änderte sich sein Gesichtsausdruck vollkommen, der düstere Ausdruck war verschwunden, und er sah wieder heiter, glücklich und fröhlich aus ... Und damit gab er sich wieder seinen dienstlichen Obliegenheiten hin.«

Die Schilderung ist aus zwei Gründen verdächtig: Mag sie sich in ihrer Substanz auch so oder ähnlich abgespielt haben, der Berichterstatter wiederholte alle landläufigen Klischees über die Verhaltensweisen Potemkins. Aber er war in einem Augenblick intimster Gefühlsregungen bei dem Fürsten und genoss daher das unbedingte Vertrauen des mächtigsten Mannes in Russland! Daraus konnte man politisches Kapital schlagen und galt selbst als angesehener Zeitgenosse!

Moralische Kriterien zählten da weit weniger als die ungeschriebenen Regeln des Tanzes um das goldene Kalb. In einer Zeit absoluten Glanzes und autokratischer Macht prägte Fürst Potemkin einen Lebensstil absoluter Freiheit – für sich selbst, lediglich nach dem Willen und zum Nutzen der Kaiserin handelnd. Wie im Frieden regierte und lebte er auch im Kriege. Glänzende Feste, ein phantastisches Dekor, ein ganzer Schwarm atemlos schöner Frauen charakterisierten das tagtägliche Leben ebenso wie Aktenberge, Organisationsarbeit, politische Verantwortung und Pulverdampf. Da gab es keine Trennung und allein dem neidvollen höfischen Intriganten, dem Ränke schmiedenden Diplomaten oder ganz einfach dem rachsüchtigen Philister blieb es vorbehalten, dieses geschlossene Lebenswerk eines überragenden Menschen in flachbrüstige Portionen zu zerhacken und seiner Phantasie, seines Mutes und seiner absoluten Rigorosität zu entkleiden.

Der große russische Dichter Dershawin hatte nicht Unrecht, wenn er Potemkin in einer schwülstigen und vor Ehrerbietung triefenden Ode, die dem höfischen Zeitgeist angemessen schien, mit einem Wasserfall verglich: Die Urgewalt eines mächtigen Stromes, die brausende Kraft des zu Tale donnernden Wassers und die schäumende Gischt an der Oberfläche – das alles war Potemkin in den vielen Jahren, seit er wie ein Phönix aus der Asche, dank der klugen Gunst einer liebestollen Kaiserin emporgestiegen war.

11.
Der sinkende Stern

Im Jahre 1790 neigte sich der zweite russisch-türkische Krieg Katharinas seinem Ende entgegen. Russland schien die wesentlichsten Ziele erreicht zu haben, die es sich mit diesem Krieg gesteckt hatte. Potemkin konnte seine Kräfte auf die Friedensverhandlungen konzentrieren. Im Grunde wurde bereits vor dem endgültigen Friedensschluss deutlich, dass Russland diesen Krieg gewonnen hatte. Die Kaiserin verlieh ihrer Überzeugung Ausdruck, dass sie dieses glänzende Ergebnis in erster Linie der Persönlichkeit Potemkins verdanken durfte. Außerdem wollte sie ihren alt gewordenen Grischa in der Rolle des Triumphators sehen! Die Kaiserin beorderte ihn nach Petersburg zurück. Ganz Russland sollte den Sieger über die Türken feiern, den Mann, der ihr, der Kaiserin, das Tor zur Welt des Mittelmeeres aufgestoßen hatte.

Potemkin hatte seiner Kaiserin im Jahre 1787 eine Triumphfahrt in den Süden organisiert. Die Ziele der Reise waren inzwischen erreicht. Jetzt lag es an Katharina, dem so oft geschmähten Staatsmann eine ähnlich prachtvolle Reise in den Norden vorzubereiten. Sie gab sich die größte Mühe, aber sie konnte Potemkin auch in diesem Falle nicht zufrieden stellen. Es gehörte lebenslang zu seinen charakterlichen Merkmalen, dass er mürrisch und unzufrieden wurde, wenn er ein großes Ziel erreicht hatte. Der Volksmund sagt: Vorfreude ist die reinste Freude! Ähnlich mag es Potemkin gegangen sein. Die vor ihm stehende Aufgabe erhielt die Spannung, vollzogene Lösungen langweilten und machten ihn unzufrieden.

Außerdem war Potemkin krank. Die Last der Jahre hatte ihn erschöpft, geschwächt und ausgelaugt. Es kam hinzu, dass er

11. Der sinkende Stern

gerade zu dieser Zeit äußerst erregt und geradezu wütend war auf die Kaiserin und auf einen gewissen Platon Subow. Siebzehn Jahre lang hatte Potemkin bestimmt, welcher Liebhaber das Bett der Kaiserin teilen durfte. Stets hatte er Kreaturen seiner eigenen Gnade ausgewählt und damit alle Versuche im Keime erstickt, den jeweils aktuellen Geliebten Katharinas für Intrigen gegen ihn, Potemkin, zu benutzen.

Jetzt aber, im sechzigsten Lebensjahr, hatte sich Katharina selbst nach einem neuen Liebhaber umgetan und mit dem anmaßenden und ehrgeizigen Platon Subow aus Potemkins Sicht einen krassen Fehlgriff getan. Im Grunde genommen galt Potemkins Stellung als unantastbar, aber Vorsicht schien in jedem Falle geboten. Die Kaiserin betraute ihn am 12. April 1791 mit dem Oberbefehl über alle russischen Truppen, falls es zu einem neuen Konflikt in Polen kommen sollte. Das galt als ein Beweis unerschütterlichen Vertrauens, aber an Intriganten hatte es bei Hofe nie gemangelt. Wahre Freunde zeigten sich selten. Es gab eigentlich überhaupt nur einen einzigen Menschen, dem Potemkin in der Hauptstadt wirklich vertraute: Alexander Besborodko, dem einflussreichen Ratgeber der Kaiserin. Mit ihm stand der Fürst seit vielen Jahren auf gutem Fuße. Sie hatten den Kontakt nie abreißen lassen und sprachen über alle Reichsangelegenheiten sowie über persönliche Probleme vollkommen offen miteinander. Es ist nicht auszuschließen, dass Potemkin Besborodko gegenüber zum Ausdruck gebracht hat, wie er den Einfluss Subows auf die Kaiserin zurückdrängen wollte.

Potemkin hatte Subow eigentlich kaum zu fürchten. Dennoch legte er sich ins Zeug, den vermeintlichen Widersacher aus dem Felde zu schlagen. Es ist nicht ganz deutlich geworden, warum Potemkin mit derartiger Vehemenz gegen den jungen Burschen zu Felde zog. Er fürchtete sicherlich Hofintrigen zur Schwächung seiner Stellung. Potemkin war beleidigt, weil die Kaiserin ohne seine Entscheidung gehandelt hatte. Er bangte, dass der skrupellose Jüngling, der tatsächlich keinen sehr edlen Einfluss auf die sinnliche alte Dame ausübte, ihn, Potemkin, durch die Kraft und Grazie seiner Jugend bei der Kaiserin regelrecht »ausstechen« würde. Diese Angst mag Grigori Potemkin vor allem getrieben haben. Er suchte einen Ausweg aus einer Beziehungskrise, die eindeutig von der Physis seines Rivalen bestimmt war. Er wollte sich Katharina nicht entfremden, indem er Subow kraft seines Amtes einfach zum Tor hinauswarf. Er wollte selbst die Stellung als Liebhaber und erster Favorit zurückgewinnen.

Der Plan konnte auf die Dauer nicht gelingen. Siebzehn Jahre hatten die Kaiserin und er einander bedingungslos vertraut und Potemkin hatte mitgeholfen, die erotischen Triebe der Kaiserin durch junge Gespielen zu befriedigen. Sie war jetzt über sechzig, er über fünfzig Jahre alt – zudem gezeichnet von Krieg und Krankheit. Der Sinnenrausch vergangener Jahre konnte nicht zurückgeholt werden. Die Idee war absurd.

Zunächst schien es allerdings, als gehe die Taktik auf. Katharina schrieb am 21. Mai 1791 an den Fürsten von Ligne, der offenbar eine große Vertrauensstellung am Zarenhof errungen hatte, voll entwaffnender Offenheit: »Wenn man den Fürsten Marschall Potemkin anblickt, muß man sagen, daß seine Siege, seine Erfolge ihn verschönt haben. Er ist von der Truppe zu uns zurückgekehrt, so schön wie der Tag, so fröhlich wie die Lerche, so glänzend wie die Sterne, und dabei ist er witziger denn je, kaut nicht mehr an den Fingernägeln, veranstaltet jeden Tag ein Fest, eines schöner als das andere, und benimmt sich wie ein kultivierter, höflicher Gastgeber, von dem jeder begeistert ist, trotz all der vielen Neider.« Vielleicht sprachen hier die große Wiedersehensfreude und der Dank für den gewonnenen Krieg mit. Die Kaiserin negierte einfach die Tatsache, dass Potemkin im Laufe der Jahre immer weniger einem Adonis glich. Trotzdem ist er ein ausgesprochener Frauenliebling geblieben und die Frauen fanden ihn offensichtlich immer schön und begehrenswert.

Im Frühjahr 1791 besaß Potemkin genügend Gelegenheiten, die nie erloschene und nun wieder neu auflodernde Liebe zur Kaiserin offen und öffentlich zur Schau zu stellen. Der Sieger

11. Der sinkende Stern

über die Türken wurde auf den glanzvollsten Festveranstaltungen unerbittlich gefeiert. Die Gastgeber überboten einander an Pracht und Luxus. Sie schufen einen glänzenden Rahmen, der ganz den Intentionen Potemkins und den Wünschen der Kaiserin entsprach. Ein schwedischer Diplomat sah den Fürsten bei einem dieser vielen Feste: »Er trug Achselklappen und ein äußerst reich verziertes Schwert. Ich habe nie einen prächtigeren oder stattlicheren Menschen gesehen. Anzeichen schlechter Laune schienen indessen diesen Glanz zu verdüstern, und aufmerksame Beobachter bemerkten mit Schrecken, daß er dreimal an den Nägeln kaute. Ein düsteres Omen, woraufhin gleich alle lange Gesichter machten.«

Die ungestüme Taktik zur Vertreibung Subows ging eben doch nicht auf und belastete den Fürsten eins ums andere Mal. Potemkin mochte sich nach besten Kräften mühen. Der unverbrauchten Kraft der Jugend eines Subow konnte er nicht mehr genügend eigene Kraft entgegensetzen. Er hatte unsterblichen Ruhm für Russland und die Kaiserin erworben. Warum war er nur so töricht, sich nun auf ein Eis zu begeben, das für ihn zu glatt gewesen ist? Potemkin ließ nichts unversucht, Subow öffentlich zu demütigen. Das musste zwangsläufig auch zu Verletzungen der Kaiserin führen. Die wiederum brachte mit gehöriger Ungeschicklichkeit Potemkin in Verlegenheit. Katharina wollte Subow ein Landgut schenken. Sie bat Potemkin, ihr eines seiner Güter bei Mogiljew zu verkaufen. Der Fürst ahnte, für wen das Gut bestimmt sein sollte, und verweigerte den Verkauf. Alle drei waren daraufhin gekränkt.

Nach außen schien der Friede noch gewahrt. Man erfreute sich nach wie vor mit strahlenden Gesichtern auf prachtvollen Festlichkeiten. Aufmerksamen Beobachtern entging jedoch auch nicht, dass es schwerer wurde, mit der Kaiserin und mit Potemkin über dringende politische Fragen zu sprechen. Sie gingen einander zunehmend aus dem Wege, wirkten verhärmt, abgespannt und müde. Andererseits gab Potemkin für die Kaiserin glänzende Feste und machte dafür riesige Schulden. Die Kaiserin zahlte, ohne mit der Wimper zu zucken. Den absolu-

11. Der sinkende Stern

ten Höhepunkt aller Festivitäten bildete das große »Potemkin-Fest« am 28. April 1791.

Wenn die Ausschweifungen des Fürsten in der Literatur kolportiert werden, wird im Allgemeinen über dieses Fest berichtet. Manchmal kann man sich des Eindrucks nicht erwehren, als seien die Autoren der Ansicht, so wie dieses eine Fest müssten alle gesellschaftlichen Arrangements Potemkins verlaufen sein. Man schloss von diesem auf alle anderen Beispiele. Das ist nicht gerechtfertigt.

Im April 1791 schien es sich der Sieger über die Türken schuldig, ein Fest vorzubereiten, das alles bisher da Gewesene in den Schatten stellte. Es sollte das letzte Mal sein, dass Potemkin der Kaiserin in derart auffälliger Weise huldigte. Er hatte über dreitausend Gäste in das für diesen Zweck umgebaute und renovierte Taurische Palais geladen. Nach den allgemeinen Maßstäben des Zarenhofes sind das nicht einmal besonders viele Personen gewesen. Potemkin erwartete die Kaiserin in einem Festgewand, das mit Gold und Diamanten übersät war. Den Hut zierten derartig viele Juwelen, dass er nicht auf dem Kopf getragen werden konnte. Die Halle des Palais glich einem natürlichen Garten. Mehrere Konzerte, Ballettvorführungen, Schauspiele, Pantomimen, das Festessen – man hatte nirgends gespart und jeder Gast dachte noch lange und gern an diesen schönen Abend bei Potemkin zurück.

Nur zwei Personen schienen nicht die rechte Freude an dem Lichterfest zu empfinden: die Kaiserin und Potemkin. Es hatte in ihrem gemeinsamen Leben zwei richtungsweisende Vier-Augen-Gespräche gegeben: als Potemkin der Kaiserin erstmals seine Liebe gestanden hatte und 1774, nach seiner Rückkehr aus dem ersten Türkenkrieg. In der Nacht vom 28. zum 29. April 1791 folgte das dritte Gespräch mit folgenschwerer Bedeutung.

Die Kaiserin und Potemkin zogen sich von den übrigen Gästen zurück und gingen in den prunkvollen Wintergarten des Taurischen Palais. Das Gespräch berührte schonungslos alle aufgestauten Konfliktpunkte: Sie warf ihm vor, sich bereits zu lange in Petersburg aufzuhalten und nur noch Feste zu feiern, während im Süden die Verhandlungen mit der Türkei dringend auf ihn warteten. Potemkin attackierte seinerseits erneut Subow und dessen wachsenden Einfluss auf die Zarin und die Politik. Aber während ihre Streitgespräche in früheren Jahren heftig, emotional und mit scharfen Formulierungen gespickt waren, bewegte sich die jetzige Unterhaltung in einem versöhnlichen und gleichsam milden Rahmen. Man sagte sich die Meinung, wollte einander jedoch nicht kränken. Die Weisheit des Alters, Müdigkeit und die Erkenntnis, die Dinge nicht mehr ändern zu können, bestimmten diese letzte ernsthafte Begegnung zweier großer Persönlichkeiten, die miteinander so unendlich viel bewegt hatten. Beide besaßen die menschliche Größe, ihrem Abschied jeglichen Anschein von Dramatik zu nehmen.

Sie trennten sich weder beleidigt noch im Streit, sondern gingen gemeinsam zu den Gästen zurück und feierten. Die gesamte Zeremonie des Festes, ihres Gesprächs im Wintergarten und des sich daran anschließenden feierlichen und bewegten Abschieds ist immer wieder im Lichte der Tatsache beschrieben worden, dass die letzte glanz- und würdevolle Begegnung zwischen der Kaiserin und Potemkin einen so festlichen Rahmen besessen hat. Zu dem Zeitpunkt, als das Fest stattfand, konnte niemand ahnen und es war auch von den Akteuren so nicht beabsichtigt, dass hier tatsächlich ihr letztes Treffen stattfand. Man sollte dementsprechend nichts in die Begegnung hineininterpretieren, was ihr nicht innewohnen konnte. Es bleibt die Tatsache, dass Potemkin ein glänzendes Schauspiel inszeniert hat, seiner würdig, dass er sich mit der Kaiserin ausgesprochen hat, ohne dass die verursachenden Fakten verändert worden wären, und dass sie sich nach dem Ball im Taurischen Palais friedlich und friedfertig getrennt haben.

Potemkin blieb noch drei weitere Monate in Petersburg, ehe er sich endlich wieder auf die Reise in den Süden begab. Am 24. Juli 1791 verließ er die Hauptstadt – im Gepäck die Erinnerung an strahlende Festlichkeiten, an ein Aufflackern der alten

11. Der sinkende Stern

Leidenschaften gegenüber der Kaiserin, an den ärgerlichen Subow und – an einen Riesenberg von Schulden. Die aber hatte Potemkin Zeit seines Lebens besessen und sie störten ihn nicht sonderlich. Potemkin fühlte sich müde und er war tatsächlich krank. Anzeichen einer oft wiederkehrenden Malaria plagten ihn, einer Krankheit, die er sich 1783 auf der Krim zugezogen hatte. Warum fuhr er überhaupt wieder in den Süden? Er wusste, dass die Kaiserin ihn bei der Armee und bei den Friedensgesprächen haben wollte, aber einen obligatorischen und instruierenden ausdrücklichen Befehl hat er nicht erhalten. Er war auch nicht, wie unermüdlich von hämischen Zeitgenossen behauptet worden ist, in Ungnade gefallen.

Katharina und Potemkin nahmen ihren Briefwechsel wieder auf, der sich in nichts von den Episteln früherer Zeiten unterschied. Alle Sorgen – der großen Politik und des gewöhnlichen Alltags – fanden darin wie eh und je ihren Niederschlag. Sogar die alte Schreibfaulheit und die gewohnte Eifersucht, diesmal gegenüber Subow, plagten Potemkin.

In dem jahrelangen Briefwechsel zwischen Potemkin und seiner Kaiserin hatten die jeweiligen Liebhaber stets eine große Rolle gespielt. Katharina hatte berichtet, wie sehr sie alle den Fürsten verehrten und dass sie beste Grüße übermittelten. Potemkin hatte die Liebhaber mit Verachtung gestraft. Das klang jetzt ganz anders. Katharina behielt ihre Gewohnheit bei und schilderte in bunten Farben, was »das Kind« für ein lieber Kerl sei und wie groß sein Respekt vor Potemkin wäre. Der möge sich doch bitte auch um ein gutes Verhältnis bemühen. In Wahrheit wird Subow kaum Achtung vor Potemkin empfunden haben und zweifelsohne waren Katharinas rührende Bemühungen, den »Familienfrieden« zu wahren, lediglich geeignet, Potemkin nur noch mehr in Zorn geraten zu lassen.

Während er Petersburg noch in relativer Ruhe verlassen hatte, packte ihn unterwegs immer mehr eine innere Rastlosigkeit. Er beschleunigte das Reisetempo und erreichte Jassy bereits acht Tage nach dem Aufbruch. Wie über jedes Ereignis im Leben Potemkins ist auch über diese Tempoforcierung wild

11. Der sinkende Stern

spekuliert worden. Da mutmaßte man Eifersüchteleien gegenüber dem General Repnin oder auch geheime Verhandlungen mit der Türkei. Das waren alles nur Gerüchte. Potemkin wollte sein Werk im Süden fortsetzen. Ein für Russland günstiger Friedensvertrag mit der Türkei bildete dafür die geeignete Basis. Natürlich wollte er seinen Einfluss auf die Verhandlungen ausüben. Er behinderte jedoch in keiner Weise die Initiativen seiner Untergebenen. Potemkin sandte General Repnins Entwurf für den Friedensvertrag persönlich direkt an den Staatsrat nach St. Petersburg und empfahl ihn zur Annahme.

Der zweite Grund seiner Eile mag in dem sich tatsächlich rapide verschlechternden Gesundheitszustand gelegen haben. Schmerzen und Fieber plagten seinen Körper, aber die Ratschläge der Ärzte verhallten wie immer ungehört. Potemkin ließ sich nicht medizinisch behandeln. Er nahm keine Medikamente ein, und seine ungebrochen zügellose Lebensweise arbeitete unter den ihm gegebenen gesundheitlichen Bedingungen zielstrebig auf ein baldiges Ende hin. Er aß und trank, wie es ihm beliebte. Niemand wusste, unter welchen Krankheiten er tatsächlich litt. Jegliche Behandlung musste vor seinem Starrsinn kapitulieren. Wenn ihn die Schmerzen gar zu arg plagten, wickelten die Ärzte nasse Tücher um seinen Kopf und Körper. Stundenlang lag er regungslos da. Niemand wusste so richtig, wie man mit ihm umgehen sollte.

Trotz seiner körperlichen und seelischen Leiden konnte Potemkin die Verantwortung für die Armee und die Friedensverhandlungen nicht einfach abstreifen. Er arbeitete, so weit die Kräfte reichten, musste letztlich aber doch eingestehen: »Meine Kräfte sind im Schwinden begriffen, es gibt hier zuviel zu tun. Ich schone mich wirklich nicht ... und bin müde wie ein Hund.« Selbst die an das Krankenlager geholte Nichte Alexandra konnte weder seinen Zustand verändern, noch die Bereitschaft wecken, sich unter stärkere ärztliche Kontrolle zu begeben. Mitte September packte ihn ein zwölfstündiger Schüttelfrost, aber erneut wiegelte er gegenüber Katharina ab: »Stellt Euch vor, daß jeder in Jassy krank ist. Fast alle Diener

im Hause.« Um einen möglichst normalen Eindruck zu vermitteln, setzte er fort: »Bitte sucht einen chinesischen Morgenrock für mich aus und schickt ihn mir zu …«
Dennoch, der körperliche und auch geistige Verfall war nicht mehr zu übersehen. In den Friedensgesprächen mit türkischen Abgesandten erhob Potemkin verschiedentlich Forderungen, die von keiner Seite nachvollziehbar waren. Wie einst in jungen Jahren wollte er sich nach dem geringen Echo auf seine Vorschläge wieder schmollend in ein Kloster zurückziehen, um Heilung, Frieden und Trost zu finden. Er schloss sich in seine Zimmer ein und komponierte zehn »Kanones an den Erlöser«. Aber selbst die erbauliche Musik verbesserte seinen allgemeinen Zustand nur vorübergehend.

In Petersburg wartete Katharina sehnsüchtig auf jede Nachricht und hoffte inständig auf eine Besserung seiner gesundheitlichen Probleme. Die trat jedoch nicht ein. Die behandelnden Ärzte hatten sich zu einer Diagnose durchgerungen, die mehr als vage von Gallenstörungen sprach. Es gelang ihnen, den Patienten zu überreden, Arzneien einzunehmen. Aber die Medikamente wirkten nicht lange. Erneut traten Schüttelfrost, Fieber, Schmerzen und eine innere Rastlosigkeit auf. Alle Beteiligten litten unter den Strapazen: Das Lebenslicht Potemkins verlosch zusehends unter großen Qualen.

Wenn kaiserliche Briefe kamen, weinte Potemkin vor Rührung. Staatspapiere konnte er sich nur noch vorlesen lassen. Selbst die eigene Unterschrift bereitete ihm unsagbare Mühen. Das Diktat eines Berichtes grenzte an übermenschliche Belastungen.

Mitten in diesem physischen Abwärtstrend kam Potemkin auf die Idee, nach Nikolajew gehen zu wollen: Dort sei die Luft gesünder als in Jassy. Man bewog ihn, die Reisepläne wenigstens noch eine Woche zu verschieben und sich vorher einer Chininbehandlung zu unterziehen. Popow schrieb eilig und besorgt an die Kaiserin: »Die Wahrheit ist, der Fürst liegt auf dem Totenbette.« Zwei Erzbischöfe wachten Tag und Nacht an seinem Lager. Sie wandten alle geistliche Energie auf, ihn zu überreden, er möge doch endlich dem Rat der Ärzte folgen und zumindest auf ungesunde Nahrung verzichten. Aber Potemkin, der willensstarke Fürst, hatte sich bereits in sein Schicksal gefügt. So energisch er im Leben agiert hatte, so überzeugt glaubte an das baldige Ende. Aus ihm sprach keine hilflose Schwäche, wenn er sagte: »Ich werde ohnehin nicht mehr gesund werden, schon lange bin ich krank. Jassy ist mein Sarg. Gottes Wille soll geschehen. Wenn Ihr nur für meine Seele betet und mich nicht vergeßt, wenn ich nicht mehr unter Euch weile. Ihr seid mein Beichtvater, so könnt Ihr bezeugen, daß ich niemals jemandem etwas zuleide tun wollte. Die Menschen glücklich zu machen, war stets mein Wunsch. Ich bin kein schlechter Mensch und nicht der böse Geist unserer Mutter, der Kaiserin Katharina, wie häufig behauptet worden ist. Das ist nicht wahr.«

Es klang, als legte Potemkin bereits eine Lebensbeichte ab. Er beruhigte sich etwas, schlief und verlangte anschließend nach den Sakramenten. Die Priester gaben ihm die letzte Ölung. Potemkin schien seinen inneren Frieden gefunden zu haben. Die Nichte Alexandra konnte ganz ruhig und vernünftig mit ihm sprechen. Katharina hatte tatsächlich einen chinesischen Morgenmantel geschickt und er freute sich darüber. Die Menschen seiner unmittelbaren Umgebung gewannen den Eindruck, dass er alle Unrast und Unbändigkeit, allen Übermut vergangener Jahre Stück um Stück ablegte und sich im Angesicht des Todes auf das tiefe religiöse Gefühl besann, das er stets in sich getragen hatte.

Im wahrsten Sinne des Wortes: Potemkin bereitete sich auf den Tod vor. Er bat alle Menschen um Vergebung des ihnen zugefügten Unrechts. Wenn ein Brief von der Kaiserin eintraf, weinte er jetzt hemmungslos wie ein kleines Kind. Wieder und wieder musste Alexandra versprechen, Katharina seine große Dankbarkeit für alle Wohltaten, die sie ihm erwiesen hatte, zu übermitteln.

Der Fürst wandelte sich in den letzten Tagen seines Lebens tatsächlich zu einem geduldigen Patienten. Er nahm die verordneten Arzneien, aber der Körper verweigerte sich. Potemkin bekam Ohnmachtsanfälle und glaubte mehrfach zu ersticken. Mehr und mehr verlor er das Bewusstsein. Es war ein langsames Sterben und Potemkin erlebte alle Phasen eines qualvollen Hinüberwachsens vom Leben in das Jenseits. Dazwischen lagen Momente eines schwachen Wachseins. Wieder verlangte er, nach Nikolajew gebracht zu werden. Dort gäbe es eine frische und kühle Waldluft, in der er sich vielleicht doch noch einmal erholen könnte. Die Ärzte gaben nach.

Am 4. Oktober 1791 schrieb er unter äußersten Anstrengungen ein Billett an die Kaiserin: »Meine liebe, meine allmächtige Kaiserin. Ich habe keine Kraft mehr, um meine Leiden auszuhalten. Es bleibt nur eine Rettung: diese Stadt zu verlassen, und ich habe Befehl erteilt, mich nach Nikolajew zu bringen. Ich weiß nicht, was mit mir geschehen wird.« Anschließend brach er auf. Begleitet von seinen engsten Mitarbeitern und von den wenigen verbliebenen Freunden fuhr er bis zu dem kleinen Ort Puncheschta. Er wurde in ein Haus getragen, schlief drei Stunden und schien anschließend so erholt, dass er sich mit seinen Begleitern unterhalten konnte. Die Nacht verlief erneut unruhig, aber am nächsten Morgen konnte er die Reise fortsetzen.

Die Karawane fuhr immerhin noch dreißig Meilen weiter, ehe Potemkin erneut anhalten ließ. Er soll die entscheidenden Worte gesprochen haben: »Damit soll es genug sein, es ist sinnlos, jetzt noch weiterzureisen. Nehmt mich aus dem Wagen und legt mich auf den Boden. Ich möchte auf freiem Felde sterben.« Die Worte klingen in der Überlieferung ein wenig zu bedacht und theatralisch, als seien sie im Nachhinein den Umständen entsprechend bewusst formuliert worden. Aber selbst als Legende wären sie harmlos im Vergleich zu den Verleumdungen, die Potemkin während seines ganzen Lebens an der Seite der Kaiserin ertragen musste.

Die Diener betteten den Todgeweihten ins Gras und hier, auf dem Felde vor Jassy, starb er am 5. Oktober 1791. Es geschah um die Mittagsstunde, an einem Sonntag. Der Zug bewegte sich langsam zurück nach Jassy. Popow fertigte einen Eilkurier an

11. Der sinkende Stern

die Kaiserin mit der Trauerbotschaft ab: »Das Schicksal hat sich erfüllt. Seine Hoheit der Fürst weilt nicht länger auf dieser Erde.« Ein ausführlicher Bericht sollte später nachfolgen. Der Kurier kam am 12. Oktober um fünf Uhr nachmittags in Petersburg an. Die Kaiserin Katharina II. brach zusammen. Aus allen ihren Äußerungen in den folgenden Tagen und Wochen sprach die Klage über den unersetzlichen Verlust für Russland und für sie selbst. Ihrem Privatsekretär Chrapowizki sagte die Kaiserin: »Wie kann mir irgend jemand Potemkin ersetzen? Alles hat sich geändert. Er war ein wahrhafter Edelmann und klug. Er hat mich nicht an andere verkauft und er war nicht käuflich.«

Für eine Frau, die in ihrem politischen Leben Machtkämpfe und Intrigen in Hülle und Fülle erlebt hatte, bei der die Käuflichkeit zum normalen Alltag gehörte, musste das wohl ein besonders großes Lob sein, und sie sprach tatsächlich die Wahrheit. Vor dem Tode schwand selbst bei Kaiserin Katharina II. der Zwang, sich selbst und Europa etwas vormachen zu wollen.

Katharina II. hatte stets das Bedürfnis bewahrt, ihre Gedanken zu Papier zu bringen. Auch jetzt schrieb sie in ihrem politischen und persönlichen Kummer wie eine Besessene. Sie schrieb an viele Menschen, die Potemkin persönlich gekannt hatten, um ihre Erinnerung wach zu halten. Sie schrieb auch an ihre Briefpartner außerhalb Russlands und ergoss sich in Strömen von Worten, um ihr eigenes positives Bild über Potemkin der Nachwelt zu erhalten. Dass die Kaiserin dabei gleichzeitig ihr eigenes Porträt zeichnete, verstand sich von selbst. All ihren Kummer, ihre Leidenschaft für den Sonderling und ihre Sorgen um Russland fasste sie in einem nachgerade denkwürdigen Brief an Melchior Grimm zusammen:

»Ein schrecklicher Schlag traf mich gestern. Gegen sechs Uhr nach dem Abendessen brachte mir der Kurier die höchst traurige Nachricht, daß mein Jünger, mein Freund und fast mein Abbild, Fürst Potemkin, nach beinahe einmonatiger Krankheit im Moldaugebiet gestorben ist. Ihr könnt Euch das Ausmaß meines Kummers nicht vorstellen. Er hatte ein wunderbares Herz und ein seltenes Verständnis mit ungewöhnlicher Großzügigkeit gepaart. Er hatte immer tolerante und weitherzige Ansichten. Er war menschlich, weise, äußerst liebenswürdig und hatte stets neue Ideen. Kein Mensch verfügte über eine solche Gabe des Witzes wie er. Im Kriege zeigten sich seine militärischen Fähigkeiten, nie mißlang ihm ein Schlag zu Lande oder zur See.

Kein Mensch auf der Welt ließ sich weniger durch andere leiten als er; er verfügte auch über eine besondere Gabe, sich die Dienste anderer nutzbar zu machen. Er war mit einem Wort ein Staatsmann, den man um Rat fragen konnte und der die ausgeheckten Pläne in die Tat umsetzte. Mit Leidenschaft und Eifer hing er an mir. Er murrte und wurde zornig, wenn er glaubte, daß man etwas besser machen könne.

Mit zunehmendem Alter und wachsender Erfahrung befreite er sich von seinen Fehlern. Vor drei Monaten, als er hier war, sagte ich zu Subow, daß mir diese Änderung Sorge einflöße und daß er nicht länger die Fehler habe, die jeder an ihm kenne, und nun hat sich unglücklicherweise meine Furcht als Prophezeiung erwiesen. Seine hervorragendste Eigenschaft aber war Entschlossenheit des Herzens, des Geistes und der Seele, die ihn so vor anderen Menschen auszeichnete, und daher verstanden wir uns ausgezeichnet und ließen die Unkundigen plappern, soviel sie wollten. Ich betrachte Fürst Potemkin als einen großen Mann, der sich nicht die Hälfte der Möglichkeiten zu Nutze gemacht hat, die sich ihm boten.«

Die Kaiserin zeichnete ein ideales Bild, das jedoch auch wieder nur die halbe Wahrheit enthielt. Nicht wegen all dieser schönen Eigenschaften ist Fürst Potemkin zu seiner Zeit der erste Mann im Staate Katharinas II. geworden. Die wunderbaren Stärken haben ihm lediglich geholfen, das zu leisten, was ihn tatsächlich an die Spitze geführt hat. Mit dem ganzen Geschick einer starken Persönlichkeit hat er die absolute Macht seiner Monarchin gestärkt und ihr geholfen, Rußlands imperiale Größe zu erweitern, die innere Ordnung im Sinne einer autokratischen Herrschaft zu festigen und Russlands festen Platz in der europäischen Machtpolitik zu sichern. Er hat das getan, indem er den Süden kolonisierte, die Armee schlagkräftiger gestaltete und einen siegreichen Krieg gegen die Türkei führte.

In all seinen Verantwortungsbereichen hat Fürst Potemkin eine gigantische Arbeit geleistet und sich selbst niemals geschont. Er hat Aufgaben bewältigt, die nur ein hervorragender Individualist lösen kann, eine Persönlichkeit, die an keine konventionellen Spielregeln gebunden ist und die alle Grenzen menschlicher Kleinheit niederreißt. Nur in einem einzigen Punkt hielt sich Potemkin strikt an die Spielregeln seiner Zeitordnung: Niemals erhob er sich über seine Kaiserin. Ihrem Ruhm widmete er sein ganzes Leben, mit großem Erfolg.

Aber da bekanntlich alles im Leben eine beschränkende Relativität besitzt, sei auch dieses hinzugefügt: Mit dem Tode Potemkins saß der Nachfolger bereits im Sattel. Platon Subow wurde zum Generalgouverneur für die südrussischen und neurussischen Gouvernements ernannt. Er schlüpfte nach und nach in alle Machtpositionen Potemkins. Er eroberte die Außenpolitik und trieb Katharina zur zweiten Teilung Polens. Potemkins geniale Rolle hat er jedoch nie ausgefüllt, weil die Kaiserin für einen neuen Höhenflug bereits zu alt war und fünf Jahre später starb, weil Subow korrupt war und weil er kein individuelles Format als Persönlichkeit besaß. Er setzte letztendlich zwar die Linie der Favoriten Grigori Orlow und Grigori Potemkin fort, aber bis zur Höhe des universellen und erfolgreichen Staatslenkers Potemkin konnte er sich niemals erheben.

Ausblick:
Potemkins Erbe im Wandel der Zeiten

Es wäre eine historische Ungerechtigkeit, wenn Katharina II. als die »Große« in die Geschichte eingehen dürfte, Fürst Potemkin jedoch als prahlsüchtiger Verschwender abgewertet bliebe. Beider Schicksale waren so eng miteinander verwoben, dass das Verdienst des einen zugleich die Leistung des anderen bedeutete. Sie stritten und rangen um Russlands Größe. Sie arbeiteten über Jahre hinweg Tag und Nacht gemeinsam für Russlands Ruhm. In die moderne Sprache übersetzt, sie bildeten ein nahezu perfektes »Team«, selbstverständlich in den Verhaltensweisen, Möglichkeiten und Grenzen der höfischen Kultur ihrer Zeit sowie verbunden mit den machtpolitischen Merkmalen und Zielen des autokratisch und absolut regierten Russland.

In Russland haben seit dem Beginn der Neuzeit viele befähigte Staatsmänner, Politiker, Geistliche oder Verwaltungsbeamte und Militärs im Dienste der autokratischen Macht bemerkenswerte geschichtliche Leistungen vollbracht. Das politische und persönliche Verhältnis der Politiker und Würdenträger zum jeweiligen Herrscher war in den einzelnen geschichtlichen Etappen sehr verschieden, und hing von außerordentlich komplizierten machtstrukturellen und individuellen Voraussetzungen ab. In der Regierungszeit Iwans IV., im 16. Jahrhundert, haben Staatsmänner wie die Geistlichen Silvester und Makari oder die Adligen Adaschew und Kurbski konzeptionsbildend und politisch-praktisch an der Formulierung der autokratischen Staatsidee mitgewirkt. Sie wurden Opfer des Terrorregimes Iwans des Schrecklichen, obwohl sie in jungen Jahren dessen uneingeschränktes Vertrauen besessen hatten.

In den ersten Jahren der Romanow-Dynastie machten am Beginn des 17. Jahrhunderts kleinadlige Emporkömmlinge wie der Kanzler Ordin-Naschtschokin von sich reden. Ordin diente treu und ergeben den Zaren Michail Fjodorowitsch und Alexei Michailowitsch. Er band sein eigenes Schicksal an deren Gunst und scheiterte an den eklatanten Gegensätzen zwischen der Zarenmacht und den mit dieser rivalisierenden Bojarendynastien. Ordin-Naschtschokin konnte Macht und Einfluss gewinnen, weil er als gebildeter Mensch den vorsichtigen Öffnungstendenzen nach Westen, die seine Zaren verfolgten, auch gegen den Widerstand der Bojaren praktische Gestalt verleihen konnte. Sein persönliches Risiko war dabei sehr hoch.

Der für das Zeitalter des Absolutismus charakteristische höfische Günstling, der zum herrschenden Monarchen ein enges persönliches und politisches, wenn auch ambivalentes, Verhältnis besaß, erschien in der russischen Geschichte mit der Regentin Sofja Alexejewna. Sie erhob ihren Geliebten, den klugen und geistvollen Wassili Wassiljewitsch Golizyn, allen vagen Zeugnissen zufolge, zum höchsten staatlichen Würdenträger und einflussreichsten Politiker Russlands. Da Sofja aber lediglich die Regentschaft für ihre Brüder Iwan V. und Peter I. ausübte, diese am Ende nicht hergeben wollte und deshalb von Peter I. gewaltsam gestürzt wurde, zog sie Golizyn mit in den Strudel ihres eigenen Untergangs. Dessen politischer Stern leuchtete nur kurz auf, die Feldherrnrolle in den Kriegszügen gegen die Tataren am Ende der achtziger Jahre des 17. Jahrhunderts geriet wahrlich unglücklich. Wassili Golizyn endete wie so viele spätere Günstlinge und Ratgeber der Zaren in der Verbannung.

Unter der Herrschaft Peters des Großen gelangten aus dem Ausland, aus dem hohen Klerus und den unteren sozialen Schichten rekrutierte Ratgeber, Mitarbeiter und Günstlinge erstmals zu schier unermesslichem Reichtum und nahezu uneingeschränktem Einfluss auf die Politik und Herrschaft des Zaren.

Persönlichkeiten wie Alexander Menschikow, Franz Lefort oder Feofan Prokopowitsch bildeten eine gleichermaßen streitbare wie von Egoismen zerrissene Gemeinschaft zur Verwirklichung der Ziele des Selbstherrschers. Obwohl eng an dessen autokratisches Regiment gebunden, überlebten sie die Regierungszeit Peters I. vereinzelt auch in politischer Hinsicht, um dann einen verhängnisvollen Fehler zu begehen: Sie strebten selbst nach der höchsten Macht und konnten sie doch nicht wirklich erreichen. Sie beachteten nicht, dass die regierende Dynastie – selbst wenn deren Repräsentanten schwach und unzulänglich herrschten – das Gesetz des Handelns bestimmte und sich niemals bereit fand, freiwillig die Macht mit »Emporkömmlingen« zu teilen oder gar auf die Macht zu verzichten.

Das Machtstreben einzelner Günstlinge hatte zeitweilig aber auch zur Folge, dass sich die Rolle des Ratgebers oder Favoriten verselbstständigte und dass namentlich solche Politiker und Adlige wie die aus Deutschland zugewanderten Grafen Ostermann, Münnich und vor allem Biron in Zeiten schwacher Herrscher eigenwillige und machthungrige Regentschaften errichteten und das Reich terrorisierten.

Dieses Unwesen deutscher adliger Karrieristen beendete erst die Kaiserin Elisabeth, als sie 1741 den Thron bestieg. Mit zielstrebiger Hand ordnete sie die Schar ihrer Berater und Günstlinge im nationalen russischen Interesse. Nicht mehr rivalisierende Familien bestimmten wie zu den Zeiten vor der Herrschaft Peters I. die Auseinandersetzungen bei Hofe, sondern die von der Kaiserin ausgewählten adligen und aristokratischen Staatsbeamten und Höflinge intrigierten gegeneinander um Macht und Einfluss bei der Kaiserin. Die Grafen Bestuschew-Rjumin und Woronzow lieferten in ihrem Duell um die Kanzlerschaft dafür den besten Beweis. Außerdem musste die Kaiserin personalpolitische Rücksichten auf jene Männer nehmen, die ihr 1741 an die Macht verholfen hatten. Außerhalb dieser politischen Sphäre leistete sich die unverheiratete Kaiserin Günstlinge und Liebhaber mit relativ geringem Einfluss auf die tatsächliche Politik, z.B. den schönen und sangesfreudigen Alexei Rasumowski.

Im 19. und am Beginn des 20. Jahrhunderts wandelte sich die Funktion des Beraters der Majestäten grundlegend. Mit den verstärkt zu lösenden technischen, wirtschaftlichen und sozialen Problemen und den daraus erwachsenden politischen Folgen war der geschulte Sachverstand von qualifizierten Spezialisten gefragt. Günstlinge und Favoriten absolutistischen Zuschnitts verloren in dem Maße an staatstragender Bedeutung, wie die der Fachleute stieg. Persönlichkeiten wie der Reformer Michail Speranski, die Brüder Dmitri und Nikolai Miljutin, Graf Michail Loris-Melikow, der Philosoph und Theologe Konstantin Pobedonoszew oder gar die Politiker Sergei Witte und Peter Stolypin waren nicht mehr mit den Favoriten des 17. und 18. Jahrhunderts vergleichbar – obwohl das System der Selbstherrschaft nahezu ungebrochen fortbestand – und selbst solche obskuren Gestalten wie den Wunderheiler Grigori Rasputin trug.

Und das Zeitalter Katharinas II.? Es stand hinsichtlich der Rolle von Favoriten, Ratgebern und Beratern weit eher in der Tradition Peters des Großen und der Kaiserin Elisabeth als an der Schwelle zum 19. Jahrhundert. Die aufgeklärte Kaiserin besaß eine Fülle ihr ergebener Berater, wie die Grafen Nikita Panin oder Alexander Besborodko, wie die Feldmarschälle Rumjanzew, Repnin oder Suworow. Das System der erotischen Liebhaber war vom Bereich der Berater im Prinzip bereits streng getrennt, selbst wenn es nach außen bisweilen anders aussah. Aus allem ragten zwei Ausnahmeerscheinungen unterschiedlicher Qualität heraus: Fürst Grigori Orlow und Fürst Grigori Potemkin. Hinsichtlich der Leistungen für Russland und der Intensität seiner Beziehungen zur Kaiserin dominierte Potemkin.

Potemkin blieb jedoch über das Zeitalter Katharinas hinaus generell eine Ausnahmeerscheinung in der russischen Geschichte: Niemand, nicht einmal Wassili Golizyn, ist sein ganzes politisches Leben lang so sehr Geliebter, Favorit, Berater und selbstständiger Staatsmann in einer Person gewesen wie Potemkin. Kein Politiker oder Würdenträger von vergleichbarem Rang hat so treu zum Herrscher gestanden wie Potemkin. Nicht einmal die späteren Ministerpräsidenten Witte oder Stolypin (die sich allerdings durch die Schwäche ihres Monarchen Nikolaus II. zum unorthodoxen Handeln getrieben sahen). Kein Politiker und Favorit am Zarenhofe hatte jemals derartig viele Rechte, Verantwortungen und Befugnisse auf sich vereint wie Potemkin.

Wenn Potemkin jedoch eine so herausragende Ausnahmestellung durch Kaiserin Katharina II. und unter allen vergleichbaren Staatsmännern Russlands innehatte, dann besaß das für sein Bild in der Geschichte zumindest zwei Folgen. Die staatsoffizielle Hofhistoriografie der Romanow-Dynastie wird ihm keine Kränze geflochten haben, weil der kleinadlige Emporkömmling der Kaiserin so nahe stand, wie es keinem Untertanen jemals erlaubt worden ist. Daran änderte auch die Tatsache nichts, dass der Kaiser Nikolaus II. einem der größten Schlachtschiffe seiner Flotte den Namen »Fürst Potemkin von Taurien« gab – zumal gerade dieses Schiff zum Symbol für den revolutionären Geist wider die Monarchie wurde.

Die Ebene der Favoriten, Günstlinge und Berater hat den Fürsten verachtet, weil er »anders« war als ihre Mehrheit, weil ihm mehr gelungen ist. Weil der kleine Provinzadlige es gewagt hatte, in die schwindelnden Höhen des Reichs vorzudringen, in die kein anderer Mensch gelangen konnte. Sie hingen von ihm ab, sie schmeichelten ihm, aber sie betrachteten ihn nicht als ihresgleichen. Nach seinem Tode fielen sie mit aufgestauter Lust über sein Erbe her und fledderten es mit grimmiger Furcht vor seinem noch immer großen Schatten.

Wer eine derartige Ausnahmestellung besitzt, ist unvergleichlich eng mit dem Schicksal des Wohltäters verbunden, der diese Stellung gewährt. Im konkreten Falle bedeutete das: Mit der Schändung des Ansehens Katharinas durch Paul I. wurde auch das Ansehen Potemkins geschändet, ganz abgesehen von den objektiven Grenzen seiner historischen Wirksamkeit. Es bestand eine klare innere und sich selbst genügende Logik in der Handlungsweise Pauls I. Er ließ die Gebeine seines vermeintlichen Vaters Peter III. ausgraben und an der Seite der thronräuberischen Mutter beisetzen. Er löschte das Andenken Katharinas II., wo und wie er nur konnte. Mit gleicher Verbissenheit ließ er die Grabmäler Potemkins stürzen: in Petersburg und in den südlichen Steppen. Aber Paul I. blieb eine historische Episode. Als sein Sohn Alexander I. im Jahre 1801 den Thron bestieg, versprach dieser, im Geiste der Großmutter Katharina zu regieren. Die Bilderstürmerei Pauls blieb eine ohnmächtige und vollkommen überflüssige Geste. Der Glaube, das Erbe Katharinas und Potemkins aus der Geschichte gelöscht zu haben, erwies sich als eine Illusion.

Gleichzeitig erwiese man Paul I. Unrecht, seine Herrschaft lediglich unter dem Makel irrwitzigen Verfolgungswahns zu betrachten. Er blieb während seines ganzen Lebens im Grunde ein armer und als Individuum bedauernswerter Mensch, von seiner kaiserlichen Mutter seelisch deformiert, aber dennoch im Besitz realer Einsichten in die politischen Erfordernisse Russlands.

Außerdem bedeuteten die Taten Pauls I. gegen die kaiserliche Mutter nicht, dass er deren substanzielles politisches Erbe vielleicht mit einem Federstrich beseitigt hätte. Paul setzte sich schon zu Lebzeiten seiner Mutter kritisch mit der russischen Polenpolitik auseinander. Die Eroberungen im Süden hat er gebilligt und – soweit er es überhaupt vermochte – sogar gefördert. Es war nicht zufällig zum Eklat gekommen, als Katharina ihrem Sohn im Jahre 1787 die Mitreise in den Süden verbot. Nach seiner Thronbesteigung knüpfte Paul an die Orientpolitik Katharinas, Besborodkos und Potemkins an. Obwohl der Kaiser gerade mit seiner Außenpolitik viel Kritik in Russland hervorrief und seine Berufung zum Großmeister des Malteserordens bisweilen sogar belächelt wurde, blieb er konsequent: Auch Katharina hatte enge Beziehungen zu dem Orden und seiner Bastion im Mittelmeer unterhalten. Kaiser Paul I. wahrte die Kontinuitäten russischer Außenpolitik, wenn es darum ging, die Machtpositionen gegenüber der Türkei zu sichern. Selbst sein außenpolitischer Kurswechsel von England zu Frankreich im Herbst 1800, verbunden mit dem Versuch einer Annäherung an Napoleon Bonaparte, trug das Streben nach Stärkung der russischen Positionen im Mittelmeer in sich.

Es war dies die logische Fortsetzung eines alten Traumas der russischen Politik. Die wechselvollen Feldzüge Peters I. gegen Asow und die Donau hatten die russische Expansion nach Süden eingeleitet. Potemkin und Katharina II. hatten sie zu ihrem historischen Höhepunkt geführt. Weder Paul I. mit seinem maltesischen Abenteuer noch Alexander I., der zwischen 1806 und 1812 an der unteren Donau halbherzig gegen die Türkei Krieg führen ließ, konnten an Potemkins, Suworows oder Rumjanzews Erfolge anknüpfen.

Der Krim-Krieg in den Jahren 1853–1856 endete mit einem russischen Debakel. Der russisch-türkische Krieg von 1886/87 schloss mit einem russischen militärischen Sieg, aber der wurde auf dem Berliner Kongress unter Bismarcks listiger Federführung verspielt. Und schließlich: Weder die Balkankriege in den Jahren 1911–1913 noch der Erste Weltkrieg brachten Russland den entscheidenden Territorialgewinn, der für den Durchbruch zum Mittelmeer notwendig gewesen wäre.

Wieder und wieder bestätigte es sich: Zu keiner Zeit ist Russland in seinen südlichen Expansionen so erfolgreich gewesen wie unter der Herrschaft Katharinas II. und ihres Fürsten Potemkin.

Dieses Urteil trifft in gleicher Weise auf die Kolonisierung der südrussisch-ukrainischen Gebiete und der Krim zu. Für die nachfolgenden Zaren – und auch für die Sowjetmacht – gab es keinerlei Zweifel, dass das von Potemkin kolonisierte Gebiet fester Bestandteil des Russischen Reichs war und blieb. Interessant ist dabei vor allem, dass die von Potemkin gesetzten Grundlagen für die industriellen und Rüstungszentren (Sewastopol, Nikolajew, Jekaterinoslaw u.a.) auch unter den sich im 19. und 20. Jahrhundert verändernden technischen und wissenschaftlichen Bedingungen im Wesentlichen beibehalten und ausgebaut worden sind. In siedlungs – und bevölkerungsstrukturelle Entwicklungen, so wie sie Potemkin eingeleitet hatte, griff erstmals Stalin am Ende der dreißiger Jahre des 20. Jahrhunderts durch gewaltsame Massendeportationen ein. Aber die zwischenethnischen Probleme, z.b. im Verhältnis der Russen zu den Tschetschenen und zu den Tataren, oder auch der Umgang mit den Machtstrukturen der Kosaken überdauerten die Zeiten. Potemkin befriedete die multi-ethnische Gesellschaft durch sein Kolonisierungsprogramm. 1791 ist Potemkin gestorben. 1991, exakt 200 Jahre später, wurde mit der Sowjetunion das imperiale Russische Reich radikal aufgelöst. Das potemkinsche Strukturprogramm einer russischen Herrschaft über die Krim und die südliche Ukraine hatte zweihundert Jahre gehalten. Nun sind die alten Konflikte wieder aufgebrochen. Die Tataren drängen zurück an die Macht über die Krim!

Die Umgestaltung der Streitkräfte durch Potemkin zeitigte von allen seinen Anstrengungen die geringste Langzeitwirkung. Seine reformerischen Intentionen, die er sehr stark auf das Leben, die Kampfkraft und den tagtäglichen Dienst der einfachen Soldaten konzentrierte, strebten nach einer Kombination von regulären Heereseinheiten und einem nach traditionellen Regeln und nationalen Grundsätzen aufgebauten Milizheer. Das war vielleicht für die damalige Grenzsicherung notwendig, stand jedoch offenbar nur wenig mit den Erfordernissen moderner Kriege im Einklang und stieß zudem auf heftigen Widerstand aus den Reihen des Offizierskorps. Potemkins Verdienst bestand vor allem darin, dass sein schöpferischer Geist Militärbefehlshaber förderte, die Russlands Streitkräfte schlagkräftig zur Geltung brachten. Potemkin investierte große Kraft in die Flotte. Ganz in der Tradition Peters I. stehend, darf er mit Fug und Recht als Schöpfer der russischen Schwarzmeerflotte gelten. Sie war sein Stolz und ihr Schicksal berührte ihn auf sehr persönliche Weise.

Katharina II. ging in die Geschichte Russlands und der Romanow-Dynastie ein als eine der profiliertesten Persönlichkeiten auf dem Zarenthron: Dieses Bild entsprang ihrer eigenen Feder, zeigt aber auch objektive Wahrheiten. Sie blieb zeitlebens ein Mensch und Herrscher voller Widersprüche. Ob sie im historischen Sinne tatsächlich eine große Aufklärerin war, bleibt bis auf den heutigen Tag selbst unter Fachleuten umstritten.

Die Debatte ist im Grunde in den seit zweihundert Jahren errichteten Denkschemata erstarrt. Katharina besaß viele Talente und Fähigkeiten, vor allem, wenn es darum ging, den richtigen Mann auf den richtigen Platz zu stellen. Darin glich sie ihrer wahren Lehrmeisterin Elisabeth Petrowna. Fürst Potemkin verdankte seine geschichtlich herausragende Rolle Kaiserin Katharina II. Die absolut herrschende Monarchin wählte mit ihm eine Persönlichkeit zum Liebhaber, Kolonisator, Kriegsherrn, Diplomaten und Staatsmann, die hervorragend geeignet war, das von der Kaiserin gewünschte Bild in der Geschichte durch Taten zu unterstützen und zu bestätigen. Potemkin besaß kraftvolle Individualität genug, die ihm zugedachte Rolle nicht nur irgendwie zu spielen, sondern ihr sein eigenes Gewicht zu verleihen und dabei auch sein persönliches Wohlergehen nicht aus den Augen zu verlieren.

So erleben wir auch heute noch das einmalige, atemberaubende Porträt eines Mannes, der alles im Leben gewonnen hat und dieses eine Leben in jeder Hinsicht und in vollen Zügen gelebt hat. Nur eines war er nicht: ein schaumschlagender Prahlhans. Wenn das zuträfe, wäre auch Katharina II. nur eine eitle Schwätzerin gewesen.

Ein Blick auf die Landkarte Russlands im 18. und 19. Jahrhundert straft eine derartige Vermutung Lügen. Ein zweiter Blick in die gesamte russische Geschichte beweist: Nur selten vor und nach Katharina hat Russland einen derartigen imperialen Schub erlebt wie in jenen Jahren, da Katharina II. und Fürst Potemkin die Geschicke des russischen Riesenreichs in ihren Händen hielten.

Weder vor noch nach der Herrschaft Katharinas II. hat es in Russland eine Persönlichkeit gegeben, die derart prägend für die imperiale Selbstbestimmung des Reichs unvergängliche Taten vollbracht hat. Das politische System der Autokratie hat im Geschichtsbild wie in der politischen und Rechtspraxis nur die Autorität des Autokraten gekannt und Potemkin ist im westeuropäischen Sinne ein Renaissance-Mensch gewesen, der im Barock und in der Aufklärung gelebt und gewirkt hat – in einem Lande, dessen guter Geist und gute Mutter Katharina II. sein wollte. Es war ein Land voll armseliger Rückständigkeit. Nur eine glänzende Gestalt wie Potemkin vermochte tatsächlich einen entscheidenden Schritt auf Europa zuzugehen. Darin glich er seiner Kaiserin. Es besteht kein Zweifel: Katharina II. und Potemkin waren die idealen Partner in einem erfolgreichen Unternehmen ihrer Zeit.

Chronologie wichtiger Daten

13. September 1739   Grigori Potemkin wird auf dem Gut Tschischow in Weißrußland als Sohn des kleinadligen Offiziers und Gutsbesitzers Alexander Wassiljewitsch Potemkin und dessen zweiter Gemahlin, Darja Wassiljewna Skuratowa, geboren.

1744   Grigori wird in die Obhut seines Paten, des Präsidenten am Kammerkollegium, Grigori Matwejewitsch Koslowski, nach Moskau gegeben.

1755   Grigori tritt in das Adelsgymnasium der durch Kaiserin Elisabeth gegründeten Moskauer Universität ein und wird in die Gardekavallerie aufgenommen.

1757   Potemkin wird Kaiserin Elisabeth vorgestellt und für herausragende schulische Leistungen zum Korporal bei der Garde befördert.

1760   Grigori Potemkin wird wegen Faulheit und Disziplinlosigkeit aus der Moskauer Universität ausgeschlossen.

1761   Potemkin tritt im Range eines Wachtmeisters in den aktiven Dienst der Garde.

Juni/Juli 1762   Aktive Teilnahme Grigori Potemkins am Staatsstreich der Garderegimenter zur Thronerhebung Kaiserin Katharinas II.

1763   Potemkin erhält eine erste Aufgabe in der Staatsverwaltung: Er wird Gehilfe des Oberprokurators beim Heiligen Synod, der obersten Reichsbehörde für Kirchenfragen.

1765 bis 1768   Potemkin nimmt aktiv an den Beratungen der »Großen Kommission« in Moskau teil, die über die Reichsreform (»Instruktion«) Kaiserin Katharinas debattiert. Er gilt als Fachmann für Kirchen- und Nationalitätenfragen.

Chronologie wichtiger Daten

1768	Ernennung Potemkins zum Hofkämmerer.
1769 bis 1773	Potemkin nimmt in unterschiedlichen Stabs- und Kommandoaufgaben am ersten Krieg Katharinas II. gegen die Türkei teil. Er steigt bis zum Generalmajor auf, ohne kriegsentscheidende Leistungen vollbracht zu haben.
1774	Februar: Grigori Potemkin wird zum persönlichen Generaladjutanten der Kaiserin, d.h. zum ersten Favoriten und Liebhaber, ernannt.
10. Juli	Berufung Potemkins zum Generalgouverneur der südlichen Provinzen Astrachan und Asow. Im gleichen Jahr erfolgt die Berufung in weitere höchste Militär- und Staatsämter (Mitglied im »Geheimen Consilium«, Vizepräsident der Militärakademie und des Kriegskollegiums u.a.).
	Potemkin wird der einflussreichste Staatsmann Russlands.
	Nach dem Frieden von Kütschük-Kainardshi, der den russisch-türkischen Krieg beendet, erhält Potemkin den Grafentitel.
Ende 1774	Zeitpunkt der vermuteten Eheschließung Katharinas II. und Grigori Potemkins in der Samson-Kirche am Rande von St. Petersburg.
1775	Graf Potemkin organisiert und leitet die in Moskau veranstalteten Feierlichkeiten anlässlich des Friedens von Kütschük-Kainardshi mit der Türkei.
März 1776	Kaiser Joseph II. ernennt Potemkin zum Fürsten des Heiligen Römischen Reichs. Potemkins Rolle als Liebhaber der Kaiserin endet. Er bleibt deren wichtigster Vertrauter und Ratgeber und beginnt seine geschichtsträchtige Arbeit zur Kolonisierung der südlichen Ukraine, Südrusslands, des Kaukasus und zur Vorbereitung eines neuen Krieges gegen die Türkei.
1783	Fürst Potemkin annektiert die Krim. Er erhält den Beinamen »von Taurien«.

Chronologie wichtiger Daten

Februar 1784 — Potemkin wird zum Präsidenten der Kriegsakademie, zum Feldmarschall und zum Chef der Kavalleriegarde befördert.

1785 — Fürst Potemkin übernimmt den Befehl über den Sonderstab der Schwarzmeerflotte und deren Admiralität.

Januar – Juli 1787 — Reise Kaiserin Katharinas II. in die von Potemkin kolonisierten Gebiete »Neurusslands«. Politischer Höhepunkt der Herrschaft Katharinas II. und der Tätigkeit des Fürsten Potemkin.

1787 bis 1791 — Potemkin führt die russischen Streitkräfte im zweiten Krieg Russlands gegen die Türkei und nimmt persönlich an mehreren Operationen teil – u.a. an der Einnahme der Festung Otschakow.

5. Oktober 1791 — Grigori Potemkin stirbt auf einem Felde zwischen Jassy und Nikolajewsk.

Biografische Quellen und Literatur
(Auswahl)

Adamczyk, Theresia: Fürst G.A. Potemkin. Untersuchungen zu seiner Lebensgeschichte, Emsdetten 1936. (Mit ausführlichem Quellen- und Literaturverzeichnis)
Arneth, Alfred: Joseph II. und Katharina II. Ihr Briefwechsel, Wien 1869.
Bilbassoff, B. von: Katharina II., Kaiserin von Rußland, im Urtheile der Weltliteratur, 2 Bände, Berlin 1897.
Bilbassow, Wassilij A.: Die Geschichte Katharinas II., 3 Bde., St. Petersburg und Berlin 1890–1896.
Brandes, Detlef: Von den Zaren adoptiert. Die deutschen Kolonisten und die Balkansiedler in Neurußland und Bessarabien 1751–1914, München/Wien 1993.
Brueckner, A.G.: Potemkin, St. Petersburg 1892. (Russisch)
Cérenville, Eléonore de: Vie du prince Potemkin, feldmaréchal au service de Russie sous le règne de Cathérine II., Paris 1808.
Chrapowizkij, Alexander W.: Tagebuch – eines Geheimschreibers der Kaiserin 1783–1793, St. Petersburg 1873. (Russisch)
Coxe, William: Travels into Poland, Russia, Sweden and Denmark, 4 Bde., London 1784–1787.
Daschkowa, Katharina R.: Erinnerungen. Katharina die Große und ihre Zeit, München 1970.
Donnert, Erich: Katharina die Große und ihre Zeit. Russland im Zeitalter der Aufklärung, Leipzig 1996.
Donnert, Erich: Katharina II. und Rußlands Einbruch in den Machtbereich des Osmanischen Reiches 1768 bis 1774, in: Osteuropäische Geschichte in vergleichender Sicht, in: Berliner Jahrbuch für osteuropäische Geschichte, 1996/1, Berlin 1996, S. 175–190.
Donnert, Erich: Rußland im Zeitalter der Aufklärung, Leipzig 1983.
Engelhardt, N.: Die Millionen Potemkins, in: Historischer Bote, 1911, Nr. 124, S. 527–559. (Russisch)
Fateev, A. N.: Potemkin von Taurien, Prag 1945. (Russisch)
Fleischhacker, Hedwig: Mit Feder und Zepter. Katharina II. als Autorin, Stuttgart 1978.
Fleischhauer, Ingeborg: Die Deutschen im Zarenreich. Zwei Jahrhunderte deutsch-russische Kulturgemeinschaft, Stuttgart 1986.

Forst-Battaglia, S.: Stanislaus August Poniatowski, Berlin 1927.
Grimm, Melchior: Paris zündet die Lichter an. Literarische Korrespondenz, München 1978.
Handbuch der Geschichte Rußlands, Bd. 2: Vom Randstaat zur Kolonialmacht (1613–1856), hrsg. v. Klaus Zernack, Stuttgart 1983. (Mit ausführlichen Analysen zum Forschungsstand über die russische Geschichte im 18. Jahrhundert)
Harris, James Howard: Diaries and Correspondence, 2 Bände, London 1844.
Haumann, Heiko: Geschichte Rußlands, München Zürich 1996. (Mit ausführlichem Literaturverzeichnis)
Helbig, Georg von: Potemkin der Taurier, in: Minerva, hrsg. v. J.M. von Archenholtz, Hamburg 1797–1801.
Helbig, G.A.W. von: Russische Günstlinge, Tübingen 1809.
Hösch, Edgar: Das sogenannte »griechische Projekt Katharinas II.«, in: Jahrbücher für Geschichte Osteuropas, Neue Folge, 1964, S. 168–206. (Mit sehr detaillierten Quellen- und Literaturangaben zur Orientpolitik Katharinas II. und Potemkins)
Jena, Detlef: Die russischen Zaren in Lebensbildern (unter Mitwirkung von Rainer Lindner), Graz Wien Köln 1996.
Jena, Detlef: Die Zarinnen Rußlands, Regensburg Graz Köln Wien 1999.
Jessen, H.: Katharina II. von Rußland in Augenzeugenberichten, München 1978.
Journal der Rußlandreise Kaiser Josephs II. im Jahre 1780, hrsg. und mit einem Nachwort versehen von Erich Donnert und Helmut Reinalter, Innsbruck 1996.
Katharina II., die Große mit Selbstzeugnissen und Bilddokumenten dargestellt von Reinhold Neumann-Hoditz, Reinbek bei Hamburg 1988.
Krauel, R.: Briefwechsel zwischen Heinrich Prinz von Preußen und Katharina II. von Rußland, Berlin 1923.
Leben des Fürsten G.A. Potemkin – Zur Vervollständigung der Herrschaft Katharinas II. aus internationalen und vaterländischen Quellen erarbeitet, 3 Bände, Moskau 1808 und 1812. (Russisch)
Ligne, Charles de: Literat und Feldmarschall. Briefe und Erinnerungen, hrsg. v. Günther Elbin, Stuttgart 1979.
Lebensbeschreibung des Fürsten G. A. Potemkin des Tauriers. Von St. Jean, dereinstigem Sekretär des Fürsten Potemkin, hrsg. v. Rothermel, Karlsruhe 1888.
Literarisches Erbe, Moskau 1933. (Russisch)
Lotman, Jurij M.: Rußlands Adel. Eine Kulturgeschichte von Peter I. bis

Nikolaus I. (= Bausteine zur slawischen Philologie und Kulturgeschichte. Neue Folge, Band 21), Köln Weimar Wien 1997.

Loviagin, A.: Potemkin, Grigori Alexandrowich, in: Russisches biographisches Wörterbuch, Band XIV, S. 649–669. (Russisch)

Madariaga, Isabel de: Katharina die Große. Ein Zeitgemälde, Berlin 1993.

Madariaga, Isabel de: Russia in the Age of Catherine the Great, New Haven 1981. (Mit einem Literaturbericht)

Michel, Robert: Potemkine 1736–1791, Paris 1936.

Michel, Robert: Vom Hanswurst zum ersten Mann im Staat. Lieben und Leben des Fürsten Potemkin, Berlin 1935.

Mitteilungen der Odessaer Gesellschaft für Geschichte und Altertum, Bd. 1–33, Odessa 1844–1919. (Russisch)

Munro, George F.: Potemkin, Grigori Aleksandrowich 1739–1791, in: Joseph L. Wieczinski (Hrsg.): The Modern Encyclopedia of Russian and Soviet History, Bd. 27, Academic International Press 1982, S. 123–128.

Ogarkov, V. V.: G. A. Potemkin. Sein Leben und seine gesellschaftliche Tätigkeit, St. Petersburg 1892. (Russisch)

Oldenburg, Zoé: Katharina die Große. Die Deutsche auf dem Zarenthron, München 1969.

Oudart, Georges: Lettres d'amour de Cathérine à Potemkine, Paris 1934.

Ransel, D. L.: The Politics of Catherinian Russia. The Panin Party, New Haven 1975.

Vollständige Gesetzessammlung des Russischen Reichs, 1. Serie, St. Petersburg 1833. (Russisch)

Potemkin. Ein interessanter Beitrag zur Regierungsgeschichte Katharinas II., Dresden 1804.

Raeff, Marc: Der Stil der russischen Reichspolitik und Fürst G. A. Potemkin, in: Jahrbücher für Geschichte Osteuropas, Neue Folge, 1968, S. 161–193. (Mit detaillierten Quellen- und Literaturhinweisen zur Biografie G.A. Potemkins)

Raeff, Marc: Catherine II. A Profile, New York 1972.

Russisches Altertum, St. Petersburg 1876. (Russisch)

Russisches Archiv 1876, Heft 16–17. (Russisch)

Russland und Österreich zur Zeit der napoleonischen Kriege, hrsg. v. Anna M. Drabek, Walter Leitsch, Richard C. Plaschka (= Veröffentlichungen der Kommission für die Geschichte Österreichs, Bd. 14), Wien 1989.

Sammelband der Kaiserlichen Russischen historischen Gesellschaft, Bd. 1–148, St. Petersburg 1867–1916. (Russisch)

Biografische Quellen und Literatur (Auswahl)

Schljapnikowa, E.A.: Grigori Alexandrowitsch Potemkin, in: Woprosy istorii, 1998, Heft 7, S. 75–93. (Russisch)

Schumann, H. (Hrsg.): Katharina die Große/Voltaire. Monsieur – Madame. Der Briefwechsel zwischen der Zarin und dem Philosophen, Zürich 1991.

Ségur, Louis Philippe de: Mémoires ou Souvenirs et Anékdotes, 3 Bde., Paris 1826–1827.

Soloveytchik, George: Potemkin. Soldat, Staatsmann, Liebhaber und Gemahl der Kaiserin Katharina der Großen, Stuttgart 1951.

Stählin, Karl (Hrsg.): Der Briefwechsel Iwans des Schrecklichen mit dem Fürsten Kurbskij. 1564–1579, eingeleitet und aus dem Altrussischen übertragen unter Mitwirkung von Karl H. Meyer, Leipzig 1921.

Stöckl, Günther: Russische Geschichte. Von den Anfängen bis zur Gegenwart, Stuttgart 1990. (Mit einem ausführlichen Literaturanhang)

Thomson, G.: Catherine the Great and the Expansion of Russia, London 1955.

Torke, Hans-Joachim (Hrsg.): Die russischen Zaren 1547–1917, München 1995.

Torke, Hans-Joachim (Hrsg.): Lexikon der Geschichte Rußlands. Von den Anfängen bis zur Oktober-Revolution, München 1985.

Viviani, Annalis: Erotische Briefe der Weltliteratur, Königstein/Ts. 1984.

Zernack, Klaus: Polen und Rußland. Zwei Wege in der europäischen Geschichte, Frankfurt am Main Berlin 1994.

Personenregister

Achilles, Held der griechischen Mythologie 27, 323
Adaschew, Alexei Fjodorowitsch (?–1561), Vertrauter Iwans IV. 344
Agamemnon, Gestalt der griechischen Mythologie 324
Alexander der Große, König von Makedonien 27
Alexander I. Pawlowitsch (1777–1825), Kaiser von Russland seit 1801 42, 158, 198, 293, 349f.
Alexander II. Nikolajewitsch (1818–1881), Kaiser von Russland seit 1855 273
Alexander III. Alexandrowitsch (1845–1894), Kaiser von Russland seit 1881 273
Alexander Prinz von Württemberg, Zeitgenosse Potemkins 172
Alexei Michailawitsch (1629–1676), Zar von Russland seit 1645 31, 33, 36, 345
Alexei Petrowitsch (1690–1718), Sohn Peters I. 13, 273
Ambrosius (Amwrossi, Zertis-Kamenski) (1708–1771), Erzbischof von Moskau seit 1768 49
Anna I. Iwanowna (1693–1740), Kaiserin von Russland seit 1730, Herzogin von Kurland 1710–1730 13f., 40, 45, 73, 75
Anna Leopoldowna (Prinzessin Elisabeth Katharina Christine von Mecklenburg-Schwerin) (1718 bis 1746), Regentin von Russland 1740/41 14, 40
Archenholtz, Johann Wilhelm von (1743–1812), deutscher Verleger und Publizist 18
Arseni Mazajewitsch (1696–1772), Metropolit von Rostow und Jaroslawl 1742–1763 67ff.

Awwakum, Petrowitsch (1620/21–1682), Priester, Schriftsteller, Mitbegründer der Bewegung der Altgläubigen 67

Bacon, Francis, Viscount Saint Albans (1561–1626), englischer Philosoph, Schriftsteller und Politiker 321
Bakunin, Michail Alexandrowitsch (1814–1876), anarchistischer Publizist und Propagandist 49
Baur, Oberstleutnant, Hauptflügeladjutant bei Grigori Potemkin 133
Beccaria, Cesara Bonesana de (1738–1794), Graf, Rechtsgelehrter 69
Bentham, Jeremias (1748–1832), britischer Philosoph, Soziologe und Ökonom 189f.
Bentham, Sir Samuel (1757–1831), britischer Ingenieur und Schiffsbauer, Admiral, 1780–1791 in russischen Diensten 189f.
Besborodko, Alexander Andrejewitsch (1747–1799), 1784 Reichsgraf, 1797 Fürst, Diplomat, Kanzler, einer der engsten Vertrauten und Berater Katharinas II. 16, 117, 143, 155, 158, 184, 223, 246, 291, 299, 331, 347, 349
Bestuschew-Rjumin, Alexei Petrowitsch (1693–1766), Graf 1742, Diplomat, Kabinettsminister 1740, Kanzler 1744–1758, Generalfeldmarschall 1762 58, 346
Bibikow, Alexander Iljitsch (1729–1774), General-en-Chef, Marschall der Gesetzgebenden Kommission 1767/68 16, 129
Biron (Bühren), Ernst Johann von (1690–1772), Reichsgraf 1739,

Personenregister

Herzog von Kurland 1737–1740 40, 75, 346
Bismarck, Fürst Otto von (1815–1898), deutscher Reichskanzler 1871–1890 350
Bjelke, Korrespondenzpartnerin Katharinas II. 136
Bobrinski, Graf Alexei Grigorjewitsch (1762–1813), Sohn Katharinas II. und Grigori Orlows 325
Boris Godunow (1552–1605), Regent 1587/88, Zar von Russland seit 1598 32
Branitzky, Xavier, polnischer Adliger und Politiker 149, 281
Bruce, Gräfin, Hofdame Katharinas II. 98
Bulgakow, Jakow Iwanowitsch, russischer Botschafter in Konstantinopel 1781–1787 242ff., 277

Chrapowizki, Privatsekretär Katharinas II. 341
Christian V. (1646–1699), König von Dänemark seit 1670 35
Cobenzl, Graf Johann Ludwig von (1735–1809), österreichischer Gesandter in St. Petersburg zur Zeit Katharinas II. 274
Corberon, Chevalier de, französischer Geschäftsträger in Petersburg 1775–1780 219, 230

Demetrius I. (1. falscher Demetrius, Juri (Grigori) Otrepjew) (?–1606), Zar von Russland 1605–1606 32, 92
Demetrius II. (2. falscher Demtrius) (?–1610), Pseudozar 32, 92
Dershawin, Gawril Romanowitsch (1743–1816), russischer Dichter, Sekretär Katharinas II. 1791–1793 329
Daschkowa, Jekaterina Romanowa (1743–1810), Fürstin, geb. Gräfin Woronzowa, Schriftstellerin 253
Dolgoruki, altrussische Aristokratenfamilie 134

Elisabeth I. (Jelisaweta) Petrowna (1709–1761), Kaiserin von Russland seit 1741 14f., 43f., 46f., 49–52, 55, 128, 274, 346f., 352
Engelhardt, Wassili Andrejewitsch, Schwager Grigori Potemkins, Oberst 252ff., 259
Engelhardt, Alexandra (1754–1838), Nichte und Geliebte Grigori Potemkins 149f., 337, 339
Engelhardt, Katharina (1761–1829), Nichte und Geliebte Grigori Potemkins 149
Engelhardt, Nadeshda Nichte und Geliebte Grigori Potemkins 149
Engelhardt, Tatjana Nichte und Geliebte Grigori Potemkins 149
Engelhardt, Warwara Nichte und Geliebte Grigori Potemkins 149
Eugen Prinz von Savoyen (1663–1736), österreichischer Feldherr und Politiker 201

Falconet, Étienne Maurice (1716–1791), französischer Bildhauer, Schöpfer des Denkmals für Peter I. in St. Petersburg 40
Falejew, Mitarbeiter Grigori Potemkins 326
Ferdinand von Braunschweig, Zeitgenosse Potemkins 186
Fersen, Baron von, Kommandant von Feodossija 305
Fjodor (I.) Iwanowitsch (1557–1598), Zar von Russland seit 1584 32
Fjodor (III.) Alexejewitsch (1661–1682), Zar von Russland seit 1676 31
Fonwisin, Denis Iwanowitsch (1745–1782), russischer Schriftsteller 48
Friedrich II., der Große (1712–1786), König von Preußen seit 1740 15, 51, 69, 75, 82, 145, 152, 157, 201, 219, 308
Friedrich Wilhelm III. (1770–1840), König von Preußen seit 1797 319

363

Personenregister

Garnowski, Michail Antonowitsch (1754–1814), General, Privatsekretär Grigori Potemkins 248
Georg III. (1738–1820), König von Großbritannien seit 1760 119, 138, 230, 238
Georg von Holstein, Zeitgenosse Potemkins 49
Golizyn, russische Fürstenfamilie 81, 90, 135
Golizyn, Sergei 149
Golizyn, Semjon 16
Golizyn, Fürst Wassili Wassiljewitsch (1643–1714), Politiker und Feldherr, Favorit der Regentin Sofja 82f., 345, 347
Grimm, Baron Friedrich Melchior (1723–1807), Aufklärer, Briefpartner und Propagandist Katharinas II. 130, 282, 341
Gunning, Sir Robert (1731–1816), britischer Botschafter in St. Petersburg 91, 95, 103ff., 126f., 133, 143
Gustaf III. (1746–1792), König von Schweden seit 1771 23, 76

Habsburg, römisch-deutsche und spanische Königs- und Kaiserdynastie 159, 220
Harris, James, Earl of Malmesbury, britischer Botschafter in St. Petersburg 1778–1783 219–226, 229–238, 240f., 325
Heinrich von Preußen, Zeitgenosse Potemkins 145f.
Helbig, Georg Adolf Wilhelm von, Resident des sächsischen Kurfürsten in St. Petersburg 1782–1796 19–25
Homer (zwischen 750 und 650 v. Chr. angenommen), der Überlieferung nach erster epischer Dichter und Historiker des Abendlandes 157

Igelström, General 183
Iwan IV. Wassiljewitsch Grosny (»der Schreckliche«) (1530–1584), Zar von Russland seit 1547 30ff., 40, 67, 92, 98, 178, 251f., 268, 273, 344
Iwan V. Alexejewitsch (1666–1696), Zar von Russland seit 1682 gemeinsam mit Peter I. 13, 345
Iwan VI. Antonowitsch (1740–1764), nomineller Kaiser von Russland 1740/41 14, 40, 66, 68f., 128

Joseph II (1741–1790), römisch-deutscher Kaiser seit 1765 (Mitregent), ab 1780 Alleinherrscher 18, 113f., 119, 152, 159, 226–230, 240, 256, 267, 269ff., 274, 281–285, 292, 308, 315, 322

Karl II. (1661–1700), König von Spanien seit 1665 34
Karl XII. (1682–1718), König von Schweden seit 1697 162
Katharina I. (Jekaterina Alexejewna; Martha Skwronska) (1684–1727), Kaiserin von Russland seit 1725 13, 108
Katharina II. (Jekaterina Alexejewna, geb. Prinzessin Sophie Auguste Friederike von Anhalt-Zerbst) (1729–1796), Kaiserin von Russland seit 1762 – passim
Kaunitz-Rietberg, Fürst Wenzel Anton Dominik von (1711–1790), österreichischer Staatskanzler seit 1764 75, 226f., 271
Keith, Sir Robert Murray, britischer Gesandter in Wien 113
Konstantin Pawlowitsch (1779–1831), Großfürst, Bruder Kaiser Alexanders I., Statthalter in Polen seit 1814 158f., 229, 291
Koslowski, Grigori Matwejewitsch, Pate Grigori Potemkins, Präsident des Kammerkollegiums in Moskau 41ff.
Kurbski, Fürst Andrei (1528–1583), Militär, Historiker und Schriftsteller 30, 344

Personenregister

Kutusow, Michail, Generalissimus 212, 302

Lanskoi, Alexander Dmitrijewitsch (1752–1784), Liebhaber Katharinas II., Kammerherr, Generaladjutant 231

Lefort, Franz (François) (1656–1699), Mitarbeiter Peters I., General und Admiral 346

Leopold II. (1747–1792), römisch-deutscher Kaiser seit 1790 315

Lichte (auch Littge), evangelisch-lutherischer Pastor in Moskau, Deutschlehrer Grigori Potemkins 42f.

Ligne, Charles Joseph François Lamorat Alexis (1735–1814), Reichsfürst, österreichischer Feldmarschall 256, 275, 278, 309, 322, 325, 327, 332

Loris-Melikow, Michail Tarjelowitsch (1825–1888), Graf 1878, Generalgouverneur, Innenminister 347

Ludwig XIV. (1638–1715), König (»Sonnenkönig«) von Frankreich seit 1643 34, 324

Makari (1481/82–1563), Metropolit von Moskau seit 1542, Vertrauter Iwans IV. 344

Mamonow, Geliebter Katharinas II. 272

Maria Theresia (1717–1780), Erzherzogin von Österreich, seit 1740 Königin von Ungarn und Böhmen, Gemahlin Kaiser Franz I. 119, 227

Marija Fjodorowna (Prinzessin Sophie Dorothea Auguste von Württemberg-Mömpelgard) (1759–1829), zweite Gemahlin Pauls I. seit 1776 146, 158

Mazepa, Iwan Stepanowitsch (1644–1709), Hetman der Ukraine 162

Menschikow, Alexander Danilowitsch (1683–1729), Mitarbeiter Peters I., Fürst 1705, Generalgouverneur, Feldmarschall 13, 346

Michail Fjodorowitsch Romanow (1596–1645), Zar von Russland seit 1613 32f., 345

Miljutin, Dmitri Alexejewitsch (1816–1912), Graf 1878, Kriegsminister 1862–1881, Generalfeldmarschall 347

Miljutin, Nikolai Alexejewitsch (1818–1872), Agrarreformer 347

Miloradowitsch, Liebhaber Katharinas II. 16

Montesquieu, Charles Luis de Secondat (1689–1755), französischer Rechtsgelehrter, Historiker, politischer Schriftsteller und Philosoph 69

Mordwinow, Michail Iwanowitsch, Liebhaber Katharinas II. 16

Mordwinow, Nikolai Semjonowitsch, Admiral 208–211, 295ff., 302, 304, 306

Mustafa III. (1717–1773), Sultan und Kalif des Osmanischen Reiches seit 1757 72

Münnich, Graf Burchard Christoph von (1683–1767), Generalfeldmarschall, Regent von Russland 1740/41 73, 346

Napoleon I. (Napoleone Buonaparte) (1769–1821), französischer Kaiser 1804–1815 9, 350

Nassau-Siegen, Fürst von 275

Natalja Alexejewna (Augustine-Wilhelmine von Hessen-Darmstadt) (1755–1776), erste Gemahlin des Großfürsten Paul von Russland 146

Nikolaus II. Alexandrowitsch (1868–1918), Zar von Russland seit 1894 348

Nolcken, Baron, schwedischer Botschafter am Hofe Katharinas II. 132

Personenregister

Nowikow, Nikolai Iwanowitsch (1749–1818), russischer Schriftsteller und Aufklärer 48, 218
Odysseus, Held aus der griechischen Mythologie 323
Ordin-Naschtschokin, Afanassi Lawrentjewitsch (um 1605–1680), Heerführer, Diplomat, Politiker 34, 345
Orlow, Alexei Grigorjewitsch (1737–1807), Bruder Grigori Orlows, Graf 1762, General-en-Chef, Admiral 8, 16, 53, 60ff., 64, 66, 68, 71, 74, 87ff., 91, 102f., 105f., 111, 117, 124–127, 135, 144, 146, 195, 220ff., 246
Orlow, Fjodor Grigorjewitsch (1741–1796), Graf, Bruder Grigori Orlows, Admiral, Oberprokurator 52, 57fff., 61f., 64, 68, 71, 88, 91, 102f., 105f., 124–127, 220
Orlow, Grigori Grigorjewitsch (1734–1783), Graf 1762, Reichsfürst 1772, Generalfeldmarschall, Favorit Katharinas II. 48, 50, 52, 57–61, 64, 66ff., 71, 76f., 87–91, 94, 96, 102f., 105f., 108f., 112, 115f., 118ff., 123–127, 141ff., 150f., 220, 246, 343, 347
Ostermann, Heinrich Johann Friedrich (Osterman, Andrei Iwanowitsch) (1687–1747), Baron 1721, Graf 1730, Staatsmann 346

Panin, Graf Nikita Iwanowitsch (1718–1783), Außenminister unter Katharina II. 16, 58, 66, 69f., 72, 76, 87–91, 94, 99f., 102, 105f., 112, 116f., 124–127, 129, 132, 137f., 144, 146, 155, 216ff., 220–223, 225, 230–233, 235, 237, 240, 242, 246, 256, 312, 347
Panin, Pjotr (Peter) Iwanowitsch (1721–1789), Graf 1767, General 69, 104, 129f., 135
Paul (Pawel) I. Petrowitsch (1754–1801), Kaiser von Russland seit 1796 13f., 19, 28, 51, 66, 69, 87f., 94, 99f., 103, 105f., 124, 126, 137, 146, 155, 158, 198, 202f., 272f., 348ff.
Perekusikina, Marija Sawischna, Dienerin Katharinas II. 113
Peter (Pjotr) I. Alexejewitsch (der Große) (1672–1725), Zar seit 1682, Kaiser von Russland seit 1721 9, 13ff., 27, 32f., 35f., 40f., 44, 47, 50f., 73, 79, 98, 108, 162, 177, 189, 192, 194, 214, 250ff., 256, 264, 266f., 273, 285f., 292, 345ff., 350f.
Peter (Pjotr) II. Alexejewitsch (1715–1730), Kaiser von Russland seit 1727 13
Peter (Pjotr) III. (Karl Peter Ulrich von Holstein-Gottorp) (1728–1762), Kaiser von Russland seit 1761 8f., 14f., 28, 44, 48–53, 55, 66, 69, 74, 92, 112, 128, 202, 222, 349
Philipp Kolytschow (?–1569), Metropolit von Moskau 67
Pitt, William, Earl of Chatham, britischer Premierminister zur Regierungszeit Katharinas II. 319
Pobedonoszew, Konstantin Petrowitsch (1827–1907), Oberprokurator des Heiligen Synods 1880–1905, Philosoph 347
Poniatowski, s. Stanislaw (Stanislaus)
Popow, Wassili Stepanowitsch, Sekretär und Vertrauter Grigori Potemkins, Leiter der Privatkanzlei, Generalleutnant 134, 198, 248f., 326, 338, 340
Posharski, Fürst Dmitri Michailowitsch (1578–1642), Heerführer 33
Potemkin, Alexander Wassiljewitsch (1673(75)–1746), Vater Grigori Potemkins 36–39
Potemkin, Darja, Schwester Grigori Potemkins 37
Potemkin, Darja Wassiljewna (1704–1780), geb. Kondyrewa, in der 1. Ehe: Skuratowa, Mutter Grigori Potemkins 36ff., 257

Personenregister

Potemkin, Grigori Alexandrowitsch (1739–1791), Reichsfürst, Feldmarschall, Generalgouverneur, Favorit und wichtigster Berater Katharinas II. – passim
Potemkin, Hans Alexandrowitsch, legendärer Vorfahr Grigori Potemkins 30
Potemkin, Jelena, Schwester Grigori Potemkins 37
Potemkin (verh. Engelhardt), Marija (Marfa), Schwester Grigori Potemkins 37, 149
Potemkin, Nadeshda, Schwester Grigori Potemkins 37
Potemkin, Pawel Sergejewitsch (1743–1796), Graf 1795, General 168, 171
Potemkin, Pelageja, Schwester Grigori Potemkins 37
Potemkin, Peter Iwanowitsch (1617–?), Diplomat unter Zar Alexei Michailowitsch 31–35, 37
Prokopowitsch, Feofan (Theophanes) (1681–1736), Bischof, Schriftsteller, Berater Peters I. in religiösen und Kirchenfragen 346
Prosorowski, Fürst Alexander Alexandrowitsch (1732–1809), Generalfeldmarschall 81, 313
Protassow, Hofdame Katharinas II. 272
Pugatschow, Jemljan Iwanowitsch (1742–1775), Kosakenführer, Rebell 77, 79, 92f., 128ff., 134f., 162, 215, 217
Puschkin, Alexander Sergejewitsch (1799–1837), russischer Nationaldichter 28f.

Radischtschew, Alexander Nikolajewitsch (1749–1802), russischer Schriftsteller 258
Rasin, Stepan, Rebell 33
Rasputin, Grigori Jefimowitsch (1871–1916), einflussreicher Wundertäter am Hofe Nikolaus II. 347

Rasumowski, Alexei Grigorjewitsch (1709–1771), Favorit der Kaiserin Elisabeth 347
Rasumowski, Kirill Grigorjewitsch (1728–1803), Graf 1744, Hetman der Ukraine 176
Repnin, Fürst Nikolai Wassiljewitsch (1734–1801), Generalfeldmarschall 83, 318, 337, 347
Ribas, Joseph de (?–1809), französischer Admiral in russischen Diensten 325f.
Rjurikiden, warägische Herrscherdynastie in der altrussischen Kiewer Rus und im Moskauer Großfürstentum vom 9. bis zum 16. Jahrhundert 32
Rumjanzew, Graf Pjotr (Peter) Alexejewitsch (1725–1796), Generalfeldmarschall, Berater Katharinas II. 16, 74, 76ff., 82–86, 104, 117, 124, 135, 143, 158, 167, 182, 200, 293f., 296, 298, 303ff., 315, 318, 347, 350

Sahin Giray (Sahib-Girei), Krim-Khan 178f.
Saltykow, Graf Sergei Wassiljewitsch (1726–?), Liebhaber Katharinas II., Botschafter in Hamburg, Paris, Dresden 16, 109
Samoilow, Graf Alexander Nikolajewitsch (1744–1814), Schwager Grigori Potemkins, Generalprokurator 113
Sawadowski, Pjotr Wassiljewitsch (1739–1812), Liebhaber Katharinas II., Senator, Mitglied des Staatsrats, Minister 16, 143, 147
Schuiski, Wassili (1552–1612), Zar von Russland 1606–1610 32
Schuwalow, russische Aristokratenfamilie 57f.
Ségur, Graf Louis Philippe de (1753–1830), französischer Gesandter in St. Petersburg zur Zeit Katharinas II. 113, 259, 262, 268, 275–278, 285, 322, 325

Sigismund III. August (1566–1632), König von Polen seit 1587 und von Schweden 1592–1604 33
Silvester (?–um1566), Beichtvater und Vertrauter Iwans IV. 344
Sofja Alexejewna (1657–1704), Halbschwester Peters I., Regentin von Russland 1682–1689 36, 345
Speranski, Michail Michailowitsch (1722–1839), Graf 1839, Reformpolitiker, Generalgouverneur 347
Stalin (Josif Wissarionowitsch Dschugaschwili) (1879–1953), sowjetischer Politiker 351
Stanislaw (Stanislaus) II. August Poniotowski (1732–1798), König von Polen 1764–1795 54, 71, 109, 269, 280f.
Stolypin, Peter Alexejewitsch (1862–1911), Innenminister und Ministerpräsident seit 1906 347f.
Subow, Platon Alexandrowitsch (1767–1822), Liebhaber Katharinas II., Generalfeldzeugmeister 16, 331ff., 335f., 342f.
Suffolk, Earl of, britischer Staatsmann 91
Suworow, Alexander Wassiljewitsch (1730–1800), Generalissimus 16, 77f., 83, 200, 202, 205ff., 211f., 275, 297–300, 302, 304–307, 309, 311, 315–321, 347, 350

Timofei Krasnopiewzow, Diakin in Tschischow 39f., 43
Tschernischew, Graf Iwan Grigorjewitsch (1726–1797), Generalfeldmarschall 124, 126f., 220, 225
Tschernischew, Graf Sachar Grigorjewitsch (1722–1784), Generalfeldmarschall 124, 126f., 220, 225
Tschertkow, Jewgraf Alexandrowitsch, Kammerherr 113
Turgenjew, Iwan Sergejewitsch (1818–1883), russischer Schriftsteller 28

Uschakow, Fjodor Fjodorowitsch, Admiral 200, 202f., 302

Voltaire (François-Marie Arouet) (1694–1778), französischer Schriftsteller und Philosoph 72f., 152, 156ff.

Wassiltschikow, Alexander, Liebhaber Katharinas II. 16, 90f., 93–99, 102, 104, 109, 143
Witte, Sergei Julijewitsch (1849–1912), Graf 1905, Finanzminister 1892–1903, Ministerpräsident 1905/06 347f.
Wjasemski, Alexander Alexejewitsch (1727–1793), russischer Staatsmann unter Katharina II. 246
Woinowitsch, Graf Mark Iwanowitsch (1750–1807), Admiral 210f., 295, 297, 302
Wolkonski, russische Aristokratenfamilie 113
Woronzow, Alexander Romanowitsch (1741–1805), russischer Staatsmann unter Katharina II. 246
Woronzow, Michail Illarionowitsch (1714–1767), Graf 1747, Kanzler 1758–1762 346
Woronzow, Semjon Romanowitsch (1744–1843), Graf, russischer Staatsmann, Gesandter in England 183